Les quatre filz aymon

Qiconques vouldra scauoir listoire des quatre nobles & vaillans cheualiers nommes les quatre filz aymon dont le premier sappelloit Regnault laultre Alard/laultre Guichard/& laultre Richard/si lise ceste presente table en laquelle on trouuera que ce present liure contient vinthuyt chapitres/lesquelz parlent de plusieurs belles & diuerses matieres.

¶ Le premier chapitre ple coment apres q le roy charlemaigne fut venu des pties de lombardie la ou il auoit ou grande & merueilleuse iournee alencontre des sarrazins/ il tint par vne feste de penthecoste court pleniere a paris la ou il peut belle compagnie de princes & barons comme verres apres ou long. Et en ce mesmes chapitre purres veoir coment cestuy iour le duc aymon de dordonne mena en court ses quatre filz/cest assauoir regnault/alard/guichard/& richard/& comment le roy charlemaigne les fist cheualiers de sa propre main. Aussi comment le duc beuues daigremont occist lohyer le filz aisne du roy charlemaigne/lequel duc beuues estoit oncle des quatre filz aymon. Et apres coment le duc beuues daigremont fut occis venant a paris par le comandement du roy charlemaigne apres quil auoit apointe de la mort de son filz/& auec ce on y pourra veoir plusieurs aultres belles matieres/lesquelles seroyent trop longues a raconter ou preambule de ce present liure.

¶ Le second chapitre parle coment griffon de haultefueille & guenes apres ce quilz eurent tue le le duc beuues daigremont ilz sen tournerent a paris & compterent au roy charlemaigne la mortelle trayson quilz auoyent comise dont le roy en fut moult ioyeulx/et puis apres en fut marry & dolent/car depuis luy firent moult grant guerre les deux freres du duc beuues daigremont/girard de rossillon/& doon de nantueil/& aussi maugis le filz du duc beuues. Et puis firent paix & acord/mais le roy charlemaigne ne apointa point aux quatre filz aymon ne a leur cousin maugis. Item coment regnault tua le nepueu du roy charlemaigne dung eschequier ainsi qlz iouoyent aux eschecz dont vne guerre comenca/laquelle fut tresmortelle & dura si longuement ql porta grant domaige au royaulme de france.

¶ Le tiers chapitre parle coment apres ce que le roy charlemaigne eut fait foriurer a tous ses barons les quatre filz aymon mesmement au duc aymon leur pere il les alla assieger a montefort ou il fut desconfit par deux foys/ mais puis le chastel de montefort par trayson fut prins. Et en apres comment regnault & ses freres se vengerent des traytres qui les auoyent trays/ & puis apres se sauuerent en la forest dardayne la ou leur pere les trouua ainsi quil sen alloit du siege en son pays de dordone/ & comet pour garder son sermet ql auoit fait a charlemaigne il assaillit ses enfans tellement que de cinq cens hommes quilz estoyent il ne demoura de vifz a ses enfans q dixsept/mais regnault ne ses freres neurent point de mal aincoys occirent grant nombre des gens de leur pere.

¶ Le quart chapitre parle comment apres ce que le viel aymon eut desconfit ses enfans ilz allerent demourer au plus parfond de la forest dardayne & y demourerent tant quilz furent tous contrefaitz/noirs & pelus comme bestes/ pour la grat famine quilz auoyent souffert/puis sen allerent a dordonne veoir leur mere qui les festoya grandement & leur donna tant dauoir quilz en peurent long temps maintenir guerre contre le roy. Et comment maugis leur cousin arriua ainsi quilz sen vouloyent partir/lequel sen alla auec eulx au royaulme de gascoigne a tout.v.cens cheualiers. Et quãt leur mere les vit partir elle en fut moult doulente.

❡ Le cinquiesme chapitre parle commēt apres ce que regnault & leur cousin maugis furēt despartiz de leur mere pour trouuer leur auēture ilz allerēt tant quilz arriuerēt au royaulme de gascoigne. Et cõment en y allant ilz firēt beaucop de maulx en frãce & quant il furent illec cõment le roy de gascoigne les retint en son seruice moult doulcement a bourdeaulx sur gironde/pource que lors cellup roy de gascoigne q̃ se nõmoit yon auoit grant guerre cõtre vng roy sarrazin qui estoit entre en gascoigne qui auoit nom porrus qui tenoit tholouse & tout le pays.

❡ Le sixiesme chapitre ple cõmēt regnault & ses freres & maugis destrousserēt bour gons le sarrazin qui auoit destruit le royaulme de gascoigne & chasse le roy yon a bour deaulx sur gironde qui de illec nosoit partir pour doubtance des sarrasins/& cõment le roy yon donna dame clere sa seur pour femme a regnault pour le grãt seruice q̃l luy auoit fait/& luy fist faire le chastel de montauban.

❡ Le septiesme chapitre parle cõment charlemaigne par vng voiage q̃l fist a sainct iaques en galice en reuenant il sceut comment regnault & ses freres qui estoient ses mortelz ennemis estoient en gascoigne en vng fort chastel appelle montauban/& com ment il manda au roy yon quil luy rendist regnault & ses freres/& en cas de refuz quil le viendroit asseger auant.v.ou.vi.mois en son pays/dont le roy yon luy respõdit q̃l nen feroit riens/& cõmēt apres charlemaigne fut retourne a paris rolãd son nepueu arriua a paris lequel le roy fist cheualier/& puis lenuoya leuer vng siege deuant coloigne que vng sarrazin auoit assiege q̃ se nommoit escorfault lequel roland conquist Et commēt regnault gaigna la coronne de charlemaigne pour vne course quil fist sur son cheual bayart.

❡ Le huptiesme chapitre parle cõmēt charlemaigne alla en gascoigne a tout son ost & assegea regnault & ses freres dedãs montaubã & cõment regnault gaigna la pmie re bataille du roy/laquelle cõduisoiēt rolãd & oliuier & larceuesque turpin/dõt le roy charlemaigne fut si doulent q̃l cuida enrager tout vif de la honte q̃l en eut.

❡ Le.ix.chapitre parle cõmēt regnault & ses freres furēt trahys & vēdu au roy char lemaigne par le roy yon q̃ les enuoya es plains de vaulcouleurs tous desarmez fors q̃ de leur espees montez dessus muletz vestuz de mãteaulx descarlate fourez dermines duquel val il eschapperent vaillãment par le vouloir de nostreseigneur/mais ilz furent grandement naurez.

❡ Le.x.chapitre ple cõmēt aps ce q̃ goudard le secretaire du roy yon eut reuele toute la traison a maugis q̃ le roy auoit fait a ses cousins laq̃lle il scauoit biē/car il auoit veues les lettres de charlemaigne ou estoit escripte la respõse q̃ le roy luy auoit faite maugis mena a regnault & a ses freres vng tel secours q̃l les garentit de mort.

❡ Le.xi.chapitre ple cõmēt par le secours q̃ maugis mena a regnault & a ses freres es plains de vaulcouleurs ilz desconfirēt les gens du roy dont ogier en eut maintes reproches de roland pour aulcune bõte quil auoit fait a regnault & a ses freres en la ro che mõbron & en fut appelle traytre/dont grãt incõuniēt en vint apres deuãt le roy.

❡ Le.xii.chapitre parle comment apres que regnault & ses freres furent gueriz des playes quilz auoiēt eues es plains de vaulcoleurs/ ilz sen tournerent a montauban

a ij

mais quant le roy pon sceut leur retour il senfuit et sen alla rendre moyne en ung monastere qui estoit dedens le boys de la serpente la ou roland et ogier le danoys le trouuerent et le voulurent faire prendre pour la trayson quil auoit commise a regnault et a ses freres se regnault ne leust secouru.

❡ Le .vij. chapitre parle comment apres ce que regnault eut secouru au roy pon en celle mesme heure peut une merueilleuse iournee entre regnault et ses francoys, car roland y fut bien batuz et plusieurs aultres, dont ogier fut bien ioyeulx a cause que roland lauoit appelle traitre, et aussi il congneut que les quatre filz aymon nestoient mie si legiers a desconfire comme parauant on disoit, et a ceste cause ycelda auoit mellee entre roland et ogier mais les barons les departirent, et comment en cellup rencontre richard le frere de regnault demoura prisonnier a roland.

❡ Le .viij. chapitre parle comment apres ce que regnault alard et guichard senfuirent retournez a montauban apres la bataille et quilz eurent demene grant deuil pour lamour de richard leur frere lequel estoit entre les mains du roy charlemaigne, ledit richard fut deliure par la sagesse de maugis.

❡ Le .v. chapitre parle comment apres ce que regnault et ses freres et maugis eurent desconfit le roy charlemaigne au reuenir de secourir richard lequel on estoit alle pendre derechief ilz luy vindrent abatre son pauillon et emporterent laigle dor qui estoit au dessus dont le roy charlemaigne fut moult doulent tant quil voulut rendre sa corone a ses barons, en disant quil ne vouloit plus estre roy, car ilz luy auoient failli et lauoient abandonne pour les quatre filz aymon, et leur dist quilz en couronassent regnault il seroyt le roy, car ilz aymoient beaucop plus que luy. Lors oliuier dist au roy charlemaigne quil reprint sa corone, et quil luy rendroit maugis quil ait prins en pillant son pauillon, car il demoura tout seul, quant le roy ouyt ce il reprint sa corone et fut moult ioyeulx de la prinse de maugis.

❡ Le .vj. chapitre parle comment le roy charlemaigne voulut faire pendre maugis incontinent que oliuier de vienne luy eut baille, mais par le moyen des .vij. pers de france qui a la requeste doliuier le plegerent pour une nupt tant seulement il fist tant que il eschappa a lonneur et quittance de ses pleges, et en porta a montauban la corone et aussi lespee du roy charlemaigne celle mesme nupt, et aussi celles des .vij. pers de france, dont le roy charlemaigne fut moult doulent, et pource manda a regnault quil luy renuoiast sa corone, son espee et tout ce que maugis auoit emporte, et ilz luy donroit treues deux ans, A laquelle chose regnault saccorda, dont il luy en vint tantost apres mout grans maulx.

❡ Le .vij. chapitre parle comment regnault se combatit a roland, lequel il conquist par la voulente de dieu et lemmena a montauban, dont le roy charlemaigne fut moult dolent, et aussi parle comment maugis emporta charlemaigne au chasteau de montauban tout endormy, et le rendit a regnault dedens ung lit, et apres sen alla en guise dermite pourement abille et laissa tous ses bons parens et amys, pource quil ne vouloit point destourner la paix de regnault enuers charlemaigne, car la guerre auoit trop longuement dure.

❡ Le .viij. chapitre parle comment apres ce que maugis eut rendu charlemaigne es mains de regnault son bon cousin il sen alla sans son conge en ung bois de la riuiere de dordonne en ung hermitaige l'au ou il demoura comme ung hermite vivant pourement pour soy saulver.

⁋ Le .xix. chapitre ple commēt les barōs de france q̄ estoiēt a montauban se guemētoient pource quilz ne pouoiēt esueiller le roy charlemaigne q̄ maugis auoit endormy par son art a montauban, mais quāt leure de lenchantemēt de maugis fut passee le roy charlemaigne sesueilla, et quant il se vit a montaubā il iura quil ne feroit iamais paix a regnault tant quil seroit prisonnier, si le tenu oya regnault tout quitte sur son cheual bayart, dont puis se repentit grandement, car tantost apres charlemaigne fit assieger montauban de si pres quil affama regnault et ses freres et sa femme et ses enfans tant que chascun mouroit de faim.

⁋ Le .xx. chapitre ple cōmēt apres ce que charlemaigne eut assiege montauban de si pres quil affama tous ceulx q̄ estoiēt dedēs il sceut que regnault sen estoit allé luy et ses freres sa femme et ses enfans par dessoubz terre et estoiēt allez a dordōne la ou le roy charlemaigne les alla de rechief assieger, mais auāt q̄l posast son siege deuant le chasteau de dordōne regnault et ses freres firent une saillie sur ses gens dōt plusieurs en perdirent la vie dune part et daultre, et a celle saillie fut retenu le duc richard de normendie leq̄l estoit ung des pers de france noble et vaillant cheualier preux et hardy dont le roy charlemaigne fut moult dolent.

⁋ Le .xxi. chapitre ple comment maugis luy estant en son hermitage il luy vint voulente de aller veoir regnault et ses freres pour une vision q̄l eut la nupt en son lit dormant. Lors au matin se mist en son chemin et trouua deux marchans lesquelz sept larrons auoyēt destroussez en ung boys, desquelz sept larrōs maugis en tua de son bout son ses cinq et rendit aux marchans tout leur auoir, puis alla a dordonne pour veoir regnault et ses freres.

⁋ Le .xxii. chapitre ple cōmēt regnault voulut faire pēdre richard de normēdie pource q̄l ne pouoit auoir paix au roy charlemaigne, et quant les .vii. pers de frāce sceurēt ce conuēt, ilz vindrēt a charlemaigne et luy prierent de faire paix a regnault pour auoir leur cōpaignon le duc richard de normēdie a laq̄lle chose charlemaigne respōdit q̄l nen feroit riēs dōt ilz furēt si courroucez q̄l le laisserent, mais charlemaigne enuoya apres et leur māda q̄l retournassent et quil feroit paix a regnault par ce moyen que regnault yroit oultre mer son pain querant.

⁋ Le .xxiii. chapitre ple cōment apres que regnault sen fut pti de dordōne pour faire son voyage oultre mer pourement abillé en guise de pelerin querāt son pain pour dieu richard de normendie print bayard et emmena alard, guichard, et richard freres de regnault et les psenta a charlemaigne lesq̄lz il receut mōlt hōnorablemēt par bōne amour puis aps fist leuer son siege et se partit pour aller a paris, mais quāt il fut en la cite du siege sur le pont de meuse il fist getter bayard dedens une pierre de moulin au col, mais bayard eschappa et est encores en vie en la forest dardayne.

⁋ Le .xxiiii. chapitre ple cōment aps ce q̄ regnault se fut pti de dordōne de ses freres de sa femme et de ses enfans pour aller oultre mer acōplir son voyage au saint sepulcre il trouua en cōstātinoble maugis son cousin et allerēt ensemble iusq̄s deuāt hierusalem leq̄l auoit pris ladmiral de p̄se ung roy sarrasin par trayson, mais regnault et maugis firēt tāt auec les gēs du pays q̄ la cite de hierusalē fut reprinse p les crestiēs

a iij

¶ Le .xxv. chapitre parle coment apres ce que regnault fut reuenu d'oultre mer la ou il auoit fait meruicilles il enuoya aymonet & yonet ses deux enfans au roy charlemaigne moult honorablemēt pour estre cheualiers/car ilz les auoit moult instruitz en armes & en toutes bōnes meurs & leur bailla .v.cens hōmes bien mōtez pour les cōduire

¶ Le .xxvi. chapitre parle coment apres q̄ le roy charlemaigne eut moult doulcemēt receu les filz de regnault & fait cheualiers ilz se cōbatirent aux filz de fouques de morillon & les desconfirent en ung champ a paris en lisle nostre dame pource q̄lz auoiēt charge leur pere de trayson/laq̄lle ilz disoient auoir este faicte p̄ regnault quāt fouq̄ de morillon fut occis es plaines de haulcouleurs.

¶ Le .xxvii. chapitre parle cōmēt apres ce q̄ regnault sen fut alle de montaubā en guise de pelerin pour nō iamais retourner apres ce q̄l eut desparty tous ses biēs a ses enfans/ses freres & son filz aymonet firent grāt dueil quāt ilz sceurēt q̄l sen estoit party sans leur sceu tout nudz piedz atout ung baston.

¶ Le .xxviii. chapitre parle coment apres ce q̄ regnault se fut party de montaubā pour saulucr son ame il sen alla a coulongne sur le rin & trouua que lon massonnoyt lesglise sainct pierre/& illecques luy print voulente et deuotion de seruir les ouuriers pour lamour de nostreseigneur/& ainsi le fist mais a la fin les aultres maneuures eurent si grāt enuie sur luy de ce quil estoit mieulx oyme que eulx de tous les maistres pour le bon seruice quil faisoit quilz locirent/puis le mirent dedens ung sac & le getterent dedēs le rin/mais par la voulente de dieu son corps apparut sur leaue faisant tant de beaulx miracles guerissant de toutes maladies tellement quil fut nomme corps sainct le iour de son enterrement.

¶ Comment le duc aymon presenta ses quatre filz au roy charlemaige pour les faire cheualiers. Et comment le bon roy de sa propre main les fist cheualiers.

Eritablement nous trouuons ces faitz du bon roy charlemaigne q̃ vnefoys a vne feste de pēthecoste charlemaigne tint vne moſt grāt (solēnelle court a paris aps ce q̃l fut reuenu des parties de lōbardie ou il auoit eu vne grāt iournee alēcōtre des sarrazins a mescreans/dont le chief des sarrazins estoit nōme guytelin le sesne/lequel charlemaigne par sa prouesse a vaillāce auoit desconfy a vaincu/a laquelle iournee a descōfiture mourut grāt noblesse de roys ducz cōtes princes barōs a cheualiers/cōme salomon de bretaigne/huon cōte du māns/messire arnol de beausā de messire galleran de buyllon/a moult dautres cheualiers. Les .xij. pers d frāce estoient venuz a court a plusieurs alemās/angloys/normās/poiteuins/lombars/a bertrupers/a entre les aultres ducz a princes y estoit venu le vaillāt duc aymon de bordōne a auec luy auoit ses quatre filz/cestassauoir regnault/alard/guichard/a richard/q̃ a merueilles estoient beaux sages puissans a vaillans/especialement regnault q̃ adōc estoit le plus grant qui se trouuast au monde/car il auoit .vij. piedz de lōg saul ue le plus. Adōc en ycelle feste a assemblee se dressa en piedz ledit charlemaigne entre ses princes a barons disant en ceste maniere. Barōs mes freres a amis vous sauez comment iay tant de grandes terres conquestees par vostre ayde a secours/a tant de sarrazins a mescreās mis a mort a a ma subiection cōme naguaires auez veu du mescreant guytelin/lequel iay vaincu a desconfy a remis a la foy crestienne/cōbien que moult iaye perdu grāde cheualerie a noblesse par faulte de plusieurs de noz vassaux

a iiij

et subiectz qui a nous ne daignerent venir, iacoptce que mandez les eussions comme le duc girard de rossillon, le duc doon de nantueil, & le duc beuues daigremont qui sont tous troys freres germains, dont de tous me complains a vous, & vous dy que se ne fust messire salomon qui vaillamment nous vint secourir a tout trente mille cõbatãs & messire lambert bertruyer & messire geoffroy de bourdelle auec gallerant de buyllon qui portoit nostre enseigne nous estions perduz & desconfiz comme tous bien scauez, & ce par le deffault desditz troys freres q ne daignerent oncqs a noz mandement venir ne obeyr, et sur tous le duc beuues daigremont, iacoptce que tous sont mes hommes lieges qui tousiours me doiuent fidelite & seruice. A present luy manderay quil me vienne seruir a ce premier este venãt a tout sa puissance, & en cas quil sera refusant de a noz mandemens obeyr, par sainct denis de france ie manderay tous mes amys et subiectz, & luy iray assieger a aigremont, & se le pouons tenir ie le feray pendre honteusemẽt, & son filz maugis vif escorcher, & se feray ardoir sa courtoise femme, & mettray a feu & a flambe toute sa terre. Lors le bon duc naymes de bauieres diligemment se le ua & dist au roy charlemaigne en ceste maniere. Sire roy il me semble que vo⁹ ne vo⁹ deuez ainsi irer ne courroucer, mais se mon conseil voulez croyre vous enuoyrez ung message au duc daigremõt, lequel message sera bien & honorablement acompaigne & qui soit sage & prudent pour bien remonstrer au duc daigremõt tout ce que luy ordõnerez, & puis quãt aurez sceu sa responce & vouloir vous aduiserez que deurez faire. En verite dist le roy bien vous me cõseilles & saigement. Lors pensa charlemagne lequel message il luy pourroit enuoyer. Puis dist hault deuant tous en soy complaignãt qui seroit cestuy qui pourroit bien faire le message, & q pour doubte de mort ne laissast riẽs a dire de son message au duc beuues. Si ny eut homme q riens respõdit, car plusieurs estoient de la parente dudit beuues daigremont, cõme le duc aymon de dordonne qui estoit son frere germain, ainsi estoient quatre freres dũg pe & dune mere. Lors fut le roy charlemaigne moult doulent & courrouce. Et le roy iura sainct denis q le pape du duc beuues seroit gaste & destruitz, & q au mõde nauoit hõme qui de ce le deust garder. Si appella haultemẽt lohyer son aisne filz en disant p ceste maniere. Mon chier filz il fault q vous facez ce message, & menez auec vous pour cõduite garde & seurte cent vaillans cheualiers armez & honorablemẽt ornez. Si direz au duc beuues daigremõt que sil ne nous vient seruir a ceste sainct iehan prochainement venant comme iay dessus dit que ie assiegeray aigremont & destruiray toute sa terre, & luy & son filz serõt pẽdus ou escorchez tous vifz, & sa femme arse & brulee. Sire ce dist lohyer voulentiere le feray, & sachez quil ne tiendra pas pour doubte de mourir q bien au long ne luy dye ce q encharge mauez, & partiray demain au plus matin a layde de dieu. Lors veissez le roy plourer de pitie de son filz lohyer, car il se repentoit de luy auoir donne charge de ce message faire, mais puis q dit lauoit ainsi luy cõuenoit acõplir, & quãt ce vint au matin lohier & sa noble cõpagnie sadouberẽt, puis mõterẽt sur leurs cheuaulx & vindrẽt deuãt le roy. Lors dist lohier au roy son pere. Sire veez cõme moy & mes gẽs sommes to⁹ prestz de vostre vouloir faire. Beau filz dist le roy charlemaigne ie te recomande a dieu qui en croix souffrit mort & passion le priant ql garentisse toy & toute ta compagnie de mal & dencõbrement. Lors se partit lohier & sa compagnie, dont puis mena le roy grant lamentation & non sans cause, car oncques puis ne vit son filz lohier cõme oucz se escouter le voulez. Or sen vont les gentilz messagiers tout droit vers aigremont fort menassant le duc beuues disans quilz luy touldront la teste si leur fait riés oultre devoit/mais aultrement en yra/car il aduint tout au contraire/dont puis apres maintes dames en demouretēt vefues ꝯ sans mary ꝯ plusieurs damoiselles sans amy/ꝯ tant desglises destruictes/ꝯ tāt de terres gastees q̄ encores est pitie a veoir/en ce point cheuaucherent ses messagiers tant en menassant beuues daigremont/mais vne espie ouyt tout ce quil disoient/si sen vint moult hastiuement a beuues qui estoit en son palays en aigremont ꝯ luy compta cōmēt a luy venoiēt messagiers de la part du roy charlemaigne/q̄ fort le menassoient/ꝯ q̄ le filz dudit roy charlemaigne y estoit en psonne. Lors dist le duc a ses gens ꝯ barons dont il auoit a celle heure foyson auec luy au palays a loccasion des festes de pēthecostes. Seigneurs fist il. Le roy charlemaigne me tient bien vil ꝯ peu me prise q̄ veult que ie laille seruir a tout mō pouoir ꝯ ma puissance/ꝯ que pis est il mēuoye son aisne filz par deca pour me dire aulcun message en moy menassant grandemēt. Que me cōseillez vous mes freres ꝯ amys. Lors parle vng bon cheualier qui sappelloit messire symon ꝯ dist. Monseigneur ie vous cōseilleray leaulment se ouyr ꝯ croyre me voulez. Receuez honnorablement les messagiers du roy charlemaigne/car bien scauez q̄l est vostre droicturier ꝯ souuerain seigneur/ꝯ sachez que qui guerroye contre son souuerain seigneur quil fait contre dieu ꝯ contre rayson. Seigneur nayez pas regart a vostre parente ne a ce que voz freres gerard de rossillon/ꝯ le duc de nantueil ne luy ont voulu obeyr/car ie vous aduise bien que charlemaigne est puissant ꝯ vous destruira de corps ꝯ de biens si ne luy obeyssez. Et finablement se allez a luy il aura mercy de vous. Lors respōdit le duc que point ainsi ne le feroit/et que maluais conseil luy donnoit ledit cheualier/car encores dist ie ne suis mye si au bas que ie naye troys freres qui bien me ayderont a soustenir et a surporter ma guerre contre charlemaigne/ꝯ aussi mes quatre nepueuz filz de mon frere aymon de dordonne qui a merueilles sont beaux escuyers ꝯ vaillans en fait de guerre. Helas dist la duchesse. Mon bon seigneur croyez vostre bon cōseil/car ia preudomme ne vous loura que faciez guerre contre vostre droicturier seigneur/ꝯ bien sachez que cest cōtre les cōmandemens de dieu ꝯ contre toute bonne equite. Pource se voᵘ luy auez mesfait si faictes tāt que a luy soyez acorde/ꝯ ne prenez garde a voz freres comme vous cōseille messire symon/car iamais bien ne peult venir a celluy qui est en sa male grace de son souuerain seigneur. Lors regarda le duc la duchesse p grāt ire ꝯ luy dist quelle se teust de par le dyable/et que iamais ne luy parlast de ceste matiere/car en verite il ne feroit pour le roy charlemaigne la montance dung denier. Si se teust la duchesse/ꝯ dist que iamais ne luy en parleroit. Grande fut la noise le bruyt ꝯ le tourment qui adoncques fut au palays daigremont/car les vngz conseilloient au duc que ainsi q̄ sa duchesse disoit ce fist/ꝯ plusieurs aultres cōseilloient tout le cōtraire/car bien cognoissoient que ce nestoit pas le vouloir de leur seigneur. Lors dist le duc a ceulx qui le cōseilloiēt de non obeyr au roy charlemaigne ne faire paix ne acord a luy que il leur en scauoit bon gre/et que tant quil viuroit ne le seruiroit/mais de toute sa puissance se greueroit/ꝯ luy feroit si grāt guerre q̄ le roy charlemaigne cognoistroit sil auoit nulz amys. Moult longuemēt parlerēt de ceste matiere. Et les messagiers du roy charlemaigne tant cheuaucherent ꝯ exploiterent quilz vindrent au duc daigremont dont le chasteau estoit assiz sur vne moult haulte roche & bien anironnee de fors murs haulx & espes & bien garny de grosses tours, tellement q̃ pour sa force & situation dudit chastel il estoit imp̃nable si nõ par famine. Lors dist Sohyer aux seigneurs q̃ auec luy estoiẽt Seigneurs or regardez quelle fortresse, q̃l murs, q̃l fleuue passe au pie, ie croy certai/nement q̃ en sa crestiente na sa pareille, iamais par force ne sera prinse se ce nest p̃ fai mine. Lors p̃sa vng cheualier qui auoit nom Sauary & dist a Sohyer son seigneur. Sire dist il, il me semble parlãt soubz correction q̃ monseigneur le roy charlemaigne vostre pere a entreprins vne grãde folie quãt il cuide venir a chief de cestuy duc daigremont car en verite il est trespuissant. Et ie croy q̃l aura bien autãt de gens pour guerroyer cõme mõseigneur ṽre pere se a tãt venoit quil luy voulsist faire guerre, si seroit belle chose sil3 pouoiẽt estre dacord, & de ma part ie le cõseilleroie se faire se pouoit, mais bi en scay q̃ se le roy charlemaigne ṽre pe se tenoit q̃ tout for de paris ne se garderoit q̃l ne se fist pendre ou tout vif escorcher, si vous supplie treschier frere q̃ parlez humble/ment au duc beuues daigremõt, car en verite il est moult fier & oultrageux, & inconti/nent il y pourroit auoir vne moult grant meslee entre vous & luy dont la perte tourne roit sur nous, car no9 sommes trop peu de gens. Lors luy respondit Sohyer & dist q̃l di soit bien saigement, mais touteffoys dist il nous ne le doubtõs de riẽs, ia sommes no9 cheualiers bien en point en verite sil nous dist chose q̃ nous desplaise il en sera le p̃mi er courrouce & marry. Adonc dist le cheualier Sauary tout coyement en luy mesmes q̃l ne sera pas fait sagement, car ie iure sur ma foy que sil vo9 aduiẽt en aulcune manie re de luy dire chose qui luy desplaise il vo9 sera marry & courrouce du corps & p̃ aduẽtu re no9 serons tous en voye de mourir. Sire vueillez bien aduiser & p̃udement p̃ceder en vostre message, car ie vous diz quil est moult cruel & vaillant.

En ce point parlant dune chose & daultre cheuaucherent tant les messagiers que venuz sont a la porte du chastel daigremont, laq̃lle porte dudit chastel fut tantost close par le portier. Lors hurterent lesdits cheualiers, & le porti er leur respond. Seigneurs q̃ estez vous, amis respõd Sohyer. Ouurez no9 ceste porte prestement, car nous voulons parler au duc beuues daigremont de par le roy charlemaigne. Or attendez ne vous hastez dist le portier ie voys p̃ler prestement a monseigneur le duc. Lors mõta ledit portier iusques au palays & la ou il vit le duc son seigneur il se agenoilla deuant luy & luy dist comment a lentree de la porte auoit vne moult grant compagnie de gẽs darmes, & quilz estoient bien iusques a cent & plus a merueilles bien mõtez & bien armez, & auec eulx estoit le propre filz aisne du roy char lemaigne qui fort menasse vous & vo9 gens. Monseigneur fait le portier leur ouurir ay ge. Ouy dist le duc, car ie ne les doubte riens, no9 sommes cy assez de vaillãs che ualiers & escuyers pour nous deffendre contre eulx & y fust charlemaigne mesmes en propre personne & toute sa puissance. Si leur courut ouurir le portier incontinẽt, & So hyer & ses vaillans compaignons entrerent dedens & monterent iusques au dongon du chastel ouquel estoit le duc q̃ disoit a ses barõs. Seigneurs dist il vecy venir le filz aisne du roy charlemaigne & vient pour me dire & compter son message, mais par ycel luy dieu qui souffrit mort & passion, sil parle sagemẽt a no9 il sera que sage, car sil dit chose q̃l nous desplaise tantost & sans delay en p̃drõs cruelle vẽgãce. Le duc beuues estoit noblemẽt acõpaigne de biẽ deux cẽs cheualiers & plus. Ce fut au moys de may que toutes creatures humaines se doiuêt esiouyr/ꝯ que gens preux ꝯ vaillans en armes prênêt cueur ꝯ hardemêt de bien eulx defendre ꝯ guerroyer cõtre leurs ennemys Ce pendât lohyer le filz du roy charlemaigne entra en la sale du palays daigremont moult noblemêt arme ꝯ ses gês auec luy/ꝯ vit la sale bien garnie de belles gês môlt richement aornez/ꝯ le duc assis moult orgueilleusement entre ses barons ꝯ aupres de luy la duchesse sa femme/ꝯ deuât luy son filz maugis maistre nigromancien qui ouoit deuant son pere de son art de nigromâce/ou les seigneurs q̃ illec estoient p̃noient grât plaisir/ꝯ bien sachez que en tout le monde nauoit plus vaillant crestien ne plus abile en tous faitz q̃ estoit ledit maugis/excepte seulement son cousin regnault lung des quatre filz aymõ/dõt especialemêt traicte ce liure. Lors marcha lohyer tout le p̃mier ꝯ apres luy ses gens p bône cõduite/ꝯ vint deuant le duc beuues/ꝯ en le saluât luy dist en ceste maniere. Cellup dieu q̃ crea le firmamêt ꝯ de riê fist toutes choses pour le peuple sustêter/ et en la croix souffrit mort et passion pour toutes ames rachater des peines denfer sauf ꝯ gart le roy charlemaigne empereur dalemaigne ꝯ roy de frâce ꝯ toute sa noble lignee/ꝯ cõfonde toy duc daigremõt. Le roy mon pere par moy exp̃ssemêt te mãde q̃ viegnes incõtinêt a paris auec.v. cens cheualiers pour le seruir la ou il luy plaira toy emploier/ꝯ aussi pour luy faire droit et rayson de ce q̃ tu ne fus auec luy en armes es pties de lõbardie batailler cõtre les ennemys de la foy crestienne/ou p ton deffault furêt mors baudouin seigneur de melât/geoffroy de tourdelle/ꝯ plusieurs aultres grâs ducz prices cheualiers ꝯ barons. Et se tu ne le veulx faire ie te dy duc beuues q̃ le roy viendra sur toy a tout cent mille hõmes/ꝯ seras prins ꝯ menez en france ꝯ la seras iuge cõe larrõ faulx traptre ꝯ desloyal a ton seigneur a estre eschorche tout vif ꝯ pêdu ꝯ ta femme arse/ꝯ tes enfans destruis ꝯ exillez/si fais ce q̃ le roy te mande ꝯ seras q̃ saige/car tu scez bien q̃ tu es son homme vassal ꝯ subiect.

Q̃uãt le duc beuues daigremõt ainsi ouyt parler lohyer le filz du roy charlemaigne. Lors leussiez veu muer couleur trâsir ꝯ ronfler cõe hõme selõ cruel ꝯ oultrageux/ꝯ dist a lohyer p ceste maniere. Que ia ne daigneroit aller au roy ne faire pour luy oultre son vouloir/ne de luy ne tenoit chastel ne fortresse/ais sen yroit sur luy a toute sa puissance/ꝯ destruiroit tout le pais de frâce iusq̃s a paris. Lors dist lohyer au duc beuues. Vassal fait il comme oses tu ainsi respondre. Se le roy scauoit que tu le menasses ainsi il viendroit sur toy et entierement te destruyroit. Bien scez que tu es son homme liege ꝯ ne le puis desdire/si viens p̃stemêt seruir le roy ꝯ me croys/car se tu ne le fais ie te dis q̃ sil te peult prêdre a force quil te fera pendre ꝯ branler au vent. Quant le duc beuues eut ainsi ouy parler lohier il se leua en estât ꝯ dist que en mase heure luy estoit venu compter ce message. Lors se trayt auât ung cheualier nõme gaultier qui estoit hõme au duc beuues ꝯ dist au duc beuues/mon seigneur gardez pour dieu que ne cõmettez folie/laissez dire a lohyer toute sa voulente/car de ce ne valez ne plus ne moins/ꝯ cõme bien scauez charlemaigne est tres puissant/ꝯ tant quil nest chastel ville ne fortresse qui tiengne cõtre luy. Allez a luy p mon cõseil/car son hõme vassal ꝯ subiectz estes/ꝯ de luy tenez vostre chastel daigremont ꝯ toute vostre terre/ꝯ se ainsi le faictes voꝰ ferez que saige ꝯ sera vostre pufsit/car de guerroyer cõtre vostre droicturier seigneur ne vous en peult que mal venir Quant le duc ouyt ainsi parler le saige cheualier il luy en sceut bon gre. Touteffoys par maltalent luy dist. Taisez vous, car ie ne tiendray riens de luy tant côme ie puisse porter armes ne môter sur cheual. Ie mâderay mes chiers freres girard de rossillô et doon de nâtueil et garnier son filz, et puis prons sur le roy charlemaigne, et se ie le rencontre en place ie le destruiray et si feray de luy ce ql cuide faire de moy, cuide il que ie soye ainsi couart, nennyl par ma foy. Ie ne prêdoye pas tout lor de paris q le messagier ne tue et me deust on en pieces decoupper. Mal fut pour luy quant ainsi me ousa menasser. Et lors dist lohyer ie ne vous prise ne doubte. Quant le duc beuues daigremont lentendit de maltalent rougist et cômenca a se leuer et a crier. Or sus barôs tost prenez le moy, ia ne sera garâty que ne le face villainemêt mourir. Et les barôs noserent côtredire a leur seigneur, si tirerêt tous leurs espees et incôtinent saillirêt sur les gens de charlemaigne. Lohier crie son enseigne et cômêca luy et ses gens durement a culx deffendre. Dieu scet quâtz piez et quâtes testes peut ce iour couppees, car a celle heure cômêca chose dont apres tant de dames furêt sans mary, tât de damoiselles sans amy, tant denfans orphelins, et tât desglises gastees et destruictes que ce fut pitie, que vous diray ie plus. Sachez que tant se côbatirêt leans en la sale du palays q le bruyt en alla p toute la ville. Lors veissez les bourgoys marchâs et gens de mestier a tout haches espees et aultres bastons venir celle part, tant qlz estoiêt biê sept mille ou plus, mais lentree du palais daigremont estoit estroicte, et les francoys estoiêt dedens q biê les gardoiêt dy entrer a leur aise. Helas quelle maleureuse et terrible iournee peut ce iour, car les gês charlemaigne estoient biê peu enuers les aultres, et comme vous puez scauoir male fut celle assemblee, si se defendirêt moult vaillâmêt les gens de charlemaigne, et tât que lohier voiât que luy et ses gens auoiêt du pis il frappa ung cheualier si durement deuant le duc beuues daigremôt en telle facon ql cheut mort a terre. Oultre fait il dieu te mauldie. Puis dist piteusemêt en soy guementant. Sire dieu q en la saincte vierge prins cher humaine, et souffris mort et passiô pour racheter lumain lignaige vueille moy auiourduy garêtir et defendre de mort, car ie scay bien q se ce nest p vostre ayde q auiourduy soye secouru, iamais le roy mon pere ne me verra. Lors luy escria haultemêt le duc. Lohier si maist dieu huy est vostre definement Non sera dist lohyer. Lors il print son branc dacier et frappa le duc sur son heaulme, mais le cop deuala pour le heaulme q le saulua et puis luy descendit le cop dessus son talon tellemêt q le sang en courut p my la sale. Par dieu dist lohyer vous nen eschapperez ia. Lors vint a luy le duc tout enrage en disant. Peu me puis priser se ne me venge de toy, si leua le duc son branc et frappa lohier si durement sur son heaulme quil le fendit iusques aux dens et le tomba mort deuant luy. He dieu quel grant dommaige a fait le duc beuues daigremont dauoir ainsi villainement occis lohyer le filz aisne du roy charlemaigne, car de puis en fut lost de france en moult grant et innumerable torment, et le duc mesmes piteusemêt en mourut, ce fut le payemêt quil en eut côme cy apres plus au long vous orrez se paisiblement me voulez escouter.

OR est oultrageusement tue le bon lohier filz aisne du roy charlemaigne. Et le duc beuues daigremôt plai de cruaulte luy osta la teste, et aps q les gês dudit lohyer veirêt leur seigneur mort, et pêsez qlz ne firêt pas grant deffense, touteffoys de cêt qlz estoiêt entrez dedês le palais auec leur dit seigneur lohyer nen estoit demoure de vifz que vint, dont les dix fist incôtinêt le duc occire & tuer,& les aultres dix il retint en vie et leur dist. Se vous me voulez promettre & iurer sur voftre ferment & foy de cheualerie que vous emporterez voftre feigneur lohyer a fon pere le roy charlemaigne,en luy difant que ie luy enuoye fon filz,& que a male heure se me enuoya pour me dire telles nouuelles ie vous lairray aller,& luy dictez que pour luy ne feroie la montance dung feul denier,aincoys men iray fur luy en ce premier efte venant a tout cent mille combatans & deftruiray luy & fon pays. Sire refpondirent ilz nous ferons ce quil vous plaira nous commander. Adonc fift faire le duc preftement vne byere,& fift mettre le corps de lohier dedens, puis apres les deliura a fes dix cheualiers qui eftoient demourez en vie,& se mirent fur vne charrette a deux cheuaulx,& les conuoya le duc iufques hors de fa ville,& quant ilz furent aux champs lors se prindrent les cheualiers francoys a plourer & a lamenter pour leur feigneur lohier en difant. Helas monfeigneur que dirons nous au roy charlemaigne voftre pere q̃ tant de dueil aura quant fcaura voftre cruelle mort, nous pouons bien eftre certains quil nous fera tous mourir. En ce point plourans & lamentans pour la mort de leur feigneur cheuaucherent leur voye tout droit a paris. Mais ores vous lairrons a parler des meffagiers & vous dirons du roy charlemaigne qui eftoit a paris auec grant multitude de feignourie qui la eftoit affemblez. Le roy charlemaigne dift ung iour a fes feigneurs. Je fuis moult courroucé de mon filz lohier q̃ iay enuoyé a aigremont. Jay grant paour quil aye prins debat au duc beuues qui eft fier et oultrageux & me doubte quil ne fait occis. Mais p ma coronne fe ainfi fa fait ne chofe qui me tourne a defplaifir ne dommage, ie iray fur luy a tout cent mille hommes & le feray aux fourches pendre. Sire dift le bon duc naymes de dordonne ie vo⁹ fcauray bon gre fil vous a mesfait fe le pugniffez & en prenez bonne vengance, il eft voftre homme liege, fi vo⁹ doit feruir prifer et honnorer et doit de vous tenir toute fa terre. Touteffoys fil vo⁹ a mesfait en aulcune maniere ce poife moy & mout me defplait fi fault que apez courroux enuers luy. Je ay icy mes quatre filz,ceft affauoir regnault alard guichard & richard lefqlz font moult vaillans come fcauez q̃ bien vo⁹ feruiront a voftre voulente. Aymon dift le roy charlemaigne ie vo⁹ fcay bon gre de loffre q̃ maitenant mauez p̃fentee, fi eft mon vouloir q̃ p̃fentemẽt les faces venir icy affin q̃ ie les face cheualiers, ie leur donneray affez chafteaulx villes & cites. Lors le duc aymon incontinant manda querir fes enfans & les fift venir deuant le roy,& quant le roy les vit ilz luy pleurent moult. Et regnault p̃ la le p̃mier & dift. Sire fil vous plaift no⁹ faire cheualiers a tousiourmais ferons tenus de vo⁹ feruir & vie feignourie. Lors le roy charlemaigne appella fon fenefchal et luy dift. Apportez moy les armes q̃ furent au roy cedre lefql iay de mon efpee occis en la bataille q̃ fut deuant papefonne, fi les donray au gentil regnault come a celluy q̃ ie cuy de q̃ eft le plus vaillant de to⁹,& dauftres bonnes armes ie donray aux auftres troys freres. Le fenefchal apporta les armes lefqlles eftoient moult belles & riches. Et lors furent armez les quatre gentilz enfans du bon duc aymon de dordonne, & ogier denemarche q̃ eftoit de leur parente chauffa les efperons au nouueau cheualier regnault. Et charlemaigne luy feignit fon efpee, & puys luy donna la collee en difant. Dieu te croiffe bonté honneur & vaillance. Et puis monta regnault a cheual fur bayart ung tel cheual q̃ oncques ne fut veu le pareil ne iamais ne fera apres le cheual du grant roy alexandre car pour auoir couru .v. lieues ia ne treffuaft. Celluy cheual fut nourry en lifle de Bref cay, & maugis le filz du duc beuues de aigremont se auoit donné a fon coufin regnault qui depuis fist le roy charlemaigne moult ire et doulent côme ouyrpourrez cy apres.

E cheualier regnault auoit a son col ung escu paint/si brandit son espee
p grant fierte/et bien sachez q̈l estoit moult beau cheualier grât a mer ueil
les et bien fonde/et sachez q̄ moult belle chose estoit de le veoir/car bien sem
bloit ung des plus vaillans cheualiers quõ sceust trouuer en tout le mõ
de. Si disoiẽt les barõs q̃ estoient illec assemblez. He dieu q̈l beau cheualier. Jamays
ne fut ne ne sera veu ung si bel hôme darmes côme regnault/dieu luy croisse honneur
vaillâce bôte et pris. Puis furẽt moult hõnorablemẽt et richemẽt abillez et armes les
aultres trois freres de regnault q̃ apres montẽrent toᵘa cheual soubz saintvictor pres de
paris. Lors fist le roy dresser une quitaine a laq̈lle il fist iouster les nouueaulx cheua
liers. Si ioustẽrẽt moult vaillâment/mais regnault iousta le mieulx sur son cheual
bayard le sac. A merueilles pleurent et furẽt aggreables au roy les faitz du vaillant
cheualier regnault/et puis luy dist le roy. Regnault doresnauât vous viendrez en ba
taille auec noᵘs si luy respõdit regnault en ceste maniere. Cent mille mercys vous en
rens sire. Je vous promctz en bonne foy de voᵘobeyr et seruir loyaulment/ne iamais
ne me trouuerez en forfait sc de vous ne vient.

Empereur charlemaigne apres les ioustes faictes sen tourna en son pala
is a paris/alors il araisonna ses princes et barôs/la estoit le duc naymes
de bauieres/ogier le danoys/et larceuesque turpin en disant. Barôs fait
il trop ne me puis merueiller de lohyer mon aisne filz q̈ tant demeure en
son message. Jay grât paour que aulcun incôuenient ne luy soit aduenuˢ car la nupt
passee iay songe en dormât q̃ fouldre du ciel tomba dessus mon filz lohyer si q̈l estoit
tout pasme/et lors venoit le duc beuues daigremôt sur luy et luy couppa la teste/mais
par ma barbe se ainsi la fait iamais iour de ma vie accord a moy naura/ne iamays
au cueur nauray ioye. Car cestoit celluy que iamoye le plus en ce monde. Sire ce dist
le duc naymes/ie ne croy point telle chose ne a telz songes ne doit on adiouster aulcu
ne creance deuant quil aduiengne. Toutesfoys dist le roy se ainsi la fait iamays ne
luy lairray la valeur dung seul denier/car ie manderay normãs, barruyers, flamãs
châpaignois, alemãs, bauiers, et anglois/si pray sur luy et entieremẽt le destruiray/et
aymon tousiours luy disoit q̈l ne se effroyast de rien iusq̃s a ce q̃ aulcũ en fust retour
ne/en disant ses paroles vecy venir ung messager montez sur ung beau cheual fauuel
leq̈l estoit môlt recreu et grâdemẽt lasse et estoit naure a mort/si sen vit a paris deuât
le palais. Le roy charlemaigne estoit aux fenestres et quât il veit venir le messagier il
descêdit prestemẽt en bas du palais et auec luy naymes de bauieres et ogier le danoys/
et quât le messagier fut deuât le roy il le salua bassemẽt côe celluy q̃ courrouce et naure
estoit et q̃ a peine pouoit pler et dist en ceste maniere. Grâde folie fistes quât enuoya
stes môseigneur vostre filz demâder treuage et obeissance au duc beuues dalgremont
leq̈l moultvaillâmẽt luy demâda/mais le duc q̃ est fier et oustrageulx quât il ouyt p
ler môdit seigneur vostre filz si cômâda a plusieurs cheualiers q̃ illec estoyẽt q̈l fust
prins/et q̃ iamais ne vous retourneroit racôpter son message ne responce. A laquelle
prinse fut tresgrâde mellee tant que vostre chier filz lohyer y est mort et la occis le duc
beuues daigremont et toutes voz gens excepte moy et neuf aultres qui apportent et
conduisent vostre doulx filz lohyer en une biere. Moy aussi suis naure comme voiez

Et lors plus ne peult parler le messagier/si se pasma du grant mal & de la douleur qu'il sentoit a cause de ses playes. Et quant le roy eut ouy ces parolles il tomba a terre du grant mal quil eut/& destordoit ses mains/& tyroit sa barbe/& desfiroit ses cheueulx en disant. He dieu q formastes ciel & terre vous mauez mis en tel dueil q iamays ioye ne auray si. Vo9 requiers humblement la mort/car plus viure ie ne quiers. Le bon duc de bauieres reconforta charlemaigne en disant. Pour dieu sire ne vous tourmentez. Ayes vostre cueur & vostre esperance en dieu/& reconfortez vos hommes/faites sire que vostre filz soit honorablement enterre a sait germain des pres. Et puis irez cheup le duc beu= ues daigremont a tout vostre puissance/& le destruirez & tout son pays. Lors se recon= forta le roy charlemaigne/& cogneut bien que naymes le conseilloit loyaulment. Lors dist le roy. Or sus Barons apprestez vous se prons au deuant de feu mon chier filz lohy er/& incontinent tous les princes & Barons se mirent en cotoy pour faire le commandement du roy charlemaigne. Et quant ilz furent deux lieues hors de paris ilz rencontrerent le corps de lohyer mis en vne byere. Et estoient auec le roy naymes/ogier/sanson de bourgoingne & plusieurs aultres grans seigneurs. Lors dist le roy charlemaigne quant il vit son chier filz. Helas coment ie suis villainement traicte. Si descendit a pic & leua le tapis q estoit sur la byere/& vit son filz lohyer q auoit la teste couppee & le visaige tout detranche. He dieu dist le roy vecy assez pour tout vif enrager. Bien doit hayr beu= ues daigremont qui mon filz a ainsi murtry. Adonc baisa son enfant q estoit encores tout sanglant en disant en ceste maniere. He beau filz moult estiez puissant & gentilz cheualier. Or prie a dieu le puissant roy de gloire qu'il mette au iourduy vostre ame ou royaulme de paradis. Grant dueil mena le roy charlemaigne de la mort de son filz lo hyer/mais tousiours le reconfortoit le bon duc naymes. Et lors thierry le ardenoys & sanson de bourgoigne prindrent la byere ou le corps de lohier estoit & semeneret iusq a saint germain des pres/& la fut le corps de lohier enterre/enoingt & embasme come appartient a tous filz de roys.

OR laissons cy a pler du bon roy charlemaigne & de son filz lohyer/et vo9 di= rons du bon duc aymon & de ses enfans qui estoient a paris. A ses enfans dist aymon vous scauez comment le roy charlemaigne est moult fort ire & non pas sans cause/pource que mon frere vostre oncle a occis lohier son filz. Si scay bien quil yra sur luy a tout sa puissance. Mais veritablement nous ny= rons pas/aincops nous en yrons a dordonne & se le roy luy fait guerre de nostre puis= sance luy ayderons. Si monterent tost a cheual le bon duc aymon & ses quatre cheua= liers ses enfans/& narresterent aucunement iusques a ce quil furent a lacy & de la fu= rent tant p leurs iournees quilz arriuerent a dordonne. Et quant la dame vit son sei gneur & ses quatre enfans elle en fut moult ioyeuse/& sen alla au deuant demandant des nouuelles/& se regnault & ses aultres enfans estoient cheualiers. Et lors respon= dit le bon duc aymon que ouy. Puis elle demanda pourquoy ilz sestoient departiz dauec le roy charlemaigne. Et adoc il luy copta de mot a mot comet son frere le duc beuues auoit occis le filz aisne du roy charlemaigne. De ce la dame fut merueilleusement cou roucee & dolente/car bien congneut que cestoit la destruction totale de son mary delle & ses enfans & de toute leur terre. Regnault menassoit fort le roy charlemaigne/& la dame ouyant ce luy dist. Mon filz regnault ie te prie que tu mentendes vng peu. Aime doubte et crains ton souuerain & naturel seigneur sur toutes riens, et luy porte honneur & reuerēce, & de dieu tu seras ayme. Et vous mōseigneur aymon moult mesmerueille de ce que vous estes parti de la court de charlemaigne sans son congé. Il vous a fait tant de biens & donneur quil a donne a voz enfans ces nobles & riches armeures, & si les a fais cheualiers de sa propre main. Plus grant honneur ne pouoit il faire a vous ne a voz enfans. Dame dist le duc nous sommes ainsi partis pource que mon frere beuues a occis le filz au roy charlemaigne comme vous ay dessus compte. He dieu dist la dame qui de sa sainte vierge marie nasquit coment auiourduy le mal surmonte le bien. Pour dieu mon seigneur dist la dame de cest affaire ne voꝰ mesles, car a ce premier este verres que le roy ira chief vostre frere, par mon conseil seruez le roy vostre droicturier seigneur & ne luy failles pour riens, car se aultrement le faictes vous serez desloyal & faulx enuers vostre souuerain & droicturier seigneur. Dame p dieu omnipotent dist le duc ie vouldroye auoir perdu mon chastel & la moytie de toute ma terre & que mon frere neust point occis lohier. Dieu face dieu ainsi quil luy plaira car aultrement ne peult estre.

Parler nous vous lairrons du bon duc aymon de dordōne & retournerōs au roy charlemaigne qui fut retourne a paris menant moult grāt dueil plours lamentations de son filz lohyer. Lors eussiez veu tant de belles robes derompre, tant de mains destordre, tāt de cheuculx detyrer & arrachier que cestoit grant pitie & merueilles a veoir. Le roy demenoit grāt dueil disant. Cellui qui vous a ainsi cruellement occis ne me aymoit guaytes, iamays ne seray a repos iusques a ce que iauray prins vengeāce de vostre mort. Sire pour dieu mercy fait le duc de bauieres. Certes il nafftert point a si hault seigneur comme vous estes de demener si grāt dueil comme vous faictes. Ce pendant vint vng messagier deuāt le roy lequel luy compta commēt aymon de dordonne & ses quatre filz sen estoyent allez en leur pays dont le roy fut moult courrouce. Si iura dieu & saint denis q̄ deuant quil mourust que aymon & ses enfans le comparoyent chier, & que le duc beuues daygremont ne ses freres ne ses enfans ne len sauroyēt garder. Le disner fut prest & lauerent les mains & sassirent a table. Mais sachez que peu mengea le roy comme cellui qui estoit en grant melencolie. Le beau salomon seruit ce iour de couppe deuant luy. Moult estoit grant le peuple qui la estoit. Apres disner lempereur charlemaigne arraisonna ses barons, & leur dist. Seigneurs fait il, grant oultrage ma fait le duc beuues daygremont qui si villainemēt ma ainsi occis mon chier filz lohyer, mais se dieu plaist ie iray chieu luy a ce premier este & destruiray toute sa terre, & se ie le puis tenir ie ne laisseray pas den pēdre vēgāce pour le duc aymon qui sen est allez villainemēt ne pour ses quatre filz que iay fait cheualiers dont foimēt me repens. Sire dist le duc naymes oupes ce q̄ ie vous veulx dire. Vostre filz est mort par maleur, iamays mort ne fut si chier vendue que ceste cy sera. Si mandes voz hommes par toute voz terres & puis vers aigremont prenes vostre voye, & se le duc beuues tenes la mort de vostre chier filz lohyer luy soit chierement vendue. Naymes dist le roy moult estes preudons saige courtoys & vaillant tout ainsi le feray bien sagement cōseille mauez. Lors donna conge a plusieurs de ses barōs & gentilz hommes q̄ pour lors a sa court estoient, et leur dist quilz sen allassent chescun appareiller en son pais, & puis retournassent au premier este venant. Ainsi fut fait que le roy l'auoit deuise, et s'en allerent les barons et gentilz hommes. Et pour lors fut la renomée par toute la terre iusques a rôme que charlemaigne faisoit amas de gensdarmes, a tant que ses nouuelles en vindrent au duc beuues daigremont lequel dautre part manda tous ses parens a amis, et par especial manda to9 ses freres, cestassauoir gerard de rossillon a doon de nantueil tant quilz furent quant tous furent assemblez bien quatre vingtz mille cöbatans sauf le plus. Oncques plus belles gens ne furent veuz. Adonc dirent ilz, ie croy que se le roy assege ce chasteau que le pis en tournera sur luy. Or dist le duc beuues a gerard son frere, Frere dist il ne vo9 esmayez, car iespere si bien greuer le roy sil vient sur no9 qil saura bien a quoy sen tenir. Mais or no9 en allös vers troye a la no9 cöbatrös cötre le roy vigoureusement, bien scay que dieu nous aydera. Ce fut au commancemët du mois de may que charlemaigne estoit a paris qui attendoit ses gens q deuoient venir pour aller a grant puissance sur le duc beuues daigremöt, et ne demoura pas longuement que richard de normendie vint a tout trente mille combatans, et dautre part le conte guy qui auoit auec luy moult noble et grande compagnie. Et apres luy salomon de bretaigne et le conte huon, et daultre part tant y veissez venir poitevins, gascös, normans, flamans, berruyers, bourgoignons, et tant daultre grande seigneurie que cestoit merueilles a voir, lesqlz sen vindrent tous loger es pres de saint germain.

Or quant le roy charlemaigne sceut que ses gens estoient tous arriuez il en eut moult grät ioye, a fist incötinent deptir ses batailles pour aller a son entreprinse. Et fist richard de normendie de gastrant de buisson de guidesson de bauieres de pzacar de nemours de ogier le dannois et de restou le filz oedon auecques eulx quarante mille combatans son auangarde. La veissiez moult noble compaignie et maintz hardis hommes. Si sen departirent de paris et se mirent a chemin tout droit vers aigremont. Et en ce point eulx cheuauchäs aps plusieurs iournees que nommer ne vous scauroie vint tout droit a ogier le dannois qui menoit lauangarde vng messagier moult hastiuement cheuauchant, si demanda a q estoit celle belle cöpaignie a ilz luy respondirët quelle estoit au roy charlemaigne. Lors il dist quil voulort bien parler a luy, si luy mena richard et luy möstra le roy, et quant le messagier se vit il le salua. Et le roy luy rendit son salut et luy demanda ql estoit. Et le messagier luy dist quil estoit de troye a que a luy senuoyoit le seigneur de troye qui estoit son homme liege, car il tenoit de luy troye, et luy supplioit ledit duc ql luy pleust de luy donner secours, car le duc beuues daigremont et ses deux freres gerard de rossillon et doon de nantueil auec eulx cët mille combatans sauoient assegie a troye, et que se ne luy venoit au secours quil luy fauldroit rendre troye ou estoit la belle tour que fist faire iulius cesar.

Quant charlemaigne lempereur entendit q troye estoit assegee par le duc beuues a ses freres il en fut moult doulent, et iura lors p saint denis de france quil yroit celle part a tout son armee, et que sil pouoit tenir le duc daigremont q villainement le feroit mourir, il appella le duc naymes de bauiere, godebeau de frise, a le duc galerätz leur dist. Barös or oyez cheuauchös hastiuemët vers troye auät quelle soit prinse. Et ilz luy respondirët tous que tresvoulëtiers. Ilz cheuaucherët tät quilz furët pres de troye. Et tout premier vint lauägarde

B

atout son ost/& laquelle estoient gouuerneurs ogier le danoys/richard de nonmendie et le duc galeraut/& auec eulx trente mille combatans/& le messagier de troye q̃ les conduisoit. Et quãt ilz furent si pres quilz virent troye deuant eulx vng messagier vint a gerard de rossillon q̃ estoit deuant troye luy disant q̃ le roy charlemaigne venoit sur eulx po ur secourir aubery a moult grãde compagnie. Gerard dit a ses freres/cest assauoir au duc beuues daigremont & au conte doon de nanteuil q̃l seroit son daller contre charlemaigne a toute leur puissance et que chescun se mõstrast bon homme. Ilz si rent ainsi quilz eurent deuise/et gerard de rossillon estoit tout le pmier a lauangarde Et tãt cheuaucherent q̃ lune auantgarde vit lautre. Quãt ogier le danoys vept venir gerard de rossillon il dist a richard de nonmendie. Voyez fait il cõment gerard de rossillon no9 cuide mal mener. Or pensons tous de no9 bie̅ deffendre tant q̃ lonneur en soit au roy et a no9. Et adõc laisseret courir les cheuaulx dune part et dautre. Gerard de rossillon alla ferir vng alemant de sa lance tellement q̃l la luy mist parmi le corps. Cellup tomba mort a terre/& gerard print son enseigne & cria rossillon. Adonc cõmença terrible & cruelle bataille. Quant ogier vit ainsi mourir ses gens il cuida tout vif entager/si alla frapper vng cheualier nomme ponson tellement quil luy mist la lance parmp le corps et le tomba mort deuant luy. Gerard voyãt ce frappa vng des gens de ogier tellement q̃ tout mort le getta a terre/et dist. Vo9 auez ce pour vostre maistre ogier. Doulx fut grant & merueilleux lestour & la bataille fiere. La peussiez veoir tãt descus percer/tant de targes froisser/& tãt de habers desmailler/et tãt de mort gesir su̅g sur lautre q̃ toute la terre estoit rouge du sang des mortz & des naurez q̃ illec estoient/tellemẽt q̃ cestoit grãt pitie a veoir. Adõc vint le duc beuues daigremont en poingnant terriblemẽt son destrier & frappa engueran seigneur de perõne & de saint quentin si duremẽt q̃ deuant luy labatit tout mort p̃ terre/puis dist or va dieu te mauldic. Lors il cria a haulte voix aigremõt. Et adonc vint a luy son frere le duc de nantueil a tout ses gẽs/& sen võt tous ensemble sur les gẽs de charlemaigne. De aultre part vindre̅t a grãt puissance poitceuis alemãs et aussi lombars q̃ estoie̅t du party du roy charlemaigne/& se meslerent les vngs entre les autres. La eut moult dure & terrible assemblee/car la fure̅t mortz moult de puissãs & vaillãs cheualiers. Richard de normendie mõstra adõc sa grãt prouesse & valeur/car il frappa vng cheualier lequel gerard de rossillon aimoit moult de si grãt pouoir q̃ mort le trebucha deuãt ledit gerard Adõc dist gerard de rossillõ. Or suis maintenãt bien doulent & courrouce/car cellup est mort q̃ tãt chieremẽt iamoie/certes iamais ie nauray ioye au cueur se briesmẽt ne men venge. Adõc crya son enseigne rossillon. Et son frere doon de nãtueil promptemẽt vint a luy & luy dist. Frere ie vo9 cõseille q̃ nous en retournõs/car vecy charlemaigne atout ses gẽs. Ie vous dy bien q̃ se nous lattendõs la perte tournera sur nous. En ce point eulx parlant galerant de buillon frappa deuant eulx vng des nepueu de gerard de rossillõ/tellemẽt q̃ luy mist lespee tout oultre le corps & cheut mort a terre. Lors cuida gerard pssir du sens/& enuoya tost querir le duc beuues son frere/lequel le vint tã tost secourir cõme vaillant & preux quil estoit. Daultre part le roy rassembla ses gẽs Maintenãt orrez dire chose de grant noblesse q̃ adonc fut faicte. Ce fut au moys de may p vne matinee q̃ le roy charlemaigne assembla ses gens encõtre ceulx du duc de aigremõt & de ses freres. A laquelle assemblee veissiez reluyre maintz harnoys pour le soleil qui est beaulx cler luisoit cellup iour/laquelle assemblee fut forte et merueilleuse/car il y eut tant de picz et de testes coupprees/tant de bons cheuaulx occis et destrã chez/et tãt de corps gisoiẽt mortz dessus lerbe q̃ pitie estoit a veoir/et sachez de vray q̃l y mourut cellup iour tãt dung coste q̃ daultre. pl. mille hommes et plus. He dieu quelle occisiõ il y eut. Le duc Beuues moult ire frappa messire gaultier seigneur de pierre lee en son escu tellement que sa lance luy mist parmy le corps et tomba mort y terre/puis escria a haulte voix son enseigne aigremont.

Fiere fut la bataille grãde et merueilleuse/la demõstra richard de normẽ die moult vaillãmẽt sa puesse/car il iousta cõtre le duc daigremõt telle mẽt q̃ son escu perca et terriblemẽt le naura et luy dist. Par dieu voˀ ne se rez huy garãti de mort/ male fut pour voˀ la iournee que oncqˢ occistes monseigneur lohier/puis tyra son espee et va ferir de rechief sur le duc tellement que se neust este la couefe dacier qui le coup fist ius deualer/ledit beuues estoit mort a celle heure. Le coup tõba sur le cheual q̃ tout oultre le trõsonna et passa cõe se riẽs ne fust et le cheual tõba mort dessoubz son maistre. Adõc fut mõlt esbahy le duc Beuues quãt ainsi par terre se vit. Il se redressa appertemẽt cõme cellup q̃ preux et vaillant estoit tenant son espee en sa main et frappa vng cheualier nõme messire symon tant q̃ tout mort labatit en la place/puis escria a haulte voix aigremont son enseigne. Lors vin drẽt a luy ses deux freres le duc de rossillõ et doon de nãtueil. Et de la part charlemai gne et vint ogier/naymes/gallerãt de duillon/huon seigneur du mãs/le cõte salomõ leon de frise/larcheuesq̃ turpi et estou le filz oedõ. Et a celle assemblee veissez moult grande et merueilleuse noblesse de cheualiers gesir mort a terre.

A Ceste inhumaine occisiõ vint lẽpereur charlemaigne roy de frãce criãt barons sil noˀeschappẽt iamais hõneur nauros. Lors mist sa lãce en la reste frappa en lescu gerard de rossillon tellemẽt q̃ de cheual labatit par terre. Et la eust este son deffinemẽt se neussent este ses freres le duc Beu ues et doon de nãtueil q̃ moult vaillamment et a grant diligence le secoururẽt. Daul trepart vint ogier le danois sur son destrier broifort q̃ frappa vng cheualier des gẽs de gerad conte de rossillon appelle messire fouquet tellement quil le pourfendit iusqˢ aux dens et tomba mort a terre/et quant gerard de rossillon vit ainsi son cheualier oc cis se reclama a dieu et saite marie en disant. Helas iay auiourduy pdu moult de bel le cheualerie/et le duc daigremõt pareillemẽt fut moult esbay et pria dieu moult piteu sement quil le pleust de garantir de mort et de cheoir es mains de charlemaigne. Pres estoit le souleil de coucher et estoit biẽ enuiron heure de cõplie/les cõbatãs dune part et daultre furent moult las et bien eschauffez. Les troys freres sen retournerẽt en leurs têtes moult courroucez/et per especial gerard de rossillon qui a ce iour auoit perdu a manoys son cousin et aultres cẽs des meilleurs de sa cõpagnie/si dist. Male fut leu re que le filz de charlemaigne fut occis. Lors vint a luy le duc beuues daigremõt tout sanglant comme cellup qui estoit terriblement naure/et quant gerard le vit il se print a souspirer tendremẽt en disant. Beau frere vous estes naure a mort/non suis dist il tantost seray gary. Adonc iura le duc gerard de rossillon que au matin a soleil leuãt il commenceroit telle meslee auec charlemaigne et ses gens/dont trente mille en per droient la vic. Helas pour dieu non faictes dist son frere le duc de nantueil/ mais se

б ij

mon conseil voulez croyre nous envoyerons xxx. des plus sages de noz chevaliers au roy/ & p ceulx luy ferons dire & remonstrer humblement qͥl ayt pitie & mercy de nous/& q̄ nostre frere le duc bevues luy amendera la mort de son filz lohier tout ainsi dit q̄ sera p les princes & barōs de sa cōpagnie & de la nostre. Vous sçavez bien q̄ nous sommes ses hommes & q̄ de le guerroyer faisons cruelle desloyaulte/& encores est il pluz car sil avo it perdu toutes ses gens qͥl a cy amene sur nous/avant qͥl fust vng moys passe il en au roit recouure deux foys autant/nous ne povōs aulcunemēt cōtre luy tenir. Et pour ce ie vous prie mes freres q̄ en ce point le vueillez faire. Ses deux freres luy respōdi rent quilz en estoiēt dacord puis que ainsi les cōseilloit. Lors cōclurēt entre eulx de y envoyer au matin quāt iour seroit. Ilz firēt faire celle nuyt gros guet iusqs au ma tin. Lors firēt aprester leur messagiers pour envoyer au roy charlemaigne/& quāt ilz furēt prestz gerard de rossillon leur dist. Seigneurs remōstrez bien au roy charlemai gne quilz no⁹ desplaist moult de la mort de son filz lohier/et que nostre frere le duc de bevues fort sen repent/& q̄ sil luy plaist avoir mercy de nous q̄ nous le prons servir la ou il luy plaira nous envoyer a tout dix mille cōbatans. Et se direz a naymes de ba uieres q̄ nous luy prions q̄ pour cest acord faire il se vueille devers le roy emploier.

Dant les messagiers eurēt bien au long entendu ce quilz devoient dire et exposer au roy charlemaigne de par les troys freres ducz/ilz monterēt a cheval chescun deulx portās rames doliuiers en leurs mains en signe de paix/& ne cessérēt de chevaucher iusques ad ce quilz furent devant le tref du roy charlemaigne. Lors pla vng chevalier nōme messire estiēne saluāt le roy char lemaigne p ceste maniere. Sire ie prie a nostre seigneur q̄ par sa saincte grace vo⁹ do int bōne vie & lōgue. Sachez sire q̄ le duc gerard de rossillō & le duc bevues daigremōt & doon de nantueil nous ont cy transmis lesquelz vous crient mercy/& vous supplient treshumblemēt quil vous plaise leur pdōner la mort de vostre filz lohier de laquelle sont moult doulent & courocez & tresgrandement leur poise. Et vous fait dire le duc bevues daigremōt par nous que se vostre bon plaisir est de ce faire q̄ luy & ses freres seront voz hommes lieges & vous viendront servir a tout dix mille cōbatans en tout ce quil sera vostre bon plaisir de les emploier. Sire pour dieu ayez souvenance q̄ dieu pdōna sa mort a longis qui cruellemēt le frappa au coste de la lance. Pourquoy sire plaise vo⁹ leur pdōner vre maltalent/& de ce treshumblemēt vous supplient. Quāt le roy charlemaigne ouyt ainsi parler les messagiers des troys freres il froissa le frōt & embroncha les yeulx & tout le visaige/& a celle heure ne leur respondit aulcune cho se. Puis vng peu apres cōmenca a parler en ceste maniere. Par ma foy messire estien ne dist il/bien eut perdu son bon sang le duc bevues daigremont quāt si villainemēt occist mon chier filz lohier lequel si chieremēt iorpaye. Or est il mon hōme vueille ou non. Sire dist sire estiēne ie suis certain qͥl vous fera toute raison audit de vostre bon cōseil. Lors dist le roy de ce nous no⁹ cōseillerons. Adonc se tyra vng peu arriere & ap pella naymes de bauiere/ogier le danoys/messire salomon/huon du maine/gallerāt du buillon/odet de lāgres/& leon de frise & leur dist. Seigneurs veez les messagiers du duc bevues & de ses freres q̄ me mādēt quil me viendront servir la ou bon me sem blera a tout dix mille combatans se la mort de nostre filz lohier luy voulons pardon ner/se seront noz hommes lieges & vassaulx/et de nous tiendrōt toutes leurs terres et seignouries. Sire respondit le duc naymes en ce na que tout bien/ie vous conseille que leurs pardonnez/car ilz sont moult vaillās & de grant renommee/pourquoy pardonnez leur si vous plaist.

Lors par le conseil du duc naymes de bauiere le roy pardonna aux troys freres/si appella les embassadeurs & leur dist comment il pardonnoit aux troys ducz la mort de son filz lohier par telle condition/ que le duc beuues daigremont le viēdroit seruir a la sainct iehan prochainement venant a tout dix mille cōbatās bien en point/& leur dictes q̄lz viennēt a moy seurement pour prēdre deulx leur foy & fermēt de moy bien & loyalmēt doresnauant seruir & q̄ de moy tiendront toutes leurs terres. Adonc se ptirent les cheualiers de deuāt le roy charlemaigne & vindrēt aux ducz/& leur cōpterēt cōmēt ilz auoiēt exploite & besoigne auec charlemaigne dont les troys freres remerciereēt moult humblemēt nresseigneur. Lors dist gerard de rossillon. Seigneurs raysō est q̄ nous no⁹ despoillōs de noz bōnes robes & aillons au roy tous nudz & luy crions mercy de ce q̄ auōs ainsi offense cōtre sa haulte puissance & seignourie/& les aultres freres respōdirēt q̄ bien le deuoiēt ainsi faire. Si se despoillerēt les nobles seigneurs en chemise & nudz piedz se despartirēt de leur logis et auec eulx bien quatre mille cheualiers tous nudz piedz & en chemise cōme ilz estoient/& en ce point sen vindrent deuant le roy charlemaigne.

Quant le roy charlemaigne vit ainsi venir les troys freres auecq̄s leurs barōs & cheualiers. Il appella le duc naymes & plusieurs aultres barōs & leur dist. Ne me scauriez vous dire quelz gens voicy venir. Sire dist le duc naymes/cest le duc beuues daigremont auec ses gens qui vous viennent requerir mercy. Ce pendant le duc beuues daigremont vint deuāt le roy & se getta a ses piedz/& luy dist. Sire pour dieu mercy vous crye. Nous sommes tous cy venus par vostre commandement/se iay occis vostre filz par ma folie & oultrecuidāce, moy comme vostre hōme a vous me rens & mes freres aussi gerard de rossillon & doon de nantueil/& voulons estre voz hommes lieges/& vous seruirōs de nostre puissance la ou sera vostre bon plaisir de nous emploier/& iamais iour de nostre vie ne vous fauldrons se a vous ne tient. Lors quant le roy les vit ainsi humblement estre vers luy venus en chemise & nudz piedz & tout ouy ce q̄ luy eut dit le duc daigremōt il en eut grāt pitie/& leur pardonna la mort de son filz & tout son maltalent. Lors veissez dune part & daultre chascun baiser & embrasser ses parens/et les vng plouroyent de ioye et les aultres de pitie.

Lor furent appaisez les barons auec le roy charlemaigne par le conseil du bon duc naymes. Lors iurerent & promirent les troys freres bōne loyaulte au roy charlemaigne & quilz le seruiroient toutes & quātesfoys qu'il les manderoit. Ilz prindrent en ce point ioyeulx conge du roy charlemaigne mais le roy encharga le duc beuues daigremont quil le venist seruir a la saint Iehā prouchainement venāt. Lors sen retourna le roy charlemaigne vers paris/& les troys freres sen retournerent moult ioyeulx chascun en son hostel/car bien cuidoyent auoir acorde le duc beuues daigremont leur frere enuers charlemaigne, mais aultrement en alla & bien peu valut leur acord/car puis en mourut le duc beuues par trayson/et soubz le saufconduit du roy charlemaigne comme orez se me voulez escouter. Vous deuez scauoir que vng peu dendt la saint Jehan baptiste que le roy tenoit grāt court a paris le duc beuues ne oublia pas de soy aprester pour y venir cōme promis sauoit/ si partit daigremont a tout deux cens cheualiers/ʒ se mist a la voye pour venir a paris deuers le roy pour le seruir la ou il le vouldroit emploier. Or sachez q̄ le roy estant a paris deuers luy vindrent le cōte guenes/son nepueu alory/ foquet de morillō/har die.ʒ berenger/ʒ dirent au roy comment le duc beuues daigremont le venoit seruir a tout deux cens cheualiers/disans en ceste maniere. Sire comment pouez vous aymer ne vouloir estre seruy de celluy qui si cruellemēt vostre filz nostre cousin a occis/si vostre plaisir estoit nous vous en vengerions bien/car en verite nous locciriōs. Guenes dist le roy ce seroit trayson/car nous luy auons dōne treues. Touteffoys faictes en vostre voulente/mais que sur moy ne tourne le peche/ʒ vous gardez/car le duc de aigremont est moult puissant ʒ de grant parēte/bien en pourrez auoir a faire se ainsi le faictes. Sire respondit guenes ne vous chaille/car il ny a si riche homme au monde qui riens ousast entreprēdre contre moy ʒ mō lignage. Sire dist guenelon demain partirōs au plus matin a tout quatre mille combatans ʒ ne vous souciez/car nous en deliurerōs ce mōde. Certes dist le roy ce seroit trayson. Ne vous en chaille dist guenes il occist bien vostre filz lohier par trayson lequel estoit mon parent/ʒ pource men vueil vangier. Or en faictes a vostre voulente dist le roy protestant que ie nen suis point consentant.

Dāt vint le lendemain bien matin guenes ʒ ses complices partirēt de paris ʒ auec eulx bien quatre mille combatans/ʒ oncques ne sarrēsterēt iusques quilz furent en la valee de soisson/ʒ la rencōtrerent le duc beuues ʒ ses gens. Et quāt le duc beuues le veit venir il dist a ses gēs. Seigneurs ie croy que vecy des gēs du roy qui reuiennēt de la court/ne peut chaloir dist vng cheualier des siēs. Je ne scay q̄ ce peut estre dist le duc/car le roy charlemaigne est moult vindicatif a soy vanger/ʒ se a auec luy vng lignage de gēs moult felons cest guenes foques de morillon ʒ certais aultres de sa court. Et en verite ennuyt en mon dormāt iay songe que vng griffon venoit du ciel qui me perçoit mō escu ʒ toutes mes armes tellemēt que les ongles me poignoiēt au foye ʒ au polmon ʒ tous mes hōmes en estoient a grant tourment ʒ tous les mangerēt les ours ʒ les lyons ʒ nen eschappa q̄ vng tout seul ʒ me sembloit q̄ de ma bouche sailloit vng coulon blāc. Lors dist vng des cheualiers que ce nestoit que tout bien/ʒ a cause de ce songe ne se deuoit nullemēt esmayer. Je ne scay dist le duc que dieu me donnera/mais de ce ay au cueur grāt frisson. Si commanda le duc beuues que chascun appertement sarmast/ʒ ses cheualiers luy respondirent que voulentiers le feroiēt. Chascun cōmenca a sercher ses armes ʒ abillemens. Cy orrez dure chose raconter de la grant occision que fist le traytre guenes du vaillant duc beuues daigremont.

E conte guenes cheuaucha a grāt force qui estoit a merueilles fier ʒ biē acompaigne sen alla encontrer le duc beuues tout le premier fouquet de morillon/lequel luy dist que mal auoit fait d occire lohier le filz aisne du roy charlemaigne/mais auant q̄ fust vespres il en auroit chier guerdon. Quant le duc lentendit il se print fort a merueller disant. He dieu qui se pourroit garder des traytres. Helas ie tenoye le roy charlemaigne a loyal prince/ʒ ie voy mainte nant le contrapres, mais auant que ie meure ie vendray bien chiere ma mort. Lors sen allerent entrebatre dune part et daultre moult preusemēt, entant que guenes frappa deuāt le duc son cousin regnier tellement q̄ mort le tōba a terre deuāt ses piedz. Puis crya a haulte voix. Frappez cheualiers, car mal occirent mon cousin lohyer. Le duc Beuues daigremont ne se daigna acorder a moy, mais maintenant luy vendray chier Si coururent guenes et ses gens a grāt force sur le duc beuues daigremont. Et le bon duc moult vaillamment se deffendist et frappa vng cheualier nomme messire faulcon tellement quil luy mist son espee dedens le corps et celluy tomba mort deuāt ses piedz Puis se print le duc beuues daigremont piteusement a plourer et moult regretoit ses deux freres et aussi ses nepueux. Helas dist il chier filz maugis ou estes vous a p̄sent que nestes vous icy pour me secourir, bien scay certainement que se vo9 scauiez ceste entreprise bien me secourriez. He mes chiers freres le duc doon de nātueil et gerard de rossillon bien scay que iamais vif ne me verrez. Helas que ne scauez vo9 la triste entreprinse de charlemaigne et du conte guenes qui si cruellemēt et par grant trayson au iourduy me feront inhumainement mourir. Bien scay que moult vaillāment me vēgeriez secourir. He mes treschiers nepueuz regnault alard guichard et richard tāt ay de vous auiourduy grant besoing. He mon chier nepueu regnault vaillant cheualier q̄ tu es se a nostre seigneur plaisoit par sa saicte et benigne grace que tu peusses sauoir le grief tourment et le doloureux martyre auquel par faulce et desloyalle trayson suis auiourduy liure, bien scay que par toy aurope secours, car en tout le monde na ton pareil de beaulte de bōte de vaillāce ne de prouesse. Si ne me peult auiourduy secourir tout mon parente que cruellement, et soubz le sauscōduit de charlemaigne ne me fail le bien piteusement mourir.

F̄iere fut la bataille, et moult dure a souffrir, mais bien deuez scauoir que le duc daigremōt ne pouoit pas resister a tant de gens, car il nauoit auec luy q̄ deux cēs cheualiers, et les aultres estoiēt pl9 de .iiij. mille, ainsi estoient mal partiz. Lors eussiez veu en ce iour tant de ceruelles rōpues, tant de piedz et de testes coppes q̄ cestoit piteuse chose a regarder. De puis reuit de rechief guenes qui frappa icsseaulme de bloys tellemēt quil le getta mort par terre, et tātost fist reculer les gēs du duc beuues daigremōt. Lors fut mōlt esbahy le duc daigremōt lequel cogneut bien que sans mourir eschapper ne pouoit si alla frapper vng des gēs de guenes tellemēt q̄l labatit tout mort, car aultre chose ne pouoit faire fors q̄ se deffēdre au mieulx q̄l pouoit pour plus alonger sa vie. He dieu q̄l grāt dōmaige fut de ainsi sauoir villainement trahy, car depuis maintes esglises maintes villes et chasteaulx en furēt mys a feu et a flābe et tāt de grāde noblesse piteusemēt morte. Tāt exploita le traytre guenes contre le duc daigremōt q̄ les gēs du duc furēt grādemēt affoiblis car de deux cēs q̄l auoit amene, il ny en auoit plus q̄ .l. Barons dist le duc beuues vo9 voyez q̄ nous sommes pres q̄ tous mors si de grāt cueur et vaillāce ne no9 deffendons Et pour dieu q̄ vng chascun de vo9 vueille valoir troys tant que pourrons estre en vie car vous voiez que ycy piteusement nous fault despartir. Lors frappa le duc vng cheualier nomme messire helie tellemēt quil le getta mort a terre, et puis escrya a haulte voix ferez bien barons. La valee estoit belle si souffiez clerement retēter des coups

quilz donnoient sur les heaulmes. Et a celle heure vng nōme griffon de haultefueil
le frappa d sa lāce sa poictrine du cheual au duc tellemēt q soubz luy le tresbucha. Et
le bon duc moult vaillāmēt se redressa & print son espee cuidant frapper ledit griffon
mais le coup tomba sur le cheual tellemēt q tout oultre le trēcha cōme se riēs ne fust

Quant le duc daigremont se vit ainsi par terre il cōgneut bien q de luy esto
it fait, mais bien iura que chier vendroit sa mort. Lors vint sur le cōte dai
gremont le conte guenes si le va si durēmet frapper que sa lance luy mist
parmy le corps & tōba mort le duc daigremont & adonc descēdit le duc grif
son pere dudit guenes qui luy sablonna le iasseran & parmy le fondement il luy mist
son espee. Ainsi luy est son ame du corps despartie, puis dist le duc griffon. Or as tu
loyer pour monseigneur sohier que tu as nagaire occis villainement. Or est le bon et
vaillant duc daigremont trespasse dieu en aye lame. Adonc remōta le traptre guenes
a cheual luy & le seigneur de haultefueille, et allerent apres les gens du duc beuues.
Mais ceulx tantost se rendirent, car il nen estoit demoure q dix. Lors les firent les
traytres iurer & pmettre q le corps du feu duc leur maistre ilz porteroiēt a aigremont
ainsi qͫl auoit fait porter sohier a paris en vne biere, & lesditz cheualiers leur pmirēt
ainsi faire. Lors prindrēt le corps & le leuerent dauec les aultres mortz dont il y auoit
grant nombre, & le mirent dedens vne byere, & puis se mirēt a la voye. Et quāt ilz fu
rent vng peu eslōgnez de la place ou celle occision auoit este faicte, dieu scet quelz re
grez lamētatiōs & piteux pleurs firēt lesditz cheualiers pour la mort de leur maistre
disans. He dieu franc duc commēt maintenāt pour vous sommes couroustez qui tant
vaillant estiez. En verite mal a fait le roy charlemaigne quant ainsi soubz son sauf
conduit vous a fait mourir p trayson. Ainsi sen alloiēt ses poures cheualiers en grās
pleurs & gemissemēs en portāt le duc beuues leur maistre en vne byere sur deux pale
frops que oncqs de quatre lieues ne cessa de saigner. Les iournees q firēt les cheua
liers auec le corps ne scauroye compter, mais tant allerēt quilz vindrent aupres dai
gremont, tant approucherent la ville que les nouuelles en vindrent a la duchesse. Et
quant elle le sceut cōment son seigneur auoit este ainsi villainemēt occis, il ne fault
point demāder se grāt dueil elle en demena, & aussi fist maugis son filz. Et incōtinēt
les gens de la ville saillerent hors & auec les gens deglise allerent au deuāt du corps
de leur seigneur. Point ne fault demander se la eut a ce iour grans pleurs & lamenta
cions. Quant la duchesse vit son seigneur mort & ainsi deplaye trois fois se pasma.
Et tantost les gens desglise prindrent le corps & le porterēt en la maistresse esglise ou
leuesque de la cite fist le seruice, & puis fut en vng circueil reuerāmēt ensepuely. Adōc
maugis filz du duc beuues cōmenca a dire. O sire dieu quel dommaige cest de ce vail
lant seigneur auoir ainsi par faulse trayson cruellemēt occis, certes se ie vis longue
ment charlemaigne & les traytres qui ont ce fait lacheteront chier. Puis alla recōfor
ter sa dame de mere & luy dist. Ma chiere dame ayez vng peu de patience, car mes on
cles gerard de rossillon & doon de nāteuil auec mes cousins regnault alard guichard
& richard me ayderont bien a venger la mort de feu mon pere. Maintenant voꝰ laisse
rons a pler de ceulx daigremont & retournerōs au traptre griffon & a son filz guenes
qui auec leurs gens sen furent retournez a paris.

¶ Commēt griffon de haulte fueille z guenes apres ce quil eurent tue le duc beuues daigremōt ilz sen retournerēt a paris z cōpterēt au roy charlemaigne la mortelle trayson qlz auoiēt cōmis dont le roy en fut moult ioyeux/mais puis aps il en fut mari z doulent/car aps luy firent tresgrāt guerre les deux freres du duc beuues daigremōt gerard de rossillon z doon de natueil/z aussi maugis sō filz/z puis firēt paix z acord mais le roy napointa pas au quatre filz aymon ne a maugis leur cousin. Item par ledit chapitre cōmēt regnault tua le nepueu du roy charlemaigne dung escheqer ainsi qlz iouopēt aux eschecz eulx deux/dont la guerre cōmenca si mortelle z dura si lōguement quelle porta grāt dōmage au royaulme de france. chapitre. ij.

Vous pourrez ouyr desormais terrible z piteuse chācon se escouter la boulez. Ce fut a la feste de la penthecoste q le roy charlemaigne tenoit court planiere a paris apres ce q̄l eut acorde auec les freres du duc beuues daigremont, a ladicte feste vindrēt guillaume lāgloys/z gallerāt de buillon quinze roys. xxx. ducz et bien. lx. contes peut ce iour a paris/z aussi yestoit venu le duc aymon de dordonne auec ses quatre filz/cestassauoir regnault/alard/guichard/ richard. Au quel duc aymon le roy dist. Aymon ie vo9 ayme z voz enfans/sachez q̄ ie vueil faire de regnault mō senechal/z les aultres me seruirōt de porter mes faulcōs quāt ie iray en gibier. Sire dist aymō ie vo9 remercye du grāt hōneur q̄ me faictes, z a mes enfans/sachez q̄ loyaulment vous seruirōs cōme voz hōmes/mais bien vo9 dy frāc roy q̄ formēt mespristes quāt mō frere le duc beuues daigremont soubz vr̄e sauf cōduit en trayson fistes si villainemēt mourir/z croyez q̄ moult durement me poise/z se

tant ne vous doubtiſſions certes vengance en priſons/mais puis que mon frere ge
rard le vous a pdonne ie le vous pdonne. Aymon diſt le roy vous ſcauez mieulx que
ne dictes/Voʒ ſcauez bien loffenſe q̃ voſtre frere mauoit faicte dauoir ſi cruellemẽt oc
cis lohier mon filz aiſne q̃ tant iaymoie/or eſt lung pour laultre ⁊ nen plons plus. Ne
ſerons noʒ diſt le duc aymon/ ie prie a dieu q̃ vueille auoir ſon ame, car il eſtoit moult
vaillant cheualier. Lors vindrẽt auãt regnault alard guichard ⁊ richard ⁊ a trayſon
nerent le roy en diſant par ceſte maniere. Sire diſt regnault le plus beau des aultres
cheualiers voʒ noʒ auez fait venir moy ⁊ mes freres q̃ cy ſont deuãt voʒ/ mais ſachez
q̃ pas ne voʒ aymons/aincoys auõs enuers voʒ grãde ⁊ mortelle hayne pour lamort
de noſtre oncle le duc beuues daigremont/ de laquelle mort a nous nauez pas acorde
Quãt le roy lentẽdit il rougiſt de maltalent ⁊ deuint noir cõme charbon ⁊ ſe fiert au
front cõe courrouce puis diſt a regnault. Filz de putain garcon fuy t'en de deuãt moy
car ie te iure ſe ce ne fuſt pour lamour de la cõpagnie ⁊ des barons q̃ ycy ſont ie te fiſ
ſe mettre en telle priſon que tu ne verroys de ce moys piedz ne mains que tu ayes. Si
re diſt regnalt ce ne ſeroit pas rayſon/ mais puis q̃ a tant eſt que ne noʒ voulez ouyr
parler ne entendre nous noʒ tayrons.

Tant laiſſerent les quatre filz aymon le debat ⁊ plus a celle heure ne y
parlerent a charlemaigne de ceſte matiere. Belle fut la court/ le iour fut bel ⁊
cler/ ⁊ belle eſtoit la cõpagnie/ cõme de quinze roys. xxx. ducz. ⁊.lx. cõtes
Ilz ſen allerẽt a leſgliſe ouyr meſſe q̃ y fut chãtee dõt lofrãde fut mõlt
riche. Et quant ilz eurent ouy la meſſe ilz ſen reuindrent au palays ⁊ demanderẽt de
leaue ⁊ lauer les mains. Le diſner fut preſt et les tables couuertes ſi lauerent ⁊ ſaſſi
rent a table. Les quize roys furẽt tous aſſis excepte le roy ſalomon qui ce iour ſeruit
auec le duc godefroy/ mais a ce diſner ne peut oncques mãger regnault pource que le
roy charlemaigne lauoit ainſi iniurie. He diſt regnault a ſoymeſmes. Helas cõment
pourray ie tant faire q̃ ie puiſſe prendre vengãce de charlemaigne pour la mort de mõ
oncle que tant iaymoie qui ſi villainement a eſte occis. Se ie nen prens vẽgãce ie de
uiẽdray forcene. En ce point ſe guementoit le gentil cheualier regnault/ ⁊ ſes freres le
reconfortoient. Apres diſner les barons ſe leuerent ⁊ ſaillerẽt hors pour eulx eſbatre
⁊ deporter. Et berthelot le nepueu du roy charlemaigne appella regnault pour iouer
aux eſchez/⁊ il y alla/dont a grant peine ſen conuint ptir/maintz bons cheualiers a
pres en perdirent la vie/⁊ pluſieurs enfans en demoureret ſans pere/ cõme cy apres
ouez ſil vous plaiſt eſcouter.

R furẽt aſſis berthelot ⁊ le vaillant regnault pour iouer au eſchez leſqlz
eſtoiẽt dyuoire/⁊ leſchequier eſtoit dor maſſiz ilz iouerent tãt q̃ debat ſe
meut entre eulx deux/ p telle maniere q̃ berthelot appella regnault filz
de putain ⁊ hauſſa la main ⁊ le frappa au viſage tellement q̃ le ſang en
ſaillit a terre/⁊ quãt regnault ſe vit ainſi oultrage il en fut moult doulẽt ⁊ iura dieu
q̃ mal luy en prendroit. Adõc regnault prit leſchequier q̃ eſtoit dor maſſiz ⁊ en frappa
berthelot ſur la teſte ſi durement q̃l luy fendit iuſqs aux dens/⁊ adonc berthelot tom
ba mort a terre deuant luy. A leure cõmenca grant cry p my la ſale du palays diſans
que regnault le filz aymon auoit occis berthelot le nepueu du roy charlemaigne. Et
quant le roy lentendit a peu que ſoubdainemẽt ne ſortiſt du ſens. Adonc crya. Barõs

gardez bien que regnault ne vous eschappe. Par saict denis de france nouse ferons mourir se le pouons tenir, car il a occis nostre nepueu Barthelot. Lors coururent sus les chevaliers a regnault et ses parens noblement le deffendirent, et ainsi il peut moult grande meslee et peut maintz cheueulx detompuz et maintes robes desssirees. Oncques telle meslee ne fut veue comme ce iour au palays a paris, maiz coups pdonna maugis le cousin de regnault filz du duc Beuues daigtemōt. Et tandis que la meslee estoit ou palays regnault et ses troys freres et maugis se deptirent de la prestemēt et vindrēt a leurs cheuaulx que tantost furēt prestz, si mōterent a cheual et yssirēt hors de paris et senfuyrent droit a dordonne vers leur dame de mere.

Dont lempereur sceut que regnault et ses freres estoient partis de paris il fist appareiller et armer bien deux mille cheualiers pour les suiure. Dist les garentisse nostre seigneur que en la croix fut mis, car se le roy les tiēt ia naurōt garāt qui ne les face tous mourir, mais regnault na garde, car il est sur bayard que va come vent. Les quatre freres et leur cousin ne sarresterēt tāt qlz furēt a sauluete, et lors repeurent les cheuaulx de alard guichard et de richard, si cōmenca regnault a soy guemēter en disant. Beau sire dieu que souffrites mort et passiō garde huy mes freres et mō cousin de mort et decombrier et de cheoir es mais de charlemaigne. Et dautre part les chassoient les francoys a poite desperon tant que vng cheualier qui estoit mieulx mōte que les aultres acōceut regnault et luy dist. Vous demourerez desloyal cheualier vous rēdray au roy charlemaigne. Et quāt regnault louyt il se tourna vers luy et le frappa de sa lance pmy son escu et lattaignit si bien que mort a terre la batit. Lors regnault saisit le cheual du cheualier et le bailla a alard son frere que tost mōta dessus. Et aps ce qlʼ y fut mōte il frappa vng aultre cheualier de son espee tellemēt que mort labatit deuāt luy, puis bailla le cheual dudit cheualier a son frere guichard qui moult sen mercya. A eulx vint vng aultre cheualier des gens charlemaigne. Gloutōs dist le cheualier vous biedrez au roy que tous vous fera pēdre. Ha par ma foy dist regnault tu en mētiras. Adōc haulsa son espee et tel cop luy dōna ledit regnault que mort labatit a terre, puis print le cheual par la renne et le donna a son frere richard que bien mestier en auoit. Or sont les troys freres nouuellemēt montez et regnault est sur bayard et son cousin maugis que tant il aimoit derriere luy, si sen vont dieu les vueille cōduire et garder de mal. Et charlemaigne les poursuiuoit de pres, mais pour neant se trauailloit, car ia par ses gens ne furēt prins. Lors le souleil se coucha et la nuyt comenca a obscurcir, et les quatre freres et leur cousin furent en la ville de soisson.

Tant sen va regnault par nuyt et par iournees sur bayard qui portoit luy et maugis son cousin, et tant ont cheuauche quilz sont arriuez a dordōne. Et la encontrerent la duchesse leur mere qui les courut acoller et baiser. Puis leur demanda quilz auoient fait de leur pere, et sil estoient partiz de la court en courroux. Dame dist il ouy, car iay occis Berthelot le nepueu du roy charlemaigne, la raison si est pource quil me appella filz de putain et me dōna du poig sur le visaige tellemēt que le sang en sortit. Et quant la dame lentendit elle tōba toute pasmee, et regnault pstemēt la redressa. Et quāt la bōne dame fut vng petit reuenue elle dist a regnault. Beau filz comment osastes ce faire, ie vous prometz que vne foys vous en repentirez, et vostre pere en sera destruit et son pays espille. Se il en eschappe ce sera grant merueille. Je vous prie mes enfans que vous vous enfuyez mais auant prenez largement de mon tresor/car se vostre pere reuient de court & il vo{us} trouue il vous vouldra rendre au roy charlemaigne. Dame dist regnault cuidez vo{us} que nostre pere soit si cruel & si ire contre nous quil nous voulsist rendre & deliurer es mains du roy charlemaigne qui est nostre mortel ennemy.

Regnault ses troys freres & maugis ne voulurent faire aultre seiour/ais prindrent tant de lauoir de leur mere q{ue} assez en eurent/puis demanderent congé a la dame. Grant pitie peut a sa departie/car les enfans plouroient tendrement dung costé & la dame de lautre/pource q{ue}lle veoit ses enfans qui sen alloient & ne scauoit se iamais elle les verroit en vie. Ainsi partirent les nouueaulx cheualiers auec leur cousin maugis & yssirent hors de la ville/& entrerent en la grant forest dardeine droit p{ar} la valee aux fees/et tant cheuaucherent quilz se trouuerent sur la riuiere de meuse/& la esleurent vne belle place en laquelle ilz firent bastir vng beau chasteau sur vne roche moult forte/& au pie passoit ladicte riuiere de meuse. Puis quant le chasteau fut basty il fut montfort p{ar} eulx appelle. Je croy q{ue}l ny auoit si forte place iusques a montpellier/car il estoit auironné de gros murs & de parfons fossez. Or ne doubtent gueres les nouueaulx cheualiers charlemaigne se p{ar} trayson ne sont surpris Charlemaigne lempereur estoit a paris moult doulent pour la mort de son nepueu berthelot lequel regnault auoit occis en iouant aux eschez comme dit est/si fist venir deuant luy le duc aymon de dordonne pere des quatre cheualiers/& le fist iurer q{ue} iamais ayde ne donneroit a ses enfans/& q{ue} de luy ne vauldroient mieulx dung denier/& q{ue}l{que} que part quil les trouueroit il les prendroit & les luy meneroit/lequel aymon ne luy osa contredire q{ue} ainsi ne le fist. Tout ce il iura dont puis fut moult repris. Et apres quil eut ainsi iure de dechasser ses enfans tout courrouce et rempli de maltalent il se partit de paris et sen vint a dordonne. Et quant la duchesse le vit elle comenca foirment a plourer. Et le duc cognut bien q{ue}lle auoit. Dame dist le duc ou sont mes filz allez. Sire dist elle ie ne scay/mais pourquoy souffristes vous q{ue} nostre filz regnault occist berthelot le nepueu du roy charlemaigne. Dame dist il ie nen puis mais. Sachez q{ue} nostre filz regnault est de si grant courage & force q{ue} depuis lincarnation de nostre seigneur ne fut veu si fort cheualier come il est/car toute lassemblee q{ui} adonc estoit au palais a paris ne le sceurent garder q{ue}l ne tuast berthelot deuant toute la seignourie. Parauant n{ost}redit filz demanda au roy charlemaigne droit & raison luy estre faicte dela mort de mon frere son oncle le duc Beuues daigremont. A quoy le roy villainement & oultrageusement luy respondit/dont regnault fut moult courrouce. Et la raison pourquoy regnault occist berthelot fut pour soy venger du roy charlemaigne/non obstant q{ue} au ieu des eschez ledit berthelot eust grandement iniurie nostre filz regnault & leust frappe oultrageusement iusques a effusion de sang/si q{ue} regnault p{ar} son grant cueur & vaillant ne le peut nullement endurer. Et pource le roy ma fait promettre q{ue} se ie puis tenir mes enfans que ie les luy menerap a paris/& q{ue} de moy nauront iamais ayde ne secours ne de ma cheuance ne vauldront iamais mieulx dung denier/du quel serment ainsi fait forment suys doulent & courrouce. Or lairons cy a parler du duc aymon et de la duchesse qui moult estoient desplaisans de leurs enfans/et parlerons coment le vaillant roy charlemaigne auoit fait cercher les quatre filz aymon par tout son royaulme/mais point ne en peult finer ne scauoir aulcunes nouuelles iusques a ce que vng iour de nouueau vint vng messagier q́ luy compta qui les auoit trouuez en la forest dardaine/ en laq́lle ilz auoient edissie vng moult bel ⁊ fort chasteau. Et quāt le roy eut entendu ces nouuelles il manda incontinent a tous ses gensdarmes que diligemment se voulsissent apprester/ ⁊ incontinent ⁊ sans delay chascun sapresta.

¶ Comment apres ce que le roy charlemaigne eut fait soniurer a tous les barōs les quatre filz aymon/ ⁊ mesmemēt au duc aymon leur pere il alla assieger mōtessort ou charlemaigne fut descōsit par deux foys/ mais puis le chasteau de mōtessort par trayson fut ars ⁊ prins/ ⁊ comment regnault ⁊ ses freres se vengerent des traytres q́ les auoient trays/ et puis apres se saulnerent en la forest dardaine ou la aymon leur pere les trouua ainsi quil sen alloit du siege en son pays de dordonne/ ⁊ cōmēt pour garder son serment quil auoit fait a charlemaigne il assaillit ses enfans/ tellemēt q̄ de cinq cens hommes quilz estoient il nen laissa de vifz a ses enfans que dixe sept/ mais regnault ⁊ ses freres neurent point de mal/ aincoys occirent grant nombre des gens de leur pere aymon.   Chapitre.iij.

IR dit lhistoire que du temps du roy alexandre ne furēt fais telz armes q̄ a present vous cōpteray. Et pource seigneurs plaise vous entendre cōmēt il aduīt des quatre cheualiers qui estoient ennemis de lempereur charlemaigne roy de france/ car en cellup temps charlemaigne les auoit bāny de son royaulme de france/ ⁊ a tous les barons ieunes ⁊ vieulx fist iurer de nō iamais aider cōforter ne soustenir en quelque lieu que ce fust lesditz cheualiers. Le serment

auec plusieurs aultres auoit fait le duc aymon leur pere/dont apres il fut moult dou-
let & courrouce. Or aduint q̃ lempereur tint court planiere a paris/& ainsi q̃ la court
estoit amassee & y estoient venuz tous les barons de france/adonc vint vng messagi
er a lempereur charlemaigne/lequel sagenoilla deuãt luy & luy dist. Sire ie vo9 appor
te nouuelles de ce pourquoy me enuoiastes/sachez sire q̃ ie viens du grãt bois darday-
ne ou iay trouue les quatre filz aymõ demourãt en vng moult fort chastel & bien assi-
se les voules trouuer & vous venger deulx sachez que le poues bien faire cõme ie croy
Quant charlemaigne lentendit il se cõmenca fort a esmerueiller & appella ses barõs
& leur dist. Beaulx seigneurs puis quil est ainsi que vous estes ceãs il nappartiẽt po
int que ie mande mes messagiers en voz maisons. Je vous prie & requiers comme a
mes hommes sieges que vous mayes a venger des quatre filz aymon qui tant mont
oultrage comme vous scaues.

Quant les barõs ouprẽt les prieres q̃ lempereur charlemaigne leur faiso
it il respõdirẽt to9 dung acord. Sire sans doubte nous ferõs vostre cõmã
dement/donnes nous cõgie sil vous plaist daller en nostre pays no9 appa
reiller darmes & de cheuaulx/laquelle chose le roy leur ottroya. Adonc se
partirent tous les barõs & sen alleret en leur pays/mais ilz ne demourerent gueres qlz
ne retournassent a paris a tout leurs armees. Et quãt le roy charlemaigne les vit ilz
les receut hõnorablemẽt/& sans longue demeure il se partit de paris & sen vint atout
son ost a montlyon vne cite qui estoit sienne & y coucha celle nuyt. Et le lendemain si
tost q̃ le iour apparut charlemaigne se partit de montlyon & se mist en la voye/& ordõ
na son auangarde au conte guy de montpellier q̃ vouloit moult grãt mal a regnault
Et quant ilz se furent mis en la voye lempereur charlemaigne appella le bon vassal
regnier/guyon daubefort/le conte garnier/geoffroy longon/ogier le danoys/richard
de normendie/& le duc naymes de bauiere/& leur dist a tous. Seigneurs vous scaues
bien que vous aues a faire/ie vous prie q̃ vous vo9 gardes bien de regnault & ne vo9
approches trop de luy/demourons tous ensemble en vng tel lieu fort q̃ ny puissions a
uoir dommage/& faisons bon guet chascune nuyt/le cueur me dit q̃ nous serons icy lõ
guement. Lors dist le duc naymes de bauiere. Sire nous le ferons. Adonc furẽt sonner
trõpettes/& rassemblerent tout lost/& ainsi cheuaucherent tant quilz vindrent a milan
q̃ lon disoit aspes. Et quant ilz furent la arriues ilz virẽt le chastel de motesfort/leql
regnault & ses freres & leur cousin maugis auoient fait faire. A cellup point q̃ lempe-
reur charlemaigne & son ost furẽt venuz a aspes les troys freres de regnault venoiẽt
de chasser du bois dardayne/richard le plus ieune portoit vng moult riche cornet que
regnault fort aymoit/& pouoiẽt bien estre vint cheualiers & nõ plus. Et ainsi comme
ilz sen retournoiẽt a montesfort richard regarda vers la riuiere de meuse & vit lost de
charlemaigne dont forment se commẽca a esmayer & appella guichard son frere & luy
dist. Beau frere q̃ peuuẽt estre ses gens q̃ ie voy la/ie ouy dire laultre iour a vng mes
sagier q̃ le cõpta a regnault q̃ lempereur charlemaigne no9 deuoit venir assieger. Ain
si que guichard entendoit ces parolles il regarda entour soy & vit lauãgarde que guy
on conduisoit/& quãt richard les vit il picqua fort son cheual des esperõs et ses gens
le suyuerẽt/& sen vint encõtre guyon & luy dist. Beau sire qui sont ces gẽs. Sire dist
guyon ce sont les gens de lempereur charlemaigne qui sen va en ardaine assieger vng

chaſtel que les quatre filz aymon ont fait faire/leur force durement nous trauaille/
dieu leur dōt malle nupt. Et richard dist ie suis soubdoyer de regnault ⁊ ie ne vo9 scay
ne gre ne grace de ce q̄ vo9 dittes/car ie suis tenu a le deffendre a mon pouoir. Et lors
picqua son cheual des esperons ⁊ frappa ledit regnier pmy son escu si durement q̄l aba
tit mort a terre tout enuers. Et lors il prit le cheual dudit regnier ⁊ le bailla a vng de
ses escuyers. Et lors sassemblerēt to9 les cheualiers dune part ⁊ daultre ceulx de frā
ce crioient montioye saint denis/⁊ les freres de regnault mōteffort. Lors veissez vne
bataille moult fiere ⁊ cruelle les vngz contre les aultres/tant descuz pce/⁊ haubers
desmaillez/ les vngz mourir ⁊ les aultres naurez q̄ cestoit grāt pitie a veoir. Que vo9
diray ie. Tous furēt tuez ⁊ naurez les gens de regnier q̄ faisoit la pmiere auātgarde.
Ce pendant vng escuyer vint au roy ⁊ luy compta cōment son auātgarde auoit este
desconfite/⁊ que richard frere de regnault auoit occis regnier.
Dieu dist lempereur charlemaigne ay ie doncq̄s perdu regnier/se maist
diu cest dommage. Dr ne scay ie cōmēt ie puisse desormais gaigner puis
que iay lauātgarde perdue. Et lors appella ogier le danoys ⁊ luy dist. Da
noys allez au secours entre vous ⁊ le duc naymes / car richard en maine
tout mon auoir/et toutes mes gens fait mourir. Adonc ogier le danoys natēdit plus
mais monta a cheual entre luy ⁊ le duc naymes auecques bien troys cens cheualiers
bien en point ⁊ sen vont aps richard/mais leur trauail ne leur valut riēs/car richard
⁊ ses gens sont ia dedens mōteffort atout lauoir q̄lz auoient gaigne. Quāt regnault
vit ses freres a si grans gens venir il vint alencontre deulx ⁊ les baisa tous/⁊ puis
dist a richard. Beau frere ou auez vous prins ce beau auoir qui icy vous amenez. Si
re dist richard ie vous diray nouuelles dont vous serez tout esmerueille. Dr sachez q̄
le roy charlemaigne vous vient assieger a tout son ost ⁊ a si grāt cheualerie que cest
merueilles a veoir/mes freres ⁊ moy venōs de chasser du bois bardayne ⁊ auons ren
contre lauātgarde du roy charlemaigne que le conte guy conduysoit. La nous comba
tismes ensemble/mais la mercy dieu ⁊ mes hommes mes ennemis furent desconfitz
vne partie auons tue ⁊ les aultres se sont mys enfupte/si auons amene leur auoir q̄
cy voyez/⁊ y est mort le conte regnier ⁊ plusieurs aultres grās seigneurs ⁊ plusieurs
de leurs gens.
Lors dist regnault ie vo9 doy aymer chieremēt quāt vous auez si bōne
maniere de guerroyer q̄ auez vaincu mes ennemis de la premiere venue
Et adonc il appella ses freres ⁊ ses gēs ⁊ leur dist. Beaux seigneurs or
est venu le temps q̄ chascun se doit mōstrer preux ⁊ vaillāt. Je vo9 prie q̄
chascun sefforce de si vaillāment faire son deuoir que nous y ayons honneur/ ⁊ q̄ lon
ne no9 puisse reproucher/faisons cognoistre nostre prouesse au roy charlemaigne tāt
quil ne nous tiengne pour meschans ⁊ recreuz. Quant regnault eut ainsi parlez a ses
gens ilz luy respondirēt en ceste maniere. Monseigneur nayez doubtāce nulle de no9
⁊ soyez seur q̄ iamais ne vous fauldrons pour les membres couppet tant que serōs en
vie. Et quant regnault entendit la bonne voulente de ses freres il cōmenca arriere a
pler ⁊ dist. Faictes fermer la porte et leuer le pont ⁊ nous allons appuyer es fenestres
pour veoir ces gens qui viennēt contre nous. Et lors ilz firent cōme regnault lauoit
commande. Ce pendāt quil estoient aux fenestres ilz veirent venir ogier le danoys

c ij

a tout mille cheualiers. Et quant il vit que richard estoit entre dedes le chastel il sen retourna arriere & cõpta au roy charlemaigne ce quil auoit fait & trouue/ & puis dist. Sire ie vous fais assauoir que le chasteau de montessort est le plus bel et le plus fort que vous veissiez oncques/car il est assis sur vnc haulte & forte pierre/& vous dy pour vray quil ne sera pas prins si tost comme lon cuyde/car telz enfans le gardent qui bien & vaillamment le deffendront.

Dant charlemaigne entendit parler ogier le dãnoys il en fut si courrouce que a peu ql ne perdit le sens/ & iura dieu que iamais ne retourneroit en france q̃ regnault ne fust prins/& sil le pouoit auoir que pour tout lor du monde neschapperoit quil ne le fist pendre & son frere richard trayner a la queue de son cheual. Sire dist ohyer bien le deuez faire/car souuent vous ont trauaille & donne peine. Sire dist souques de morillon nayez doubte/car en bref/vous en vẽgerõs. Faictes crier q̃ incõtinẽt vostre ost sen aille loger enuirõ montessort. Certes dist charlemaigne vo9 dictes bien. Lors fist lempereur sonner ses trõpettes pour assembler ses gens darmes/& cõmanda que ledit chastel de montessort fust enuironne de gens/ & q̃ chascun fist tẽdre son pauillon illec. Et cõme charlemaigne deuisa ainsi le firent. Or vous vueil diuiser cõment ledit chastel de montessort estoit assiz. Ledit chastel estoit ediffie sur vne haulte roche/laq̃lle estoit forte a merueilles/ & de laultre coste de la roche passoit vne grosse riuiere nommee meuse / & daultre part y auoit vng grant boys fort plaisant/& daultre coste estoient belles plaines / & daultre part estoit vne grande prarie moult belle & plaisante a regarder. Quãt les gẽs de lempereur charlemaigne furent tous loges/lempereur mõta a cheual a peu de cõpagnie a veoir la force du chasteau/ & quant il leut bien veu & regarde a son ayse il commenca a dire en luy mesmes He dieu comment ce chasteau est ferme & en fort lieu. Dieu cõment ces cheualiers sceuent bien le mestier de la guerre nonobstant quilz sont ieunes. Lors dist a ses gens pẽ sez bien de guerroyer/car nous ne sommes pas si tost a repairer cõe ie cuide. Quant les pauillons du roy furẽt tẽduz il fist mettre vne escarboucle moult riche au pl9 hault de sa tente qui relupsoit comme vne torche ardante & vne pomme dor de moult grãt valeur. Et quant lesdictes tentes furent acheuees de tẽdre charlemaigne y entra/ & fist appeller le duc naymes & luy dist q̃ nul ne fust si hardy de mõter a cheual de huyt iours si nõ que ce fust pour soy esbatre/car ie vueil faire assauoir par tout nostre royaulme que ne partirons dicy se sera ce chastel prins/& leur feray cõmãder quon nous ameyne des viures a grant abondance/car largement en voulons auoir auant q̃ le chastel de montessort par no9 soit assailly/ & faictes ma chappelle appareiller affin que nous prions dieu quil nous doint vengẽce des quatre filz aymon/lesquelz no9 affamerons deuant quil soit huy en vng moys comme ie croy/car ilz ne pourront auoir viure de dehors en quelque facon que ce soit.

Ors dist le duc naymes a lẽpereur charlemaigne. Sire vo9 pouez mieulx faire se cest vostre plaisir. Prenez vng messagier et lenuoyes a regnault luy dire quil vous rende richard son frere/ & que vous luy quitterez toutes sa terre/& sil le vo9 rend faictes luy oster la teste. Et ce regnault refuse ce faire il se peult bien tenir seur que guerre ne luy fauldra tant comme il sera en vie. Adonc respondit charlemaigne vous dictes bien et sagement/ mais certes ie ne scay ou trouuer le messagier en qui ie me puisse bien fier. Sire dist le duc naymes. Sil vo9 plaist ogier & moy ferons le message. Il me plaist bien dist le roy & moult vous en scay grant gre/car vous ne me faillites oncqs au besoing. Et lors se appareillerēt le duc naymes & ogier. Et quāt ilz furent prestz ilz prindrent en leurs mains branches dolī uiers pour mōstrer quilz estoiēt messagiers/ & sen vont eulx deux sans plus de cōpa gnie. Et quāt Alays q̃ faisoit la garde vit venir ces cheualiers il leur dist/q̃ estes vo9 seigneurs q̃ venez sans mot dire. Sire dist le duc naymes. Nous sommes messagiers du roy charlemaigne q̃ nous a icy enuoyez pour parler a regnault filz de aymō. Et in continēt ledit alays sen alla deuers son seigneur & luy compta cōmēt a sa porte auoit deux messagiers de charlemaigne q̃ vouloiēt pler a luy. Incōtinēt regnault cōmāda quon leur ouurist la porte/ & que lon leuast le pont du chastel/car ilz les vouloit veoir & parler a eulx. Lors lon mist les barōs dedēs & les mena lon deuāt regnault. Et quāt regnault les vit il les salua courtoisement/ & apres ce quilz se furent saluez/ilz se assi rent tous trops sur vng banc. Et lors commenca a parler le duc naymes & dist ainsi. Regnault fait il lempereur charlemaigue roy de france si vous māde de par nous q̃ vo9 luy rendez richard vostre frere pour en faire son plaisir & vouloir. Et se ce ne vou lez faire charlemaigne vous deffie/ & dit que iamais ne vous laissera iusques a tant quil vous aura tous prins. Et quant il vous aura il vous fera tous pendre & mourir de malle mort a grant honte & deshonneur.

Dant regnault entendit telles paroles il rougit tout de maltalēt. Et lors il dist au duc naymes. Par la foy que ie doys a to9 mes amys/se ce nestoit pource que ie vous ayme ie vo9 fisse tous les mēbres destrencher & hacher & vous sauez bien deserui/car vous estes mon prouchain parēt/ & comme il me semble vous me deussiez deffendre & garder cōtre tous hommes & vous mesmes me conseillez mon deshonneur & contre mon deuoir. Dictes a charlemaigne que mon frere richard naura il mye/ & quil laisse le menasser et face du pis q̃l pourra/car no9 ne ferons pour luy ne pour ses menasses la mōtāce dung denier/ & courez luy dire de ma part quil aura auant quil nous prigne plus grant mestier daide q̃l ne cuyde. Vui dez incontinent de nostre palays/car a vous veoir il mennuye. Quant le duc naymes & ogier entendirent ces paroles ilz ne firent plus longue demeure/ mais sen partirēt incōtinent sans plus parler & sont venuz au roy charlemaigne & si luy cōpterent tout ce que regnault luy mandoit.

Dant lempereur entendit celle responce il fut si ire q̃ a peu quil nenragoit tout vif. Et lors commanda que le chastel fut assailli/ auquel ne voyēt q̃ trops portes. Dont fut mis audeuant de la maistresse porte le conte guy & fouquet de morillon/le conte de neuers/ & ogier le danoys. Et a la secōde porte estoit le duc de bourgoigne/ & le conte de albiunoys. Et deuant la tierce porte esto it le biel aymō pere de regnault q̃ estoit venu a charlemaigne pour guerroyer ses filz comme les aultres. Or cuide bien lempereur charlemaigne auoir assiege regnault et ses freres. Mais se dieu donne sante a regnault charlemaigne y perdra plus quil ny gaignera. Regnault & tous ses freres estoient telz cheualiers & si saiges que bien def fendirēt leur chastel a lencōtre de charlemaigne. Toutessoys fut assiege par si grāt noble de gēs cōme ie vous ay cōpte q̃ cestoit grāt merueilles a veoir/car il y auoit bie

c iij

tons/bourgoignons/flamans/manceaulx/origneurs/anglops/ceulx doultre berroys
a francops. Mais regnault fist vne chose qui luy tourna a grant honneur/ car il dist
a ses gens. Beaulx seigneurs ie vous prie q̃ ne motes pas sur voz cheuaulx iusques
atant q̃ vo⁹ oncz sonner les trompettes/car ie voy bien que les gens de lempereur char
lemaigne sont moult trauailles/ a pnt ne no⁹ seroit point donneur de sortir sur eulx
mais quãt ilz seront vng peu delasses a repouses nous ferons diligemment sur eulx vne
saillie. Et vo⁹ prie a requiers a tous en general que adonc chascun y demonstre sa pu-
essce a vigueur. Sachez q̃ au chastel de monteffort au plus seur auoit vne faulce portel-
le sur vne roche par laq̃lle regnault a ses freres pssoient a couuert touttessops q̃lz leur
plaisoit sans danger quant ilz vouloyent aller en gibier.

Dant regnault vit quil estoit temps de sortir sur ses ennemps il appella
sanxon de bourdelops qui estoit vng cheualier moult preudomme/ lequel
estoit venu secourir regnault a ses freres/ a auoit amene auec luy cẽt che-
ualiers a leur dist. Seigneur il est temps que noz ennemps sachent q̃ no⁹
sommes/car se nous demourons plus le roy charlemaigne pourra dire que nous som
mes bien couars. Et quant regnault eut dit ces parolles il sen vint a son frere a luy
dist. Beau frere richard/ia pour les menasses du roy ne vous fauldray tant que seray
en vie/car ie vous ayme autant come mon corps a cest bien rayson/vo⁹ a mop sommes
freres/a aussi ie croy q̃ vo⁹ estes le meilleur cheualier de tout nostre lignage. Et lors
le print entre ses bras a le baisa par grant amour. Et quant il eut ce fait il dist. Frere
faictes sonner trompettes a nous appareillons a yssons hors pour monstrer a charle
maigne q̃lles gens no⁹ sommes. Si dieu vouloit que nous puissions prendre le conte
destampes ien seroye moult ioyeulx/ car cest lhomme de tous noz ennemys q̃ pis no⁹
fait/a qui plus nous adommage. A lauenture ne nous eschappera il pas/ car il est tous
iours a lauangarde. Quant ces parolles furent finees tous les quatre freres a tous
ceulx de leur compagnie sarmerent de leurs armes a yssirent tous hors du chastel par
la faulce portelle sans faire noise ne cry a sen vont sur lost de lepereur charlemaigne
par si grande fureur que cestoit merueilles/a commencerent a faire si grãde destruction
de gens a a mettre pauillons a tentes par terre que cestoit merueilles a grant pitie a
veoir. Et qui eut veu adoncques regnault le vaillant cheualier monte sur son cheual
bayart a les armes q̃l faisoit cestoit merueilles a regarder/car cellup quil encontroit
puoit bien dire que de malle heure estoit ne. A la verite dire regnault ne feroit nulz che
ualiers par quoy le coup venist droit quil ne les fendist aussi ligierement comme silz
fussent desarmes. Et quant les gens de charlemaigne virent leur ennemys incontinẽt
coururent aux armes/a quant ilz furent bien armes ilz coururent sur regnault et ses
gens. Adonc comenca la bataille si cruelle que cestoit pitie a regarder/ car la veissiez
tant de lãces derompre a froisser tant descuz fendre a casser/tant de bons haubers des
maisler a de si vaillans cheualiers a terre mourir en grãt pourete que point ne le croy
ries. Quant le viel aymon ouyt le cry il monta hastiuement a cheual luy a ses gens et
sen vint a la bataille contre ses enfans. Et quãt regnault vit son pere il en fut moult
doulent a dist a ses freres. Deez icy grãt merueille/car vecy nostre pere/a par mon cõ
seil nous luy lairrons la place/car ie ne vouldroye pour riens que nulz de nous y mist
la main. Et lors se tournerent daultre part. mais aymon leur pere leur vint a lenco-

tre ꝗ les commenca trop mal mener. Quant regnault bit que son pere les assoit ainsi malmenant ꝗ dōmagiant il luy dist tout pie. He pere q̄ faictes vous/certainemēt vo⁹ faictes mal ꝗ peche/car vous nous deussiez aider ꝗ garder ꝗ vo⁹ no⁹ faictes pis q̄ les aultres. Or voige bien maintenāt que peu nous aymez/ꝗ quil vous desplaist que no⁹ sommes si preux ꝗ tant dur contre charlemaigne/car vous nous auez bannys bien le scauons ꝗ dittes q̄ nous naurons iamais riens de vostre heritaige. Nous auons fait faire ce petit chastel pour nous retraire/ꝗ vous mesmes le venez destruire/ce nest pas euure de pere/mais dyabolique. Se ne no⁹ voulez bien faire au mains ne no⁹ faictes nul mal/car ie vous iure sur tous les saictz que se vous venez plus auāt enuers no⁹ ie ne me despartiray ꝗ si ne feray plus le honteux comme iay fait iusques icy/mais vous dontay de ceste espee tel coup que vous naurez loysir de vous repētir de la folie que vous faictes. Quāt aymon entendit la parolle de son filz il en eut si grant dueil au cueur que peu sen faillit q̄l ne cheut pasme a terre/car il cognent bien que regnault luy disoit vray/mais il ne puoit aultre chose faire pour doubtance de charlemaigne/ touteffoys il se retrapt arriere ꝗ laissa ses filz passer oultre a celle foys/lesq̄lz fort dō maigerent les gens du roy charlemaigne.

Durant le tēps q̄ regnault faisoit les reprouches a son pere aymō. Atāt vecy venir lempereur charlemaigne ꝗ aubery ꝗ ogier ꝗ henry le cōte ꝗ foquet de morillon. Et quāt regnault le vit venir il fist sonner ses trōpettes pour ses gens ralier. Et quāt ilz furent assemblez dune part ꝗ daultre vng cheualier de charlemaigne q̄ auoit nō thierry fist courre son cheual alencōtre des gens de regnault. Et quāt alard le vit venir il picqua son cheual des esperōs et luy vint alencōtre ꝗ le frappa si duremēt pmy son escu quil luy mist vng grant espieu lequel portoit parmy le corps tellemēt q̄ sedit thierry tomba mort a terre. Et quāt lempereur charlemaigne vit tomber mort a terre son cheualier thierry. Il en fut si pres q̄ a peu quil ne pdit sens ꝗ entendemēt. Lors cōmenca a crier a haulte voix en disant en ceste maniere. Seigneurs deliurez vous de moy venger de ces gloutons qui noz gens meynent si mallemēt/gardez quilz soyent asprement pugnis. Quāt le biel aymon entēdit ainsi parler charlemaigne pour doubtāce destre blasme il picqua son cheual des esperōs ꝗ alla frapper vng cheualier des gens de ses enfans qui auoit nō amonop si cruellemēt de son brāc dacier quil luy fist vouler la teste ius des espaules. Pere dist le vaillant cheualier regnault/vous faictes biē mal qui ainsi aprement et cruellement me tues mes gens/mais par la foy que ie doy a sainct pol si nen cuidoye estre blasme de mon honneur ien prēdoye cruelle vengance sur vous. Puis dist le vaillāt regnault Ha mere comment seriez vous doulente se vo⁹ scauiez les grās affaires ꝗ les maulx que auiourduy nous fait nostre pere.

Quāt fouquet de morillon vit q̄ les gēs de regnault se maitenoiēt si biē/ꝗ se portoiēt si vaillāmēt alencōtre deulx il cōmēca a crier. Sire roy empereur/quest ce a dire cecy ie croy q̄ vo⁹ estes oblie. Mādez plusieurs de voz gēs ꝗ leur cōmādes quilz prenēt incōtinent les trayttres qui maitenāt se saignēt cōtre voz ennemys ꝗ sans delay les faites pēdre ꝗ to⁹ vif eschorcher. Quāt les frācoys ouyrēt ce q̄ foquet de morillon disoit a charlemaigne ilz ne firēt aultre demeure/mais picquerent leurs cheualx ꝗ frapperēt sur les gēs de regnault si duremēt q̄lz les firent reculer voulsissent ou non. Quant alard vit ses gens reculer il en fut moult doulent, si mist la main a son espee et cōmenca auec ses gens a faire si grās effors darmes q̄ les francoys en furent tous esbahys. Que vo᷉ diray ie pl᷉ de ceste bataille. Sachez q̄l se fut si cruelle et merueilleuse que cestoit pitie a regarder, car chascū faisoit du pis q̄l pouoient les vngz cōtre les aultres. Et sachez que les quatre filz aymon firēt si grāt abatiz de cheuaulx et de cheualiers que nul ne se osoit trouuer deuāt eulx, mais a bien faire nul ne se pouoit cōparer a regnault, car il faisoit si grāt merueilles darmes que les francoys nosoient saillir auant pour la doubtance de luy, car a la verite regnault ne frappoit nul coup a droit quil ne les occist. Que voulez vous plus que lon vo᷉ dye sachez que en ycelle bataille oncques parentaige ny fut garde, car il tuoyent lung laultre comme bestes mues. Atāt vint parmy la bataille pon de saint omer, leq̄l cheuauchoit vng moult bon cheual q̄ bien couroit, et cōtre luy vint vng cheualier appelle gupon, mais pon frappa gupon tellemēt quil labatit a terre. Et quāt regnault ve it ce il en fut moult courrouce, lors il print son enseigne et dist a ses gēs. Faictes tāt q̄ iaye ce bon cheual, sil sen va ie nauray iamays ioye, car ie vueil quil face compagnie a bayart. Et quant guichard son frere q̄ estoit gentil cheualier entendit regnault ain si pler, il ne fist aultre demeure, mais picqua son cheual et frappa pon de saint omer si duremēt que pour lescu ne pour laubert ne demoura quil ne luy mist le glaiue tout oultre parmy la poictrine et labatit mort a terre. Et adoncques il print le cheual par le frain et le mena a regnault et luy dist. Sire nous vous amenons le cheual que tant auez demande. Or pouez mōter quant il vous plaira. Beau frere dist le vaillant cheualier regnault grant mercy de ce present, bien mauez a ceste heure serui. Or auons nous deux cheuaulx ou nous no᷉ pouons fier, or y montez dist regnault appertement Quant guichard entendit le mandement de regnault il mōta sur le bon cheual et donna le sien a garder a vng escuyer.

E t quant regnault reuint en la bataille il vit son pere, et quant il lapper ceut il en fut si courrouce q̄ a peu quil nen pdit le sens, et luy dist p reproche. Par ma foy pere vous faictes bien a blasmer, vous vo᷉ pourriez biē tenir de nous venir veoir si souuēt, nous vous voulons mōstrer q̄ vous estes nostre pere nō pas bon mais mauuais, car vous nous mōstrez dur voysinage et amour. Au noel et a pasques doit lon son bon amy aller veoir et visiter pour luy bien faire et soy festoier et mēger auec luy quāt le disner est prest, mais ce ne faictes vo᷉ pas car vous nous venez veoir a chaulde guerre comme ceste, et nous faictes du pis q̄ vo᷉ pouez, ce nest mye amour de pere mais de parestre. Lors dist le duc aymon. Ribault ie vueil que vous vo᷉ gardes bien, car se charlemaigne vous peut tenir, tout le mōde ne vous garantiroit q̄l ne vo᷉ fist pendre ou les membre destrancher. Pere dist regnault laissiez ester ce et nous venez aider si sera le roy desconfit. Ha glouton dieu te mauldie dist son pere ie suis trop viel pour faire trayson. Pere dist regnault biē petit nous ay mes ie le voy biē, gardes vous de moy, car maintenāt vous mōstreray se ie scay riēs de la lāce ne de lespee. Et quāt il eut ce dit il picqua bayart des esperōs et frappa vng escuyer q̄ auoit nō guymer tellemēt q̄ mort le getta a terre. Quāt charlemaigne vit sō hōme mort tout ire picqua son cheual des esperōs, et atout vng bastō de fer en sa main vint faire departir la bataille, car il veoit bien que ses hōmes en auoyent du pyre et quilz ne pouoient resister contre les grans coups de regnault en nulle maniere. Cestoit merueilles a veoir les grans armes quil faisoit/car il abatoit hommes τ cheuaulx a grant puissance.

Charlemaigne lempereur vint aux françoys τ leur commanda qlz se retraysfent arriere/car temps estoit de departir la bataille. Et ainsi qlz se vouloient departir vecy venir pmy la bataille gerard le bourgoignon/seql frappa si mallement symon le bremoys q mort labatit a terre. Quant les quatre filz aymon veirent symon mort ilz en furent moult doulens si picquetent leurs cheuaulx des esperons/τ vindrent celle part en derompant la presse pour eulx venger de leurs ennemys. Et sachez que quant regnault y fut venu il y apparu tresbien/car il fist mourir bien troys cens cheualiers des meilleurs que charlemaigne eust en sa compaignie dont le roy fut moult doulent. Ce pendant alard sen alloit parmy la presse τ vint iouster a lencontre du conte destampes/τ pour lescu ne luy laissa pas a mettre la lance parmy le corps tant que le conte tomba mort. Quant regnault vit le coup il vint a alard son frere τ lacolla τ enuers luy senclina τ luy dist. Beau frere benoiste soit la mere qui vous porta/car vous nous auez venge du plus grant ennemy q nous eussions Et quant il eut dit ces parolles fist sonner trompettes pour ralier ses gens. Quant lempereur charlemaigne vit le grant dommage q les quatre filz aymon luy faisoient/ il crya a haulte voix. Seigneurs barons retrapez vous arriere/car trop sont bons cheualiers noz ennemys/retournons en noz pauillons ie vous en prie. Je vous iure sur les sains que leur chasteau ne sera iamais prins sil nest affame/car molt sont preux saiges vaillans τ bien aduisez en guerre ces ieunes cheualiers. Quant les barons de charlemaigne ouyrent son commandement ilz luy dirent. Sire nous ferons vostre commandement. Et ainsi quilz se vouloient departir atant vint regnault poignant son cheual τ ses freres qui le suyuoient/ τ frappa sur les gens de lempereur charlemaigne si durement quil les departit si bien quil les conuint fuyr iusques a leurs tentes τ pauillons. Et le demourant prisonniers/anthoine gutemault/le conte de neuers/τ thyerry le normand/car homme ne pouoit durer a regnault τ a ses freres. Et quant regnault vit la desconfiture τ les gens de lempereur charlemaigne tourner en fuyte il fist sonner sa trompette pour retrapre ses gens. Et quant ilz furent rassemblez regnault τ ses gens sen retournerent ioyeusement au chastel/ mais luy τ ses freres se mirent derriere pour remener leurs gens seurement/ τ ou millieu mirent les prisonniers. Ainsi que regnault τ ses gens se retournoient aymon leur pere leur vint alencontre / τ leur commenca a faire moult dempeschement. Et quant regnault vit son pere il enrageoit de maltalent si tourna bayart τ frappa le cheual de son pere si durement quil le tomba mort a terre car a son pere ne vouloit pas toucher. Quant aymon se vit a terre il saillit prestement en pieds τ mist la main a lespee et commença a soy deffendre/ mais sa deffence luy eust bien peu valu/car ses enfans leussent prins prisonnier se neust este ogier le danoys q le vint secourir. Puis luy dist ledit ogier. Sire que vous semble de voz filz/ ilz sont fort cheualereux comme pouez veoir τ cognoistre. Quant aymon fut remonte il poursuit ses enfans comme homme courrouce τ hors du sens τ dist a ses gens. Or cheuauchons legierement aps ses gloutons/ car se ilz viuent longuement nous feront dommage si grant q a peine nous pourrons nous recouurez. Quant regnault vit son pere q les menoit si malement il tourna bayart & frappa en la greigneur presse des gens de son pere, et les dommagea si durement a layde de ses freres quil les fist tourner en fuyte malgre eulx car ilz ne pouoient plus endurer les grans coups q̃ regnault frappoit. A la verite dire nulle armure ne duroit alencõtre de lespee de regnault, car elle fendoit tout ce quelle attaignoit. Quãt charlemaigne vit les haultes prouesses q̃ regnault faisoit il se seigna de la grãt merueille quil en eut, & formẽt picqua son cheual & sen alla alencõtre d̃ regnault & luy dist. Regnault ie vous deffens q̃ naillez plus auant. Quãt regnault vit le roy il luy fist reuerence & se retrait arriere & dist a ses hommes. Tournez vo9 en arriere, car vecy le roy, ie ne vouldroie pour riẽs du mõde que nul de vo9 mist la main a luy. Quãt les gẽs de regnault ouyrẽt ces parolles ilz mirẽt leurs espees aux forreaux & sen retournerẽt en leur chastel & entrerẽt dedẽs liez & ioyeulx de la bõne aduẽture q̃ leur estoit aduenue celluy iour. Et quãt ilz furẽt dedẽs leur chastel de montessort ilz firent leuer le pont & sen allerent desarmer, ilz trouuerent le mãger tout prest si se assirent a table, & auec eulx firent soupper grant foison de prisonniers. Et quant ilz eurẽt souppez regnault vint a son frere & le mercia moult de ce quil auoit mis a mort le conte destampes.

Empereur charlemaigne voyant q̃ regnault estoit entre dedens son chasteau il sen retourna & descendit en son tref, & iura dieu q̃ iamais ne partiroit dillec iusques a ce q̃l auroit les quatre filz aymon ou le chasteau pris. Que vous diray ie plus. Lempereur charlemaigne fut bien treze moys a complis au siege de montessort que oncques ny eut sepmaine quil ny eut bataille ou escharmuche. Et vous dy que regnault nestoit mye si assiege quil nallast chasser ou boys & es riuieres toutes les foys q̃l luy plaisoit, & moult de fois aduenoit q̃ regnault parloit aux francoys pour auoir son traicte en disant. Beaulx seigneurs, ie vous prie que vous parles a lempereur charlemaigne & luy dictes que par force ne nous prẽdra il iamais, car noftre chasteau est moult fort & bien garny, mais sache lempereur vne chose que ce quil peult auoir par debonairete ne le veuille mye auoir par force. Il peut auoir le chasteau & nous aussi sil luy plaist en telle maniere que ie vous diray. Quãt ie mettray en sa main le chasteau de montessort moy & mes freres noz vies & bagues saulues, & que la guerre fine qui a si longuemẽt duree. Regnault dist ogier le danoys vous dictes bien & sagement, & ie vous prometz que le diray au roy comme dit me auez, & sil veult croire mon cõseil ie vous asseure quil le fera, car vous neste pas gens pour garcõner ainsi, ne pour estre hors de court, & se le roy vous auoit pres de luy il en vauldroit asses mieulx.

Dut ainsi comme regnault & ogier parloiẽt vecy venir fouques de morillon qui crya a regnault, vassal vous estes fol, certes ie vo9 ay biẽ escoute. Vous no9 lairrez montessort, car ce nest mye vostre heritaige & les testes pareillement. Fouquet dist regnault moult mauez souuẽt reprouue. Je scay bien que tout le mal que me veult lempereur charlemaigne est pource que iay occis dung eschequier berthelot son nepueu dont dieu ayt son ame. Certes ie nẽ puis mes, mais men pesa durement, & dieu le scet. Il est vray que quant nous iouasmes ensemble nous eusmes aulcunes parolles, pour lesquelles sans dire mot il me donna vng tel coup sur la teste que le sang en sortit iusques en terre. Et quant ie me vis ain

si atourne ie ne peux estre si a mesure que ie sceusse endurer loustrage q̃l me auoit fa
it et sans rayson/si me deffendis a mõ puoir/car q̃ se laisse occire iamais son ame na
ura pardõ. Et tu scez bien souquet q̃ ce que ie fis ie le fis mõ corps deffendãt/mais a
ce fault faire briefues parolles/sil vous plaist vous direz au roy charlemaigne quil
nous preigne a mercy et soions bons amis/et se cecy vo⁹ faictes vous ferez vostre hon
neur. Ou pouez vo⁹ mourir cõme vng aultre. Par dieu dist souquet tout cecy ne vo⁹ser
uira riens/car vo⁹ en mourrez et voz freres. Fouquet dist regnault vo⁹ menassez trop/
il nappertient mye a vous menasser cheualiers q̃ valent mieulx q̃ vous/se vo⁹ auez ri
ens sur le cueur faictes le sans plet, ie vo⁹ dy bien de vray q̃ vo⁹ pourchassez vostre mort.
Et quãt regnault eut dit ces poles ilz retournerẽt a leurs pauillõs. Ainsi demoura lost
iusques alors sans rien faire/mais les frãcoys sen retournerẽt voussissent ilz ou nõ/
dont lempereur charlemaigne en fut moult doulent.

Lors lempereur charlemaigne manda son arriere ban p̃ toute sa terre/ et
quant ilz furẽt to⁹ venuz il leur dist. Seigneurs ie me cõplains a vo⁹des
quatre filz aymon qui mont mon pays destruit et gaste. Montesfort est si
fort q̃ iamais ne pourroit estre pris si nõ p̃ famine. Or me dictes q̃ ie doy
faire/car ie feray vostre cõseil. Quãt les barõs ouyrẽt la complainte q̃ le roy leur fai
soit des quatre filz aymõ il ny eut si hardy q̃ osast dire mot/ fors le duc naymes de ba
uiere q̃ dist au roy. Sire empereur si vo⁹ voulez auoir bon cõseil ie le vo⁹ donneray bon
se croyre me voulez. Retournons a la haulte france, car nous sommes trop pres de ly
uer pour faire sa guerre/ et quãt le bon temps sera venu lors pourrez de rechief retour
ner mettre vr̃e siege deuãt mõtesfort. Je vo⁹ fays assauoir q̃ regnault nest mye si en
serre q̃l naille es bois et es riuieres chasser toutes les foys q̃l luy plaist, et hõme q̃ peut
entrer et yssir a sa guise nest mie trop assiege, et dautrepart regnault et ses freres sont
telz cheualiers q̃l ne seront mie legiers a descõfire, cest mon cõseil sire, q̃ scet mieulx si
le dye. Apres parla hernier de la seine et luy dist. Sire ie vous dõray meilleur cõseil se
croyre me voulez. Donnez moy le chastel et tout lauoir q̃ est dedens et la seignourie de
cinq lieues au tour/ et ie vo⁹ rẽdray regnault et ses freres prisonniers auãt vng moys
acõply et nous en prõs en france pour veoir noz femmes et noz enfans. Hernier dist le
roy vous auez bien dit et sagement, ce pouez faire ce q̃ auez dit ie vous ottroye le cha
steau et ce q̃ auez demãde. Sire dist hernier mille mercy vous en rendz/ et ie vous pro
metz q̃ ie vo⁹ rẽdray regnault et ses freres auãt vng moys cõme ie croy. Sachez quil
faillit a ses attaintes et ne tint pas a charlemaigne ce q̃ luy auoit pmis/car regnault
se fist tout descõfire et mettre en pieces et pẽdre ceulx q̃ estoiẽt auec luy quãt il fist la trai
son comme plus a plain pourrez veoir sil vous plaist descouter.

Hernier de la seine faulx et mauluais traystre ne fist aultre demeure/mais
dist a lepereur charlemaigne en ceste maniere. Sire empereur faictes moy
deliurer vng bon capitaine, lequel soit acõpaigne de mille cheualiers bõs
et preux qui soient bien mõtes et garniz darmures, et demain deuãt le iour
ie les feray embuscher au dessoubz de la montaigne sans faire noyse ne bruyt et ie les
mettray dedens le chastel. Adonc lempereur enuoya querir guyon de bourgoigne et luy
commanda quil prist mille bons combatãs et quil fist ce que hernier luy diroit. Quãt
Hernier eut delibere son cas il vint a sa tente et se fist armer/ et quant il fut arme il

monta a cheual & sen va iusques a la porte du chastel de monteffort/& dist a ceulx qui gardoient la porte. Las pour dieu beaulx seigneurs ayes mercy de moy sil vous plaist faictes moy leans entrer ou aultrement ie suis mort/car lempereur charlemaigne me fait poursuyure & cercher p tout pour me faire mourir pource q ie luy ay dit beacoup de biens de regnault/& voº dy pour certain q ie luy diray chose dont il sera bien ioyeulx se cest son bon plaisir de me escouter. Quant ceulx q dessus la porte estoient ouyrent cellup ainsi parler sans faire longue demeure luy ont aualé le pont & le font entrer dedens & le desarmerent & luy firent grant honneur. Mais aps le mauluais & desloyal traytre leur en rendit mauluais guerdon. Ce pendant lepereur charlemaigne fist apster guyon de bour- goigne & mille cheualiers auec luy/& les enuoya dessus la montaigne sans faire bruyt & les fist embuscher pres du chastel en attendant q le iour vint. Sachez q guyon auoit aucques luy des meilleurs cheualiers de charlemaigne.

Or est hernier le traytre dedens le chastel de monteffort/auql lon faisoit bon- ne chiere/& quant regnault sceut q vng cheualier de charlemaigne estoit venu il dist ql vouloit pler a luy/si le amenerent deuant luy. Et quant il le vit il luy dist. Qui estes voº beau sire q icy estes venu. Et il respondit. Si- re iay nom hernier le saine/ie me suis courrouce au roy pour lamour de vous/& a celle cause ie suis icy venu voº priant q ie voº soye pour recomande/car ie scay ou aller a psent. Bel amy dist regnault puis q voº dictes qstes nostre amy voº soyes le bien venu car es biens q dieu ma donne ne pouez faillir. Or me dictes ie vous prie coment se porte lost de charlemaigne/a il grant foyson de viure. Sire dist hernier ilz ont peu de souffra- ce/mais ie vous dy de vray q lost sen yra deuant quarante iours/car nulz des barons ny veult plus demourer/dont le roy est fort pres contre eulx/& vous pinetz q se lost se es- longne vous y pourres asses gaigner se vous voules frapper a la queue. Amy dist re- gnault vous maues moult conforte sil est ainsi come vous dictes/car se le roy est vne foys desconfit il naura mye si grant vouloir de venir sur moy vne aultre foys come a psent. Et regnault lemena & luy firent grant chiere ses freres/& luy demandoient co- ment se portoit lost de lempereur charlemaigne.

Aultre chose ne fut a lors. Quant ce vint sur le soir & leure fut de soupper regnault & ses freres se mirent a table & soupperent moult ioyeusement/& en leur compagnie le traytre hernier au quel ilz faisoient bonne chiere. A pres soupper tous les cheualiers sen allerent coucher/cal ilz estoient las pource qlz nauoient cessez de tout le iour batailler. Sachez q hernier fut moult bien & honestement aberge celle nupt/car regnault lauoit comande. Et quant toºles cheualiers furent endormis hernier come le mauluais iudas ne dormoit pas/mais se leua et sen vint a ses armes & sarma. Et quant il fut bien arme a son ayse il sen vint au pont et trencha les cordes qui soustenoient le pont & le baissa/& puis monta sur les murailles & trouua cellup qui faisoit le guet & luy coppa la gorge. Et quant il eut ce tout fait il sen vit a la porte & la desferma/car il auoit les clefz quil auoit oste a cellup quil auoit occis/lesquelles auoit en garde. Lors quant guyon de bourgoigne vit la porte ouuerte il ne fist aultre demeure/ mais entra dedens le chastel luy & ses gens & faisoit tuer quant quil encontroit. Or oyez la belle aduenture coment dieu garatit regnault & tous ses freres de celle mortelle occision. Sachez q les varletz destable quant ilz eurent souppe ilz furent purés & sen allerent coucher/& quant ilz furent endormis le cheual de alard qui estoit fort orgueilleux coméca a faire noise auec les aultres. Quát richard & alard ouyrét la noyse des cheuaulx ilz saillirent en piedz & virent luys de la sale ouuert/et virent les armes suyre par eulx de la clarté de la lune qui luy soit clere. Lors sen vindrent au lict ou ilz auoient couché le traytre hernier lequel ilz ne trouuerét pas/ dont ilz furent bien esbahys. Et atant fut regnault esueillé & demanda qui estes vous q̃ allez a ceste heure/laisses dormir ces cheualiers qui ont tout le iour tát trauaillez/ cest mal fait daller a ceste heure. Alors alard escrya regnault & luy dist. Beau frere nous sommes trahys/ car hernier le traytre a mys les gés de lépereur charlemaigne ceás lesquelz tuent tout voz gens & les mettent a tresgrant martyre. Quant regnault entendit ces parolles il ne fist aultre demeure/mais se leua & se arma moult prestement & cria a ses freres & a ses hommes. Or auant mes amys portons nous vaillamment car maintenant nous en auons besoing autant que iamais. Et sachez que regnault auec luy nauoit que trente cheualiers en la fortresse du dongon/ car tous les aultres estoient en la basse court/laquelle resembloit vne petite ville bié peuplee/la ou guy on de bourgoigne les occioyt luy & ses gens. Ce pendát regnault & ses freres se armerent legierement esperant deulx bien deffendre.

Donc vint hernier le traitre bruyát pmy la maistresse rue & auec luy bié cent cheualiers armés. Regnault le dist a ses freres. Beaulx seigneurs venez auát/car se dieu ne nous ayde nous sommes tous perduz. Et lors se met regnault luy & ses freres deuant la porte & se commencerét si bien a deffendre que nul nosoit auát passer q̃ ne prist mort. Que diray ie plᵉ? La basse court se commença fort a esmouuoir & le cry se comméça a leuer pource que ceulx du dongon se deffendopét moult vaillammét. Quant les gens de lempereur charlemaigne virét que ceulx du dongon se deffendoyent si bien/ilz bouterét le feu en la basse court & commencerent a rompre les maisons & a bruler quant quilz trouuoyent/ tant que en peu deure ilz eurét brulé tout le meilleur/& fut le feu si grát quil se print au dugon. Quát regnault vit quil estoit ainsi prins il en fut moult pre/& dist a ses freres. Que ferons nous icy/se nous demourons, gueres nous sommes tous mors ou prins/ se ne fust le feu que ainsi nous guerroye ie prometz a dieu que encores nous getterions ces gens de ceans/ mais puis que le feu y est nous nauds icy que demourer. Et lors dist a ses freres venez aps moy/& sen dót a la faulce portelle & la defferma & yssit dehors entre luy & ses freres & ses gens. Et quant ilz furent dehors lors furent ilz plus esbays que py auant/car ilz ne sçauoient ou aller. Or ouyez cóment ilz firent cóme vaillans cheualiers/car quát ilz virent le chastel ardoir ilz sen entrerent dedés vne fosse soubz terre pour doubtance du feu & fermerent bien la porte/& la se commécerét si fort a deffendre que nul ny entroit q̃l neust la teste couppee. Hernier le traytre quát il sen apperceut il print ses gens & sen vint a la fosse & comméca duremét a assaillir regnault & ses freres & toᵘ ceulx qui estoiét dedés auec eulx. Et sachez q̃ illec a lentree de ladicte fosse furent faictes plusieurs bónes armes/car ceulx de dedés se deffendirét si bien q̃ nul ny peut entrer. Ce pendant que les quatre filz aymon estoyent dedens la fosse soubz terre ilz ouyrent le cry que plusieurs de leurs gens faisoiét que hernier faisoit occire. Lors cómença regnault dire a ses freres. Seigneurs allós secourir noz gés/ car sil mouroiét

d

ainsi se nous seroit grant blasme. Sire dirent les freres allons de par dieu quant il vous plaira. Quant ilz furent sortis de la fosse dure fust la meslee, la eussiez vous veu regnault a ses freres donner moult de tresgrans coups a diuers, car regnault frappoit si merueilleusement de son espee flamberge laqlle trenchoit, tout ce quelle attaignoit a nul ne losoit attendre, car regnault estoit moult courrouce a du grant courroux qil auoit abandonnoit tout son corps a sa vie, a pource faisoit il grans dommages a ses ennemys Il auoit getté son escu dessus son dos a tenoit son espee flamberge a deux mains a faisoit si grant destruction des gens de charlemaigne q̃ la place estoit toute couuerte de sang Quant regnault vit q̃ leurs ennemys estoient fort esbahys a quil ne losoyent attendre, il dist a ses freres. Cest grant couardise de nous ainsi mucer. Sire dist alard vous dictes verite. Lors dist regnault. Mes seigneurs a mes freres pensons de bien faire, car trop tres sont bons a desconfire a ne pourront durer contre nous. Et quant il eut dit ces parolles il sen vint a la porte du chastel, a le feu estoit ung peu passé a malgre tous ses ennemys il ferma la porte du dongon a leua le pont leuis dudit chastel. Et quant il eut ce fait il sen reuint a la meslee, a trouua ses freres qui faisoient si grans abatz de cheualiers a se portoient si vaillamment que cestoit merueilles a veoir, car il ne donnoyent cop qlz nabatissent leur homme.

Or fut hernier le traytre en la meslee dedens le dongon dont regnault auoit serré la porte a leué le pont leuis, a vit bien regnault quil nauoit garde de lost de charlemaigne. Lors commenca a soy mettre pmy la meslee si aprement q̃ tant fist luy a ses freres que des gens de charlemaigne q̃ illec estoient dedens le dongon nen demoura en vie q̃ hernier le traytre, a .xi. aultres. Quant regnault vit qlz estoient ainsi tous descofitz luy a ses freres a ses gens prindrent hernier a les .xi. aultres, a puis regnault fist faire ung gibet sur la plus haulte tour a fist pendre a estrangler les .xi. a apres fist lyer chascun membre de hernier le traytre a la queue de ung cheual, a dessus chascun cheual fist monter ung page a leur fist picquer les cheuaulx des esperons, a ainsi en peu de temps le traytre fut desmembré. Et quant ledit traytre fut desmembré regnault fist faire ung grant feu a le fist getter dedens. Et quant il fut ars il fist getter la pouldre au vent. Tantost que ce fut fait nouuelles vindrent a lempereur que regnault auoit occis tous les gens de hernier le traytre a lauoit fait tyrer a cheuaulx a plusieurs de ses gens pendre, dont il fut moult courrouce, si dist en soymesmes. Ha beau sire dieu comment suis ie mal mene par ces quatre cheualiers. Or fis ie grant mal quant leur donnay lordre de cheualerie. On dit souuent que plusieurs font les verges dont ilz sont batuz. Or suis ie bien desconfortez, car leur oncle tua mon filz lohyer a regnault mon nepueu berthelot lesqlz iaymoie si chierement, a maintenant de rechief ont pendu mes gens a fait mourir a grant martyre. Bien me puis tenir pour meschant quant ie suis le plus puissant roy du monde a ne me puis venger des quatre simples cheualiers. Jamais dicy ne partiray iusques a ce quen soye vengez, ou il me desconfiront du tout a toute mon armee. Sire dist fouques de rossillon vous auez tresbon droit. Regnault est fol quil ne vous doubte point, car sil vous doubtoit il neust pas fait pendre voz gens en despit de vous. Lors dist le duc naymes de bauiere, Sire empereur se vous meussiez creu vous neussiez pas perdu voz hommes, vous voulsistes croyre hernier a pour ce vous est il aduenu comme vous voyes. Or regardez comment voz gens sont pendus

Dãt sempereur charlemaigne entẽdit ce que le duc naymes luy auoit dit il cõgneut q̃l disoit vray/ẽ pource ne sceut que respondre/si baissa la teste vers terre tout honteux. Ce pẽdant regnault ẽ ses freres sont mõtez sur les murs ẽ se mirent a regarder entour le chastel ẽ virẽt que toute la basse court dudit chasteau ardoit la ou estoit leur garnison ẽ vituaille. Lors commẽca a dire regnault a ses freres. Beaulx freres la chose va bien puis que nous sommes eschappez dieu mercy dune si perilleuse ẽ peruerse aduenture. Gueres ne sen fault que nous nayons este occis ẽ chapplez par faulse traysõ/mais le pys que ie y voye si est que nous auons perdu nostre garnison ẽ vituaille si que nous nauons plus de quoy viure/ẽ me semble que si nous demourons plus ceans q̃ nõ ferons tous que folz/sil vous semble bon desormais est temps de nous departir de ceans. Frere dist alard võ parlez bien ẽ sagement ẽ nous ferons ainsi cõme dit auez/car tant que nous aurons vie au corps noᵒne vous fauldrions. Quãt les quatre freres se furẽt acordez de departir ilz sarmerent tous leurs harnoys ẽ puis attendirent iusques a la nupt/ẽ adoncq̃s ilz sarmerẽt ẽ montarẽt a cheual. Et quant ilz furent appareilles regnault leur dist. Seigneurs combiẽ de gens sommes nous. Nõ sommes dist alard bien cinq cẽs/ceft asses dist regnault/mais scauez vous q̃ nous ferons. Tenons nõ tousiours ensemble sans faire nul effroy/ẽ si nõ en allons parmy les almaigances sans faire noyse. Et se les gens de charlemaigne nous assailẽt psẽs de bien ferir sur eulx/tant q̃ nõ aions lhonneur. Quant il fut tẽps de mõter a cheual/regnault mõta sur bayart ẽ les aultres pareillemẽt monterẽt sur leurs cheuaulx. Et quant ilz furẽt tous montez ilz ouurirent la porte/ẽ sen yssirent tous a beau loisir sans faire noise. Et quãt ilz furẽt tous yssus regnault regarda le chastel ardoir/ dont luy en print grant pitie ẽ dist. He dieu bon chastel que cest dommaige de ce q̃ võ estes ainsi gaste. De dieu soit mauldit qui si faulcemẽt trayt le bõ chastel. Il ya sept ans que fustes fait pmieremẽt. Helas noᵒ auõs eu tant dõneur ẽ de richesses ẽ maintenãt nous võ laissons maulgre noᵒ. Certes vous esties mon esperãce apres mes freres. Et quant ie vous perts ilz nest p̃sonne si doulent que moy. Et ainsi quil disoit ces parolles les larmes luy venoyent aux yeulx/ẽ estoit si destroit que peu sen faillit quil ne cheut pasme tãt grãt douleur auoit au cueur.

Et quãt alard vit regnaũlt si angoisseux il vint a luy ẽ luy dist. Par ma foy frere vous auez tort de cecy dire/vous nestes mye homme de venir a meschief/car tous les cheualiers qui sont en vie ne vous valent point/ẽ pource ie vous prie que vous võ veuilles reconforter/car ie võ iure sur toᵒ les saintz qui sont que auãt qui soit deux ans passes võ aurez tel chasteau q̃ vault dra plus que telz quatre cõme cestuy cy est. Mais or nous mettons a la voye/car noᵒ nauons plus que demourer. Frere dist regnault/tousiours ap trouue en vous bon cõseil. Or nous mettons en la voye/ẽ prenes lauantgarde entre vous ẽ guichard/ẽ moy ẽ richard serons derriere. Sire dist alard tout sera fait ainsi que vous dictes. Et lors print alard guichard son frere ẽ se mettent deuant a tout cent cheualiers ẽ mirẽt tout le chariage au milieu. Regnault ẽ richard venoient aps le residu de leurs gẽs/mais ilz ne sceurent faire ne passer si quoyement que les gens de lost de lempereur charlemaigne ne les apperceussent.

Lors quãt charlemaigne sceut que regnault benoit/ il en fut moult cour
touce/si fist crier que chascun sarmast. Et adonc lost se cõmeca a esmou
uoir et sarmerẽt incõtinent. Quãt alard et guichard qui alloyent deuãt vi
rent quilz ne pouoient passer sans meslee/ ilz picqrẽt leurs cheuaulx des
esperons contre le roy charlemaigne si durement quilz en furent tous courroucez/car
ilz abatirent deux cheualiers a terre/et incõtinent eulx et leurs gẽs eurẽt moult a fa
re. Et quant regnault vit q̃ lost estoit esmeu/il print .xx. cheualiers et leur dist. Prenez
ces sommiers et vous mettez en la voye deuãt par dehors lost sans vous arrester/et ie
iray aider a mes freres. Sire dirent ilz vostre cõmandemẽt serõs. Et quãt regnault
eut ce fait il piqua bayart et entra en la greigneur presse et commenca a faire si grant
merueilles darmes q̃ tous les gens de charlemaigne estoiẽt esbahys et ses freres faisoi
ent si grant abatemẽt de cheualiers que nul nosoit aller deuãt eulx q̃ ne fussent occis
Que vous diray ie plus. Sachez que pource que nuyt estoit les gens de charlemaigne
estoyent si desconfitz q̃ ses gens de regnault passerent oultre ceulx de lost/et se vo⁹ dy
de vray que regnault et ses freres firet si grãt dõmaige es gens de charlemaigne quil
en fut courrouce maintz iours aps. Quãt regnault fut oultre passe il trouua ses som
miers et ses cheualiers qui les cõduisoyẽt/dõt il fut bien aise. Lors il dist a ses freres
Sus tost mettez vo⁹ en voye. Lesquelz firet le cõmandemẽt de regnault. Et regnault
auec son frere guichard demoura derriere. Et quãt charlemaigne sceut q̃ regnault sẽ
alloit il en fut moult lye a cause quil auoit relinqui le chastel. Et incõtinẽt le fist suy
ure/si fist lost prestement armer. Et quant ilz furent bien appareillez ilz se mirent en
la voye tous apres ses quatre cheualiers.

IR sont ses quatre filz aymon moult courroucez de ce q̃l ont leur bon cha
steau montessort ainsi laisse. Sachez que charlemaigne les poursuyuoit
bien de pres/et dist que moult fort luy greueroit sil ne les prent. Mais le
bon regnault vaillant et preux cheualier nest mye trop esbahy/ mais priẽt
toutes ses gẽs et les met deuãt luy/et dist a alard. Beau frere dõnes vo⁹ garde de tou
tes ces gẽs entre vo⁹ et guichard/et se les gens de charlemaigne nous assaillent se no⁹
deffendons bien. Sire dist alard ainsi comme vous auez dit il sera fait. Et atant vin
drent charlemaigne ogier le danoys le duc de bauieres fouques de morillon et des aul
tres assez. Et quant charlemaigne qui venoit deuant bien monte vit regnault et ses
freres/adonc il leur escrya. Si maist dieu gloutõs vo⁹ estes tous mors/huy est le iour
que ie vous feray pendre tous quatre. Sire dist regnault il nyra mye ainsi que vo⁹ di
ctes se dieu plaist/ car se dieu donne vie et sante a moy et a bayart chier sera vẽdue et cõ
paree ma mort. Et quant il eut dit ces parolles il tourna bayart cõtre charlemaigne
pour le frapper/ car sans nulle faulte il le cuydoit occire. A celle heure le roy charlema
gne estoit en grãt dãgier de mourir se regnault seust attaït, mais dãps hugues se mist
entre le roy et regnault q̃ venoit la lãce bessee prĩst de mal faire et de celle venue regnault
frappa dãps hugues parmy lescu si durement quil luy perca le cueur du fer de sa lance
deuant le roy. Et quãt il eut ce fait il sen retourna a ses freres. Charlemaigne ayãt
veu ce coup escrya a ses gẽs a haulte voys. Or apres seigneurs apres/ car se ses glou
tons nous eschappent iamais nauray ioye. Et regnault reuint a ses gẽs et leurs dist
Seigneurs nayez doubtãce tãt q̃ seray en vie/ mais soyes tous asseurez et cheuauches

hardiment et sans desroy. Que vous diray ie plus. Sachez q̄ treze lieues dura la chasse q̄ onques ny eut lieue qui ny eut fait ioustes et q̄ cheualiers ne fussent tenuerses et occis. Mais regnault et ses gens se porterēt adōc si vaillammēt qlz ny pōirent riens mais ont tant cheuauche quilz vindrent a la riuiere. Le roy appella ses barons et leur dist. Seigneurs layssons la chasse desormais se seroit folie de les plus suyure, car ie voy bien q̄ tous noz cheuaulx sont recreuz, laisses les aller a cent mille dyables, car se regnault ouuroit dart dyabolique ne scauroit il plus faire quil fait. Pēsons de huy mais loger empres ceste riuiere, car le lieu est plaisant se me semble. Sire dirent les barons ainsi quauez cōmādé soit fait. Lors firent deschager les sommiers et tendirent leurs pauillōs et tref, et quant ilz furent tendus le roy se fist desarmer, et ce pendāt on appresta le manger p̄stement, car de tout le iour le roy nauoit beu ne mēge ne nul de sa cōpagnie. Et regnault estoit passez oultre la riuiere entre luy et ses freres saītz et sauues pour aller la ou ilz vouloyēt, regnault et ses troys freres voyant la chasse ainsi finee il sen allerent tout quoyement, et quāt ilz eurent esloigne lost de charlemaigne ilz trouuerent vne fontaine belle et clere au tour de laq̄lle y auoit de la belle herbe et drue. Quant regnault vit le lieu si plaisant il dist a ses gens. Decy beau lieu pour aberger noz cheuaulx. Sire dist alard vous dictes vray. Et lors font descharger leurs sommiers. Sachez q̄ les cheuaulx estoyent bien aysees, mais les poures cheualiers estoiēt mal loges, car ilz nauoyēt que mēger ne boyre si nō de leaue clere. Sachez que regnault ne ses cheualiers ne se desarmerent point, mais firent la garde toute nupt chascun a son tour. Et quant ilz virēt le iour venir regnault fist trousser son harnoys et monterēt a cheual et se mirent a la voye par dedēs les boys dardayne vne forest grāde et espesse, et quant ilz eurēt beaucoup cheuauche ilz descendirent deuant vne aultre fontaine pour faire reposer ceulx qui auoyent celle nupt guette.

IR peut bien dire charlemaigne que iamays ne peut greuer les quatre filz aymon. Sachez qlz estoit loge sur la riuiere ou il demoura quāt il ne voulut plus suyure regnault. Quāt le iour fut cler il dist au duc naymes que vous semble il que nous deuons faire. Sire dist le duc naymes, se vo'me voulez croyre nous retournerons en france, car daller plus auāt se seroit folie, pour ce que se boys est trop espes et la riuiere perilleuse, et sont regnault et ses freres telz cheualiers qlz ne sont mye legiers a desconfire. Et ainsi cōme le roy et le duc naymes par-loyent ensemble, adonc veez venir maintz cheualiers. Et quāt charlemaigne les vit il appella bidelon, regnier, et ogier le danoys, et leur dist. Seigneurs ie vueil que vo' retournes auec moy a paris. Et quāt ceulx sentendirent ilz furent bien ioyeulx, et dirent au roy. Sire cest le meilleur conseil que vous puisses faire. Et apres quilz eurēt ainsi acorde charlemaigne fist cryer q̄ chascū sen allast en son pays, et quilz gardasset bien leur pays, car il leur en prioit. Sire dirent tous les barons nous ferons vostre commandement. Et quant ce fut dit ilz firent descendre lost et se mirēt tous a la voye Le roy sen alla a paris, et tous les barons chascun en son pays. Et quant charlemaigne fut venu a paris il fist venir deuant luy ses barōs et leur dist. Beaulx seigneurs ie suis le plus doulent roy du monde quāt ie nay pouoir de moy venger des quatre filz aymon et me meynent comme vous scauez. Ie croy quilz retourneront en leur pays, ou en leur chasteau, et sil est ainsi ie vueil que nous y retournons pour mettre le siege

d iij

Sire dist le duc naymes se ne seront ilz mye, car ilz sont en ardayne a Vous scauez que la forest est si grande quilz nen scauront yssir q̃ de famine ne soyent to°mors. Ce peut bien estre dist charlemaigne. Quelle part quilz aillet que male voye puissent ilz tenir Et quant il eut ce dit il se tourna vers ogier a lup dist. Prenez gerard fouq̃s salemãt a doon de mondidier, et dõnez aux francoys a aux aultres conge. Sire dist ogier il se ra fait. Et lors vint ogier a fouques a gerard et a doon a leur dist ce q̃ charlemaigne luy auoit commande, a puis ilz sen vindrent aux francoys a aux anciens cheualiers a leur donnerent conge, a quant ilz eurent conge ilz sen retournerent en leur pays nõ pas le droit chemin mais a trauers des montaignes. Et ainsi cõme aymon sen alloit a trauers pays il arriua a la fontaine ou ses enfans se tenoyent. Et quãt aymon vit ses enfans il en fut moult esbahy a courrouce. Lors dist a ses barons. Seigneurs con seilles moy ie vous en prie, que doy ie faire contre mes enfans, se ie les assaulx et ilz soyẽt mors ou prins iamais nauray ioye, a se ie les laisse aller ie suis pariure enuers charlemaigne. Quant ses barons louyrent ainsi parler il ny eut oncques vng seul q̃ respondist vne seule parolle. Et quant aymon vit quil nauoit conseil de personne du monde il leur dist. Puis que ainsi est que ne me voulez donnẽr cõseil ie feray a ma vou lẽte, car a dieu ne plaise quil me soit reprouche puis que ie les ay icy trouues que ie ne me combate a eulx. Je vous dy bien que cest pour mon peche que ie les ay icy trouues, mais doresenauãt soit ainsi quil plaira a fortune. Sire dist esmeffroy se vous assail les voz enfans vous ne faictes nulle mesprison, car vous les iurastes au roy. Gars des sire aymon que ne soyes tenu pour pariure, car homme de vostre aage deuroit mi eulx mourir que commettre trayson. Bel amy vous dictes bien dit le duc, ie feray tãt q̃ ie ne seray ia blasme. Lors appella deux de ses cheualiers et leur dist. Alles deuers regnault a ses freres, et les deffies de par moy. Sire diret les cheualiers cest vne cho se dure a faire, mais puis quil vous plaist nous ferons ce que nous cõmandes. Lors allerent vers regnault qui en fut moult esbahy, et quant il cognut quilz estoyẽt des gens de son pere il en fut moult doulẽt. Puis dist a ses freres. Seigneurs or vous ar mes, car homme qui est arme nest mye legier a desconfire. Et daultrepart ie cognoy tant la durete de mon pere que point ne se faindra de nous cõbatre. Frere dist richard vous dictes vray. Ce pendant vindrent les deux cheualiers. Et quant regnault les vit venir il sen vint alencontre deux et leur dist. Seigneurs qui estes vo° ne quel vẽt vous meyne. Lors parla vng de ses cheualiers et lup dist. Seigneurs nous sommes des gens de monseigneur vostre pere qui vous mande par no° deffiance. Seigneurs dist regnault ie le scauoye bien. Mais vous en retournez et dictes a nostre pere quil soit son plaisir de nous donner treues, car il ne feroit pas selon dieu et feroit trayson de nous combatre qui sommes ses naturelz enfans. Sire dist le cheualier de folie par lez pensee de vous deffendre, car il vous assauldra sans doubte. Quant les cheuali ers eurent dit ces parolles ilz sen retournerent et racompterent a aymon comment il auoyent fait leur message et deffie ses enfans. Quant le viel aymon les eut entendu il ne fist aultre demoure, mais picqua son cheual et vint courir sur ses enfans deuãt tous les aultres. Et quant regnault vit venir son pere il vint alencontre, et luy dist. He pere que faictes vous. Nous nauons plus mortel ennemy que vous. Je me esmer ueille pourquoy vous venez tousiours assaillir, vous faictes mal a pech: de ce faire.

Aumoins se vous ne nous voulez aulcunement ayder ne nous soyez contrayre ne ennemy sil vous plaist.

Arron dist aymon vous naurez iamais puis bien q̄ cōmencez a prescher/ vous vo9 tenez au boys pour devenir bestes sauluaiges que mal iour vo9 envoye dieu car vous ne valez ung plain poing de paille. Or vous pensez a deffendre/ car se vous estes prins vo9 serez mys a mal tourmēt. De ce dist regnault vous avez tort. Je me deffendray donc puis que ie ne puis aultremēt faire/ car se ie me laissoye occire mon ame en auroit martyre et tourment. Quant aymon ouyt ce il baissa sa lance et se mist entre ses enfans comme silz feussent estrāges. Et quant le vaillāt regnault vit ce il escrya a ses hōmes et dist. Or nya que bien faire maintenant. Seigneurs pensez de bien ferir/ car mestier en est. Et quant il eut dit ces paroles il picqua son cheual des esperons et se mist en la greigneur presse. et commenca a faire si grans effors darmes que tous les gens de son pere en estoyent esbahys. Que vous diray ie plus. La bataille commenca si grande et si cruelle que cestoit pitie de la regarder. La eussiez veu plusieurs grans coups et merueilleux dōner et recevoir dune part et daultre/ maintz cheualiers mourir/ maintz escus fausser/ et maintz haubers desmailler/ tant de testes copper et de bras et iābes briser que pitie estoit. Pensez que ceste bataille fut moult forte et bien maintenue dung coge et daultre. Mais a la verite dire il conuint perdre a regnault pour celle foys/ car son pere avoit beaucoup plus de gens que luy/ et de cinq cens cheualiers qui estoyēt demourez a regnault il nē avoit plus que cinquante que saintz que nauerez. Je vous dy de vray que regnault et ses freres firent si grant dommaige aux gens de leur pere quilz en occirēt bien la motie/ mais a la fin conuint perdre a regnault et fuyr cōtremont la mōtaigne. Et aymon le chassoit tant quil pouoit/ car bien les cuydoit prendre. Et quant regnault se vit sur la montaigne il dist a ses freres. Ne nous partōs dicy/ car decy tresbon lieu et p.ouffitable pour nous bien et vaillammēt deffendre se nous voulons. Sachez que en ce lieu y eut maintz cheualiers mors et nauerez/ et la fut occis dessoubz alard son bon cheual. Alard se voyant a terre saillit prestement sur ses piedz et mist la main a son espee et se deffendit moult vaillammēt. Et quant richard vit son frere alard a terre il se tourna vers luy pour layder et secourir. Et aymon et ses gens se efforcoyēt pour les prēdre. La cōmenca la bataille derechief plus cruelle que deuant. Sachez q̄ alard eut este prins et retenu se neust este le vaillant cheualier regnault qui la vint. Et quant il fut venu il picqua bayart des esperōs et se mist en la greigneur presse tellemēt qil getta aymō son pere a terre. Et puis dist. Pere vous avez pleige mon frere alard/ car aussi bien estes vous a pie cōme il est. Lors fut aymō si pre qil pdit le sens. Et regnault mist la main a son espee et cōmēca a departir la presse en telle maniere qil tyra hors de la presse son frere alard/ et luy dist. Beau frere mōtez derriere moy de plus cy demourer seroit folie Quant alard entendit son frere regnault il en fut moult ioyeulx/ car il estoit si las qil ne pouoit plus/ si mōta sur bayart derriere son frere regnault. Et quāt bayart se sentit chargez de deux cheualiers il se euertua si fort quil estoit aduis a regnaul qil estoit plus ioyeulx quil nauoit este de toute la iournee. Or sachez que regnault fist quatre ioustes sur son cheual bayart son frere alard derriere luy/ et occist quatre cheualiers des gens de charlemaigne qui estoyent venuz avec aymon son pere/ et leur osta son dit frere alard maulgre que tous ses ennemys en eussent, & se porta moult vaillamment a ceste iournee, comme cy apres pourrez plus a plain veoir.

OR sont les quatre filz aymon côme recreuz & lasse si nõ regnault qui oncques ne fut receu, car ainsi quil alloit il se tournoit a chascun pas & recuoit tous ses ennemis a rudes coups quil leur dõnoit, & ainsi ses gês sen alloyẽt deuãt tout a lopsir. Et quãt il vit q̃ ses gẽs estoyẽt bien esloignez il picqua bayart des esperons & sen vint a ses gẽs estãt alard son frere derriere luy si legieremẽt comme se bayart fust sans frain & sans celle, car le cheual estoit tel que ia mais nestoit las ne recreu. Et ainsi côme regnault sen tournoit, atant veoir venir esmeffroy q̃ estoit vng des vaillans cheualiers de charlemaigne, & estoit monte sur vng cheual noir q̃ charlemaigne luy auoit donne, & quãt il fut pres de regnault il leur cria Si maist dieu gloutõs vous estes mors ou prins & seuremẽt vo⁹ rendray a charlemaigne. Ce pendãt il frappa regnault en son escu dõt regnault fut moult pres, & regnault le frappa côe desespere tellemẽt q̃ pour escu ne pour haubert ne demoura q̃l ne labatit mort par terre. Et quãt il fut mort regnault print le cheual p̃ le frai & dist a alard son frere. Tenez beau frere mõtez sur ce cheual qui est bon ie le vo⁹ donne. Et quãt alard vit le beau p̃sent q̃ son frere regnault luy auoit fait il en fut aussi ioyeux côme sil eut gaigne paris. Et lors ne fist aultre demeure, mais descendit de bayart & mõta sur le moreau desmeffroy q̃ son frere luy auoit donne & le hurta des esperons & vint iouster a vng des cheualiers de son pere qui auoit nom effroys si rudement q̃l labatit mort a terre. A briefparler pour le remonter de alard cõmenca la bataille moult dure & felon neuse tant q̃ a celle heure furẽt occis. pp. des meilleurs cheualiers daymõ. Aymõ voiant ce fut moult doulẽt si escria a ses gens. He seigneurs filz vous eschappẽt iamais nauray ioye, car ilz mont occis esmeffroy le bon cheualier q̃ charlemaigne mauoit dõne. Quãt les gẽs daymon entendirẽt ces parolles & la voulẽte de leur seigneur, adõc couruerẽt sur alard tellemẽt q̃lz luy sirẽt laisser la place par force, & se ne fust vng pas dune petite riuiere q̃ leur fist grant aise & grant ayde regnault & ses freres eusseut eu beaucop daffaires. Mais ie vo⁹ dy sans nulle faulte que regnault & ses freres sirẽt si grant occision des gens de leur pere que cestoit pitie a regarder, car bien en moururẽt pp v. a passer la riuiere. Et se regnault eust eu ciquãte cheualiers a cellup pas il eust desconfit son pere & tous ses gens. Mais par defaulte de gens il conuint q̃ regnault reliquir & laisser la place, & ne peult sauluer auec luy que quatorze cheualiers tãt seulement. Or regardes combien douloreuse & cruelle fut la bataille, car de cinq cẽs cheualiers que regnault auoit auec luy il ne luy en demoura que quatorze. Et deuez scauoir que leur pere le viel aymõ eut fort dommaige ses enfans se ne fust la riuiere q̃lz passerent, car comme dit est ilz auoyent tous perduz leurs gẽs dont ilz estoyẽt moult doulens & marris.

OR a maitenãt regnault tãt peu de gẽs q̃ plus ne scait que faire, mais il nen peut mais dõt cõtinuellemẽt les larmes luy en venoyent aux yeulx Et pareillemẽt plouroit aymõ son pere a celle heure côme dit listoire. Et quãt il eut assez ploure il dist en ceste maniere. He beaulx filz preux & vaillans cõmẽt ie suis doulẽt, car ie suis occasion de vostre dõmaige. Or prez vo⁹ maintenãt côme to⁹ epilles, car vo⁹ nauez de quoy viure, & ne vous puis ayder dont ie vo⁹ asseure quil men desplaist grandement. Le dyable ayt lame qui le plait commença aussi aura il. Quãt il eut asses fait ses lamétatiõs incõtinẽt fist prendre tous les mors & les fist enterrer/& les nautes emmena au mieulx qͥl peut/& fist prẽdre esmeffrõp et le fist mettre sur une littiere & sen alla vers dordõne ou il ne coucha q̃ une nuyt. Et le lendemain au matin fist porter la littiere a deux muletz & sen alla a paris deuãt charlemaigne & luy dist. Sire quãt ie men allay en mon pays p̃ voᵗre cõmandemẽt sachés q̃ ainsi q̃ ie men alloye ie trouuay mes enfans atout cent cheualicrs dedẽs le bois dardayne ie les deffiay & les cuydoie prẽdre & les vous rendre prisonniers/mais ie nap peu/car ilz sont moult a doubter/& de ce que ie les assailly ie lay moult chierement acheté/car ilz mõt fait si grãt dõmage q̃ nul ne le pourroit eptimer. Je leurs occis toutes leurs gẽs fors q̃ quatoize q̃ sont eschappez auec eulx/mais en fin auant que ie les aye desconfiz ilz ont occis vostre cheualier esmeffrop. La les eussions prins se neust esté une riuiere qͥlz passerent/& adõc ilz furẽt saulues. Quãt charlemaigne entendit ces parolles il fut tãt courrocé q̃ a peu quil ne perdit le sens. Lors il dist au viel aymon p̃ courroux Par dieu aymon vous vous excuses maluaisemẽt/car iamais corbeau ne mẽgea ses faons/a ung aultre le feres entendre non pas a moy. Quãt le viel aymon ouyt le roy ainsi parler p̃ reprouche il luy dist. Sire empereur sachés q̃ ce q̃ ie vous dy est vray. Faites apporter des reliques deuant vous & ie iureray sur tous les sainctz de paradis qͥl est ainsi côme ie vous ay compté & dit/sil vous plaist vous me croyrez/& sil ne vous plaist si le laisses. Aymon dist charlemaigne ie cognoy tresbien vostre cueur/car se il en alloit du tout a vostre voulente voz filz seroiẽt seigneurs de france & de tout mon empire. Sire dist le duc aymõ se vous estes courrocé daultre chose ie nen puis mes. Et se vous aues cheualier en vostre court qui vueille maintenir ce quil vous plaist de dire ie luy prouueray par mon corps quil ment faulcement. Tousiours aues esté tel que vous naymastes oncques loyal cheualier/ mais plustost flateurs & mensongiers dont maitz maulx en sont aduenuz. Et lors descẽdit du palays & mõta a cheual & a tãt sen retourna en son pays sans prendre cõge du roy/& peu sen failly qͥl ne tendist au roy son seruice. Et tant cheuaucha lung iour apres laultre quil vint a dordonne/la ou il trouua la duchesse sa femme qui luy vint au deuãt & le receut a moult belle chiere & luy demanda comment il auoit fait.

Adonc dist le duc aymon maluaisement/ car ie trouuay mes enfans ou bops dardayne/ si les assailli cruellemẽt pour les cuyder prẽdre ce q̃ faire ne peuz/mais ie leurs occis & desconfitz toutes leurs gẽs. Et ilz mõt fait moult grãt dõmaige/car ilz ont occis tant de mes gẽs que ie nẽ scay le nõbre/& vous dy pour vray q̃ se ne fust la prouesse de regnault nostre filz iauope pᵃis & retenu alard/car on luy auoit tué son cheual & lauoiẽt tãt mené mes gẽs qͥl nẽ pouuoit plus. Mais nostre filz regnault vint sur nous & nous derõpit si fort qͥl getta hors de la presse alard maulgre nous & noz gens. & le fist mõter derriere luy sur bayart. Vous dy q̃ regnault se cõbatoit si fort contre mes gẽs q̃ ie croy q̃ oncques lyon ne se cõbatit si fort cõtre aultre beste/car a chascun pas se tournoit a tout alard derriere luy & nous faisoit si grãt esbahyssemẽt q̃ nous ne le pouons soustenir. Et a ses tours quil faisoit me occist esmeffrop ung cheualier de charlemaigne/& quãt il eut occis il prit le cheual de esmeffrop & le donna a alard son frere qui estoit derriere luy & le fist monter dessus

Ainsi sen allerent maulgre nous/ et ie men tournay a paris deuers charlemaigne et luy comptay come la chose estoit aduenue, et coment esmeffroy fut occis. Je ne cuidoye point estre blasme, mais il me blasma grandement. Et combien quil soit monseigneur se le feray ie triste et doulent auant quil soit passe six moys.

Vous auez mal fait dist la dame q tant de maulx auez fait a noz enfans. Vous les deussiez deffendre et garantir contre tous hommes et vo° leur faictes le pis q vo° pouez. Ne sont ilz pas voz filz naturelz extraictz de vostre propre cher, par dieu sire duc vous vo° deussies mieulx porter auec eulx que vous ne faites, car oncqs si riche porture ne fut faite par le corps dune dame. Benoite soit leure qlz furent engendrez et nourriz. Et ainsi maist dieu sire duc que ie vouldroye que mes enfans et les vostres vo° eussent prins et retenu prisonnier, a celle fin q vous leur eussiez rendu tout ce qlz ont perdu par vous. Graces ie rens a nostreseigneur de ce q charlemaigne est courrouce a vo°, car de mal faire ne peult venir nul bien, vo° assaillites voz enfans contre dieu et contre rayson, et pource se mal vous en est venu loue en soit dieu. Lors dist aymon, dame vous auez droit et iay tort, ie vous prometz q ie ne fis oncqs chose de quoy ie soye tant repentant come ie suis de ceste, mais ie vous prometz ma chiere dame q ie men garderay vne aultre foys de leur mal faire. Atant laisse a parler lystoire de charlemaigne du duc aymon et de sa femme la duchesse et retourne a parler de regnault et de ses freres qui sont en la forest dardayne.

¶ Comment apres ce que le viel aymon eut desconfit ses enfans ilz sen allerent demourer au plus parfond de la forest dardayne et illec demourerent tant qlz furent tous contrefaitz noirs et velus come bestes pour la grant famine quilz auoient endurez. Et comment ilz sen allerent en dordonne veoir leur mere qui les festoya grandement et leur donna tant dauoir quilz en peurent long temps maintenir la guerre contre le roy charlemaigne. Chapitre.iiii.

En ceste partie dit le conte q depuis q regnault eut occis esmeffroy et donne son cheual a son frere alard qlz passeret la riuiere et sen allerent en ardayne pource qlz ne vouloient estre apperceus. Quant ilz furent la arrestes vng peu de temps ilz comencent a guetier le chemin et tous ceulx q portoient viures estoient destroussez, et de ce viuoient, car ilz nosoient aller nen villes nen chasteaulx pour acheter viures, et pource auoient ilz moult de malaises, car ilz nauoient q menger ne q boire q de leaue, et le plus souuent mengeoient la cher sans pain, sachez q a cause de ce malaise qlz auoient et enduropent et aussi de la grant froidure qlz souffroyent a cause des neges q la estoient leurs gens comencerent a mourir, et ne demoura en vie q regnault et ses freres et ce fut de la grant force de leurs corps, car nul trauail ne leur pouoit nuyre. Sachez pour vray que les quatre cheualiers nauoient que quatre cheuaulx, cestassauoir bayart et troys aultres, et que pis estoit il nauoient auoyne ne ble pour leur donner a menger, et ne viuoient que de racines de ble, et a ceste cause leurs cheuaulx estoient si maigres que a peine pouoient ilz trotter, fors que le bon cheual bayart qui estoit gras et se iournoit, car il se passoit mieulx desdictes racines de blez q les aultres neussent fait de froment ou dauoyne. Sachez que les quatre filz aymon menerent ceste vie longue espasse de temps, et ny auoit homme qui passast la ou ilz se tenoient q eschappast quil

ne fust mort ⁊ destrousse/et en estoit le pays si gaste q̃ cestoit merueilles. Or sachez q̃ les cheualiers estoient si fort empirez q̃ nul qui aultre foys les eut veu ne les eut sceu cognoistre/car toutes leurs armures estoiẽt ëroillees/⁊ leurs celles ⁊ brides pourries tant quilz auoient fait leurs brides de cordes/⁊ estoient deuenus les cheualiers tous noirs/⁊ ce nestoit pas merueilles/car ilz auoyẽt tousiours les haubers vestus sur leur roquet tous enroilles p̃ faulte de chemise/⁊ aussi leurs hocquetõs estoyent tous pour ris. Que vo⁹ diray ie plus. Sachez que regnault estoit tant crain ⁊ redoubte q̃ cestoit merueilles/car aup̃s de la ou ilz habitoyẽt il nestoit hõme q̃ se osast tenir si nõ es forteresses. Quãt regnault estoit mõte sur bayart ⁊ ses freres sur leurs cheuaulx tout le mõde les fuioyt dont le pays denuirõ estoit tout gaste. Et sachez q̃ les quatre poures cheualiers estoiẽt fort deffigurez/car de desaise ilz estoiẽt velus cõme ours/⁊ affamez cõme lyõs/⁊ estoiẽt si maigre q̃ chascun en auoit pitie. Quãt regnault se vit si mal a tourne il appella ses freres ⁊ leur dist. Seigneurs ie mesmerueille trop duremẽt q̃ no⁹ ne prenons aulcun bon conseil de nostre affaire. Il me semble que no⁹ sommes deuenuz tresmauluais ⁊ que paresse ⁊ lachete no⁹ acompaigne/car se no⁹ fussions tel que deussions estre no⁹ ne souffreriõs pas le martyre que nous endurõs ⁊ que no⁹ auons endure si long temps. Or cognoys ie maintenant que nous ne valons gueres quant nous auõs laissez reposer noz ennemys si longuement. Mais vne chose ie considere cest que nous nauons cheuaulx ne harnoys qui vaillent/ne monnoye pour en acheter ⁊ sommes en tel point que nous ressemblons mieulx bestes que gens/si vous prie tꝰ en general que me vueilles dire que nous deuõs faire pour le meilleur/car ie vous dy de vray que iayme mieulx mourir cõme cheualier que de mourir de faim ⁊ de malaise.

Quant alard ouyt ainsi pler regnault il dist. Frere se mest dieu il y a grāt piece que de ce ie me suis apperceu et pris garde, mais iauoye grāt doubtance de le dire a cause que doubtoye que vous en fussiez mal cōtēt, puis dōc que auez ouuert les parolles si croire me voulez ie vous donray bō conseil se me semble. Sire nous auons souffert icy grāt pourete par long temps et ne pouons aller en nulz pays q̄ nous ne soions prins, car cōme vous sçauez tous les barons de france et mesmemēt nostre pere et tous noz parens nous haissent mortellemēt Se croyre me voulez nous en yrōs tout droit a dordōne vers nostre mere, ie espere q̄ elle ne nous fauldra mye. La seiournerons vng peu et prendrōs vng petit de repos, et quant nous serons vng petit reposez nous prendrions aulcune cōpagnie et yrons seruir quelque grāt seigneur ou nous acquerrons aulcune cheuāce, certes vous nestes mye hōme qui encores nayez des biēs, car ie ne scay hōme terriē q̄ soit a cōparer a vous en force ne en prouesse. Frere dist regnault vous dictes biē et sagemēt ie vous pmetz q̄ ainsi se ra fait. Quāt les aultres freres ouyrēt le cōseil q̄ alard auoit dōne ilz commēcerēt a dire. Frere nous cognoissons q̄ dōnez bon cōseil a regnault. Lors dist regnault. Puis q̄ ce cōseil vous semble bon nous le ferons ēnuyt. Tant attendirēt les quatre freres q̄ la nuyt fust venue, puis montarēt a cheual et se mirēt en la voye ainsi pouremēt vestus cōme vous ay dit, et tant cheuaucherēt de nuyt et de iour quilz vindrēt au pres de la cite de dordōne, et quāt ilz furent si pres de la cite quilz la peurēt veoir, adōc leur souuint de la grāt richesse dont ilz estoiēt gettez et banniz, et cogneurēt la grāt pourete q̄ si lōg temps auoiēt endure, et ainsi pensant furēt tāt doulens q̄ a peu quilz ne tomberent a terre. Lors regnault dist a ses freres. Nous auons mal fait q̄ nous nauons demande seurete a nostre pere, car vous sçauez bien quil est si cruel q̄ sil nous peult prendre il nous rēdra prisonniers a charlemaigne. Frere dist richard vous auez bien dit, mais le cueur ne me dit pas q̄ nre pere le fist ainsi cōme vous dictes et se ainsi le faisoit iayme mieulx mourir deuāt dordonne q̄ au bois de faim et de soif, cheuauchōs seuremēt ie vous dy pour vray que nul ne nous cognoistra, et daultre part se nous puōs auoir le pie dedēs dordonne nous nauons garde, car nous y sommes moult aimez et nostre dame de merene souffriroit pour riens quon nous fist aulcun desplaisir.

Frere dist regnault vous auez bien dit et sagement et mauez moult recōforte. Or cheuauchōs en bōne heure. Et quāt il eut dit ces parolles ilz entrerēt dedēs dordōne et cheuaucherent parmy la maistresse rue sans estre cogneuz de personne du monde, et sans demoure vindrēt au chastel. Sachez que quāt ilz passoient parmy les rues les gēs q̄ les regardoiēt sesmerueilloient moult car il ne cognoissoiēt quelz gens cestoiēt et disoiēt lung a laultre. Regardez quelz gēs ie croy quilz ne sont pas de nostre loy. Lors il leur demāderēt. Seigneurs dont estes vous q̄ estes ainsi contrefaitz, estes vous payēs, de quelle cōtree estes vous. Seigneurs respondit regnault trop nous enquerez, ne veez vous pas quelle gens nous sommes. Et quāt ilz furent au palays ilz descendirēt a pie et donnerēt a tenir leurs cheuaulx a troys varletz q̄ la trouuerēt. Et lors les quatre freres montarēt au palays sans en cōtrer hōme ne femme, car aymō leur pere estoit alle au gibier sur la riuiere, et la duchesse estoit en sa chābre la ou continuellemēt elle se tenoit bien triste et doulēte a cause quelle nauoit aulcune nouelle de ses enfans. Quant les quatre freres furēt entrez dedēs sa sale il ne trouuerent home a qui parler dont ilz en furent esmerueillez/si sassirent lung ca et laultre la/et demouterēt en tel estat vne grāt piece q̄ homme nētra leans. Et quāt ilz eurent assez demoure/atant decy venir la duchesse leur mere q̄ yssoit de sa chambre/et elle regarda parmy la salle et dit ses filz si contrefaitz quelle ne les cogneut point/mais sesmerueilla moult quelle gens ilz pouoiēt estre. Et quāt alard dit venir sa mere il dist a regnault et a ses aultres freres. Dees la nostre mere q̄ tāt nous desirons a veoir/allons alencontre delle sil vous plaist et luy comptons nostre pourete et affaire. Frere dist regnault nous le ferōs/ mais attendons tant quelle aye parle a nous pour veoir selle nous cognoistra ou non. Lors attendirent ses quatre freres tant que leur mere fut a eulx venue. Et quāt elle les vit si noirs et si hideux/et puncipalement regnault qui estoit si grāt et si velu/elle en eut si grant paour quelle sen voulut retourner en sa chābre/mais alors cest asseuree et leur dist. Dieu vous salut seigneurs qui estes vous ne de quelle nation/estes vous crestiēs ou payens/ou gens qui font penitence/ voulez vous point laumousne ou draps pour vous reuestir. Je cognoys que vous en auez bien mestier/et se vous en voules ie vous en donneray voulētiers pour lamour de dieu affin quil aye mercy de mes enfans et les garde de peril et dencombrier car il ya bien sept ans q̄ ie ne les vis. Et quāt la duchesse eut ce dit il luy print si grāt pitie de ses enfans quelle commēca a plourer moult tendrement/ et quant elle eut grāt piece ploure/ elle dist a haulte voix que ses filz lētendirēt. Helas beau sire dieu quāt vieūra le iour que ie voye mes enfans. He beau sire dieu q̄ ie les desire a veoir. Fut il oncques dame qui fist si riche porture comme iay fait / ne qui tant fust desolee comme ie suis maintenant.

Et quant regnault vit sa mere si desolee et si angoisseuse il en eut moult grāt pitie/et comēca a larmoyer/et se voulut descouurir/mais sa duchesse le regarda et luy tourna le sang/et le sang luy fremist et comēca toute a trēbler et peu sen faillit quelle ne cheut pasmee a terre/ non obstāt ce elle demoura vne grāt piece sās pler/ car elle ne pouoit mot dire tāt auoit la couleur pdue et le cueur serre/et quāt elle fut reuenue si regarda regnault de rechief et le cogneut bien a vne playe q̄l auoit au visaige/laq̄lle luy fut faicte au porter quāt il estoit petit enfant. Lors elle luy dist tāt ioyeuse q̄ dame pourroit estre. Regnault mon filz le nō pareil de tous cheualiers du monde cōment ie vous voy empire et chāge/ou est allec vostre grāt beaulte. Pourquoy mon filz vous allez vous celant enuers moy q̄ vous ayme plus q̄ moymesmes. Ce pēdāt quelle disoit ces parolles elle regarda autour de soy et cogneut ses enfans/et quant elle les eut recogneuz elle alla vers eulx les bras estādus cōme forcene et les comēca a baiser en plourāt de grant pitie q̄lle auoit de ce q̄l estoiēt tāt empirez et tant les baisa q̄lle en cheut toute pasmee. Et regnault la print entre ses bras la ou elle demoura grā piece/ et regnault et ses freres ne finoient de plourer incessamment de la grant pitie quilz auoyent de la douleur de leur mere.

Or aduint quāt la duchesse fut reuenue elle prit ses enfans et les fist seoir au pres delle et leur dist. Beaulx enfās cōme vous voy poures et deffigurez quest ce a dire que vous nauez auec vous cheualiers ne aultre compagnie. Ou auez vous este qui auez souffert si grant pourete/ et si grant malaise. Sachez que quāt la duchesse parloit a ses enfans quelle plouroit si tendrement quelle

e

fondoit toute en larmes et souuent baysoit regnault doulcement. Dame dist regnault nous nauons nulz cheualiers auec nous/car nostre pere nous les a tous occis/ et nous mesmes eut il occis se neust este nostre seigneur q̃ nous a garde par sa pitie et misericorde. Dur parentage nous mostra nostre pere. Quant la duchesse entedit ces parolles elle en fut moult doulete. Lors appella vng de ses seruiteurs et luy dist. Faictes mener in continent ces cheuaulx en la ville et gardes quilz soyent bien peses. Dame dist son escuyer ce sera fait incontinent. Et adonc sen vint aux trops varletz q̃ gardoient les cheuaulx et les fist mener en vne hostellerie ou ilz furent bien peses. Le pendant vint vng escuyer q̃ dist a la duchesse. Dame quant il vous plaira mettez vous a table/car tout est prest. La dame print regnault et ses freres et les emmena auec elle pour disner et les fist seoir tous quatre deuant elle. Illec furent grant chiere les quatre cheualiers/car il y auoit long temps qlz nauoyent mengez vng seul repas a leur aise. Et ainsi qlz mangeoyent le duc aymon leur pere reuint de chasser/et auoit pris quatre cerfz et deux sangliers il entra en la salle et trouua ses quatre enfans q̃ mengeoyent/et la duchesse leur mere q̃ les seruoit. Et quant il les vit il ne les cogneut point/et dist a la duchesse. Dame q̃ sont ces gens q̃ sont si contrefaitz. La dame cognoissant la cruaulte de son mary de paour comenca a plourer et luy dist. Sire se sont mes enfans et les vostres q̃ tant auez trauaillez et chassez come bestes sauluaiges qlz ont tant demoure en ardayne qlz sont deuenuz tel come les loyes. Ilz sont venuz vers moy pource q̃ ie les voy voulentiers. Vers vous ne sont ilz pas venuz/car ilz sceuent bien q̃ vous ne les aymes pas. Je vous prie pour dieu que pour lamour de moy les habergez ce soir/et demain au plus matin ilz se partiront/helas ie ne scay se iamays plus les verray.

Lors quant aymon entendit ces parolles il trembla tout de maltalent/et se tourna deuers ses filz et leur fist fort male chiere en disant. Gloutons dieu vous mauldie/vous ne valez riens et come garcons de neans estes qui ne pouez auoir monoye ne gens ou quelque prisonniers q̃ vous donnet grant auoir. Pere dist regnault par la foy q̃ ie vous doy se vostre pays est en paix les aultres ny sont pas/car vous pourriez aller a quatre vingtz lieues dicy q̃ ny trouueries homme riche ne poure q̃ ne se tienne maintenant es fortresses et es chasteaulx. Certes vous auez grant tort de nous faire du pis que vous poues. Dernierement nous tollistes mot essoit nostre bon chastel/et puis nous assaillistes en la forest dardayne et tant feistes q̃ de cent cheualiers q̃ iauoye ne men demoura que quatorze/lesquelz sont tous mors. Dy regardes pere coment vous vous portastes enuers nous/mais puis quil est ainsi q̃ nous voules si grant mal et que ne nous poues veoir faites nous trancher les testes si serez grandement amy au roy charlemaigne et hay de dieu et de tout homme. Et quant le duc aymon entendit regnault ainsi parler il cogneut bien quil disoit vray si comenca a souspirer de cueur paternel/et dist a ses enfans. Mescheans et trespoures chetifs lascheté et paresse vous ont vaincuz/vous ne fustes oncques mes enfans/car se fussies telz que on cuyde vous neussies pas souffert tant de pourete ne de malaise que vous auez long temps endure/mais fussiez alles gaigner sur vos ennemys pour vous maintenir honestemet et eussiez fait bonne guerre a charlemaigne et a tous ses pays/mais vous estes meschans deuenuz. Et pource vous diz que vous naurez riens de moy. Or tost vuides mon palays. Pere dist regnault vous parlez come maluais homme/car ie vous dis de vray que nous auons tant occis de brigans que ie nen scauroy racompter le nombre dont ie me sens en grant peche. Mais pour dieu vous requerons q̃ nous aydes a recouurer nostre terre de charlemaigne/ a se ne le voulez faire dõnes nous du vostre/ a nous nous en prons loing de vous. Et aymon leur pere leur respondit que nõ feroit. Adonc dist regnault. Maintenant ie apperçoy vostre mauluaise voulente. Entre moy et mes freres auons tant fait q̃ nous sommes en vostre maison si nous en deust estre de mieulx/ mais ie voy bien que vous nous en voules degetter a grant effroy. Je vous iure par la foy que ie doy a ma dame de mere que sil conuient que ie me departe de vous en telle maniere vous le compartes chier. Cõment nous voulez vous getter ainsi du pays. certainement ie ayme mieulx a mourir icy auec vous que de mourir de faim puis quil ne peult estre aultrement.

Adonc quant regnault vit que son pere auoit si gros cueur vers luy et ses freres il rougit tout de maltalent. Et lors commenca a muer couleur a regarda son espee a la tyra bien la motie dehors. Quãt alard vit muer couleur a son frere il cogneut bien quil estoit courroucé/ si le courut accoler et luy dist. He beau frere pour dieu ne nous courrouces si fort a nostre pere/ car il est nostre seigneur. Et pource a tort a a droit il peult dire ce q̃l luy plaist a deuons faire son cõmandement. Et se il est cruel enuers nous nous deuons estre humbles enuers luy. Gardes pour lamour de dieu q̃ ne mettez la main a luy/ car ce seroit contre les cõmandemens de dieu. Frere dist regnault il sen fault peu que ie nenrage tout vifz quant ie voy deuant moy celluy q̃ nous deuroit aymer garetir a deffendre enuers tous a contre tous a nous donner bon conseil a il fait le contraire. Il a fait paix au roy charlemaigne pour nous destruire a deffaire/ iamais ne vis si cruel pere contre ses enfans/ car il nous deschasse et deboute si villainemẽt cõme se nous estions mescreans ou estrangiers. Je ne pourroy en nulle maniere racõpter ne dire le mal quil nous a fait ne la grant pourete que nous auons souffert pour luy. Di neusse ie pas tantost ainsi fait a luy/ plustost me fusse la ysse les mẽbres trencher/ mais se le puis yssir hors de ceans iamais/ ie vous certifie q̃ le courrouceray a gasteray tellemẽt sa terre quelle luy fera peu de prouffit a quil en sera memoire perpetuellement.

Et quant aymon entendit ainsi parler regnault le cueur luy atendrit fort a commenca a plourer a dist. He dieu comment ie suis doulent quant ie ne puis iouyr du bien que dieu ma donné/ il ne seroit homme au monde si eureux q̃ moy se mes enfans auoyent paix au roy charlemaigne/ car ie suis seur q̃ oncques le roy priãt neut meilleurs enfans q̃ moy ne si villains. He mauluays cueur tu ne deusses mye regarder au sermẽt contre tes enfans/ mais seur deusses aider a garder contre tous dont ie te dois bien hayr. Cueur mauluais tu me fais hayr ce que ie doy autãt aymer que moy mesmes. Et quãt il eut ainsi parle a soymesmes il dist a regnault. Beau filz trop estes preux a sage/ oncques hector ne vous valut/ ne il ny a cheualier au monde qui vous vaille/ a pource ie doy bien faire a vostre voulente. Quant le duc aymon eut dit celle parolle il dist a sa duchesse. Dame ie men voys la dehors/ car ie ne vueil mye estre pariure enuers le bon roy charlemaigne/ vous auez ceans de lor a de largent largement/ asses cheuaulx/ a armures/ palleffrops, et sommiers/ or en donnes a mes enfans tant comme ilz en vouldront prendre. Quant il eut dit ces parol

c ij

les il print ses gens & sen alla. Lors dist regnault. Sire or vous deuons gre scauoir de ce que dit auez. Nous nous en prons demain au plus matin a celle fin que ne soyes a malaise, & sil vous plaist nous demourerõs ceans ceste nupt pour cõsoler nostre mere qui tant a este a malaise pour lamour de nous a cause quelle nous auoit perdu. Je vous promets pere que encores ne fussions nous pas cy venuz se ne fust pour lamour delle. Regnault beau filz dist le duc aymon vous estes plain de grant scauoir. Sachez que quãt lohyer fut mort ie ne me osoye trouuer deuant le roy charlemaigne a cause qͤl disoit q̃ il aymast mieulx auoir perdu la moitie de son royaulme, & me menassoit de pẽdre ou bruler ou destruire toute ma terre/ mais tant fiz y les parolles de mes parens q̃ ie fiz mõ apointement & que ie fuz hors de tous blasmes. Beau filz vous deuez considerer le serment que le roy charlemaigne ma fait faire contre vous. Sachez que bien me despleut quant ie vous trouuay en la forest dardapne/ & que ainsi vous auoye occis voz gens, mais il mestoit force de le faire pour mon honneur & serment garder/ & pour auoir paix a charlemaigne. Vostre mere ne vous a mye forfaittes/ et pource vous peust elle donner or noz biens a sa guise. Et quant le duc eut dit ces parolles il yssit du palays & retourna derechief au boys.

Dant la bonne duchesse ouyt que le duc aymon luy donna conge de faire a sa voulente de ses biens/ elle appella ses enfans & leur dist. Beaulx enfãs soyes seurs puis que vostre pere est dehors de ceãs vous serez bien penses. Et lors fist apprester les baings & les fist tous baigner honnestement/ et sachez que en leurs baings auoit plusieurs herbes odourantes. Quant ilz furẽt bien nettoyes la bonne dame leur fist apporter draps & linges pour les rechanger/ & a chascun vng mãteau descarlate fourre dermines. Et quãt elle les eut bien appareilles elle les mena en vne chambre ou le tresor de son mary estoit & le monstra a ses enfans/ cor pour aultruy nestoit amasse. Regnault voyant ce riche tresor cõmenca a rire & dist. Dame grans mercis du beau don que vo9 me faictes/ il me faisoit bien mestier. Et adonc print du tresor a sa voulente. Et incõtinent enuoya de toutes pars messagiers pour auoir souldoyers. Plusieurs gens retint regnault & plusieurs en enuoya, mais ceulx qͤl retint paya pour vng an. Que diray ie plus. Regnault et ses freres coucherent ceste nupt ou chasteau. Et le lendemain au matin auant quil fust iour se partirent et emmenerent auec eulx cinq cens hõmes bien mõtes. Et au prendre cõge la duchesse dist a ses enfans. Beaulx enfans ie vueil q̃ vous tyres vers espaigne/ car il y a moult platureux pays. Et ainsi qͤlz vouloyẽt partir veey venir maugis leur cousin qui venoit de frãce ou il auoit este long temps. Quãt maugis fut descendu il courut a regnault les bras tenduz & le commença a baiser/ & apres baisa ses aultres cousins & leur dist. He beaulx cousins vous soyes les bien venuz/ & loue soit nostreseigneur q̃ ie vo9 ay icy trouuez. Cousin dist regnault ou auez vo9 tant este q̃ oncques nauons eu nouuelles de vo9. Cousin dist maugis ie viens de paris la ou iay robe au roy charlemaigne troys sommiers chargez dõt ie vous en donne la moytie/ car mieulx employer ne les scauroye, & veez les cy. Cousin dist regnault dieu vous en sache gre. Et quãt il eut ce dit il monta a cheual & sortit hors de dordonne & ses freres auec luy acõpaigne de toutes gẽs, & rencõtra son pere qui sen retournoit. Et quãt il le vit il se salua sans mot dire & senclina vers luy, & aymon se tourna vers eulx & leur dist. Enfans or estez vous tresbien garniz, ie vous prie que vous facez tant que lon parle en france de vostre prouesse/et a vous aultres mes enfans/ie vous commande que obeysses a regnault et le gardes sur toute riens/ car tãt quil vivra vous naues garde de mal.

Lors dist alard. Sire nous ferons vostre cammandemẽt. Nous vous prions pour dieu que no9 vous soyõs pour recõmãdes. Si seres vous mes enfans. Et lors regnault print congie de son pere et de sa mere. Mais la bõne dame se pasma quãt elle vit partir ses enfans/ et tout le commun de la ville en fust si grãt dueil que cestoit pitie a veoir. Regnault et ses freres se mirent a la voye. Et quant la duchesse vit ses enfans qui sen alloiẽt elle commenca a dire. Ha povre cueur que ne crieues tu. Helas se ie fusse morte pieca mõ ame en seroit plus apse/ ie ne suis mye mere mais maratre. Helas le voy ma chiere portee aller en exil et ne les puis retenir ne ayder. Ainsi côme la duchesse demenoit son dueil aymon la print entre ses bras et en la recõfortãt luy dist. Dame ne vous descõfortes tãt/ car le cueur me dit q̃ nous les verrõs encores en grãt psperite et hõneur/et en aures vne foys grãt ioye et liesse en brief tẽps. A brief parler le bon duc aymõ recõforta tãt la duchesse q̃lle layssa son dueil et remonta au palays auec le duc aymon. A present laisse a parler du duc aymon et de la duchesse sa femme/ et retourne a parler de regnault et de ses freres.

¶ Comment apres q̃ regnault ses freres et maugis leur cousin furẽt departis de leur mere de dordõne pour trouuer leur aduẽture ilz allerẽt tãt p leurs iournees q̃lz arriuerent au royaulme de gascoigne/ et commẽt en allant ilz firẽt plusieurs maulx en france. Et cõment le roy de gascoigne les retint en son seruice.

c iij

 Il dit le conte que depuis que regnault alard guichard richard et maugis leur cousin furent yssus de dordonc a toute leur compagnie q̃ estoient bien sept cēs hōmes bien mōtes ilz se mirēt en la voye et passerēt meuse et gasterēt toute frāce, et passerēt parmy gastinoys et orleās, et passerent la riuiere de loyre et gasterent tout le pays iusques a poitiers. Et quāt ilz furēt a poitiers ilz ouyrēt nouuelles que le roy yon de gascoigne q̃ estoit moult grāt prince estoit assailli des sarrazins. Maugis ouyant ces parolles sen vint a regnault et lup dist. Cousin le roy de gascoigne est ung prince de grāt renom et moult puissant, allons a luy et le seruons et tel seruice luy pourrons nous faire q̃ charlemaigne ne nous pourra nuyre. Cousin dist regnault allons dōc puis quil vous semble bon. Et quāt ilz furēt a ce accordez ilz prin drent leur chemin vers gascoigne et tāt cheuaucherēt par leurs iournees q̃lz arriuerent a bourdeaulx vne moult belle cite ou ilz trouuerēt le roy yon atout tresgrāt compagnie de cheualiers. Quāt ilz furēt la arriuez regnault dist a ses gēs, allons nous loger. Cou sin dist maugis non ferōs, mais prēs parler au roy yon, et sil nous retiēt en bōne heure et sil ne le fait nous prēs seruir le roy bourgōs le sarrazin qui est moult preux et saige et a ia cōqueste de la terre du roy yon vne grāt ptie cōme tholouse, mōtpellier, sietaire saint gilles, tarascō, et arles, et se nous faillons icy la ne fauldrōs nous pas. Cousin dist regnault vous parlez bien et sagement, nous ferōs ainsi quauez dit. Adonc prīt regnault cinquante cheualiers ses trops freres et maugis et se desarma puis se vestit moult richement. Et quāt il fut bien atourne il sen alla a la court du roy yon sur ung courtault. Ainsi q̃ regnault alloit parmy bourdeaulx chescun courroit apres luy pour le veoir a cause qlestoit si grant et aussi ses freres, mais non pas tant que luy. Et quant ilz furēt a la porte du palays regnault descendit a pied du palays et trouua le roy en cō seil. Le seneschal voyāt regnault si bel hōme et si bien acōpaigne de gēs luy vint alen cōtre et luy dist. Mōseigneur vous soyez le tresbiē venu. Et regnault luy respondist. Dieu vous doint bōne aduenture. Or me dictes sil vous plaist ou est le roy. Mōsei gneur dist le seneschal il tiēt maintenāt son cōseil, car bourgōs le sarrazin est entre en sa terre et luy a fait moult grāt dōmaige, car il fait ardoir villes chasteaulx abbayes hermitaiges et plusieurs monasteres, et maintenāt est par force dedēs tholouse a grant puissance. Certes dist regnault ce bourgōs est moult puissant a ce quoy dit. Ainsi que regnault et le seneschal parloyēt ensemble le roy arriua celle part. Et quāt regnault le vit il prīt ses freres et maugis et sen allerēt alencōtre du roy, lequel regnault salua hū blement et luy dist. Sire roy yon moy et mes freres qui cy sommes venuz sommes che ualiers et venōs destrāge terre et auons amene auec nous nostre cousin maugis que cy veez et plusieurs bōs souldoyers, nous vous seruirons tous sil vous plaist bien et leaul mēt en telle maniere que nous ne voulons riēs du vostre, mais se nostre seruice vous plaist vous me prmettrez cōme roy se cest vre bon plaisir que nous ayderes a garentir enuers tous et contre tous. Bel amy dist le roy yon vous soyez le tresbien venu. De ce que vous dictes que estes venuz pour moy seruir ie vous remercye de bon cueur, mais ie vueil auāt scauoir q̃lz gēs vous estes, car telz pourries estre q̃ ie seroye vostre enne my. Sire dist regnault puis quil vous plaist scauoir q̃ nous sommes ie le vous diray Sachez que ie suis regnault filz au duc aymō de dordōnc, et ces trops cheualiers sont mes freres, et vecy maugis nostre cousin vng des meilleur cheualier du monde et des

saiges. Charlemaigne nous a degettes de frāce et nous a desheritez, et nostre pere no⁹ a desauouez pour lamour de luy, et pource allons cercher seigneur q̄ soit bon et loyal q̄ nous ayde a deffendre cōtre luy, et nous le seruirōs bien et loyaulment.

Q̄dt le roy yon eut ouy ce q̄ regnault luy dist il en fut moult ioyeulx, car il congneut q̄lz estoyēt les quattre meilleurs cheualiers du mōde et les plus doubtez, et que maugis estoit ung des subtil hōme du mōde, et bien sceut q̄ se iamais il deuoit finer sa guerre quil la fineroit par leur moyen. Lors se garda deuers le ciel et remercya nostre seigneur de la venue de ces vaillans cheualiers Et puis leur dist. Seigneurs vous estes retenuz, vous nestes mye gēs quon doiue refuser. Je vous pmetz loyaulnēt et en sermēt de roy q̄ ie vous deffendray de tout mon pouoir cōtre tous hōmes, vous estes desheritez et moy aussi, pource est bien rayson que n⁹ soyōs ensemble, et q̄ lung ayde a laultre de tout son pouoir. Sire dist regnault mille mercys vous en rendons, et ie vous pmetz que nous mourrōs en vostre seruice ou vr̄e terre v⁹ sera retournee. Le roy appella son seneschal et luy dist et cōmanda q̄ regnault et sa cōpagnie fussent bien logez. Et incōtinēt le seneschal fist le cōmandemēt du roy. Or sont les quatre filz aymō acoitez du roy yon et cuydēt auoir bien fait, mais ilz sen repētirēt et ne demoura gueres. Atāt laisse a parler du roy yō et des quatre cheualiers et retourne a pler de bourgōs q̄ estoit a tholouse laquelle il auoit prinse p force de gens.

¶ Cōment regnault ses freres et maugis destruyrēt bourgōs le sarrazin q̄ auoit gaste le royaulme de gascoigne et chasse le roy yon a bourdeaulx sur girōde q̄ de la nosoit partir pour doubte des sarrazins.   Chapitre. vi.

N ceste partie dit le conte que depuis que bourgons eut prins tholouse il fist vng grant parlement a ses gens/ᷓ leur dist. Seigneurs vous scauez bien q̃ quāt le fer est chault il se fait meilleur ouurer que quāt il est froit. Ceste parolle ay ie dicte et proposee deuant vostre seigneurie/ pour vous donner a cognoistre que nous deuōs faire. Et pource me semble que nous deuons cheuaucher vers bourdeaulx maintenāt ce pendant que les blez sont espies. Car noz cheuaulx auront asses a menger. Sire dirent ses gens vous dictes bien et sagement/ or le faisons cōme vous lauez deuise. Faictes que soyes demain pst̃z pour mouuoir. Quāt vint le lendemain bourgons se partit de tholouse a bien vingt mille cheualiers bien armes/ et ne cessa de cheuaucher tāt quil vint deuant bourdeaulx en neuf iours/ ᷓ se embucha dedēs vng grant boys qui estoit pres de la cite et manda bien quatre cens sarrazins des mieulx en point ᷓ mieulx mōtes quil eust. Et ceulx sen alloyēt tout ardant et gastant le pays iusques aupres de la cite. Et quant la guette vit venir les payens il sescria et dist. Armes vous/ car vecy les sarrazins venir. Quant ceulx de la cite ouyrent ce ilz se esmeuerent grandement.

Mes quant regnault vit quil estoit tēps de prendre ses armes il dist a ses freres. Allez vous tous appareiller et faictes sonner noz trompettes que tous noz gens se mettent en armes. Incontinent ses freres firent son cōmandement. Et quāt ilz furent tous armes regnault monta sur bayart ᷓ sen vint au roy yon et luy dist. Sire ne soyes de riens esbahy/ mais soyes asseure que dieu vous aydera auiourduy. Moy et mes freres et noz gens nous en allons deuant et incontinent faictes apreste vos gens/ car le cueur me dit que auiourduy seront desconfitz ces mauldits sarrazins a layde de dieu. Amy dist le roy allez a dieu/ et ie feray ce que dit mauez. Et quant regnault eut dit ces paroles/ il yssit hors de bourdeaulx tout premier monte sur bayart lescu au col et son espee au poing et alla courir sur ces payens et entra plus auant que les aultres. Et incontinēt frappa vng payen parmy lescu tellemēt quil tōba mort a terre/ et puis en abatit vng aultre. Dieu scet sil tenoit bien son espee/ car il destrenchoit ces sarrazins aussi legieremēt cōme silz fussent des armes. A brief parler oncques puis que ses gens de regnault furēt assemblez les payens ne peurent durer/ car regnault et ses freres les tuoyent ainsi comme bestes/ tant quilz les conuint mettre en fuyte vers lembuche. Et quant bourgons vit venir ainsi ses gens desconfitz il sortit hors de son embuche et fist sonner cors tabours et bucines et se mist en voye. Et quant regnault vit venir si grant nombre de gens/ il fut moult esmerueille/ si se tourna vers ses freres et leur dist. Seigneurs gardes que vo⁹ ne vo⁹ esmayes/ car no⁹ aurōs auiourduy hōneur/ et vo⁹ prie q̃ chescun se parforce de bien faire frere dist richard no⁹ nauōs garde de no⁹ esmaier tāt q̃ vous seres sur bayart. Freres dist regnault faites bien/ car se vo⁹ vous voules efforcer ces payēs naurōt sur no⁹ duree Et ainsi cōme regnault parloit a ses freres/ adōc vit bourgōs le glaiue besse ᷓ frappa vng des gēs de regnault par telle maniere q̃ luy passa le fer parmy le corps tellemēt q̃l tomba mort a terre. Quant alard vit ce il en fut moult doulent/ si picqua son cheual des esperons et alla frapper vng payen si durement quil labatit mort a ses piedz. A brief parler oncques ne fut veu vne si grant destrousse comme regnault et ses freres et maugis firent a si peu de compagnie comme ilz estoient cōtre bourgons le sarrazin.

Ors quant le roy yon qui venoit au secours vit les grans armes que regnault faisoit a ses freres q̃ abatoyẽt quãt quilz rencõtropẽt deuant eulx τ cõmẽt ilz sabãdõnopẽt hardimẽt, il se seigna de la merueille quil en alloit. Adõc dist a ses gens allons secourir ces vaillãs cheualiers, car il en est temps pieca. Et quant le roy yon eut dit ces parolles il picqua son cheual a se mist en la greigneur presse a commenca a moult bien faire, a tãt quil rompit la greigneur presse a tousiours estoit adioinct a regnault. Et quãt regnault vit le roy yon il luy dist. Si te soyes tout asseure que ses payens sont descõfitz. Lors dist le roy yon, regnault ie suis asseure que dieu me fera grace par vostre haulte prouesse. Benoiste soit leure q̃ vo9 fustes ne a que vintes es marches de pardeca. A brief parler les batailles furẽt assemblees dune part a daultre, mais quant le roy bourgons vit le grant dommaige que regnault luy faisoit il dist a ses hommes. Nous sommes descõfitz par la prouesse de ses cinq cheualiers. Fuyons fuyons car il est temps. Et quant il eut dit ces parolles luy a ses gens se mirẽt en fuyte. Adonc regnault voyant q̃ bourgons sen fuyoit toucha bayart des esperõs a sen courut apres luy, a dist en soymesmes que bourgons y demouroit ou il perdroit la vie. En peu deure le vaillãt regnault fut moult esloigne de ses freres a de la compagnie du roy yon, tant quilz ne scauoyent ou il estoit tyre. Quant alard regarda apres regnault a ne sceut quil estoit deuenu il dist en soymesmes. He dieu ou est mon frere regnault. Adõc dist le roy yon vers alard a ses freres a leur dist. Seigneurs cheualiers vous scauez quil nest mye rayson de trop chasser ses ennemys, car souuent il en vient grant dangier, retyrons nous ie vous en prie. Sire dist alard quest ce que vous dictes. Nous auons pdu regnault nostre frere a ne scauons sil est mort ou prins. Quãt le roy entendit ces parolles il en fut moult courrouce, a fist cercher regnault entre les mors. Et quãt alard veit que on ne le trouuoit point il cõmenca a faire tresgrãt dueil, a aussi firent ses deux freres a maugis. Et quant les gens de regnault ouyrent dire ql ne se trouuoit point ilz cõmencerẽt a faire si grãt dueil q̃ cestoit pitie a veoir. Helas dist alard q̃ ferons nous. Nous partismes de nostre terre poures a espillez dont peu me chaloit, car ie alloye auec le meilleur cheualier du monde, a cuidoye bien p sa prouesse recouurer honneur a cheuance, a aussi faisoient tous mes freres. Or lauons nous perdu par nostre deffaulte. Las poures meschans que ferons nous desormais, la terre ne nous deuroit plus soustenir, mais se deuroit ouurir a nous engloutir. Et qrant le roy yon vit le grant dueil que les troys poures cheualiers et maugis faisoyent de leur bon frere regnault il leur dist. Seigneurs cheualiers que faictes vous puis que il nest mort il vous suffise, car sil est prins vous le raurez se il me deuoit couster tant que iay vaillant en ce monde. Et daultre part nous auons tant de leurs prisonniers que bourgons pour riens ne luy feroit nul mal. Sire dist alard pour dieu allons apres a sachõs quil est deuenu. Amy dist le roy yon ie le feray voulentiers. Adoncques le roy a les freres de regnault picquerẽt les cheuaulx, a leurs gens les suyuirent, a coururent apres tant que leurs cheuaulx les peurent porter. Mais entre les aultres sachez que alard guichard a richard et maugis cheuaucherent a si grant erre quil sembloit que toute la terre se deust fendre dessoubz eulx. Or vous vueil dire de regnault qui sen alloit apres le roy bourgons si fort comme se la fouldre le chassast. Il fut si loing en peu deure que cestoit merueilles, car il nestoit beste qui allast deuant bayart son cheual. Et quant regnault eut attaint bourgons il luy crya tant côme il peult. Certes bourgons ton cheual est recreu ie le voy bien/ѫ pource tourne vers moy/car se tu mouroyes en fuyant tu seroyes ahôte. Quât bourgôs ouyt ainsi parler regnault il retourna incôtinêt/ѫ quât il vit regnault il cogneut bien que cestoit le bon cheualier qui auoit descôfit toutes ses gens si luy dist. Sire cheualier retournez arriere ѫ ne gastez vostre bon cheual/se vous le pdez vo9 nen aurez iamais vng tel. Et ce disoit il pour esbahyr le vaillant cheualier regnault/car il nosoit iouster a luy pour la grant prouesse que luy auoit veu/mais regnault nestoit pas hôme a espouêter de parolles/si luy dist. Bourgons ces parolles ne vous fault dire/mais deffendre vous côuient, et adonc picqua bayart incôtinent. Et bourgôs voyât ql ne se pouoit deliurer de regnault fors q̃ par iouste picqua son cheual ѫ alla courir sur regnault tant quil peut ѫ frappa regnault si duremêt que sa lance rôpit en pieces. Regnault ne tomba pas/mais frappa bourgôs si desmesurement ql abatit luy ѫ son cheual a terre/ѫ luy fist vne grant playe en sa poitrine. Bourgôs se voyât a terre se releua incôtinêt ѫ mist la main a lespee/ѫ getta son escu sur sa teste. Et quât regnault appceut le coup quil auoit fait il se tourna vers bourgôs ѫ luy dist. Certes il ne me sera ia reprouche que vo9 vo9 côbates a moy a piedz ѫ moy a cheual. Adôc descêdit de dessus bayart ѫ tyra son espee ѫ sen alla vers bourgons et bourgôs côtre luy. La cômenca vne moult dure bataille. Et quant le cheual du payen se sentit allegez de son maistre il se mist en fupte/mais quât bayart len vit aller il se mist apres ѫ lacôsuyt asses tost ѫ se print par les crins a tout les dês ѫ le tyra a luy de si grant force quil le mena d rechief a son maistre en la place ou les deux cheualiers se côbatoiêt. Et regnault frappa vng coup de son espee a bourgôs ѫ le frappa pmy son escu ѫ tout ce q̃ lespee attaignit elle trecha oultre iusques a sa cher ѫ bien cent mailles de son haubert rompit ѫ luy fist vne grant playe sur lanche.

Donc bourgons voyant la desmesuree force de regnault et sa vaillance ѫ les merueilleux coups quil donnoit fut moult effraye ѫ eut grant doubtâce de perdre la vie/si se retyra vng peu arriere ѫ dist a regnault. Ha gêtil ѫ preux vaillât cheualier ie te prie pour la grât amour que tu as en ton dieu que tu me dônes treues et ie te feray seigneur ѫ maistre de tout ce que iay en cestuy môde. Certes dist regnault non feray/car iay promis au noble roy yon que ie luy aideray contre tous hommes/ѫ semblable promesse ma il fait. Mais se tu te veulx faire bon crestien ie te dontay treues tresuoulentiers. Sire dist bourgôs ie me vueil rendre a vo9 car a meilleur ne plus vaillant cheualier ne me pourroye rendre/moyennant que vous me sauueres la vie ѫ tous mes membres. Bourgôs dist regnault se vous vo9 voulez rêdre a moy vous naurez ia mal ѫ vo9 garantiray comme ma ppre psonne. Le me pro mettez vous dist bourgons. Ouy respondist regnault par ma cheualerie. Or tenez mon espee dist bourgôs ie me metz du tout en vostre main/ѫ le vaillant cheualier regnault print son espee ѫ lasseura de non luy faire mal. Et adonc tous deux se mirent ensem ble pour prandre leurs cheuaulx. Et quât ilz les eurent prins ilz monterent a cheual ѫ prindrent leur voye vers bourdeaulx. Et ainsi comment ilz sen retournoient ilz encon trerent le roy yon qui venoit courrant vers eulx luy ѫ to9 ses gens tant quilz pouoient Quât regnault vit le roy il se remercya humblemêt de ce quil venoit apres luy ѫ luy p̃ senta bourgôs ql auoit ainsi prins ѫ conqueste côme ie vo9 ay racôptr/et luy dist. Sire roy de gascoigne ie vous requiers que bourgõs nayt nul mal/car ie say asseure. Amy dist le roy pon nõ naura il/mais tout honneur pour lamour de vo⁹/et prie a dieu q̃ ie ne face chose qui soit contre vostre vouloir. Et quãt alard guichard richard et maugis virent que regnault auoit prins bourgons ilz en furẽt moult ioyeulx/car ilz le cuidoyẽt auoir perdu/et le coururẽt embrasser et baiser moult doulcemẽt et luy firẽt grãt feste et grant honneur/et furent tous cõfortez/car ilz auoyent este en grãt soucy pour lamour de luy de paour quil ne fust prisonnier.

Frere dist alard en grant soucy nous auez huy mys/car nous cuidions q̃ vous fussies prins. Puis q̃ auez pris le roy bourgõs la guerre est finee. Benoiste soit leure que oncques fustes engendre et la mamelle q̃ allaitastes. Quãt ilz se furent bien festoyes ilz se mirent en la voye vers bourdeaulx et emmenerẽt bourgõs prisonnier. Et quãt le roy pon fut a bourdeaulx il descẽdit et prist regnault et ses freres et maugis par la main et mõta en son palays et trouua ses gens qui menoyẽt grãt feste/si les appella et leur dist. Seigneurs faites honneur a ses cheualiers plus que a moy/car ie suis demoure roy de gascoigne par leur grãde prouesse. Silz ne fussent iestoye mort et desconfit. Benoist soit nostre seigneur qui leur donna la voulẽte de venir pardeca/car ilz mõt acquitte ma terre et mys mon pays en paix. A brief parler le roy fist departir le butin/ et fist donner la plus grant partie a regnault et a ses freres/mais regnault donna tout a ses gẽs. Et quãt le roy vit la grãt largesse de regnault il layma plus que parauant/et adonc il dist quil le vouloit faire seigneur de toute sa terre.

Le roy pon auoit vne seur laquelle estoit moult belle damoyselle et quant elle ouyt dire tant de biẽ de regnault elle appella vng cheualier q̃ auoit nom gaultier et luy dist. Dictes moy par vostre foy qui eut lhonneur de la bataille. Dame dist gaultier ie le vous diray voulẽtiers. Sachez que regnault est le meilleur cheualier de tout le monde/car il print bourgõs le sarrazin par force et a la guerre finee. Quãt la pucelle entendit ce elle en fut moult ioyeuse/ et en remercia nostre seigneur de bõ cueur. Le roy pon et ses cheualiers ne finoyent de mener ioye pour sa victoire q̃ dieu leur auoit enuoyee. Quãt bourgõs se vit emprisonne il mãda au roy pon q̃l vint parler a luy. Et incõtinent q̃ le roy le sceut il vint. Bourgõs voyant le roy le salua et luy dist. Sire ie suis vostre prisonnier et la plus grãt ptie de mes gens/sil vous plaist vous prendrez de moy et de mes hõmes rancon/et pour deliurãce de nous tous ie vous dõneray dix sommiers charges dor. Bourgõs dist le roy ie le feray voulẽtiers se regnault le me cõseille et nõ aultremẽt. Et adoncques le roy pon fist mander incõtinent regnault et ses freres et tous les aultres barons. Et quãt ilz furẽt tous venuz il tint son cõseil cõment il deuoit faire a bourgons et se pour finance le deuoit deliurer. Regnault et ses freres cõseillerent au roy quil mist bourgons a rancon. Et le roy ouyãt le cõseil de ses barons fist appeller bourgons et luy fist sa deliurance. Adõcq̃s bourgõs fut deliure et toutes ses gens et sen retournerent en leur pays/mais premier fut rendue tholouse au roy pon et luy fut deliure dix sommiers charges de fin or comme il luy auoit promis. Et incõtinent que le roy pon les eut receuz il les donna a regnault et a ses freres/mais regnault fist comme vng prudẽt cheualier/car il nen voulut prendre vng seul denier ne souffrit que ses freres en prinsent.

Il aduint vng iour que regnault et ses freres alloyēt chasser en vne forest qui estoit pres de la ou ilz prindrēt quatre bestes sauluages et ainsi qlz sen retournoyent il aduint quilz se trouuerēt aupres de la riuiere de gironde et alard regardant ca et la vit oultre la riuiere vne moult haulte montai- gne/et au dessus auoit vng tertre bel et fort. Alard voyāt se beau lieu il se tourna vers regnault et luy dist. Beau frere vela vng beau lieu et bien assis/ie croy et tiens que il ya eu aultressoys chastel ferme/ se nous pouuōs tāt faire que nous y fissions vng cha- steau charlemaigne ne nous pourroit iamais auoir/se vous me voules croyre vous le demanderes au roy yon/et sil le vous donne faisons y vne fortresse. Cousin dist mau gis a regnault alard vo9 donne bon conseil ie vous prie que le faces ainsi. Cousin dist regnault ie le feray puis que le me cōseillez. Et quāt ilz se furēt a ce acordes ilz se mi rent dessus gironde et passerēt oultre/et ne finirēt onques de cheuaucher tant ql furēt venuz deuāt le roy. Ilz luy psenterent les bestes sauluages quil auoyēt prins en la fo rest/lesquelles le roy receut courtoisemēt et moult les remercya. Le lendemain apres q̄ le roy eut ouy la messe regnault le tyra a part et luy dist. Sire nous vous auons seruy long temps bien et loyaulmēt. Certes dist le roy vous dictes vray/dont ie suis tenu de vous en guerdōner/or regardes sil ya en mō pays cite ville ne chastel ne aultre cho se que vueilles auoir/car maintenāt laures. Sire dist regnault grant mercy de vostre bonne voulēte/mais entēdres ma parolle sil vous plaist. Dictes hardimēt dist le roy Sire dist regnault moy et mes freres veniōs hyer de chasser/ et ainsi que nous retourni ons ie regarday oultre la riuiere de gironde et la vey vne haulte montaigne se il vous plaisoit ie y vouldroye bien faire faire vng chastel a ma plaisance/ sil vous plaist sire vous la me dōres pour tous les seruices q̄ ie vous fiz onques. Quāt le roy entēdit ses parolles il en fut moult ioyeulx et dist a regnault. Ie le vous ottroye de bonne vou lente/ et vous donray dix mille marcz dargent tous les moys a despendre. Sire dist re gnault mille mercys vous en rens/ et se getta a ses piedz. Et le roy yon le leua incōti nent et doulcemēt le baisa par grāt amour et luy dist. Noble cheualier ie vous pmetz que ie vous feray riche homme se ie viz longuement. Sire dist regnault dieu le vo9 re de/et nous vous seruirons loyaulment.

Quāt le roy fut leue au matin il fist venir regnault deuāt luy/ et puis prit vv. cheualiers sans plus et se mist dedēs vng bateau sur gironde et pas- serent oultre/ et tant firent qlz vindrent a la roche et mōterēt au dessus/ et quant ilz virēt le lieu si beau et si plaisant ilz en furēt moult esbahys/ et re gnault en fut moult ioyeulx pour la grāt force qui la estoit / et dist en soymesmes q̄ sil pouoit tāt faire ql eust en ce lieu vng chastel ferme a sa deuise il ne doubteroit charle maigne ne psonne du monde/ mais ql eust a menger/ car au plus hault de la roche sor toit vne belle fontaine plātureuse asses pour dix mille psonnes. Quāt les cheualiers qui auec le roy estoyent virēt le lieu si beau si plaisant et si fort ilz furēt mōlt esbahys et adonc vng cheualier print le roy et le tyra a part et luy dist. Sire que voules vous fai re voulez vous auoir seigneur sur vous/ voules vous icy fermer fortresse/ ie vo9 dis sur ma foy q̄ se regnault fait icy fermer vng chastel quil doubtera peu ne vous ne to9 les barons de gascoigne/ cōsidere que regnault et ses freres sont telz cheualiers cōme vous scauez et maugis aussi/ et quilz sont gēs estranges qui tost vous pourroyēt faire vng grant dommaige. Faites luy vng aultre bien si vous men voulez croyre et cestuy laisses ester, car trop grant dommage vous en pourroit aduenir.

Quant le roy yon entendit ces parolles il en fut tout esbahy, car il scauoit bien q̃ le cheualier disoit verite. Et peu sen faillit q̃ seuure du chasteau ne venist point auant. Il pensa vng peu et puis dist quil auoit promis a regnault et luy dist que le chasteau se feroit. Si appella regnault et luy dist. Mon amy ou voulez vous que le chasteau soit ferme. Sire dist regnault ie vueil quil soit assis icy sil vous plaist. Certes dist le roy ie le vous ottroye. Or hastez vous de le faire fermer et puis vous ne doubterez moy ne mes gens en nulle maniere, mais ie ne cuyde mye que vous vueillez guerroyer moy ne mes barons de mon pays. Sire dist regnault laisses ester ces parolles, il nest mestier den parler, car ie vo cettifie cõme soy al cheualier que iaymeroye mieulx mourir villainemẽt entre ses turcz q̃ ie pẽsasse trayson sur vo ne sur aultruy. Sire ie suis et ay este tenu iusques icy loyal cheualier, dieu me doint grace que ie ne face chose dicy en auãt parquoy ie soye tenu pour desloyal. Si te pẽses vous pource se ie suis ennemys de charlemaigne q̃ est mon souuerain seigneur q̃ iaye commis trayson encontre luy, sachez q̃ quant ie occis son nepueu berthelot que ie le feiz mon corps deffendant, car il mauoit nauré sans moy deffier et sans rayson, mais ie vous iure sur ma foy q̃ se nul hõme vous forfait riens q̃ ie vous en vengeray a mon pouoir, se vous auez en moy nulle suspicion ne le me dõnez pas. Amy dist le roy ie me suis ioué a vous, ie scay bien voste loyaulte et vo le mauez mõstré de vostre bien Et pource le vous ay ie ottroye et si says ie encores a present, et vueil que vous soyes seigneur de moy et de ma terre. Et quãt regnault entendit la bonte et courtoysie du roy yon il le remercya moult grandement, et manda par tout le pays et fist venir tous les maistres massons et charpẽtiers et daulttres ouuriers assez, tant qlz furent par compte fait deux cẽs cinquãte. Et quãt il eut fait tout son appareil il fist faire le chasteau en telle maniere q̃ vne grande salle y fit faire pmier et apres plusieurs chãbres, et puis la grande tour. Et quãt le dõgon fut bien fermez regnault fist apres encloure et murer le chasteau de haultz murs, et y fist poser des grosses tours a lenuiron, tant quil ne craygnoit assault de nulle part, et aussi y fist il faire les branches et les barbacanes si bien et si tresdẽfensables quil ne pouoit estre mieulx. Et quãt ledit chasteau fut acomply regnault et ses freres en furent moult ioyeulx, car ilz leur estoit aduis proprement quilz estoyent asseurez. Quant le roy yon sceut que le chasteau estoit acomply il alla veoir. Regnault sachant que le roy le venoit veoir il alla au deuant de luy et le fist monter en la grant tour de la fortresse affin quil vist le circuyt du chasteau plus a son aise, car de la grant tour lon pouoit tout veoir. Le roy regarda ceste oeuure qui estoit tãt fort et tãt plaisant, et la belle fontaine q̃ estoit ou milieu puis appella regnault et luy dist. Amy comment aura nom ce chastel, il me semble quil deuroit auoir noble nom pour la grant beaulte dont il est garny. Sire dist regnault il na encores point de nom, sil vous plaist vous luy donrez nom, car ie vueil quon le nomme comme il vous plaira. Certes dist le roy le lieu est moult bel gent plaisant et honneste, ie vueil si vous plaist quon lappel le montauban. Puis le roy fist publier par tout son pays que toute personne qui voul droit venir habiter audit chasteau de mõtauban quil seroit franc de toutes debtes par lespace de dix ans.

f

R quant les gens du pays sceurent la franchise du chastel vous eussies veu venir cheualiers gentilz hommes bourgois iuenes a vieulx marchans a la bourceurs/tellement q̃ le chasteau fut si plain de toutes manieres de gens q̃ en tout le pays ny auoit chasteau qui fust si bien peuple ne si fort / car il y demouroit cinq c̃ns bourgois tous riches/a y auoit bien cinquante tauerniers et cent hommes deglise/et y auoit bien cinq c̃es hommes de mestier. A brief parler montauban fut si bien garny a si riche en peu de temps q̃ cestoit grant merueilles a veoir. Et sachez q̃ le roy yon aymoit regnault de si grant amour pour sa grant vaillance qui estoit en luy quil luy donna vallieres a toute la seignourie qui valoit mille marcz dargent de rente bien assise. Quant les barons virent que le roy yon aymoit si chieremẽt regnault ilz en furent moult courroucez a sen vindrent au roy a luy dirent. Sire regardes que vous faictes/montauban est moult fort/a est regnault tel cheualier quil ny a au monde point de meilleur/se il se courrouce nullement a vous il vous pourra faire vng tresgrãt dommaige. Seigneurs dist le roy vous dictes vray/mais regnault a si gentil cueur quil ne pẽseroit iamais trayson ne villanie en nulle maniere du monde. Sire dist vng viel cheualier q̃ deuant le roy estoit/se vous me voulez croyre ie vous diray comment vous serez tousiours maistre de regnault a seigneur tout le temps de vostre vie. Amy dist le roy dictes le moy ie vous en prie. Sire dist le cheualier donnez luy vostre seur pour femme si ta bien mariee/car regnault est noble homme de tous costes/ a ainsi serez asseure q̃ iamais ne se courroucera a vous. Amy dist le roy vous me donnes bon conseil ie feray ainsi come conseille mauez/ie vous prie q̃ prouchasses ceste matiere. Sire dist le cheualier puis q̃ ie scay vostre vousẽte ie feray mon deuoir de faire sortir la matiere en effect. Apres ces paroles dictes le roy sentourna a bourdeaulx ioyeusement deuisant au cheualier de la matiere dont ilz auoyent parlez ensemble pour le mettre en effect.

Le premier iour du moys de may regnault sen alla de montauban a bourdeaulx pour veoir le roy yon a mena alard son frere auec luy. Et quant le roy yon le sceut il vint alencontre de regnault a le receut a grant ioye/a le baisa a lacolla moult doulcement/a puis le roy se print par la main a monterent au palays ensemble. Le roy manda les eschez pour iouer contre regnault/ a ainsi quilz iouoyent veey venir le viel cheualier qui estoit charge du roy de faire le mariage de regnault a de la seur du roy. Et se nommoit le viel cheualier godefroy des moulins. Et quant il fut venu deuant le roy yon il dist. Ouyes seigneurs que ie vous vueil dire. Ie dormoye la nuyt passee et me sembloit que regnault le filz aymon estoit monte sur vng puy a tout le peuple de cestuy royaulme deuant luy senclinoit. et le roy luy donna vng espriuier muc/a mestoit aduis q̃ deuers girõde venoit vng grãt sanglier qui menoit si grãt noise q̃ nul ne pouoit durer deuãt luy/si q̃ troys hommes lassailliret/mais il passa tout oultre/a quãt regnault vit ce il mõta sur bayart a luy vint alencõtre a se combatit a luy/a se greua moult/a adonc ie me sueillay. Quant le viel cheualier eut ce dit il se teut. Et adonc se leua vng clerc qui auoit nom bernard lequel estoit moult sage a dist. Beaulx seigneurs sil vous plaist mescouter ie vous diray la significance de ce songe. Sachez que le puy ou regnault estoit monte signifie le chasteau quil a fait faire/et le peuple qui senclinoit deuant luy signifie les gens qui y sont venuz habiter/a le don que le roy luy fist signifie que le roy yon luy donnera sa seur a femme. Le sanglier signifie aulcun grāt prince crestien ou payen q̃ viendra assaillir le roy yon/ & regnault le deffendra par force darmes. Decy lexposition du songe de godefroy. Et moy indigne de parler cōseilleroye q̃ le mariage se fist de regnault & de la seur du roy, car lūg & laultre seropēt tresbiē alliez. Et adōc le roy respondist. Tu as bien dit & saigemēt. Quant le clerc eut dit la significance du songe du bon chevalier godefroy, le roy yon dist que tou chāt ce mariage la chose luy agreoit bien. Quāt regnault entendit ces parolles il dist au roy. Sire grāt mercy de ce beau don que vous me faictes/ se il vous plaist vous aurez vng peu de pacience iusques a ce que iaye le conseil de mes freres & de mon cousin maugis. Frere dist alard vous avez mal fait qui refusez du roy si grant don comme il vous donne/ se croyre me voulez vous acōplires la voulente du roy entieremēt, car a mes freres & a moy plaira bien/ & quant le roy ne vous dōneroit sa seur mais vne simple damoiselle si le devez vous croyre. Frere dist regnault ce nest pas la premiere foys que mavez cōseille loyaulmēt, ie vous pmetz que ie le feray puis q̃ le mavez conseille Et adonc sen retourna regnault devers le roy & luy dist. Sire ie suis tout prest a faire vostre vouloir & commandement. Et adōc se leua regnault/ & le roy le print p la main et luy fist fiancer sa seur.

Lors dune part & daultre le mariage fut (corde. Et le roy pō sen vint a la chambre de sa seur/ & la trouua quelle faisoit vng penōcel de lance moult beau, mais elle ne losoit dire. Le roy la salua aussi tost q̃ la vit. Et la pucelle se dressa contre son frere et luy fist incōtinent la reuerēce. Belle seur dist le roy ie vous ay mariee bien & haultement. Quāt la pucelle sentendit elle fut toute changee, si senclina devant luy & ne dist mot dune grant piece. Et quant elle eut pouoir de parler elle dist au roy son frere. Sire a qui mauez vous donnee. Belle seur dist le roy ie vous ay donnee au meilleur chevalier du monde/ cest regnault le filz aymon le noble chevalier et vaillant. Quant la pucelle entendit que cestoit a regnault que le roy lauoit donnee elle en fut moult ioyeuse, car elle laymoit de bonne amour/ si dist au roy. Sire ie vueil de bon cueur tout ce quil voº plaist. Lors le roy la print pour la main & lamena au palays & dist a regnault devant tous ses barons. Tenes vaillant chevalier ie vous donne ma seur que vecy a femme. Sire dist regnault cent mille mercys de ce beau don que me donnez a present/ il nappartient mye si grant don a si poure chevalier comme ie suis. Adonc print regnault la pucelle & la fianca. Le roy ny voulut point faire de demeure/ mais print la pucelle par la main et la mena a leglise bien honnorablement/ & les espousa leuesque de bourdeaulx. Et quant regnault eut sa femme espousee il la mena a ses freres & a son cousin maugis qui estoit au chasteau de montauban dont ilz eurent tous moult grant ioye. Ilz furent mōtauban tapisser de moult riche tapisserie, & puis monterent sur leurs chevaulx tous couvers de sandal & chevaucherent tous ensemble vers bourdeaulx/ & ainsi quil chevauchoyent il rencontrerent regnault & sa femme en my chemin qui la faisoyent de moult beaulx esbatemens. La iousterent les freres de regnault/ et apres les ioustes faictes ilz sen allerent tous a montauban. Et quant ilz furent la venuz la ioye commenca par le chasteau si grande cōme se dieu y fust descendu. A vous dite verite huyt iours dura la feste/ & furent donnez plusieurs riches dons a la dame. Quant la feste eut tant dure comme ie vous ay compte le roy yon sen retourna a bourdeaulx moult ioyeulx du mariage q̃l auoit fait de sa seur et de

f ij

regnault/car il se pensoit bien que regnault luy aideroit côtre tous hommes et il disoit vray/car depuis q̃ le mariage fut fait il ny eut oncques barons en gascoigne q̃ ousast leuer le menton/et si y en auoit aucuns desquelz le roy ne pouoit iouyr/mais regnault les sist bien venir au plaisir du roy par sa prouesse et valeur voulsissent ilz ou non/car regnault estoit ayme et doubte par tout le pays de gascoigne/mais a p̃sent laisse le cõ-pte a parler de regnault et de ses freres et de maugis et retourne a parler de charlemaigne qui sen va a saint iaques en galice pour faire penitence de ses pechez.

¶ Comment le roy charlemaigne par ung voyage q̃l fist a saint iaques en galice en reuenant de ce voyage il sceut cõmēt regnault et ses freres estoiēt au royaulme de gas-coigne en ung moult fort chasteau appelle montauban. Et cõment charlemaigne mā-da au roy yon de gascoigne q̃l luy rendist ses ennemys/cestassauoir regnault et ses fre-res/et en cas de refuz q̃l le viendroit assieger auant.x.ou.xii.moys en son pays/mais le roy yon luy respondit quil nen feroit riens. Et cõmēt apres ce que charlemaigne fut retourne a paris roland son nepueu y arriua et la le fist cheualier et puis senuoya leuer ung siege deuant couloigne q̃ung sarrazin nõme escorfault auoit assiege/lequel rolād conquist. Et cõment regnault gaigna la coronne de charlemaigne par une course quil fist sur son cheual bayart.   Chapitre.vii.

 R dit le conte que charlemaigne estoit a paris/et luy print deuotion daller a saint iaques en galice en pelerinage/si se prit de paris et mena auec luy ogier le danoys/le duc naymes de bauieres/et moult daultres barons/et grans seigneurs. Quāt ilz furēt en la voye ilz cheuauchcrēt tant par plu

sieurs iournees qu'ilz vindrent a saint iaques en galice. Et quant ilz y furent arriues le roy entra en lesglise et offrit dessus lautel dix marcz dor fin. Et quant il eut offert et acomply sa deuotion il se mist a retourner et sen alla a bourdeaulx. Et en y allant il regarda pres dillec a couste oultre gironde et vit le chastel de montauban qui estoit sur vne roche tant bel et si bien fait et bien fermez de beaulx murs et espes en la forme que ie vous ay dessus compte. Et quant charlemaigne le vit il le regarda vne grant piece et dist. Beau sire dieu veez la vng beau chastel fort et bien assis, ie cognois que le roy yon la fait faire nouuellement, car il ressemble estre tout neuf. Or ne peu estre puis quil la assis en tel lieu qu'il ne soit delibere de mener guerre a quelcun. Et lors appella vng cheualier du pays et luy dist. Dictes moy comment a nom ce chastel. Sire dist le cheualier il a nom montauban. Bien auoit enuye de parler, car sil se fust teu il ny eust eu aultre chose, mais il dist des parolles qui puis apres porterent dommaige a luy et a plusieurs aultres, car il dist au roy que regnault et ses freres les filz aymon auoyent fait faire ce chastel, et comment le roy luy auoit donne pour femme sa seur.

Dant charlemaigne entendit ces parolles il en fut moult courrouce et ne scauoit qu'il deuoit dire. Si se tint tout quoy vne grant piece sans dire mot. Et quant il eut vng peu pense il dist a ses gens. Beaulx seigneurs ie vous diray merueilles, car iay trouue mes ennemys en ce pais. Ce sont les quatre filz aymon. Or sus ogier et vous duc naymes montez a cheual et querez tant le roy yon que vous le trouuez et luy dictes de par moy qu'il me rende les quatre filz aymon qui sont mes ennemys qu'il a retrais et soustenu contre moy, et quil me trouue cheualiers pour les conduyre seurement iusques en mon pays, car ie suis delibere puis que ie les ay trouuez de les faire pendre ou vif escorcher, et sil ne le veult faire si le deffies de ma part, et luy dictes que dicy a trops ou quatre moys ie seray dedens gascoigne a tout mon ost et abatray toutes ses villes et chasteaulx, et se ie le puis prendre ie le pugniray sans nulle mercy. Sire dist ogier nous ferons vostre commandement, mais nous nirons mye seulz, car nous menerons auec nous sensez et hostes, lesquelz sont preux et sages. Et charlemaigne dist quil estoit content. Lors incontinent se mirent en la voye et allerent demandant par tout nouuelles du roy yon et tant cercha ogier le roy yon qu'il le trouua a montauban droit au pied de la roche. Car le roy yon sen retournoit a bourdeaulx et regnault le conuoyoit. Quant ogier vit regnault et le roy yon il les cogneut bien, et incontinent salua le roy et luy dist. Sire dieu vous doint bonne vie et longue. Et le roy luy rendit son salut. Puis luy dist dont estes vous beau sire. Sire dist ogier, nous sommes de la belle france, et sommes enuoyes a vous de par charlemaigne or noz oyez sil vous plaist. Seigneurs dist le roy vous soyez les tresbien venuz, or dictes ce que voulez dire. Sire dist ogier le roy charlemaigne vous mande que vous luy rendez ses ennemys que vous auez atraitz en vostre terre et que vous luy mandes cent hommes pour les conduyre iusques en france, et se cecy ne faites ie vous deffie de sa part, et vous dy que dedens trois moys il sera en gascoigne et si prendra toute vre terre, et vous assiegera en la cite de bourdeaulx, et sil vous peut prendre il vous pugnira du corps. Or auons dit nostre messaige, et sil vous plaist nous donnez response. Ogier dist le roy il est bien vray que iay retenu les quatre filz aymon lesquelz sont vaillans cheualiers et si les ay retenuz a cause qu'ilz sont vaillans et preux en armes et aussi qu'ilz mont secouru a mon besoig, car ie soye desherite silz ne fussent, et pour le grant bien qu'ilz mont fait iay donne ma seur germaine a regnault pour femme

f iij

et pource trop serope cruel & meschāt se ie les rendoye es mains de seurs ennemys mortelz/puis q̄lz mont si bien seruy & soupaultmēt iayme mieulx estre desheritée & mourir q̄ de les rendre ne souffrir q̄lz ayent nul mal ne deshonneur a mon pouoir / car mesmement lempereur charlemaigne men tiendroit pour nyce. Et pource ogier sil vous plaist vous direz au roy de ma part que ie relinqueray auant tout mon pays & royaulme que ie les rendisse. Cest ma response.

Dis quāt le roy eut ainsi parlez regnault psa aps̄ & luy dist. Ogier ie mesmerueille moult de charlemaigne q̄ ne nous veult laisser en paix. Il nous getta de france poures & esgares dont iay grant hōte, & cōme vous scauez ie luy voulope faire raison au dit de ses barons/mais il ne luy pleut pas, mais nous getta de montessort villainemēt/tellemēt q̄ ne scauions ou aller/& encores ne luy soffist il pas/mais nōꝰ veult getter hors du pays de gascoigne dont il fait grāt peche/car encores suis pres de faire sa voulente ꝑ droit & par rayson/& si vous dy q̄ sil le refuse ꝑ son orgueil, ie vueil bic̄ q̄l sache q̄ moy & mes freres ne sommes mye a prendre tant de legier cōme il cupde/& vous ꝓmetz q̄ auant q̄l nous ait prins ie le courroucerayplus de dix foys/car ce q̄ le roy fait il ne le fait q̄ par orgueil. Ogier ie vueil bien q̄ charlemaigne sache q̄ le roy yon de gascoigne nous a fait fermer vng chastel q̄ a nom montaubā lequel est tresfort & imprenable/& se ay des bons et vaillans cheualiers qui ne me fauldront pas au besoing. Et dictes a charlemaigne que puis q̄ ie ne puis trouuer acord ne appointemēt a luy ie luy feray tout le mal q̄l me fera possible. Regnault dist ogier vous parlez follemēt/nous cupdez vous esbahyr ainsi par parolles/ nō serez pas/ car quant vous verrez lost assemble & le grāt pouoir de charlemaigne vous en serez esbahy & a la fin doulent & courrouce. Vous scauez bien q̄ le roy charlemaigne vous fist cheualier/& vous luy tuastes son nepueu berthelot/et pource ne pensez pas trouuer paix enuers luy. Cuidez vous estre asseure pource que auez fort chasteau ie vueil bien que vous sachez q̄ le roy yon ne sen rira ia/ car auant deux moys nous serons ou millieu de sa terre & destruirons tout son pays & brulerons chasteaulx & villes. Ogier dist regnault ie vous iure ꝑ ma foy q̄ quant le roy charlemaigne sera retourne en gascoygne il vouldroit auāt peu de tēps estre aultre part luy & ses gens/ & quāt vous verrez les dures ioustes q̄ moy & mes freres ferons aux gens de charlemaigne vous en serez tout esbahy/& tel parle maintenant haultemēt q̄ quant sera au fait il parlera bien bas. Regnault dist ogier ie ne vous vueil riēs celer/le roy charlemaigne a si grāt puissance quil viendra assieger bourdeaulx/& sil vous peut prēdre il vous punira cruellemēt. Or faictes a vostre vouloir/ie voꝰ ay dit tout mon message/ie men retourne vers lempereur charlemaigne. Quant il eut dit toutes ces parolles il sen retourna deuers lempereur charlemaigne & luy compta ce que le roy yon & regnault luy mādopēt. Et quāt le roy entendit ce que le roy yon & regnault luy mandopēt il trembla tout de maltalent & dist. Or y perra cōment le roy yon & regnault deffendrōt si bien gascoigne cōtre moy Et lors se mist en son chemin & passa gironde & tant cheuaucha q̄l vint a paris/ & le lē demain incōtinēt le roy appella tous ses barons qui venissent a luy. Et quant ilz furent arriues le roy tint son conseil & leur dist. Seigneurs ie vous ay mandez pour vo' dire la grant honte que le roy de gascoigne me fait/ car il tiēt les quatre filz aymon en despit de moy/ & vous scauez q̄l dōmaige ilz mont fait/car ilz me tuerent mon nepueu berthelot. Je les bannis hors de france, puis firent faire le chasteau de montessort en ma terre & ie les en chassay. Or sont ilz maintenant en gascoigne auecques le roy yon qui dit quil les deffendra contre moy et si luy a donné sa seur pour femme, pourquoy ie vous prie a tous que me aydes a men venger.

Dant le roy charlemaigne eut ce dit, il ny eut onques nulz des barons qui luy respondissent vne seule parolle, car il ennuyoit a tous la guerre quilz auoyent tant menee contre regnault & ses freres. Et quant charlemaigne vit que nul ne luy respondoit riens, il appella le duc naymes ogier le dannoys & le conte guydelon & leur dist. Seigneurs quel conseil me donnez vous de ce fat cy. Sire dist le duc naymes se vous me voulez croyre ie vous donneray bon conseil. Recu lez vostre ost iusques a cinq ans, car voz gens sont tous ennuyes de la guerre affin qlz se puissent vng peu reposer, & quant ilz seront reposez adoncques pourrez faire guerre a vostre voulente & chascun y viendra de bon cueur. Quant lempereur charlemaigne entendit ce conseil il fut si courroucé que a peu quil nen perdit le sens, et ainsi quil vouloit respondre au duc naymes veez venir vng damoysel de tresgrant beaulté, lequel amenoit auec luy trente baaulx escuyers moult bien en point, et vint le damoysel emmy la court du palays et monta contremont les degrez, & quant il fut au palays il vit deuant lempereur charlemaigne et le salua moult courtoisement. Amy dist le roy vous soyes le tresbien venu, quel vent vous amaine ne qui estes vous. Sire dist le damoysel iay nom roland & suis natifs de bretaigne filz de vostre seur & du duc millon. Quant lempereur charlemaigne entendit ainsi parler roland il en fut moult ioyeulx & le print par la main & le baysa par plusieurs foys, & puis luy dist vous soyes le tresbien venu. Je vous vueil faire demain au plus matin cheualier, si vous assayres contre regnault le filz au duc aymon. Sire dist roland ie feray vostre commandement, & vous promets que regnault ne sera en riens espargne & nemportera riens du vostre, il occist mon cousin berthelot dont ie suis moult courroucé, mais en brief temps ie vengeray sa mort se ie puis par nulle maniere ou regnault me tuera. Quant vint le lendemain au matin charlemaigne fist son nepueu roland cheualier a moult grant ioye et a tresgrant honneur. Et ainsi que la feste se faisoit au palays arriua vng messagier qui dist a charlemaigne. Sire roy & empereur voz hommes de couloigne vous saluent & se recommandent treshumblement a vostre bonne grace, & vous font assauoir que les sarrazins les ont assaillis, et les ont moult greuez, car ilz ont le plat pays bruse et espile. Pourquoy vous supplient treshumblement que vous les vueilles aider & secourir se cest de vostre bon & singulier plaisir, ou aultrement ilz sont tous mors & destruits. Lempereur charlemaigne entendu ces nouuelles enclina sa teste vers terre & commenca a penser. Et quant le nouueau cheualier roland vit son oncle ainsi penser il luy dist. Chier sire de quoy estes vous si pensif, donnez moy vne partie de voz hommes & ie iray leuer le siege que les sarrazins ont mis deuant couloigne. Quant lempereur eut ainsi ouy parler son nepueu roland il en fut moult ioyeulx. Adonc lacolla et le baysa moult doulcement & luy dist. Beau nepueu benoiste soit leure que vous fustes ne, car ie scay de vray q vous me garderez de trauail, & en vous sera mon repos & soulas, ie vueil que vous y alles. Et lors luy donna vingtz mille hommes darmes bien montes & bien en point. Et quant ilz furent bien appareilles roland monta a cheual & dist a son oncle. Sire ie vous recōmande a nostre seigneur. Beau nepueu dist charlemaigne ie vous ay donne mes hōmes en garde ie vo9 prie q̄ les vueillez bie᷄ garder. Faictes tant q̄ vous ayes hōneur ꝗ allez a dieu q̄ soit garde de vous. Sire dist roland ne vous esmayes au retour se dieu plaist vous scaurez cōment nous aurons fait. Et quant il eut dit ces parolles il print cōge de son oncle,ꝗ se mist en la voye auec ses gens,ꝗ tant cheuauchere᷄t quilz vindre᷄t a coulogne tout de nuyt ꝗ mirent leur embuche prest de lost. Et ainsi cōme ilz fure᷄t pres de lost ilz encōtrerent des sarrazins q̄ sen retournoye᷄t auec grāt proye de beufz,ꝗ de mō tons ꝗ hommes ꝗ femmes prisonniers,ꝗ leur faisoyent moult grant martyre.

Quant les frācoys virent leurs ennemys,ilz dirent en ceste maniere. Seigneurs nostreseigneur no9 a icy enuoyes, vecy les traytres sarrazins que tāt auōs desire. Dy y perra qui no9 serōs, mettōs no9 par dedēs eulx,ꝗ a ceste heure ilz serōt descōsitz. Quant ilz eure᷄t asses parle ilz ne firent aultre demeure, mais picquere᷄t leurs cheuaulx des esperōs ꝗ allerent courir sur les sarrazins par grāt force tant q̄ en peu de te᷄ps ilz les cure᷄t desconsitz si dureme᷄t quilz les tuerent tous ꝗ recouurerent tous les prisonniers ꝗ bestial. A brief parler quāt les sarrazins ouyrent le bruyt des francoys incōtinent se smeurent ꝗ montere᷄t sur leurs cheuaulx ꝗ sen vindrent sur les frācoys,ꝗ quant les francoys les virent venir ilz sen retournere᷄t vers leur embuche, au plus beau quilz peurent ꝗ les sarrazins les cōmence rent a chasser. Quant roland vit quil estoit temps de frapper dedēs il yssit de son embuche atout ses gens ꝗ alla frapper sur les sarrazins si rudement q̄l en mist par terre vne grant partie. A brief parler la bataille comme᷄ca si cruelle ꝗ si tresdure que cestoit grant pitie a veoir, car vous y cussies veu tant de lances brisees ꝗ descuz perces ꝗ tāt de payens gesir mortz a terre q̄ a peine y pouoit on marcher pour la multitude des gens qui la estoyent. Roland picqua son cheual ꝗ frappa si cruellement vng roy sarrazin q̄l le getta a terre, il ne soccist point de ce coup, mais sarresta sur luy ꝗ luy donna si grant coup de son espee sur son heaulme quil luy fist chāceller les dens en la bouche. Et quāt roland le vit si mal mene il se baissa ꝗ le print prisonnier, puis le fist mōter sur son cheual ꝗ lemmena.

Quant les sarrazins virent leur seigneur prisonnier ꝗ les grās merueilles darmes de roland ꝗ des francoys ilz se mire᷄t en fuyte moult villaineme᷄t Quant roland vit que les sarrazins sen fuoyent ainsi il sescrya a haulte voix. Seigneurs a eulx apres, car ilz sont mys en fuyte, silz nous eschappent ainsi nous en aurōs moult grant blasme enuers mon oncle le roy charlemaigne ꝗ serons tenuz tous pour couartz. Pourquoy ie vous prie tous que vng seul ne᷄ eschappe, seigneurs vous les aures bien legierement puis que ie tiēs leur roy en mes mains Quant les francoys ouyrent roland ainsi parler ilz luy dirent. Franc cheualier ne vo9 esmayes de riens, nous ne faisons point de doubte quilz nous eschappent quilz ne soyent tous mortz ou prins. Seigneurs dist le roy sarrazin lequel roland auoit prins qui auoit nom escorfault, ce sont tous mes hōmes ie vous prie q̄ ne les tuez point, car asses sont desconsitz puis que mauez prins, mais donnes leur treues ꝗ me emmenez au roy charlemaigne sil vous plaist, ꝗ se vo9 pouez tant faire q̄ le roy charlemaigne me pdon ne son maltalēt ꝗ la grant offence q̄ ie luy ay fait, ie tiendray doresnauāt tout mon heritaige de luy, ꝗ sera tout mon lignage obeissant a sa voulente, ꝗ de ce croyre me pouez

Par mon chief dist roland vous parlez courtoisemēt. Et par ma foy dist naymes cest verite nous ferons voulentiers sa reqste/si dōnerent treues aux sarrazins/se mirent au retour τ menerēt escorfault auec eulx. Tant cheuaucherēt les barōs q̄lz vindrent en peu de tēs a paris. Et quant charlemaigne sceut q̄ roland son nepueu estoit retour/ ne τ quil auoit desconfit les sarrazins τ prins le roy escorfault il en fut moult ioyeulx si monta a cheual τ sen vint alencōtre de roland. Et quāt roland le vit il descēdit de son cheual τ se alla getter aux piedz de son oncle. Et tantost il le fist leuer τ le baisa doulce ment, ce fait roland luy dist. Sire tenez le roy escorfault q̄ nous auons prins/il nous a dit q̄l se fera crestien sil vous plaist de luy pdonner vostre maltalent/ τ q̄ luy τ son li gnaige tiendront leurs terres de vous. Nepueu dist le roy charlemaigne il nest mye loy al τ pource me vueil ie garder de luy. Lors cōmāda charlemaigne quon mist escorfault en prison τ quil fust bien garde/τ quil eut toutes ses volētez de boyre τ de mēger. Et puis quāt escorfault fut emprisonne le roy charlemaigne appella le duc naymes τ luy dist. Que vous semble de mon nepueu roland/q̄ fist il quant la bataille fut assemblee. Sire dist le duc naymes de roland ne cōuient parler/car depuis que dieu fut ne du ven tre de la virge marie tel cheualier ne fut veu/il a tout seul vaincu les sarrazins et des confitz p sa prouesse/sil auoit vng cheual puissant selon luy pour batailler ie vo⁹ iure par ma foy q̄ vous nauriez iamais ennemy quil ne fist venir a vostre mercy par force darmes tant est preux τ vaillant.

Le roy charlemaigne iura par son chief quil en estoit mōlt ioyeulx. Mais dictes moy dist il au duc naymes ou pourroit on trouuer vng bon cheual cō me vous dictes. Sire dist le duc naymes se me voulez croyre ie vous don/ ray bon conseil. Faictes cryer a son de trōpe que dessus mōtmartre q̄ vous voulez veoir courir tous les cheuaulx de vostre ost/ τ celluy qui sera le mieulx courāt de tous gaignera vostre coronne dor τ cinq cent marcz dargēt τ cēt draps de soye/ainsi pourrez cognoistre le meilleur cheual de vostre royaulme/ τ quāt vous laurez veu si la chatez a vostre nepueu roland. Puis dōnerez cōge a to⁹ voz barons iusques a la saint iehan prouchainement venant. Duc naymes dist charlemaigne vous mauez dōne bon conseil ie feray cōme le mauez deuise. Adoncques le roy fist crier sur montmartre tout ainsi que le duc naymes lauoit deuise/ τ fist faire les lices pour faire la course des che/ uaulx. Et quant ce fut fait il fist mettre au bout des lices sa couronne dor et cinq cens marz dargent et les cent draps de soye. Ce pendant vng varlet sen alloit en son pays de gascoigne/τ ainsi quil passoit par mōtauban il compta a regnault τ a maugis tou te la chose, quon vouloit faire a paris/ τ cōment roland estoit retourne a la court/τ cō ment il auoit desconfit escorfault le roy sarrazin/ τ comment charlemaigne vouloit a uoir le meilleur cheual de son royaulme pour donner a roland/τ compta ledit varlet le pris que le roy auoit mis/ τ comment charlemaigne faisoit assembler son ost pour ve/ nir a mōtauban/τ comment la course des cheuaulx se deuoit faire a la saint iehan p chainement venant.

Regnault ouyant ces parolles commenca a rire τ dist a maugis. Par les saintz de dieu charlemaigne verra le meilleur tour du mōde/ il ne scaura nouuelles q̄ iauray sa courōne/ie y vueil aller monte sur bayart pour les/ prouuer. Cousin dist maugis nō ferez mye encores/mais se vous y voulez aller souffres que ie vous face compagnie si serez plus asseure/et menons auec nous cheualiers bien armes. Voulentiers dist regnault puis q̄ vous le voulez. Quant il fut temps de mouuoir pour aller a paris regnault appella alard guichard richard & maugis son cousin & leur dist. Jlz est temps daller a paris/prenez cheualiers esleuz & nous mettons en la voye. Sire dirēt les freres vostre cōmandement sera fait. Et quāt ilz furent bien appareillez regnault vint a sa femme & luy dist. Dame ie vous prie que vo⁹ me facez bien garder mō chastel ie reuiēdray en brief tēps. Sire dist elle commandez a voz cheualiers q̄lz ne se partēt point de ceās/& ie vous ꝓmetz q̄ se le roy yon mō frere y venoit q̄ point ny entreroit. Or allez a dieu q̄ soit garde de vo⁹. Adonc regnault print cōge de sa femme & se mist en la voye luy & ses gens & sen allerent a paris. Et quāt ilz furent a orleās & eurēt passes loyre on leur demandoit dōt ilz estoient. Et maugis qui parloit pour tous respondit. Seigneurs nous sommes bernoys q̄ allōs a paris pour assayer noz cheuaulx pour gaigner le pris que le roy a mys sus se dieu si veult consentir. Adōc p belles paroles ilz passerēt oultre/& tant allerēt q̄lz vindrēt a melun/il nentrerent pas dedēs la ville/mais se logerēt en vng grant val & la seiournerēt eulx & leurs cheuaulx quatre iours. La veille de saint iehan regnault appella maugis et luy dist. Cousin que ferōs no⁹ la demain se fera la course des cheuaulx/pourquoy ie dy quil est bien cōuenable q̄ no⁹ allōs ēnupt coucher a paris. Cousin dist maugis vo⁹ dictes bien & saigement. Or me laisses faire vng petit sil vous plaist. Lors print maugis vne herbe & la pilla sur vne pierre du pōmel de son espee & puis la destrampa deaue & en frota bayart tellemēt q̄ incōtinēt il deuint tout blanc en telle façon q̄ ceulx q̄ lauoyēt aultre fois veu ne le cognoissoyēt plus. Puis oignit regnault dung oignemēt quil portoit/et incōtinent il deuint cōme en leage de q̄nze ans. Et quāt il eut ainsi atourne regnault & son cheual il le print & le mena deuāt ses freres & deuāt les aultres cheualiers & leur dist. Seigneurs dictes moy q̄ vous ensemble/ne les ay ie pas bien transffigurez/pourront ilz point reuenir sans estre cogneuz/regardez bayart cōment il est deuenu blanc il est moult enuieilly/il perdra le pris par deffaulte de courtir.

Adonc quāt les barōs virent bayart & regnault ainsi deffigurez ilz cōmencerent a rire & furēt moult esmerueillez cōmēt maugis les auoit ainsi des figurez. Quāt maugis eut ainsi transffigure regnault & bayart & luymesmes/regnault monta sur bayart & maugis mōta sur moureau/& prindrēt conge de leurs gens. Mais regnault laissa ses freres & au departir leur dist. Ne ayes de moy nulle doubtāce/car ie ne seray ia cogneu sil plaist a dieu. Lors se mist a la voye tout en plourant/& ses gens plouroyēt aussi/car regnault alloit en tel lieu ou il auoit moult dennemys/& se charlemaigne leust peu tenir tout lauoir du monde ne leust peu garder q̄l ne leust fait pendre. Quāt ilz partirēt alard dist a maugis. Je vo⁹ prie pour dieu q̄ regnault mon frere vous soit pour recōmande/car se nestoit pour lesperance de vo⁹ ie ne souffriroye mye q̄l allast a paris pour tout lauoir despaigne. Et adōcques regnault & maugis se mirent a la voye. Or vous layrray vng petit a parler deulx & vo⁹ diray de charlemaigne qui estoit a paris auec ses gens.

Charlemaigne voyant q̄ tous ses barons estoiēt venuz appella le duc naymes de bauieres/ogier le danoys/et fouques de morillon/& leur dist. Seigneurs et barons ie vous prie que vous prenes iusques a cent bons cheu ualiers bien armes & vous en alles vers le chemin dorleans/& gardes que nul homme ne passe que vous ne saches son nom & quil ne soit bien aduise/car iay grant doubte de regnault quil ne viengne. Vous scaues bien cōment il est oultrecuide/sil luy montoit en la teste il seroit tantost venu perdeca. Sire dirēt les barōs voulētiers ferōs vostre cōmandemēt/& se regnault est si fol quil viēgne pardeca il naura garde de no[us] eschapper quil ne soit mort ou prins & amene deuāt vo[us]. Adonc prindrēt congie du roy charlemaigne & sen allerēt en leurs hostelz apresrer & armer/& puis monterent a cheual auec cēt vaillans cheualiers biē armes & biē en point & sen vindrent vers le chemin dorleans/& sarresterēt au millieu du chemin deux lieues pres de paris. La demourerent vne grant piece que homme ny passa/& endurerent grant faim & grant soif. Et quant le duc naymes vit q[ue] estoiēt la pour neant il dist a ogier. Sire ogier par ma foy le roy charlemaigne nous fait sember aux folz & nous tient pour nices & pour musars qui nous fait icy estre pour neant. Sire dist ogier vous dictes vray dieu me confonde se ie y demeure pl[us]. Et ainsi quilz sen vouloyēt retourner le duc naymes regarda au long du chemin & vit venir regnault & maugis. Lors dist naymes a foques de moulson/vecy venir deux hōmes a cheual. Et quāt fouques le vit il sescria a haulte voix. Par ma foy vecy venir regnault/or ne peult il eschapper en aulcune maniere quil ne soit pendu. Par ma foy dist le duc naymes vo[us] dictes vray/car le cheual q[ui] vient deuant ressemble bien a bayart le cheual de regnault sil estoit de la couleur. Quant fouques ouyt ces parolles il mist la main a lespee & sen vint au deuant de regnault moult pres/& quant il fut bien pres deulx il les regarda/& quāt il vit que ce nestoit pas regnault il en fut tout esbahy & se retira arriere/& regnault & maugis cheuaucherēt oultre. Et quāt le duc naymes vit q[ue] passoyēt oultre il sen alla a lencōtre deulx & appella maugis & leur dist. Qui estes vo[us] & ou alles vous. Sire dist maugis ie suis nez de peron & ay nom iosuayre. Amy dist le duc naymes me scauroys tu riens a dire de regnault le filz aymon le vaillant cheualier. Ouy dist maugis par ma foy il a cheuauche auec nous deux iours & nest mye a vne lieue loing dicy. A celle heure regnault ne parloit point. Adonc dist naymes qui est cestuy qui est auec vous qui se taist si quoy & qui mot ne sonne ie croy quil a quelq[ue] mauluais penser. Sire dist maugis cest mon filz q[ui] ne scet parler francoys/car il a este nourry en la basse bretaigne. Quant le duc naymes sentendit il dist a regnault. Dy vassal scez tu point nouuelles de regnault le filz aymon. Et adonc regnault luy respondist en disant en ceste maniere. y ny scay point francoys en bretant parler cheual a paris couronne roy nō draps homiz gaigner my/& cōtrefaisoit son langaige affin q[ue] le duc naymes ne le cogneust au parler.

Quant le duc naymes entendit ainsi parler regnault si saulnaigemēt il cōmenca a rire & puis luy dist. Cent mille dyables tont bien aprins a parler si bō frācoys. Vassal ie ne scay que tu dis tu ressemble mieulx fol que cuesque. Atant naymes le laissa en paix. Et adoncques regnault & maugis sirent tant par leurs iournees quilz arriuerent a paris asses a temps pour faire leur entreprinse. Et ainsi quilz arriuerent a lentree de paris ilz rencōtrerent vng mauluais ribault a q[ui] dieu doint male aduēture/car il cogneut regnault & si tost quil leut cogneu il cōmenca a cryer a haulte voix. Vecy regnault le filz aymon. Quant les gēs ouyrent le cry ilz coururent a celle part. Et quāt le mauluais ribault vit venir tant de gēs il fut encoies plus hardy que deuant/ɐ paſſa auant les aultres/ et print regnault par ſa bride/mais quāt bayart vit ce il ſcua le pied de deuāt ɐ frappa ſe ribault en my ſa poitrine ſi grant coup qui ſuy creua le cueur ɐ le getta tout mort a terre. Quāt les gēs veirent le coup ilȝ ſe retirerēt toꝰ arriere/ɐ bayart paſſa oultre ɐ maugis apres ɐ ne furēt oncques cogneuȝ. Jlȝ paſſerēt la ville iuſques au viel marche/ ɐ quāt ilȝ furent la venuȝ deuant les logis ilȝ trouuerēt les logis tous plains dōt regnault fut eſbahy. Jlȝ ſe logerēt en la maiſon dung cordouānier qui eſtoit de male part/ car par ſuy furēt ps prins regnault ɐ maugis ɐ liures a charlemaigne q̄ ia ſes freres ne ſuy euſſent peu apder. Quant ilȝ furēt deſcēduȝ ɐ la loges ɐ curent appreſteȝ leurs cheuaulx maugis fiſt appareiller vng lit ɐ apres q̄l eut ce fait il print vng fil de ſoye ɐ ſe cyra bien ɐ ſen vint a bayart ɐ ſuy lya la paſture du fil eſtroictemīt. Loſte ſe regarda a merueilles/ ɐ luy diſt Pourquoy aueȝ vous ainſi lye ce cheual/ il ne pourra pas mēger/ or me dictes qui eſt le cheualier a qui ce cheual appartiēt/ ſil eut plus deage quil na ie ſe cuydaſſe cognoiſtre car il reſſemble bien regnault le filȝ de aymon. Sire diſt maugis iay aīſi lye le cheual pource q̄lȝ eſt deſriſeux ɐ le varlet qui le cheuauche eſt mon filȝ. Or vous ay dit ce que maueȝ demande. Certes diſt loſte voſtre filȝ eſt beau cōpaignon/ mais ie croy q̄ me gabeȝ. Or oupes la grant maladuēture q̄ aduint a regnault ɐ a maugis/ car ainſi q̄ maugis parloit a ſon hoſte il nomma regnault. Ha diſt loſte vous en aueȝ aſſeȝ dit/ bien la ueȝ cele/ ceſt regnault ſans nulle doubte qui occiſt berthelot le nepueu du roy dung eſchecquer/ ie le diray au roy auant que ie dorme.

Dant regnault entēdit ce il trembla tout de maltalēt ɐ ſe leua de ſon lieu ɐ print ſon eſpee ɐ diſt. Hoſte vous aueȝ meſprins/ car ie ne vis oncques regnault ɐ ne ſcay qui il eſt. Taiſeȝ vous diſt loſte ie vous cognoy bien/ par mon chief voꝰ eſtes regnault le filȝ aymon. Et quāt il eut dit ces parolles il yſſit hors de ſon hoſtel/ mais regnault le pourſuyuit et le frappa ſi grant coup de ſon eſpee parmy la teſte quil ſe fendit iuſques aux dens. Quāt maugis vit ce il fut moult dolent et diſt a regnault. Queſt ce que vous aueȝ fait aueȝ vous le ſens pdu/ ſe dieu ne penſe de noꝰ nous ſommes perduȝ ɐ diffames. Je nen puis mes diſt regnault/ mais comment quil en ſoit ceſtuy aura ce guerdon. Adōc maugis ſen allaſt en leſtable legierement ɐ miſt la ſelle a bayart ɐ fiſt mōter regnault deſſus ɐ puis monta ſur moreau ɐ ſe partirent du logis. Et quant la femme ɐ ſes enfans de loſtel virent ce q̄ regnault auoit fait ilȝ commencerent a cryer/ mais maugis ɐ regnault ſen allerent ſi toſt q̄ nul ne ſceut quilȝ deuindrent/ ɐ ſe mirent auec les aultres en la preſſe/ɐ oncques ne furent cogneuȝ. Bayart ſen alla tout clochant iuſques a la porte ſaint martin/ ɐ illec demourerent toute la nupt. Le lendemain quāt il fut iour ilȝ ſen allerēt ouyr la meſſe du roy auec les aultres gens de court. Le ſeruice fait le roy yſſit de legliſe ɐ monta a cheual et tous les aultres barons auſſi/ ɐ ſen vint ſur ſeine en la prarie. Adonc regnault ɐ maugis ſupuirent le roy/ ɐ alloit bayart moult fort clochant. Quāt le roy fut la venu il cōmanda que ſa coutōne fuſt miſe au bout des lices ɐ les cinq cens marcȝ dargent/ ɐ les cent draps de ſoye/ ɐ incōtinent le duc naymes ɐ ogier firent ce que le roy auoit cōmande. Et quāt tout fut appareille lors veiſſieȝ cheualiers mōter ſur leurs cheuaulx/ car chaſcun cuydoit gaigner le prix. Le roy commanda au duc naymes a ogier le danoys a guydelon de bourgoygne et a richard de normandie quilȝ prinſent cent cheualiers bien armes & gardassent bien la feste que nulle noyse ny fut faite/ & que nul ne fist tort a aultruy Et ceulx firent son commandement. Adōc les cheualiers q̇ deuoient courir commencerent a regarder regnault q̇ estoit monte sur bayart qui clochoit moult fort come ie vous ay compte si commencerent a rire & a se mocquer de luy & disoient lung a laultre cestuy gaignera le prix & la corone/& les aultres se gaboyent de luy en disant gardez du pied qu'il ne vo⁹ frappe/& les aultres disoient il gaignera le dyable. Et ung aultre cheualier dist a regnault vous auez bien fait doulx cheualier dauoir amene vostre bon cheual/ se dieu le destine vous gaignerez auiourdhuy le prix. Regnault entendoit bien les grosses parolles que lon disoit de luy/ & en auoit le cueur si enfle que se ne fut pour doubtance de perdre le prix il en eust la mellee commencee. Et pource il se tenoit sans dire mot ne sans mener bruyt car il ne luy chaloit de tout ce quilz luy disoient. Quant lempereur entendit les grosses parolles que les cheualiers disoyent a regnault il en fut moult courrouce. Si dist si hault quil fut bien ouy de tous. Je vous comande sur peine de perdre ma grace que vous ne dictes villanie ne reprouche a nul cheualier/& se vo⁹ le faictes ie me courrouceray, mais a regnault ne chaloit gueres de ce que on luy disoit. Quant le duc naymes & ogier virent quil estoit temps de courir ilz firent sonner trompettes. Adonc chascun se mist a courir. Et quant maugis vit q̇ chascun sen alloit il descendit a pied & delya le pied de bayart, mais auant quil fust delye les aultres estoient bien loing. Quant regnault vit qu'il estoit temps de partir apres les aultres il picqua & dist a bayart. Bayart nous sommes trop derriere vous pourrez bien demourer, car se vo⁹ nestes le premier vous aurez blasme. Quant bayart ouyt ainsi parler regnault il entendit aussi bien que se fust une personne. Lors froncha les narines & haussa la teste & estendit le col aual & print son cours si roydement quil sembloit que la terre deust fondre soubz ses piedz/& en peu deure il les eut tous passes si grandement que lon ne le pouoit veoir pour la pouldre. Quant ceulx q̇ gardoyent les cours virent bayart ainsi courir ilz en furent tous esbahys/& dirent lung a laultre regardes ce blanc cheual comment il va roydement et na gueres quil alloit si fort clochant, certes cest le meilleur de tous.

Lempereur charlemaigne voyant ce appella richard de normedie & luy dist Distes vo⁹ oncques tant de bons cheuaulx ensemble come icy a. Et richard luy respondit non sire, mais le blanc les a tous passes. He dieu comment il ressemble bien bayart, sil fust du poil ie disse q̇ ce fust il/& celluy qui le conduit est preulx & legier. Sachez q̇ regnault fist tant q̇ bayart passa tous les aultres cheuaulx. Et quant il fut au bout des lices il print la corone & la mist en son bras/& largent & les draps il laissa ester, car il ne les daigna prendre. Et quant il eut la corone prinse il sen retourna vers le roy tout le petit pas. Quant le roy le vit vers luy venir il luy dist tout en riant. Amy arrestez vous ie vous en prie/se vous voulez ma couronne vous laurez & vous donnray de vostre cheual si grant auoir q̇ iamais ne serez poure en vostre vie. Par dieu dist regnault ces parolles ne vous valent riens. Or vous ay ie bien gabe, car ie voys faire marchandise ailleurs & vous tiens pour enfant. Je vo⁹ ay tant de foys courrouce & voz hommes ay mys tant a mort. Je suis regnault qui emporte vostre couronne. Queres ailleurs aultre cheual que vous donneres a roland pour vaincre bayart/ car bayart naurez vous pas ne vostre couronne aussi. Et quant il eut tout ce dit il picqua bayart des esperons & sen alla si roydement qu'il sembloit que la

g

fouldre le chassast. Quāt le roy charlemaigne eut entēdu ce que regnault luy auoit dit il en fut si ire quil ne scauoit quil deuoit faire/ tellement ql ne peut parler dune grant piece. Et quāt il eut recouure le pler il escria a haulte voix en disant. Or apres vaillās seigneurs apres/ car cest mon ennemy regnault le filz au duc aymon au fier et dur courage. Et quant les cheualiers entendirent tous ainsi cryer le roy charlemaigne ilz picquerent leurs cheuaulx des esperons et sen vindrent apres le vaillant regnault, mais leur alee ne valut riens, car bayart les auoit ia bien esloignez en peu deure si fort qlz ne sceurēt quil estoit deuenu, et regnault sen vint a seine et la passa tout a son aise a nouer, car bayart en estoit tout acoustume, aultresfoys lauoit passee a plus grant haste. Et quant regnault fut passe oultre il descendit a la riue. Ce pendant le roy charlemaigne arriua de laultre quartier qui luy couroit apres et commenca a appeller regnault et luy dist. Ha filz de preudomme rens moy ma couronne/ et ie te donneray dix foys autant quelle vault et te donneray tresues deux ans tant que toy et tous tes freres pourrez aller en dordonne veoir vostre mere laquelle vous desire tant a veoir/ et ny a cheualier en mon pays q vous en dye le cōtraire. Par dieu dist regnault pour voz parolles ie nen feray riens, iamais naurez vostre couronne. Ie la vendray et en paieray mes cheualiers, et lescarboucle qui ainsi resplendist sera mis au dessus de mon palays affin que ceulx qui yront a saint iaques en galice se puissent mieulx veoir a leur plaisir/ et serez blasmes de voz cheualiers de ce que auez perdu vostre couronne par le cheual bayart. Quant charlemaigne entendit ainsi parler il ne sceut quil deuoit dire tant estoit courrouce/ et se tint tout quoy ainsi comme sil fust mort. Et quant regnault eut ainsi parle il monta sur bayart et se mist en la voye non mye le droit chemin/ mais par vng sentier par lequel auoit aultresfoys passe.

Ie vous diray de maugis cōment il esploita a yssir hors de paris q estoit monte sur vng cheual moreau. Quant il vit q regnault auoit passe seine il yssit de paris au plus tost ql peut/ et quant il fut hors il cōmenca a cryer et ainsi cōme il sen alloit il regarda a trauers et vit venir regnault/ si luy cria tāt cōme il peut. Cousin pēsez de cheuaucher/ car de demourer icy ne nous viēdroit nul bien. Cousin dist regnault vo9 dictes biē et no9 le ferōs ainsi. Si se mirēt en la voye enuers melun. Quāt alard vit son frere venir et maugis il dist a ses gens. Seigneurs nous no9 puōs bien desbucher/ car ie voy venir mon frere regnault et maugis. Helas dist richard ie les voy venir a grāt haste iay grāt doubtāce quō les chasse. Or mōtons tous a cheual/ et silz ont mestier de nous allons les ayder et secourir. Et ilz respondirēt nous sommes tous prestz. Et quāt ilz yssirent de leur embuche regnault et maugis arriuerent la et leur dirent. Seigneurs pensez de esploiter/ car la longue demeure nous seroit dommaige. Iemporte la couronne de charlemaigne/ laquelle bayart ma fait gaigner par sa prouesse. Quant alard entendit ainsi parler son frere regnault il en fut si ioyeulx quil ne scauoit q dire, mais embrassa et accolla son frere regnault a moult grāt iope. Lors incōtinent se mirent au chemin et tant cheuaucherent quil vindrēt a orleans et passerēt loyre a toute diligēce. Et puis firēt tant par leurs iournees quilz arriuerēt a montauban. Et quant ilz furent a montauban arriuez la dame vint alencontre, et les receut moult ioyeusement/ leur faisant moult belle chiere/ et toutes les gens du chasteau de montauban furent moult fort ioyeulx de la venue de regnault et de ses freres et luy demanderent coment il auoit fait de son affaire/pourquoy il estoit allez a paris. Seigneurs dist regnault dieu mercy ie fuz cogneu de mon hoste qui me voulut trahyr/ mais ie luy vendy bien chier, car ie luy fendy la teste iusques aux dens,et yssimes hors de son hostel de nuyt et nous mismes auec les aultres / mais oncques ne feistes gens mieulx gabez que nous fusmes/ car les gens de charlemaigne se mocquoyent de moy et de bayart dont le roy sen courrouca moult fort/ pourquoy ilz me laisserent en paix. Quat la trompette fut sonnee pour commencer le cours/ ceulx qui deuoyent courir par tirent incontinent et ie demouray derriere bien le trait dung arc, et vous dy pour vray quil y auoit bien vingtz mille cheuaulx. Et quant ie me vis derriere ie dys a bayart q cestoit grant honte a luy sil demouroit derriere/ mais la dieu mercy a bayart ie les passay trestous et emportay le pris. Et icy ay aporte la courone du roy auec moy/ dont il est moult doulent. Quat ceulx de motauba entedirent ces paroles ilz furent most ioyeulx.

¶ Comment le roy charlemaigne vint en gascoigne atout son ost, et coment il assiegea regnault et ses freres dedens le chasteau de motauba. Et coment pour le commencement regnault gaigna la pmiere bataille du roy/ q fust conduisoit rolat q oliuier q larceuesq turpin dont le roy cupda enrager tout vif de honte qel en eut. Chapitre. viij.

En ceste partie dit le conte q quat regnault eut gaigne la courone de charlemaigne il demoura tout courrouce, si appella ses barons q leur dist. Seigneurs ie vous prie q me coseillez coment ie me pourray venger de regnault vous scauez come il ma courrouce, ie vous pmetz q se ie nay ma couronne q ienrageray, car le cueur me dit quil la fera deffaire et lescarboucle fera mettre sur son

palays affin q̃ les gēs qui ſont en galice la puiſſent ƀeoir ⁊ q̃l me ſoit reproche de to9
ceulp q̃ la ƀerrōt. Sire diſt roland ſe ƀo9 ƀous ƀoulez bien ƀenger de regnault allons
ſur luy ⁊ luy epillerōs ſa terre/ ⁊ ſi le roy pō de gaſcoigne peut eſtre prins ſi en faictes
telle iuſtice q̃l en ſoit memoire perpetuellemēt. Nepueu diſt le roy charlemaigne ƀous
dictes bien et ſaigement ainſi ſera fait ce que auez dit. Et ƀous prometz que iamais
nauray ioye iuſq̃s a tant q̃ ien ſoye ƀenge a ma ƀoulente. Sire diſt le duc naymes laiſ
ſez le couroup en paip. ƀous ſcaues cōmēt regnault eſt ƀn̄ ennemy et ſi ne ƀous priſe
ries/mais ſe ƀo9 me ƀoulez croyre ie ƀous dōray ſon conſeil que regnault ſera mis as
deſtruction et ſes freres et maugis auſſi. Sire faictes mander ƀoz barons et que cheſ
cun ſoit preſt a la chandeleuſe prouchainemēt ƀenant/ ⁊ que cheſcun face bonne prouis
ſiō de ƀiures pour ſept ans. Et adonc demourez tant au ſiege de mōtauban que ƀous
les ayes prins/et puis ƀous en ƀengerez a ƀoſtre ƀoulente.

 Ors quāt charlemaigne entēdit le bon cōſeil q̃ le duc naymes luy donna
il dreſſa ſa teſte ⁊ dit/naymes ce neſt pas le premier bon cōſeil q̃ mauez dō
ne/ie ƀueil quil ſoit ainſi fait. Et lors charlemaigne fiſt faire ſes lettres
⁊ les enuoya p̃ tout ſon empire/eſq̃lles lettres eſtoit contenu q̃ tout hōme
qui auroit acouſtume de porter armes ⁊ daller a la guerre q̃l ƀit a luy a la chandeleuſe
prouchainemēt ƀenant bien garny de ƀitaille pour ſept ans pour demourer au ſiege de
mōtaubā. Quāt les barōs ſceurēt la ƀoulente de charlemaigne cheſcū ſe miſt en point
au miculp q̃l peut et ſen ƀindrēt a paris et ſe p̃ſenterent au roy ⁊ a roland ſon nepueu/
et pour le grant nōbre de gēs q̃ y eſtoient ƀenuz/ ilz ne peurēt loger dedēs paris/ mais
logerēt dehors ſur ſeine. Quāt le roy ƀit q̃ tous les barōs furent ƀenuz il les fiſt tous
ƀenir deuant luy ⁊ leur diſt. Seigneurs ƀous ſcauez biē tous au moins la plus grant
partie cōmēt iay conquis quarāte roys/leſq̃lz me preſtent to9 obeiſſance epcepte le roy
pon de gaſcoigne q̃ a retrait en ſon pays mes ennemys mortelz ce ſont les quatre filz
aymō. ƀo9 ſcauez biē le grāt deſhōneur q̃lz mōt fait et font to9 les iours/ dont a ƀous
me cōplains/⁊ ƀo9 prie ⁊ cōmāde q̃ ƀiēgnez to9 auec moy en gaſcoigne pour moy aider
a ƀēger ma hōte ⁊ dōmaige lequel eſt moult grāt/car ƀo9 y eſtes to9 tenuz par ſermēt.

Ors diſt le cōte de natueil. Sire nous nyrons pas a ceſte foys/ car nous
ne puōs. ƀous ſcauez biē q̃ no9 ƀiſmes deſpaigne na gueres de tēps/ dōt
ſommes encores tous laſſez. Et auſſi en ceſte cōpaignie a pluſieurs prin
ces ⁊ barōs q̃ nont encores point eſte en leurs pays ne ƀeu leurs femmes
et enfans/ ⁊ ƀo9 ƀoulez q̃ nous allons en gaſcoigne ſur le roy pon ⁊ ſur les quatre filz
aymō. Je ƀous dy que les deup playes que ie receuz au pays de gaſcoigne ne ſont mye
encores gueries. Et pource ny puis bōnemēt aller quāt a p̃ſent. Mais ſil ƀo9 plaiſt
faictes cōme bon roy ⁊ ſaige/⁊ demonſtrez q̃ ƀous aymes ƀoz gēs/ car ƀous les deuez
garder cōme ƀous meſmes. Reculez ƀr̄e oſt iuſq̃s a la pēthecoſte puchainemēt ƀenāt
et dōnez conge a tous ƀoz barons q̃lz ſen aillent en leurs maiſons ƀng peu repoſer/
quant il ſera temps de ƀenir ⁊ ƀoſtre bon plaiſir ſera de les mander ilz ƀiendrōt a ƀo9
de bon ƀouloir a toute diligence pour aller auec ƀous en gaſcoigne/ ou la ou ƀoſtre bō
plaiſir ſera de les mener. Quant le roy entendit ces parolles il fut moult courrouce et
diſt en ceſte maniere. Se ie deuoye eſtre deſheritē ſi iray ie en gaſcoigne/ et menerap a
uec moy tous les ieunes gēſdarmes de mon oſt/ leſq̃lz ie mettray en poīt hōneſtemēt et

leur donneray tout ce de quoy ilz auront mestier puis que vous demoures recteuz. Sire dist naymes vous dictes bien & saigemēt/car ces ieunes enfans seront bien ioyeusp deulx assaier. Aussi vueil ie faire dist charlemaigne/par eulx sera le roy yon destruyt/ & quant iauray prins regnault & ses freres & maugis le larron ie donneray gascoigne aux ieunes cheualiers en heritage. Le pendāt q̄ charlemaigne disoit ces paroles vne espie qui estoit a regnault estoit en ycelle cōpagnie q̄ entendit tout ce q̄ le roy auoit dit. Et quant lespie eut tout bien escoute il se mist en la voye/ & tant fist p ses iournees q̄l arriua a montauban & trouua regnault & ses freres & maugis. Incōtinent q̄ regnault le vit il luy demanda. Quelles nouuelles apportes vous de paris & de la court de charlemaigne. Monseigneur dist lespie sachez que charlemaigne est grandement courrouce contre le roy yon contre vous & voz freres & cōtre maugis. Il a mande tout son empire & tous ses subiectz/mais nul ne vouloit venir. Adonc il iura quil ne meneroit hōme pardeca en sa cōpagnie fors que ieunes cheualiers/ ausquelz il dōra toute gascoigne/& dit quil assiegera montauban & fera la grant tour abatre & mettra toute gascoigne a feu & a sang. Lors dist regnault a ses freres. Ne vous descouraigez de riens. Je ferray comme roland & oliuier se porteront encontre moy & mes gens. Et lors sen vint regnault en la salle & trouua ses freres & maugis auec ces cheualiers et leur dist. Seigneurs ie vo9 aporte nouuelles/sachez que charlemaigne nous vient assieger/& amene auecques luy toute la puissance de france. Dy pensons de bien les receuoir/ilz auront des affaires plus quilz ne pensent. Frere dist alard nayes doubtance/ilz serōt bien receuz/car tant comme nous viurons et vous verrons mōter sur bayart nous ne vous faudrōs & naurōs garde destre prins ne malmenez/nul homme viuant ne vous vault ne de bonte ne de prouesse.

Ce pendant charlemaigne fut aduise & pensa au cōseil que le duc de nātueil luy auoit dōne/puis appella ses gens et leur dist. Seigneurs ie vo9 donne conge & vous dy q̄ ie tiendray a pasques mon cōseil general si plaist a dieu Dy vous gardez bien de ny faillir/ & q̄ vo9 soyes icy adōc bien appareilles. Je ne lairroye pour riens dy aller pour veoir le roy yon/ & sil ne me rend les quatre filz aymon ie luy feray sans doubte tant de hōte que ie luy feray rere la barbe du mēton/& luy feray leuer la coronne de son chief & si feray venir apres moy son pain querant a pied. Et quant il eut dit ces paroles les barōs prindrēt cōge de charlemaigne & sen allerent en leurs pays/mais charlemaigne leur dist au departir. Seigneurs souuiengne vo9 de reuenir au terme q̄ ie vous ay dit/car ie vous iure q̄ ceulx q̄ ne viendrōt se ie retourne de gascoigne il ne sera iamais iour q̄lz ne se plaigne de ma venue. A brief parler richard sen alla en normandie/salomon en bretaigne/geoffroy en auignon/hugues le vieulx & desiers en espaigne/bertol en alemaigne/& tous les aultres chascun en son pays.

Dāt il fut tēps de reuenir a la court au terme q̄ charlemaigne auoit donne chascun sapareilla au mieulx ql peut pour venir a la court cōme leur auoit expressemēt este encharge. Premieremēt vint richard de normandie et amena auec luy plusieurs nobles cheualiers/& se presenta deuant le roy charlemaigne droit a saint denis/puis aps vint salomō de bretaigne & amena auec luy moult belle cōpagnie & se presenta a charlemaigne a saint denys. Apres vint desiers despaigne & amena auec luy dix mille cheualiers bien en point & bien garniz de vituaille & en tout l'ost de charlemaigne n'en auoit point de mieulx en point de toutes choses et ainsi se pnsenta au roy charlemaigne a saint denis. Apres vint geoffroy le conte dauignon et amena auecques luy tout son pouoir q estoyent moult belle copagnie et de viures a foy son et se psenta au roy. Apres vint bertault dalemaigne et amena auec luy moult belle copagnie, car il auoit ceulx dirlande et ceulx daffrique et bien mille bons archiers, lesqlz pour doubtāce de mourir ne sen fussent mye suys dune bataille, et se psenta au roy qui les receut moult honorablemēt. Apres vint larceuesque turpin et amena auecques luy moult belle compagnie et bien ruses darmes porter et se presenta au roy q fut moult ioy eulx de sa venue, car larceuesque estoit moult preudome, et le roy se fioyt moult en luy pour sa grant loyaulte, et aussi pour la grāt preudōmie q estoit en luy. Tous les grans seigneurs q du roy tenoiēt terres vindrent a paris et se pnsenterēt au roy charlemaigne et le roy les receut a moult grant ioye et fut fort ioyeulx de la belle copagnie quil veoit que chascun auoit amene. Mais ie vous dy quant lost fut assemble il faisoit si chier viure a paris que cestoit vne grant pitie, car la somme de ble valoit quarante soubz et vingtz deniers. Et se le roy y fust plus gueres demoure il eust este si grant chierte que le menu peuple fust mort de faim, mais le roy commēca a faire ses mōstres pour scauo ir cōbien il auoit de gens, et quāt elles furēt faictes ilz trouuerēt quil auoit bien .xxx. mille cheualiers de prime barbe sans les cheualiers anciens q estoyēt bien cēt mille, et quant les mōstres furēt faictes le roy fist venir roland et luy dist. Beau nepueu ie vo⁹ recommande mon host, et vo⁹prie q le vueillez cōduyre par bōne rayson. Sire dist rolād ien seray mon pouoir. Lors luy fist bailler soriflan et se partit de paris et tant firent par petites iournees qlz vindrēt a bles. Et lors charlemaigne fist crier q tous ceulx de son pays portassent viures apres lost, et ce qlz porteroyēt sil valoit vng denier ilz en auroy ent deux. Ce pendant les nefz que ceulx de larmee menoyent passerent girōde. Et quāt ilz furent oultre ilz mirent les batailles en ordonnance et puis sen vindrent a montau ban. Et quant ilz furēt la venuz ilz se logerēt alentour. Et adonc les francoys cōmen cerent a dire lung a laultre. Par mon serment vecy vng beau chasteau et fort, se no⁹ ne gaignons aultre part, car icy ne gaignerons nous gueres.

Dant les batailles furent ordonnees alentour de mōtauban roland com menca a dire au roy charlemaigne. Sire il me semble que nous deuōs dō ner lassault a montauban. Et le roy luy respondit. Je ne vueil pas q mes gens ayent dommaige, ie vueil scauoir se le chasteau se vouldra tenir ou rendre, car sil se vouloit rendre ie ne vueil que bataille y soit faicte. Et lors māda vng de ses cheualiers incontinent monte sur vng mulet tout desarme et sen vint a la porte du chasteau, et quant ceulx qui gardoyent la porte virent que cestoit vng messagier, ilz luy ouurirent la porte. Le cheualier entra dedens, et ainsi quil fut entre il trouua le se neschal auec cent hommes qui alloit visitant les gardes. Incontinent le cheualier le salua et le seneschal luy rendit son salut et luy dist. Qui estes vous gentil homme que queres vous ceans. Je vous prie que me dictes quelz gens ce sont la dehors qui sont si belle compagnie. Sire dist le cheualier ce sont les gens du roy charlemaigne qui est ve nu assieger le chasteau de montauban. Je suis vng sien cheualier qui suis venu parler a regnault le vaillant cheualier de par le roy charlemaigne. Lors le seneschal print le cheualier par la main et le mena deuant regnault le filz au duc aymon. Et quāt le che ualier dit regnault il le salua moult honnorablement et courtoisement. Et puis luy dist. Regnault lempereur charlemaigne vous mande de par moy que se vous vous voulez rendre a sa mercy & luy donner vostre frere richard a faire a sa voulente il aura mercy de vous, et se vous ne le voulez faire il fera assaillir vostre chasteau et se prendre vous peult par force il vous fera pendre & mourir de cruelle mort. Quant regnault le vaillant entendit les nouvelles que le roy charlemaigne luy mandoit, il commenca a soubrire & dist. Amy allez dire a charlemaigne que ie ne suis mye homme qui doyve commettre trayson, & se ie le faisoye luy mesmes men blasmeroit moult, mais sil luy plaist moy & mes freres & maugis sommes a son commandement, et nous donrons de grant cueur a luy comme a nostre souuerain seigneur sauf noz vie & noz membres et si luy rendrons le chasteau du tout a sa voulente, & dictes au roy quil fera bien & saigement de prendre cinq telz cheualiers comme nous sommes, et se charlemaigne nous refuse ie me fie tant en dieu que nous ne priserons le roy ne ses gens. Quant le messagier entedit la response que regnault luy auoit faite incontinent sen retourna vers charlemaigne & luy compta tout ce que regnault luy auoit dit de mot a mot sans riens faillir. Le roy entendans les parolles que regnault luy mandoit, il se mist a penser moult longuement, car il cognoissoit que regnault ne disoit que tout bien. Et lors manda le duc naymes & ogier le danoys & leur dist. Seigneurs regnault me mande quil ne fera riens de ma voulente, & a ceste cause ie vueil que le chasteau soit maintenant assailly. Sire dist le duc naymes il me semble comme iay entendu que regnault vous a fait moult belle offre, & se loptre me voulez vous le prendre a mercy, car vous scauez que se sont gens dont vous vous pouez grandement seruir. Et se regnault est vne foys en paix auecques vous vous en serez craint & mieulx ayme. Mais puis que vostre voulente ne si accorde nous nen pouons mes. Dassaillir le chasteau ie ne le conseille mye, car vous voyes que le chasteau est moult bel & fort, & regnault a leans belle compagnie de gens & luy & ses freres & maugis sont telz cheualiers comme vous scauez. Se vous faictes le chasteau assaillir ilz sauldront par les faulces posternes & vous feront si grant dommaige de voz gens que vous en serez doulent & courrouce, mais se vous voulez croyre mon conseil vous assiegerez le chasteau de si pres que homme ne puisse yssir ne entrer quil ne soit prins, et ainsi pourrez auoir le chasteau par famine, car par assault ne laurez vous pas.

Bien cogneut charlemaigne ouyant ses parolles que le duc naymes parloit bien & saigement, & luy dist ie vueil quil soit ainsi comme deuisez. Et lors fist cryer par tout son ost que chascun se logeast au plus pres du chasteau le plus que lon pourroit. Et luymesmes commanda que lon tendist son pauillon au plus pres de la porte. Quant ce fut crie lors vous veissiez en petit heure plus de dix mille pauillons autour du chasteau de montauban. Quant lost fut tout loge roland se partit de lost auec deux mille cheualiers bien armes & bien montez tous hommes de prime barbe de la droicte france & sen vint de laultre part de montauban en vng lieu q a nom balancon ou il auoit vne riuiere grande & pfonde, en laquelle auoit assez poissons & illec fist tendre son pauillon. Et tant fut plain de grant orgueil quil fist mettre le dragon au dessus de son pauillon, & fist faire le logis de tous ses compaignons a lentour de luy, et estoyent en tel lieu quilz pouoyent veoir tout le pays et les boys et riuieres et seoir montauban sur la grant roche bien ferme/& gardoyent les deux riuieres qui en uironnoyent montauban dordonne & gironde. Roland voyant ce lieu si fort moult sen esmerueilla/et dist a ses gens. Seigneurs ie mesbahys fort de ce chasteau et ne me es merueille mye se les quatre filz aymon font guerre a mon oncle charlemaigne puis qlz ont si bon retrayt/car ie vous pmetz q iamais montauban ne sera prins par nous. Vo° dictes mal dist oliuier/car nous primes bien par force lozenne et si abatismes de noble la grant tour & le dongon/dont ie dy que montauban aurons no° bien. Et se regnault & ses freres ne se viennent rendre ilz seront en dangier de mort. Je vous pmetz dist ro land quilz nen feront ia riens/ mais vo°/ture q le gentil regnault nous fera telle paour que les plus hardiz vouldroyent estre a paris. Regnault est preux et courageux & ses freres pareillement/ et si ont dedens le chasteau de montauban de nobles hommes et vaillans cheualiers/pourquoy ie dy et suis dopinion que tant quilz auront a viure ia mais ne seront prins. Quant le pauillon de roland fut tendu roland regarda la riuie re & dit quelle estoit toute plaine dopseaulx. Lors dist larceuesque turpi & aux aultres barons/veez comme nous sommes logez en bon lieu. Allons en ces riuieres chasser a uec noz faulcons. Sire dist larceuesque turpin allons de par dieu. Lors roland monta a cheual & print auec luy bien trente barons et non plus. Et prindrent leurs faulcons & sen vindrent la plus part montes sur muletz tous desarmez si non leurs espees & sen vindret esbatre encontre la riuiere et prindrent beaucop dopseaulx de riuiere/& si grat quantite quilz en chargerent vng somier. Larceuesque turpin & ogier ny allerent point mais demourerent pour garder lost/& estoyent deuant leurs tentes la ou ilz faisoyent compter a vng viel cheualier comme trope la grant auoit este prinse et destruicte. Ce pendant y auoit vne espie en lost de charlemaigne qui estoit a regnault/lequel y auoit enuoye pour sçauoir le contenement et tout le fait du preux roland. Et incontinet la di cte espie se despartit de lost & sen alla vers regnault/ & luy compta comment roland et oliuier sen estoyent allez chasser aux oyseaux sur la riuiere/ & auecques luy les trente meilleurs cheualiers de lost.

Quant lespie eut racompte ces nouuelles a regnault il en fut moult ioyeux. Lors il appella ses freres & maugis son cousin & leur dist comment roland & oliuier & trente des meilleus barons de charlemaigne estoiet allez chas ser es riuieres au plain de balancon. Que deuos nous faire dist regnault. Cousin dist maugis nous les puons bien occire se nous voulons/car ilz sont bien folz et orgueil leux. Ne vous souuient il que vng messagier vous dist bien vng moys a que charle maigne auoit laisse tous les anciens cheualiers de son royaulme et en auoit prins de ieunes & auoit toute gascoigne departie aux ieunes cheualiers de france. Et par cestui boubant roland & oliuier sont montez en si grant orgueil qlz cuident q en tout le mode na home q les osast assaillir ne regarder par maltalent/mais se vous me voules croy re ie vous diray bien telle chose dont les feres courroucez et doulens. Lors regnault fist sonner son cornet lequel iamais on ne sonnoit sans necessite/ car quant on le son noit chascun couroit a ses armes pour soy armer/& incontinent regnault & ses freres & maugis se firent armer/ & quat ilz furent tous armes & tresbien appareillez regnault monta sur bayart son bon cheual/ puis le picqua des esperons et bayart fist vng sault bien de trente piedz de long. He bon cheual bayart dist regnault comment vous vous faictes aymer et coment vous me ferez huy mestier. Allons prendre des meilleurs gēs de charlemaigne de france/et faisons par telle maniere q̄l ne no⁹ y faille point retour-ner par deux foys et ie vous en prie a tous. Et quāt regnault vit que ses gens estoyent bien appareilles il yssit dehors par la faulse posterne que lon ne pouoit veoir de lost et estoient bien par nombre en sa compagnie enuiron quatre mille bien montez & bien ar-mes. Ung forestier les conduisoit par le plus espes de la forest. Regnault dist au fores-tier. Meine moy en lost de roland sans faillir. Et le forestier luy respondist q̄ ainsi il le feroit voulentiers. Lors les mena tout droit a balancon. Et quant regnault vit les pauillons il les mōstra a ses gens & leur dist. Seigneurs regardez quel beau gaing nous auons icy trouue se nous losons assaillir. Sire dirēt ses gēs allons y hardiment car nous oserions biē assaillir le dyable quant vous seriez auec nous. Or vous diray de larceuesque turpin qui estoit demoure pour garder lost qui auoit grant paour, car il scauoit bien a qui il auoit a faire/se en estoit en grant soupceon/ et leua la teste et vit les corbeaulx & aussi les corneilles voler y dessus la fortresse q̄ menoiēt grāt noise/si en eut grāt paour & cuidoit que ce fussent leurs ennemys. Il regarda dauenture pmy le boys q̄ grāt estoit & vit ses ennemys dōt il fut si effrae q̄ a peu quil nen ydit le sens Lors appella ogier le danoys & luy dist. Franc cheualier pour dieu allez vous armer et faictes armer voz gēs/car vecy noz ennemys. Or sont bien maintenāt rolād & oliuier tenuz pour garcōs q̄ sont allez chasser aux oyseaulx & ont laisse leur ost ainsi en grant dāger/ie croy q̄lz nauiēdrōt pas a eulx en repētir. Quāt ogier ouyt ainsi parler turpin il en fut moult ire/si entra dedēs son pauillon & se fist armer incōtinēt pour lost esmou-uoir. Et quāt les frācoys ouyrēt les trōpettes sonner ilz se mirēt en ordōnance noble-ment. Ce pendant ogier fut arme & mōte sur son cheual broifort & trouua q̄ vne grant ptie de lost estoit ia armeee. Lors ogier leur dist. Seigneurs pēsez de vous bien deffen-dre/car nous sommes assailliz.

Sbahy fut regnault quāt il ouyt lost ainsi fremir. Lors dist a ses gens. Sei-gneurs nous sommes descouuers non pourtant allons les assaillir. Tous respondirent quilz estoyent tous prestz. Et quant regnault entendit ces pa-rolles il dit a maugis. Beau cousin prenez mille cheualiers & demeurez icy dedens ce boys/& se vous voyez que nous ayons mestier dayde se nous venez secourir. Voulentiers dist maugis vostre commandement sera fait. Et quāt regnault eut ce dit il picqua bayart des esperons & sen alla en lost & passa balancon/& le premier quil ren-cōtra ce fut apmeri le cōte de nicol leq̄l il frappa tellemēt q̄ luy fist passer sa lance par my le corps & le tōba mort a terre. Lors dist regnault y fait nicolas vous le comparez mauluais gloutons grāt folie fistes de oncqs venir en gascoigne. Et quāt il eut ce dit il mist la main a son espee & cōmenca a faire si grant abatement de cheualiers que nul ne scauoit q̄ dire. Et quāt regnault vit ses gēs si fort esbahys il cōmēca a rire. Ou est roland et oliuier qui si fort mont menasse et aussi mes gens/et dist que nous sommes traytres/se il le disoit deuant moy ie luy monstroye quil ne dit ne bien ne vray. Quant larceuesque turpin ouyt et entendit ce que regnault disoit il dist a regnault. Vous ne dictes ne bien ne vray/et adoncques il picqua son cheual des esperons et sen vint encō-tre regnault et sentredonnerent de si grans coups parmy les escus quilz firent leurs lances voler en pieces/mais lung ne laultre ne cheut point. Et quant regnault eut brise sa lance il mist la main a son espee et en donna si grant coup a larceuesque turpin sur son heaulme quil le fist tout chanceler luy et son cheual. Quant regnault vit larceuesque si greue il luy dist. Pere estes vous cellluy turpin que si fort vo² prises. Par ma foy il me semble que mieulx vous fust estre a present dedēs vng moustier chanter messe que destre icy pour me greuer.

Puis quāt larceuesque turpin entendit le reproche q̄ regnault luy faisoit il en cuida forcener et mist la main a son espee et courut sur a regnault, adōcques fut lost esmeu dune part et daultre. A brief parler il y eut tant de lances brisees, tant de cheualiers abatuz, et tant de cheuaulx mors que cestoit grāt pitie a veoir. Atant vit ogier le danoys lescu au col et lespee en sa main et monte sur broifort si frappa richard le frere de regnault si duremēt q̄ son cheual tōba a terre si q̄ la coiffe de son heaulme tōba en la sablonniere. Quāt richard se vit par terre il se leua moult vistemēt cōme preux cheualier et vaillant et incōtinent mist la main a son espee et ogier passa oultre pour poursuyr son poindre et commēca a cryer lenseigne saint denis. Quāt regnault vit son frere richard par terre il en fut moult ire. Si picqua son cheual et sen vint cōtre ogier le danoys et ogier cōtre luy et se donnerent moult de grās coups sur leurs escuz. Regnault frappa ogier de si grāt force que sangle ne poitral ne luy vaslurent riēs q̄l ne luy cōuenist tōber a terre. Quant regnault vit ogier a terre il print broifort par le frain et dist a ogier. Mauluaisement auez fait dauoir abatu mon frere deuāt moy, vo² scauez q̄ vo² estes de mon lignaige et mon cousin de bien pres, et nous deuriez aider et deffendre contre to⁹ hōmes et vous nous faictes pjs q̄ les aultres dont ie dy q̄ ce nest mye cuure de cousin, mais dennemy. Nō pourtāt tenez vr̄e cheual, car selon vr̄e seruice ie vo² ay rendu le guerdon, et vo² le rens par tel cōuenāt que me ferez plaisir en aultre lieu quant ien auray besoing, laquelle chose dieu ne vueille.

Cousin dist ogier vo² parlez en homme de bien. Je vous promets que ainsi le feray, et se ce ne fay, ie prie a dieu quil men pugnisse. Regnault luy rēdit son cheual et tint lestrief a ogier pour monter dessus. Et sachez que depuis ogier rendit le guerdon a regnault en sa roche mō tbront, dōt luy fut reproche par le roy charlemaigne moult villainement. Quant ogier fut remonte il mist la main a son espee et se mesla en la greigneur presse des gascons et les cōmenca si bien a destrancher q̄l les faisoit tous fouyr deuāt luy. Quāt maugis vit q̄ toutes les batailles estoyent ainsi meslees il sortit hors de son embuchement et vint a balācon et passa le gue et sen vint en la plus forte presse tellement q̄ nul ne se ousoit tenir ne demourer deuant luy. Adonc les francoys estoient si tresfort lassez quilz nen pouoyent plus et furent tous descōfitz moult vigoureusemēt a passer la riuiere, et se mirēt en fuyte, et les gascōs les chasserent batās vne grāt lieue et aps allerēt en lost et prindrēt tout lauoir q̄lz y trouuerēt. Et maugis sen vit au pauillon de roland et print le dragon q̄ dessus le pōmel estoit et passerēt balancon au gue et sen retournerēt a mōtauban a moult grant ioye. Et quāt ilz furēt la venuz ilz se desarmerēt et mengerēt tresbiē, car ilz en auoyent grāt mestier. Et quāt ilz eurēt menge a leur aise regnault fist aporter le butin deuant luy, puis le departit a toutes ses gēs et nen retint vng seul denier. Quant regnault eut tout departy maugis mōta sur la grāt tour de montauban et mist le dragon de rolant dessus tāt q̄ les gēs de lost dune part et daultre le puoiēt veoir. Et quāt charlemaigne

вit le dragon ſur la tour de mõtaubã il cupda que roland euſt prins mõtaubã par
force/mais la choſe alloit bien aultremẽt/car regnault τ ſes freres auoiẽt deſcõfitz tõ
les gens de roland/τ auoyẽt empozte tout leur auoir τ le dragõ dudit roland auoyent
mis ſur la tour de montabã.

¶ Cõment regnault τ ſes freres furẽt traiz τ vẽduz au roy charlemaigne par le roy
yon de gaſcoigne q̃ les enuoya es plais de вaulcouleurs tous deſarmes fors q̃ de leurs
eſpees mõtez ſur muletz veſtuz de mãteaulx deſcarlate fourrez dermines. chapitre.iv.

R dirons de roland et doliuier qui venoyent de chaſſer des riuieres auec
ques leurs cõpaignõs/τ venoiẽt par ſemblãt moult ioyeulx/car ilz auoy
ent bien chaſſe τ prins grant quãtitez doyſeaulx. Et ainſi cõment ilz ſen
venoient ilz rencõtrerent dans rambault le frãc cheualier qui leur diſt p
moult grant ire. vous auez prins aſſes oyſeaulx roland τ vous oliuier et penſez eſtre
bons marchans vendez bien voſtre proye/car ie vo9 pmetz q̃ vous ne vendrez iamais
tant voſtre chaſſe cõme elle vous couſte/τ ſe vous auez prins oyſeaulx regnault τ ſes
freres ont prins cheualiers τ cheualx. Quãt vous voyes voſtre dragon qui eſt deſſus
la tour de montaubã bien en deuez eſtre ioyeulx/τ en ſcauoir bon gre aux quatre filz
aymon/car tous ceulx q̃ le voyent cuident q̃ ayes prins mõtaubã. Quãt roland entẽ
dit ces parolles a peu q̃l ne ſortit de ſon ſens/il deſcẽdit de ſon mulet τ ſaſſiſt ſur vne
pierre τ ſe miſt a penſer moult fort τ oliuier pareillement. Et quant roland eut aſſes
penſe il appella larceueſque turpin τ ogier le danoys τ richard de normãdie τ leur diſt.
вeaulx ſeigneurs pour dieu quel bon conſeil me donnez vous ſur ceſtuy fait. Ie ne me
oſeroye trouuer deuant mon oncle le roy charlemaigne/car iay moult grant doubte de

mauluais reprit & que lon die aultre chose que verite. Et lors dist a larceuesque turpin Pour dieu donnes moy conge beau sire/car ie men vueil aller oultre mer au temple de nostreseigneur & guerroyer contre les sarrazins/ puis que ceste meschance mest aduenue ie ne vueil plus porter armes cõtre crestiẽs. Sire dist larceuesque turpin ne voº esmayes de riẽs/car cecy est vsance de guerre souuẽt a plusieurs cõuient mescheoir. Je vous prometz que auãt troys iours vous aurez des gens de regnault comme il a des vostres. Sire dist roland voº me dõnez bon courage/& ie voº pmetz que a vostre prudẽce mattẽ dray. Quãt roland eut dit ces parolles larceuesque turpin & ogier firent tant qlz le firent monter a cheual & tous ensemble sen allerent vers charlemaigne/ mais sachez que apres roland venoiẽt plus de cent gẽtilz hõmes ieunes toº a pied a cause quilz auoyẽt pduz leurs cheuaulx. Et quant ilz furẽt en lost ilz sen allerent au pauillon du duc naymes. Roland entra dedẽs moult honteux & demoura deux iours sans yssir hors et nosoit aller a la court ne regarder hõme au visaige/ mais se tenoit cõme hõme tout esbahy de la grant douleur quil auoit au cueur. Quant roland & oliuier furẽt demourez en la tente du duc naymes ce pendant turpin sen vint en lost ou tref de charlemaigne & entra dedẽs. Si salua le roy moult hõnorablemẽt & le roy luy rendit son salut/ & puis luy dist. Dampz arceuesque bien soyes venu. Sire dist turpin dieu soit garde de vous en vous suppliant quil vous plaise me pardonner se ie vous dy chose qui vous desplaise. Or me dictes dist le roy ce quil vous plaira/car chose q me diez ne me scauroit desplaire. Sire dist turpin sachez que les quatre filz aymon nous ont descõfitz & mattez/& ont emmene tout ce que auions en noz tẽtes & cheuaulx & harnoys & emporte toº noz pauillons & le dragon de roland sans les prisonniers qlz ont emmenez & tuez la plus grant partie de noz gens.

A Donc quant lempereur eut ouy ce que turpin luy dist/ il fut vne grant piece comme tout forcene. Lors iura saint denys par moult grant ire. Adonc dist larceuesque turpin. Or auez vous trouue ce q aliez querant/ le grant orgueil que vous auiez bien l'auez trouue a point. A celle heure le roy mãda a tout son ost expressement que tous les princes & barons vinssent en son tref/ car il vouloit tenir parlement auecques eulx. Quant les princes sceurent le commandemẽt du roy ilz vindrent a grãt haste a charlemaigne. Et quãt ilz furent tous ensemble dedens le pauillon du roy. Lors il se dressa sur ses piedz & dist en ceste maniere. Seigneurs ie voº ay mandez pour vous dire la meschance qui nous est aduenue de nouuel/sachez q les quatre filz aymon ont desconfitz tous noz cheualiers q roland mon nepueu mena a balancon dont ie suis triste & doulent/car ie vouldroye auoir perdu grant chose & quil ne fust point aduenu/ mais de ce quil ne peut estre aultremẽt lon sen doit passer le mieulx que lon peut. Je vous prie & requiers a tous vous messeigneurs & amys & sur le serment q vous mauez faiz que me conseillez loyaulment comment ie me doy gouuerner en cecy & comment ie puisse auoir le chasteau de montauban. Quant le roy eut ainsi parle il ny eut homme si hardy qui osast oncques sonner mot/ fors le duc naymes de bauiere le preux & saige cheualier. Sire dist le duc naymes vous demandez cõseil de assieger mõtauban/ nul homme qui aye rayson en luy ne le vous deuroit fermement cõseiller/ car il y a du danger grãdemẽt pource que ce guinard le seigneur de berne le scet et geoffroy le seigneur de poity qui sont bons cheualiers & craints par leur valeur. Et le roy pour de gascoigne qui est a tholouse tous viendront aider aregnault pource quilz sont ses aliez et aussi qlz sceuent q cest vng des bons chevaliers du monde, et aussi sceuēt ilz bien q regnault nous donne des grās affaires. Vous dy que silz se mettēt tous ensemble ilz vous donront assez affaire. Vous pourront faire vng grāt dōmaige, mais se vous voulez son conseil et me croire, ie le vous donray seurement. Sire mādez au roy yon quil ne te trape point ne garde point voz ennemys en son pays, mais qil les tende en voz mains p ᵕ en faire vostre plaisir et vostre commandemēt, et sil ne le veult faire vo⁹ luy ex il liés sa terre et de luy naurez nulle mercy.

Armes dist le roy or me donnez vous bon conseil et vueil que ainsi quauez dit soit fait incontinēt. Lors le roy fist venir vng sien herault et luy dist. Or tost assez vous en a tholouse et dictes au roy yon de par moy que ie suis entre en gascoigne acompaigne des douze pers de france avec cent mille combatans, et luy dictes q sil ne me rend mes ennemys qui sont les quatre filz aymō que ie luy exillieray toute sa terre et ne luy demoura chastel ne cite ne ville q tout ne soit getté par terre, et se ie le puis prēdre ie luy osteray la courōne de dessus son chief et ainsi il sera appellé roy abatu. Sire dist le herault vostre cōmandemēt feray sans varier dung seul mot tout ainsi que le mavez commandé. Et lors se partit de lost de charlemaigne et print son chemin vers tholouse, la ou il trouva le roy yon de gascoigne en son palays avecques moult belle cōpagnie. Et si tost que le herault le vit il le cogneut bien si le salua de par le roy charlemaigne, et puis luy dist mot a mot la chose qui le menoit sans point varier dung seul mot.

Dāt le roy yon ouyt ainsi parler ledit herault il enclina sa teste vers terre et cōmēca a penser moult longuement sans dire aultre mot. Et quāt il eut assez pensé il dist au messagier. Bel amy il vous cōviēt seiourner icy par lespasse de huyt iours et ie vous en prie, et puis ie vous respondray ma voulente laquelle vous direz au roy charlemaigne. Sire dist le messagier iattendray tres volentiers puis qil vous plaist. Lors le roy yon entra dedens sa chambre et huyt contes avec luy, et adonc il cōmanda q luys fust bien fermé, et puis se assirēt tous sur vng banc et quant ilz furēt to⁹ assiz le roy yon print la parolle et dist en ceste maniere. Seigneurs ie vous prie et requiers sur la foy q vous me devez q vous me donnez bon conseil a lonneur de moy, non mye a ma voulente, mais par rayson. Or sachez q le roy charlemaigne est entré en ma terre a tout les douzes pers de frāce avec cēt mille cōbatans, et me māde q se ie ne luy rēs les quatre filz aymon qil ne me laissera ne cite ne ville qil ne mette tout par terre. Et a iuré que se ie suis prins quil mostera ma courōne de dessus mō chief pour moy clamer roy abatu. Oncques mon pere ne tint riens de luy et aussi ne seray ie. Mieulx vault mourir a grant honneur que vivre a grant honte. Adonc quant le roy yon eut ainsi parlé il se leva vng chevalier appellé godefroy, q estoit nepveu au roy yon et luy dist. Sire ie mesmerueille de vous q demādez cōseil pour estre traytre et d traÿr telz chevaliers cōme les quatre filz aymon sont. Regnault est vostre hōme et vostre charnel amy, et vous luy avez donné vostre seur a femme devant voz barons et amys. Vous scavez le bien quil vo⁹ a fait et aussi en vostre pays. Il na pas long tēps qil desconfit marcille le puissant sarrazin et le chassa bien quatre lieues et luy trēcha la teste laquelle il vous prēsenta. Et vous luy avez promis et iuré que vous le garderez envers

h

tous & contre tous. Mon oncle se vous aues talent de luy faillir & de non luy tenir ce que luy aues pmis faictes le en aller luy & ses freres sen pront en aultre pays a leur ad uenture & peult estre q̃lz seruirot quelque seigneur q̃ leur sera de plus grans biens que vous ne leur voules faire/ & vous prie mon chier seigneur & oncle tant comme ie puis q̃ vous ne vueilles faire chose q̃ vous tourne a blasme ne a deshonneur ne q̃ vo⁹ soit reprouche enuers voz amys. Apres parla le viel cõte daniou & dist. Sire vous voules q̃ nous vous donnons cõseil/ se vous voules faire ce q̃ nous vous conseillerons il sera bien pour vous. Or dictes hardiment dist le roy pon ce q̃l vous semblera qui soit de faire/car ie feray ce que me conseillerés. Sire dist le conte bien aues oup dire & fut vray q̃ beuues occist le conte lohyer dont il appointa a charlemaigne/et en venant au mandement du roy il fut occis ou val de soisson p les gens de guenes. En ce tẽps la regnault & ses freres estoyent bien ieunes ne deulx nestoit mẽtion. Apres quant ilz furent tous grãs le roy charlemaigne leur en voulut faire amẽde/car la chose leur touchoit/ mais ilz eurent le cueur si felon que nulle amende ne voulurent prendre. Et dura tant leur hayne que depuis en vindrent de grans maulx/car regnault occist berthelot le nepueu du roy dung eschequier. Sire ie ne scay pourquoy ie vo⁹ celasse riens. Vous scaues bien q̃ charlemaigne est si puissant roy q̃ oncques ne entreprint guerre quil nen vint au dessus. Si que ie vous donne par cõseil que vous rendes regnault & ses freres et maugis & seres deliure dung grant enuemy & dung grant danger. Apres parla le conte de mon bandel & dist. Sire roy de gascoigne se vous faictes ce que le conte daniou vous cõseille vous & nous sommes traytres/ car regnault est vostre homme & tant sauez ayme q̃ vous luy aues donnee vostre seur a femme. Et quant il vint es marches de pardeca il ny vint mye comme garcon/mais vint comme vaillant preux & noble cheualier. Quãt il vint a vous il vous dist deuant nous tous deuant quil otast ses esperons quil auoit guerre contre charlemaigne/ non pourtant vous le retirastes de bon cueur & puis sistes de luy vostre plaisir/car pour vous il conquist maintes batailles/ et si fist tant q̃l vous deliura de la main de voz ennemys. Et pource sire ie vous dy que vous nestes point digne de vous reclamer roy ne de porter couronne sur vostre chief se pour doubtance de mort vous trahyssez telz cheualiers comme sont les quatre filz aymõ/encores naues vous perdu chasteau ne cite/ & si vous le faictes aultrement vous seres tenu pour trayte. Aps parla anthoine le viel conte & dist. Sire ne croyes mye ce cõseil/ car tel cõseil vous donne on maintenãt/dont en la fin seres trahy. Je scay asses mieulx lentẽte de regnault que nul qui soit icy. Vous aues a scauoir sire que regnault fut filz dung seigneur qui nauoit que une ville & fut regnault si orguilleux que oncques ne daigna seruir ne obeir a son seigneur le roy de frãce/mais par sa grãt oultrecuidãce occist berthelot dont charlemaigne le dechassa hors du royaulme de france. Or est aduenu q̃l est en gascoigne & vous sire roy luy aues donne moult grant heritaige en vostre terre / et pource q̃l a eu vostre seur a femme il est deuenu si orguilleux que nul ne peut durer deuant luy ne vous ne vostre court ne prise la seule montance dung seul denier. Dont ie vous iure par le chief que ie porte que sil peut quil vous touldra la vie pour auoir vostre royaulme. Pourquoy ie vous loue par droit cõseil que vous le rendes a charlemaigne luy ses freres & maugis et vous seres comme roy sage/& vous appaiseres la grãt ire du roy charlemaigne.

Apres parla le duc guimard de bayonne & dist. Sire roy yon, ie vous dy que le conte anthoine ment faulcement, & vous donne mauluais conseil, car regnault est filz du duc aymon de dordonne, qui est de moult grant lignaige Et charlemaigne fist occire leur oncle le duc beuues daigremont a moult grant tort, & regnault en print la vengeance sur Berthelot a moult grant rayson, & qui plus est ce fut son corps deffendāt. Pourquoy ie vous dy que nul roy nest digne de porter couronne ne auoir honneur qui veult commettre trahyson pour menasse daultruy seigneur. Apres parla humart ung viel homme et dist. Par dieu dampz guimard ie croy que tu as le sens perdu qui conseilles au roy yon quil soustiengne regnault encontre charlemaigne pour faire destruyre tout le pays de gascoigne dont il vous chauldroit bien peu. Lors dist guymard tu mens faulcemēt, & se nous fussions autrepart que icy ie te monstrasse que tu es ung viellart rassote, car ie ne vouldroye conseiller au roy que toute chose q̄ touchast son honeur et prouffit et aussi de son royaulme. Apres parla ung nomme sire hector ung ancien conte et dist. Sire roy vous demandez conseil a tel qui ne scet conseiller luy mesmes, car ainsi que guymard dit il est tout aultrement. Et voꝰ asseure que en ceste matiere vous perdrez quil ny perdra riēs. Sire vous scauez que regnault est assez vaillant cheualier, mais par son grant orgueil il a fait guerre au roy charlemaigne, car il occist son nepueu berthelot par son oultrage. Or sen est venu en gascoigne & vous luy auez donnee vostre seur en mariage dont vous fistes grant folye, & luy fermastes le chasteau de montauban ou plus fort lieu de tout vostre royaulme. Or est venu le roy charlemaigne qui la assiege. Je vous conseille que vous accordez auec le roy charlemaigne, & que vous deliurez regnault le plustost que vous pourrez, car mieulx vault perdre quatre cheualiers que tout vostre royaulme. Tollez luy vostre seur et la donnez a ung aultre qui soit plus noble & plusgrāt terrien que nest regnault. Ou trouueriez vous ung aultre cheualier qui ait ung tel ennemy comme charlemaigne, certes on ne scauroit trouuer en tout le monde ung si grāt ennemy. Et pour ce ie vous conseille que le plus tost que vous pourrez vous trouuez aulcune occasion, par laquelle puissiez rendre regnault ses freres & maugis au roy charlemaigne, car ce pourrez vous bien faire sans blasme se vous voulez faire ce que ie vous conseilleray. Amy dist le roy yon ie suis prest de faire ce que me conseillerez, car ie voy & cognoy clerement que sur tous aultres me donnez le meilleur conseil, et dont plus de biens men peulent venir.

Quant le roy yon de gascoigne apperceut que la plus part des barōs de son conseil saccordoit quil deust rendre regnault ses freres et maugis au roy charlemaigne il cōmēca a plourer moult tendrement, & dist entre ses dens si bas que nul ne le pouoit ouyr. Par dieu regnault ie suis merueilleusement charge pour vous pour voz freres et pour maugis, or se departira nostre amour, car vous en perdrez le corps, & ien perdray lamour de dieu & de sa mere & mon honneur car de trahyr ung tel cheualier comme vous estes a grāt peine pourray ie trouuer mercy vers luy, mais de tout ce ne me chault, car ien nauray le prouffit et vous en aurez le dommaige. Je vous promets que cellui iour pour regnault dieu monstra ung beau miracle, car la chambre ou le conseil fut tenu de celle trahyson qui estoit toute blanche

h ij

mua couleur et deuint inde et noire comme charbon. Seigneurs dist le roy de gascoigne le Roy bien qlme fault rendre au roy charlemaigne les quatre filz aymon, car la plus grant partie de vous mes amys si accorde, et ie le feray ainsi puis que le me conseillez, mais ie scay bien que mon ame nen aura iamais pardon, et en seray toute ma vie repu te traytre comme iudas. Adonc laisserent les barons ce coseil et yssirent dehors de la cha bre et prindrent cogie du roy pon, et sen retourneret chascun en son hostel. Et quāt le roy pon fut yssu hors de la chambre il sassist sur vng banc et se print moult fort a penser, et ainsi come il pensoit les larmes luy cheopent des yeulx de la grāt pitie quil auoit de re gnault et de ses freres q si beaulx et vaillans cheualiers estoient. Et quāt il eut assez pē se et ploure il appella son chapellain et luy dist. Denez auant messire pierre faites vne lettres de par moy au roy charlemaigne lesquelles contiennet que ie luy māde salut et bonne amour, et que sil me veult laisser ma terre en paix ie luy prometz q auāt qui soit dix iours passez ie luy liureray les quatre filz aymon et luy prometz quil les trouuera es plains de vaulcouleurs vestuz descarlate fourrez dermines montez dessus mulets portans en leurs mains fleurs de roses pour enseigne affin quon les puisse mieulx co gnoistre et les feray acompaigner de huyt contes de mon royaulme, que silz luy eschap pent quil ne men blasme mye. Lors dist le chapellain. Sire bien sera fait vostre comma dement. Et adonc alla en sa chābre et escripuit les lettres de mot a mot ainsi que le roy pon luy auoit deuisee. Et quant elles furet escriptes et seellees le roy appella son senes chal et luy dist. Or sus montez a cheual et vous en allez au siege du roy charlemaigne qui est deuant montauban, et saluez le roy charlemaigne de par moy et luy baillez ces lettres, et luy dictes q sil me veult acquiter ma terre ie feray ce que sera de rayson, aul trement non. Sire dist le seneschal voulentiers ie feray vostre comandemēt nen doub tez mye. Et adonc sen alla le seneschal en son hostel, et sapprestāt mōta a cheual et yssit de tholouse et emmena le herault de charlemaigne auec luy, et quant ilz furent au siege de montauban ilz trouueret charlemaigne en son pauillon, a lentree du quel descendit le seneschal, puis entra dedens et salua le roy charlemaigne de par le roy de gascoigne et luy presenta les lettres de sa part et luy dist. Sire empereur le roy pō vous mande, e par moy que se vous voulez asseurer son royaulme et sa terre il fera tout le contenu de la lettre, aultrement non.

Quant charlemaigne ouyt ces paroles il en fut moult ioyeulx, si print la lettre et le messagier par la main, puis appella roland et oliuier, l'arceues que turpin, le duc naymes, ogier le danoys, et les aultres pers de france et leur dist. Beaulx seigneurs ne vous desplaise, allez hors de mo pauillon car ie vueil parler de secret a ce messagier. Sire dirent ilz tous voulentiers. Et quant ilz furent tous yssus le roy charlemaigne defferma les lettres et les leut tout au lōg de mot a mot, et il y trouua ce que plus desiroit en ce mōde, cestoit la trahyson comme elle estoit ordonnee. Quant lempereur charlemaigne eut leu la lettre il fut moult ioyeulx et de la grant ioye quil eut il commenca a soubrire. Sire dist le seneschal ie vous prie que ce vous voyez riens en la lettre qui vous desplaise que ne men blasmez en riens. Lors dist charlemaigne au seneschal. Vostre seigneur le roy pon parle moult courtoise ment, se il fait ce quil me mande il sera bien mon amy, et luy feray grant honneur, et le feray grant homme/ & le deffendray enuers tous & contre tous. Sire de ce que vous me dictes vous me donnerez oftages fil vo⁹ plaift. Lors refpondit charlemaigne voulentiers les vous donray. Ceft le filz de la vierge marie & auffi faint denis de france : qui ie fuis homme. Affez fire en auez dit refpondit le meffagier du roy yon/ et aultre ne demande plus. Lors le roy charlemaigne appella fon chamberlan & luy dift. Faictes vne lettres au roy yon de gafcoigne de par moy ainfi comme ie vous deuiferay. Efcripuez que ie luy mande falut et bonne amour. Et que fil me fait ce quil me mande que ie luy acroiftray fon fief de quatorze bons chafteaulx & luy en donray plege noftre feigneur & fainct denys de france/ et que luy mande quatre manteaulx defcarlate fourrez dermines pour veftir les traytres quant ilz yront au val de vaulcouleurs et la feront ilz pendus fe dieu plaift. Et ne veuil que nul aultre ayt mal fors tant feulement les quatre filz aymon. Sire dift le chamberlan bien fera fait voftre commandement. Et lors fift les lettres tout ainfi que le roy luy auoit deuife. Et quant il les eut faictes le roy les feela & puis fift venir le meffagier deuant luy & luy dift. Tenez ces lettres & les bailles au roy yon de par moy & le faluez de ma part. Et lors luy fift donner dix marcz dor/ et luy bailla lanel de fon doy dont le meffagier le mercya moult humblement. Et incontinent monta a cheual/ & quant il fut arriue a tholoufe il falua le roy yon de gafcoigne de par le roy charlemaigne et luy bailla les lettres et les manteaulx ainfi que charlemaigne luy auoit dit et commande.

Adonc quant le meffagier du roy yon fen fut alle charlemaigne fift venir a luy fouques de morillon/ & ogier le danoys & leur dift. Seigneurs ie vo⁹ ay mandez/ car ie veulx que vous fachez vng peu de mon fecret/ mais ie le vous dy fur voftre foy que nul ne le fcaura que nous troys iufques a ce que le fait fera acomply. Sire dift ogier. Se vous foyes quelle fe doyue celer pour nous fi ne le dictes mye/ & fi non fi le nous dictes fe ceft voftre bon plaifir de le nous dire. Certes dift le roy a ogier vous eftes bien digne de tout fcauoir/ car ie vous cognois pour vng bon & loyal cheualier. Sire dift ogier voftre bonne mercy/ mais ie vous dy que ie ne veulx riens fcauoir fe nen prenez mon ferment. Seigneurs dift le roy charlemaigne. Je le prens. Or vous vous en ires es plaines de vaulcouleurs auec troys cens cheualiers bien armez. Et quant vous feres la arriues vous trouueres les quatre filz aymon. Je vous commande que vous me les amenez mors ou vifz. Sire dift ogier nous ne les vifmes iamais fi non armes/ coment les cognoiftrons nous. Ogier dift le roy charlemaigne vous les pourrez bien congnoiftre/ car chafcun deulx aura veftu vng manteau defcarlate fourre dermines/ et porteront rofes en leurs mains. Sire dift ogier ce font bonnes enfeignes nous ferons voftre cammandement. Ilz ne firent aultre demeure/ mais fe partirent de loft du roy le plus couuertement quilz peurent et fen allerent es plaines de vaulcouleurs/ et fembucherent en vng boys de fappin iufques a tant que les quatre filz aymon vindrent a vaulcouleurs. He dieu que ne fcet regnault & fes freres cefte mortelle trahyfon/ car ilz ny fuffent mye venuz comme poultrons fur muletz/ mais y fuffent venuz fur bons cheuaulx et bien armez come vaillans & preux cheualiers qlz eftoient. Certes fe dieu ny euft mis remede regnault & fes freres euffent eu beaucoup daffaire en peu deure. Car ilz eftoyent en dangier de mort. Quant ogier le danoys/ et fouques de morillon furent embuchez/ fouques appella fes gens et leur

h iij

dist. Beaulx seigneurs ie sçay bien hair regnault, car il occist mon oncle a grant tort, or suis ie venu a point que ie me vengeray de luy et vous diray comment. Sachez que le roy yon de gascoigne les a trahys et les doit remettre au roy charlemaigne, et doiuent icy venir tous nuz et desarmez fors que de leur espee, et pourtant quant ilz viendront ie vous prie a tous que vous pensez de bien ferir, lors ie cognoistray qui me aymera. Faictes tant que nul n'en eschappe et vous serez bien mes bons amys et vous aimeray de bon cueur.

OR vous dirons du roy yon qui estoit a tholouse. Quant il eut receu les lettres du roy charlemaigne il appella son secretaire godias et luy dist. Voyez que ceste lettre dit. Et le clerc froissa incontinent le seel et regarda le cōtenu de la lettre. Et trouua cōmēt regnault et ses freres deuoiēt estre trahis et liurez a mort. Et quāt le clerc eut leu la lettre il cōmenca a plourer moult tendrement et se ne fust pour doubtance du roy il le descelast voulentiers. Quant le roy yon vit le clerc plourer il luy dist ainsi. Gardez vous bien sur vostre vie que vous ne me celez riens, et que ne me dictes tout ce que la lettre cōtient et ce que le roy charlemaigne m'escript. Par ma foy dist godias c'est moult forte chose a dire. Or tost dist le roy yon dictes moy ce que le roy me mande. Sire dist godias ie le vous diray voulentiers. Et lors commenca a compter comment charlemaigne luy mandoit que s'il faisoit ce qu'il luy auoit mande qu'il luy accroistroit son fief de quatorze chasteaulx moult bons, et vous en donne pour plege nostre seigneur et saint denis de france, et vous enuoye quatre manteaulx d'escarlate fourrez d'ermines que vous ferez vestir aux quatre filz aymon, et par ce ilz seront congneuz, car charlemaigne ne veult que aulcun y preigne dommaige fors que eulx quatre tant seulement, et vous mande que ses gens sont dedens vaulcouleurs en moult grant embusche, c'est assauoir fouques de morillon, et ogier le danoys, a tout troys cens hommes bien montez et bien armez qui attendent les quatre filz aymon lesquelz vous leur deuez liurer entre leurs mains. Quāt le roy yon entēdit le cōtenu de la lettre il se hasta moult de faire le contenu, et incontinent monta a cheual et print en sa compagnie cent hōmes bien en point et print son chemin vers montauban le plustost que faire peut et entra dedens par la porte de flachier, et quant il fut dedens il fist loger ses gens au bourg, et il monta au palays comme il auoit acoustume de faire quant il venoit. Adonc quant sa seur la femme de regnault sceut la venue du roy yon son frere elle luy vint au deuant et le print par la main et le voulut baiser comme elle auoit acoustume de faire, mais le roy plain de mauluaise trahyson tourna la bouche a couste, et dist qu'il auoit mal aux dens et ne voulut gueres parler a elle, mais dist qu'on luy apprestast vng lit, car il se vouloit vng petit reposer, et se il disoit pour tousiours mieulx couurir sa trahyson. Et quāt ce fut fait il se coucha en vne chambre, et quant il fut couche il commenca moult fort a penser et dist en luy mesmes. He beau sire dieu cōme i'ay besoigne enuers les meilleurs cheualiers du monde que i'ay trahys si faulsemēt, or seront ilz penduz demain sans nulle faulte ie prie a dieu qu'il aye mercy d'eulx par sa pitie et misericorde. Or puis ie bien dire que ie seray a cōparer a iudas desormais, et auray perdu l'amour de dieu et de sa glorieuse mere et mon honneur, mais se le me conuient il faire puis que ainsi l'ay promis, et la voulente de mes barons est telle, et ainsi le m'ont conseille et fait faire, dont icy suis grandement desplaisant.

Tout ainsi comme le roy yon pensoit a la grant trahyson sur les quatre filz aymon dont mal faisoit. Alors vint regnault qui venoit de chasser auec tous ses freres & auoient prins quatre sangliers moult grans. Et quant regnault fut dedens montauban il ouyt la grāt noise des cheuaulx/& cuida que ce fussent cheualiers estranges qui fussent venuz pour auoir gaiges. Et lors il demanda a ung varlet qui estoient ces gens estranges qui estoiēt entrez dedēs sans conge. Sire dist le varlet ce sont les gens au roy yon qui sont venuz ceans pour parler a vous daulcunes besoignes. Mais il me semble a son semblant quil nest pas bien aise de sa personne/car il semble a le veoir quil soit mal dispose. Lors dist regnault. He dieu pour quoy sest mon seigneur tant trauaille/ie fusse voulentiers alle a luy. Et puis quant il eut ce dit il appella ung sien nepueu et luy dist. Aporte mon cor bondier/car ie vueil faire feste pour la venue de mon droit seigneur. Et incontinent luy fut aporte et regnault le print et dit a ses freres. Or preigne chascun le sien et faisons feste pour la venue du roy yon. Sire dirent ilz nous le ferōs tresvoulentiers. Lors prindrent chascū son cor & commencerent a sonner tous ensemble moult haultement/ tant que le chastel en retontissoit si que lon cuidoit que le clocher de la chapelle de saint nicolas deust tomber par terre/car ilz menoient si tresgrant ioye pour lamour du roy yon que cestoit merueilles. Quāt le roy yon entendit ces cors ainsi sonner haultemēt il se leua du lit & sen vint a la fenestre de sa chambre & dist a luymesmes. Ha quel mal ie fais contre ces cheualiers/helas comment faites vous ioye encontre si grant encombrier que ie vous ay pourchasse. Je vous ay trahys moult faulcement comme mauuais & desloyal roy que ie suis/car homme qui trahy son amy ne doit iamais auoir honneur en ce monde ne en laultre/mais doit estre perdu en ame & en corps/car il a laisse dieu et sest rendu au dyable. Et quant il eut ce dit il se retourna coucher moult destroit et malaise plus que nul homme ne pourroit estre. Lors regnault & ses freres monterent au palays ou ilz trouuerent le roy yon. Et quant il les vit venir il se leua encontre eulx & leur tendit la main et dist a regnault. Ne vous esmerueillez mye se ic ne vous ay acolle/car ie suis fort charge de mal/& ya bien quinze iours que ie ne puis menger ne boire. Adonc dist le bon regnault. Sire vous estes en bon lieu pour vous bien penser/ et vous seruirons moy et mes freres a nostre pouoir. Grant mercy dist le roy yon. Si appella son seneschal & luy dist. Allez & aportez les manteaulx descarlate fourrez dermines que iay fait faire pour mes chiers amys. Incontinent le seneschal fist le commandement du roy yon/ & incōtinent ql fut venu le roy fist vestir aux quatre freres lesdit3 quatre manteaulx/ et leur pria quilz les portassent pour lamour de luy. Sire dist alard cecy est moult ioyeulx present/& nous le porterōs pour lamour de vous de bonne voulente. Helas silz sceussent bien commēt la chose aloit ilz ne les portassent mye/mais fissent tout aultrement. Helas ql douloreux dommaige ilz eurent de ce qlz furent ainsi vestuz/car cestoient tres enseignes & cognoissances dont ilz furēt en danger de mort se dieu ne leur eust aide de sa pitie & misericorde. Et quant les quatre filz aymon eurent leurs manteaulx vestuz le roy yon les regarda & en eut grant pitie & se mist a plourer. Illec estoit son seneschal q̄ la trahyson scauoit q̄ ne disoit mot pour doubtā ce du roy. Et quāt il fut heure d̄ mēger regnault pria moult fort le roy yon ql mēgeast/car moult bien le faisoit seruir. Quant ilz eurent menge le roy yon se leua en piedz/ et print regnault par la main et luy dist.

Mon beau frere e amy ie vous veulx dire ung mien secret conseil que vous ne scauez mye. Sachez que iay este a montbandel e ay parle au roy charlemaigne lequel ne chargeoit de trahyson pource que ie vous tiens en mon royaulme/dont iay presente mon gaige deuant toute sa compagnie/mais il ny eut homme si hardy qui mosast desdire/puis apres nous eusmes plusieurs parolles entre lesquelles nous parlasmes de bon accord e de bonne paix/e a la fin charlemaigne fut content pour lamour de moy de faire paix auec vous en la maniere qui sensuyt. Cestassauoir que vous prez demain au plus matin es plains de vaulcouleurs entre vous e voz freres tous desarmez fors que de voz espees montez dessus voz mulets vestuz des manteaulx que ie vous ay donnez et porteres fleurs de roses en voz mains/e ie manderay auec vous huyt de mes contes pour y aller plus honnorablement lesquelz sont tous de mon lignaige/e la trouueres le roy charlemaigne/le duc naymes de bauieres/ogier le danoys/e tous les douze pers de france/e illec vous sera charlemaigne seurete/e vous luy ferez reuerence en telle maniere que vous luy irez aux piedz/e la il vous doit pardonner e reuestir de toute vostre terre entierement.

Egnault luy dist. Sire pour dieu mercy. Je ay grant doubtance du roy charlemaigne a cause quil nous hayt mortellement comme vous scauez/e vous prometz que sil nous tient il nous fera liurer a mort. Amy dist le traytre roy yon/nayez nulle doubtance/car il ma iure sur la foy ce que vous ay dit present toute sa baronnye. Sire respondit regnault nous ferons vostre commandement He dieu dist alard quest ce que vous dictes. Vous scauez bien que le roy charlemaigne a plusieurs foys iure que sil nous peut vne foys tenir il nous fera de mauluaise mort mourir. Or mesmerueille de vous beau frere comment vous accordez daller entre ses mains tout desarme comme ung poure recreu. Ja dieu nayt de mon ame pardon se ie y vois sans mes armes ne sans estre comme il appertient. Frere dist regnault vous ne dictes pas bien. Ja a dieu ne plaise que ie mescroye monseigneur le roy yon de nulle chose quil me dye. Et lors se retourna vers le roy yon e luy dist. Sire sans nulle faulte nous yrons au plus matin quoy quil en doyue aduenir. Beaulx seigneurs dist regnault bien nous a nostre seigneur aide de ce que nous auons accordez auec le roy charlemaigne a qui si long temps auons mene mortelle guerre. Mais puis q monseigneur le roy yon a fait paix ie suis content de luy faire tant de reuerence quil me sera possible/car ie suis delibere de men aller en fin ge au mont saint michel. Et quant le vaillant regnault eut dit telle parolle il print conge du roy yon e sen alla en la chambre de sa femme/e trouua la tous ses vaillans freres qui estoient auec elle. Et quant la dame vit son mary venir elle vint au deuant e lembrassa par grant amour. Dame dist regnault ie vous doy bien aymer par tresgrant rayson/car vostre frere le roy yon cest moult trauaille pour moy/e a este molt blasme a la court du roy charlemaigne pour moy/mais il a tant fait la dieu mercy quil a fait ma paix enuers le roy charlemaigne/ ce que roland et oliuier ne peurent oncques faire/ne tous les douze pers de france. Il nous a tous acquite et afranchi toutes noz terres/par ainsi serons tous riches e en bon temps toute nostre vie/e pourrons aider e donner de lauoir aux poures cheualiers qui nous ont serui bien e loyaulment toute leur vie. Adonc dist la dame ien remercye nostre seigneur de bon cueur. mais or me dictes ou sera faicte la concordance et ne me le celez point sil vous plaist.

Dame dist regnault ie le vous diray sans nulle faulte. Sachez que demain nous conuient tous quatre cheuaucher es plains de Vaulcouleurs, et illec sera faicte la paix, mais ilz nous y conuient aller tous quatre desarmes fors que de noz espees et montez dessus muletz portans roses en noz mains en signe de paix, & la deuons trouuer le duc naymes de Bauieres, ogier le danoys, et tous les douze pers de france pour receuoir noz sermens. Quant la bonne dame entendit ces parolles elle en fut si courroucee que a peu quelle nen perdit le sens. Et adoncques elle dist a regnault. Mon amy se vous me voulez croyre vo{us} ny mettrez ia les piedz, car les plains de Vaulcouleurs sont fort dangereux, pource quil y a vne roche moult haulte & quatre forest a lentour dont la moindre dure bien dix lieues. Se vous voulez croyre mon bon conseil vous prendrez iour de parler au roy charlemaigne icy aupres de montauban & la viendrez comparoir deuant sa reale maieste monte sur bayart, acompaigne de voz quatre freres, & la soit faicte la paix ou la guerre, et adonc ferez prendre a maugis vostre bon cousin deux ou troys mille cheualiers bien armez, lesquelz sembucheront sur le riuage, affin que se vous en auez mestier quilz vous puissent secourir, car ie me doubte merueilleusement de trahyson. Pourquoy ie vous prie tant chierement comme ie puis que vous vous gardez bien, car anuyt iay songe vng songe moult espouuentable. Cest quil mestoit aduis que ie estoye aux fenestres du grãt palays & veoye sortir du boys bien mille sangliers qui auoyent moult grans dens lesquelz vous occioyent, & veoye que la tour de montauban tomboit par terre, & adonc viz vng trait q̃ venoit dauenture q̃ frappa vostre frere alard si durement quil luy perca vng des bras du corps, & que la chapelle saint nicolas qui est ceans tomboit par terre, & toutes les ymaiges qui estoient dedens plouroyent de grant pitie quelle en auoyent, & apres venoient deux anges du ciel qui pendoient vostre frere richard a vng pommier, & adonc ledit richard crioit a haulte voix. Beau frere regnault venez moy ayder, & incõtinent vous y allastes sur vostre cheual bayart, mais il tomba dessoubz vous & ne le peustes secourir dont grãdemẽt fustes doulent. Et pource ie vo{us} cõseille que ny allez point. Dame dist regnault tayses vo{us}, car ie repute cellup pour fol qui croit en sõges. Lors dist alard. Par la foy que ie doy a dieu ie ny mettray ia le pied Ne moy aussi dist richard. Helas pour dieu se nous y voulons aller ny allons mye comme poultrõs, mais cõme vaillans cheualiers chascun bien arme & bien monte, & q̃ nostre frere regnault soit mõte sur bayart, car sil est besoing il nous portera tous quatre. Par dieu dist regnault vous direz ce que vous vouldrez, mais ie pray comme qĩl men doiue aduenir. Adonc il yssit hors de sa chambre & sen vint deuers le roy yon & luy dist. Je mesmerueille moult de mes freres qui ne veullent venir auec moy, pource quilz ne meinent point de cheuaulx, se il vous plaist vous nous donrez cõgie de mener chascun son cheual, & vous retiendrez voz huyt contes auec vous, & nous yrons la ou vo{us} no{us} auez commande. Je nen feray rien dist le roy yon, car se le roy charlemaigne vous doubte trop & voz freres et voz cheualiers, et luy ay donne ostaige que vous ny porterez armes ne serez montez sur cheuaulx, se vo{us} y allez en aultre maniere charlemaigne vous tera que ie le vueille trahyr & destruyra mon royaulme, & ce sera le payement q̃ iauray pour vous. Je me suis trauaille de vous acorder au roy charlemaigne, & pourtãt allez y ainsi si vous y voulez aller, & se vous ne voulez si le laisses.

Regnault dist adonc. Sire puis quil est ainsi nous irons. Et lors se partit de deuãt le roy yon τ sen alla en sa chambre τ trouua sa femme alard guichard τ richard qui luy demanderent commẽt il auoit exployte τ sil meneroit bayart son bon cheual. Par dieu dist regnault ie ne puis auoir le congemes freres ne vous doubtez/ car le roy yon est loyal prince/sil nous trahyssoit il en seroit trop blasme. Il nous fera conduyre par huyt des plus grans contes de son pays/τ dieu me confonde se ie vis oncques vne mauluaistie en luy. Sire dirent ses freres nous irons tous voulentiers auec vous/puis quil vous plaist. Quant ilz se furent accordez ilz sen allerent coucher τ dormir iusques au iour. Et quant regnault vit le iour il se leua τ dist a ses freres. Leuez vous τ nous appareillons pour aller la ou nous deuons aller/car se charlemaigne est plustost es plaines de vaulcouleurs que nous il en sera mal content. Sire dirent ses freres nous serons tantost appareilles. Et quant ilz furent prestz ilz sen allerẽt a lesglise de saint nicolas pour ouyr la messe/ τ a lofferte regnault τ ses freres offrirent de moult riches dons. Apres la messe chãtee ilz demanderent leurs muletz τ incontinent monterent dessus/ τ auec eulx allerẽt huyt contes lesquelz scauoient tout le mystere de la trahyson. Quant ilz furẽt tous mõtez ilz se mirẽt en la voye/ mais les quatre filz aymon estoyent de bon cognoistre enuers les aultres, car ilz estoyent vestuz τ affublez de mãteaulx descarlate fourrez dermines et pourtoyent en leurs mains des roses en signe de paix τ aussi leurs espees/ car ilz ne les vous furent oncques laisser. Or en pense nostreseigneur qui print mort τ passion en la croix car sil ne les conduyt par sa bonte ilz sont en voye de perdition/de non iamais retourner a montauban. Quant le roy yon les vit ainsi en aller il se pasma plus d quatre foys de la grant douleur quil auoit au cueur/ car non obstãt quil les auoit ainsi trahys il en auoit paour. Mais ce quil auoit fait mauluais cõseil le luy faisoit faire. Et lors il commenca a faire le plus grant ducil du monde τ dist. He beau sire dieu et que ay ie fait/ fist õcques homme si grant trahyson comme iay fait/ non vrayemẽt, car iay trahy les meilleurs cheualiers du monde et les plus vaillans. Et ses gens luy dirent. Sire vous auez tort de faire si grant dueil comme vous faictes/ car regnault est moult sage τ sen apperceura tantost. He dieu dist le roy yon/ or fust il ainsi comme vous dictes, car ien seroye plus ioyeulx que se iauoye gaygne les dix meilleures citez de toute la frãce/ car regnault si est mon amy et mon seroge. Ha maugis comment vous serez bien courrouce quant vous scaurez ceste matiere / grãt folye fist regnault quil ne se cõseilla a vous de ceste chose/ car se vous leussiez sceu vous ne luy eussiez pas souffert y estre alle. Seigneurs dist le roy yon. Moy poure que deuiendray ie se les quatre barons meurent/ maugis me tuera sans nulle mercy/ τ aussi se sera bien rayson/ car q̃ trahyst vng aultre principalement son bon amy charnel il ne doit point viure ne iamais auoir honneur. Et quãt il eut ce dit il cheut tout pasme a terre/ mais ses gẽs le releuerent et le commencerent moult a le recõforter τ enhorter par moult grãdes raysons. Or commence la piteuse histoire des quatre freres qui sen alloyẽt a leur mort par le moyen du traytre roy yon/ τ a cause de la trahyson quil cõmist aux quatre filz aymõ il põt le royaulme de gascoigne/ τ le nõ de la dignite de nõ iamais y auoir roy / car depuis ce tẽps la il ny eut roy couronne en gascoigne. Or vo9 diray ie de regnault τ de to9 ses freres

Lors cheuaucherent regnault et ses freres vers les plains de Vaulcouleurs, et ainsi quilz alloyent alard commenca a chanter moult doulcement et ioyeusement vne chanson nouuelle, et guichard et richard firent pareillement tous ensemble. Mais ie vous dy que oncques vielles ne salterions ne dirent si melodieusemēt comme les quatre freres faisoient. Helas quelle pitie de si nobles et vaillans cheualiers qui vont chantant et menant ioyeuse vie allant a leur mort. Ilz estoiēt cōme le signe qui chante lannee ql doit mourir. Regnault alloit derriere q alloit pensant moult fort la teste enclinee vers la terre et regardoit ses freres qui alloiēt menant grant ioye et dist. Beau sire dieu qlz cheualiers sont mes freres, il nen ya point de si bōs au mōde ne de si gracieux. Et quāt il eut ce dit il ioingnit les mains vers le ciel tout en plourant, et dist en ceste maniere. Beau sire dieu par ton glorieux et sanctifie nom qui de la fosse des lyons gettas daniel, et deliuras ionas du ventre du poisson, et sauuas saint pierre quant il se getta en la mer pour venir a toy, et pardōnas a marie magdalene, et fis laueugle veoir, et souffris mort et passion en croix pour noz pechez, et pardōnas a longis qui te frappa dune lance en ton cousté, dont ton benoist sang luy tomba aux yeulx, et incontinent recouura clarté, par ta resurrection garde huy moy corps si te plaist de mort et demprisonnement, et mes freres aussi, car ie ne scay ou nous allons. Mais il mest aduis que nous allons en grant peril. Et quant il eut finie son orayson les yeulx luy cōmencerent a ramollir de pitie quil auoit de paour q ses freres neussent aucū mal pour lamour de luy, car ilz ne leur aggreoit mye de aller en ce lieu ainsi desarmez. Adonc quāt alard vit son frere ainsi plourer il luy dist. He beau frere regnault quauez vo'. Ie vous ay veu en moult grans perilz et en moult estroicte besoigne, mais ie ne vous viz oncques faire si mauuais semblant cōme vous faictes maintenant. Je vo' ay veu plourer a ceste heure dōt me merueille moult grandement, car ie scay bien pour vray que vous ne plourez pas sans aulcune grāde occasion. Lors dist regnault. Beau frere ie nay riens. Foy q ie vo' doy dist alard vous ne plourez pas sans cause. Auiourdhuy est le iour que nous deuons estre dacord auecle roy charlemaigne. Je vous prie pour dieu mon chier frere que vous laissez ce dueil et no' en allons liement, et faisons belle contenance tant q nous viurōs car depuis que lhōme est trespasse il nen est plus parle. Beau frere ie vous prie q vous chantes auec nous, vous auez vne si belle voix q cest vng grant plaisir de vous ouyr chanter par plaisance.

Frere dist regnault voulentiers puis quil vous plaist. Et lors commenca regnault a chanter si tresmelodieusement que cestoit vng plaisir a louyr. Tant cheuaucherent les freres le petit pas de leurs muletz chantans et eulx deuisans quilz vindrent au Val de Vaulcouleurs. Or vous vueil ie bē en dire la facon du val, sachez que se ie ne le vous disoye vous ne le pourryez scauoir. Il y auoit vne roche moult haulte et ennuyeuse a mōter laqlle estoit enuironnee de quatre forestz moult grādes et espesses, dont la maindre duroit plus dune grant iournee et y auoit quatre grās riuieres tout autour moult parfondes, dont la plus grāde auoit nom gironde, laultre dordonne, laultre noyre, et laultre balancon, et ny auoit ne chasteau ne cite ne nulle habitation ne demourance a dix lieues a la ronde. Et pource la trahyson auoit illec este deuisee, car le val estoit moult loing de gēs, et y auoit vng carrefour a quatre chemins dont lung alloit en frāce, et laultre en espaigne, et le tiers en galice, & le quart en gascoigne. Et a vng de ces quatre chemins auoit embuche de bie~ cinq cens ho~mes bien mo~tez pour vouloir prendre regnault & ses freres mors ou vifz, car ainsi lauoit ilz iure & promis au roy charlemaigne. Alors vindrent a regnault et ses freres a tout leur co~pagnie de huyt cõtes q~ le roy roy~ de gascoigne leur auoit bail, le, lesquelz scauoient bien le mestier de la trahyson. Et inco~tinent vint ogier le danoys tout le premier lequel estoit tout esbahy, & dist a ses gens. Beaulx seigneurs vo' estes mes ho~mes mes subiectz & mes amys, vo' scauez q~ regnault est mon cousin & ne doy~ mpe vouloir sa mort ne son do~maigne, pourquoy vous prie a tous q~ a luy ne facez rie~s ne a ses freres. Lors respondire~t tous q~ voulentiers feroient son co~mande~me~t. Ce pen, dant regnault & ses freres passerent tout oultre sans estre arrestez & se mire~t au fons de la valee. Quant regnault & ses freres furent la arriuez ilz ne trouuere~t nul dont il fure~t moult esbahys. Et qua~t alard vit ce il appella richard son frere & luy dist. Quest cecy beau frere ie voy bien q~ nous sommes trahys, car ie vo' voy muer couleur. Que vous semble frere dist guichard. Je me doubte fort de regnault. Nayes doubtance dist alard q~ nous naurons q~ tout bien. Mon frere dist guichard. Je vous promets que le cueur me tremble tout. Jamais en iour de mon viua~t ie neuz si grant paour, car tous les cheueulx me dressent cõtremont, pourquoy ie me doubte moult fort q~ nous soyons trahys, & qui plus est ie neusse poit paour si regnault fust arme et monte sur bayart et nous pareillement, car ainsi que nous sommes, nous sommes demy recreuz. Et qua~t il eut ce dist. Il dist a regnault. Frere q~ attendons nous icy puis q~ nul ny auõs trouue, sil y auoit icy vingt cheualiers armez, ilz no' emmeneroyent to' co~me bestes maulgre nous veu q~ nous auons en france tant dennemys. Vous ne voulustes croyre ce q~ no' vous dismes & aussi vostre femme a mõtauban, dont iay gra~t doubtance q~ nayez pas loisir de vous en repentir. Se nostre cousin maugis fust icy auec no' & vous eussies vostre bon cheual bayart nous ne doubterio~s charlemaigne ne toute sa puissance vng bouton. Je vo' prie allons no' en, ie vous pmetz q~ cest folye dicy plus demourer, car ie cognoy q~ charlemaigne nous a fait icy venir co~me bestes vestuez descarlate & ne puis croyre aultrement q~ le roy yon ne nous ait faulceme~t & mauluaiseme~t trahys. Certes beau sire vous dictes vray dist regnault ie men suis apperceu. Or nous en retourno~s tout bellement. Et ainsi co~me ilz sen vouloyent retourner regnault regarda a trauers & vit bien mille cheualiers armez venans a gra~t erre cõtre eulx. Fouques de morillon venoit tout deuant monte sur son destrier lescu au col & la lance baissee cõtre regnault car cestoit homme du mo~de a qui il vouloit plus de mal. Qua~t regnault vit venir fou ques de morillon il le cogneut bien a son escu & fut si courrouce q~l ne scauoit que faire. He beau sire dieu chetif pecheurs dist regnault & que ferõs nous. Je voy bien que huy nous cõuient mourir sans nulle doubte. Frere dist alard que dictes vous. Par ma foy dist regnault ie voy icy moult grant douleur, vecy fouques de morillon qui vient pour nous occire. Quant alard les eut aperceuz a peu quil nentagea & a peu quil ne tomba a terre du grant dueil q~l en auoit. Et qua~t guichard & richard virent ce ilz co~mencere~t a mener grant dueil, car ilz se graffinoient leurs poures visaiges & tiroyent leurs che ueulx. Et quant alard fut vng peu asseure il dist. He beaulx freres guichard & richard huy est venu le iour que nous mourons tous pourement par mortelle trahyson. Je con gnois bie~ q~ regnault nous a trahys, certes ie neusse iamais cuide q~ trahyson estrast de dens vng si noble cueur comme le sien. Il nous fist icy venir maulgre nous et contre nostre voulente, pource quil scauoit bien la trahyson. Ha regnault filz aymon de dordonne, a qui se pourra iamais fier en homme quant vous estes nostre frere, a vous tenons pour seigneur a vous nous avez amene maulgre nous a nostre mort a nous auez trahys mauluaisemēt. Ha richard dist alard tirez vostre espee du fourreau, car par dieu le traytre si moura auec nous, car bien doit mourir le traytre puis quil a commis si mortelle trahyson. Quant alard eut cecy dit tous troys mirent les mains a leurs espees et vindrent vers regnault pour loccire tres come lyons, car ilz cuidoiēt de vray que regnault les eust trahys. Quāt regnault les vit ainsi venir il ne fist nul semblant de soy deffendre, mais leur rist par moult grāt amour. Helas dist richard a quest ce que iauoye pense. Je ne tueroye mon frere pour tout lauoir du mōde, alard et guichard dirent ainsi a moult furent repentans de ce quilz auoient entrepins de faire. Ilz commencerent tous a plourer de pitie a gettoyēt leurs espees a terre a allerēt baiser regnault tout en plourant, a alard dist. He beau sire regnault pourquoy nous auez vous trahys nous ne sommes ne normans ne anglors, ne flamans, mais sommes tous freres dung pere et dune mere et vous tenons pour seigneur et maistre. Pour dieu frere regnault dictes nous dōt vient ceste trahyson, nous sommes extraitz dung si noble lignaige, venuz de girard de rossillon, a de doon de nantueil, du duc beuues daigremont. Oncques nostre lignage vne mortelle trahyson ne pensa. Et vous cōment lauez vous pense, certes cest vne grāt mesprison a vous. Freres dist regnault iay plus grant pitie de vous que de moy, car ie vous ay icy amenez maulgre vous, a se ie vous eusse creu ceste grant meschance ne nous fust mye aduenue. Je vous ay amenez, et ie vous promectz que ie vous en retourneray si plaist a dieu. Recommandons nous a nostre seigneur a pensons de nous tresbien deffendre. Ne doubtez point a mourir pour vostre honneur, car a mourir nul ne peut faillir, mais si fait bien a auoir honneur. Frere dist richard nous aideres vous. Ouy dist regnault point nen doubtez. Et quāt il eut ce dit, il se tourna devers les contes a leurs dist. Beaulx seigneurs le roy yon vous a mādez auecques nous pour nous conduire a pour la seurete de vous nous sommes icy venuz perdre noz vies. Et pource vous prie que vous nous vueillez aider. Regnault dist le conte daniou nous nauons que faire dicy plus gueres bargigner, mais nous en fuyons le plustost que nous pourrons pour nous saluuer a garentir. Adonc dist regnault, Par mon chief vous estes tous traytres si vous trencheray a tous les testes. Frere dist alard a que attendez vous tant bien doiuent mourir puis quilz sont traytres. Et quāt regnault entendit ces parolles il mist la main a son espee et en frappa le conte daniou parmy la teste tellement quil le fendit iusques aux dens. Et fut bien rayson, car cestoit celluy qui conseilla au roy yon la trahyson, et aussi il fut guerdonne tout le premier. Quant le conte daniou fut ainsi occis les aultres sept commencerēt a fouyr. Et regnault courut apres, mais il ne peut pas courir, car son mulet estoit si fort chargez de la pesateur de son corps quil tomba a terre, car a la verite dyre regnault estoit si grāt q̄ nul cheual ne le pouoit porter fors que bayart, car comment ie vous ay dit regnault auoit de long seyze piedz. Et estoit bien taille de corsaige selon la longueur. Adonc quant il se vit cheut a terre il se dressa a dist. Ha bayart mon bon cheual a que ne suis ie sur vous bien arme de toutes mes armes, auant que ie fusse fine ie vendroye chierement ma mort. Helas nul ne doit plain

i

dre ma mort, puis q̃ moymesmes lay pourchassee. Frere dist guichard que ferons nou
Secy venir noz ennemys, sil vous semble bon passons ceste riuiere et montons sur cel-
le roche, et ainsi nous pourons nous biẽ sauluer. Allez fol dist regnault que dictes vo⁹
vous scauez bien que noz muletz ne scauroient courir deuãt les cheuaulx, que nous
fauldroit le fouyr quant nous ne nous pourrions sauluer. Certes ie ne men fuyroie
mye pour tout le monde. Jayme mieulx mourir a mon honneur que viure a grant hon
te. Ainsi comme regnault parloit a son frere, alard luy dist. Frere regnault descendõs
nous et nous mettons a terre, et nous confessons lung a laultre et communions nous
de fueilles de bois a celle fin que no⁹ ne soyõs surprins de lennemy. Amy dist regnault
vous dictes bien et saigement, et firent tout ce que alard auoit deuise. Et quant ilz fu-
rent confessez lung a laultre regnault dist a ses freres. Seigneurs faisons telle chose
dont nous ayons honneur, puis quil est ainsi que nous ne pouons eschapper. Tuons
les premiers qui viendront a nous et aurons auantaige sur les aultres. Et dieu mauldie qui se faindra. Quant alard entendit ainsi parler regnault il lembrassa et le baisa
en plourant et luy dist. Frere nous sommes deux a deux ie vous prie que nul ne faille
a laultre tant comme nous aurons vie. Frere dirent les aultres nous vous aiderons
de toute nostre puissance. Et lors allerent baiser regnault par grant amour. Et puis
quant ilz se furent entrebaisez chascun deulx despoilla son manteau et si les mirent en
tre leurs bras, et mirent leurs espees entre leurs mains et commencerent a cryer leurs
enseignes. Regnault crioit montauban, Alard saint nicholas, Guichard balancon,
et le gentil Richard de dordõne, cestoit lenseigne de leur pere aymon. Quãt fouques de
morillon vit les quatre filz aymon venir vers luy tous desarmez et sur leurs muletz si
hardiment il en fut tout esbahy. Lors cõmenca a crier et dire. Regnault regnault vous
estes venuz a vostre mort, ie vous promets que cellup qui plus vous aymoit vous a
trahiz, cest le roy yon. Mais or ayes patience, car ie vo⁹ mettray au col vng cheuestre
Or nauez vous pas maintenãt vostre cheual bayart que tant vous auez cheuauche a
tort et sans cause Berthelot faulcement mistes a mort. Regnault que ferez vous, vo⁹
voulez vous rendre ou deffendre, vostre deffence ne vous vault riens, et se vous faic-
tes semblant de vous deffendre ie vous occiray a present. Fouques dist regnault vous
parlez comme vne beste, et cuydez vous que ie me rende vif au roy charlemaigne ne a
vous, auant vous trencheray la teste et tout le heaulme se ie vous attains, vous sca-
uez bien comment mon espee trenche. Par dieu fouques dist regnault vous estes fort
a blasmer dauoir donne le conseil de nous auoir fait trahir au roy yon, car cest le plus
vil mestier que vng cheualier puisse faire que commettre trahyson. Mais faites cõme
vng bon gentil homme doit faire. Se vous nous voulez laisser aller nous serons tous
prestz de estre tous quatre hommes lieges du roy charlemaigne, et se vous donneray
mon bon cheual bayart que ie ne donneroye pour tout lor du monde, et vous donneray
le fort chastel de montauban, et se le roy charlemaigne vous fait guerre pour lamour
de nous, nous vous seruirons a quatre cens cheualiers bien armez a tousiourmais.
Se cecy ne voulez faire faites vne chose que ie vous diray pour vous oster de blasme
et de non estre appelle traytre, elisez vigtz cheualiers des meilleurs que vous ayez et les
mettez dedens vng champ bien armez sur bons cheuaulx, et nous quatre combatrons
a eulx ainsi tous desarmez comme nous sommes montez dessus noz muletz, et se vo⁹

vingt cheualiers bien armez & bien montez peuuēt vaincre moy & mes freres qui sommes tous desarmez nous leur pardonnons nostre mort & se dieu vouloit que nous les puissons vaincre vous nous en laisserez retourner tous quatre en noz liberaulx arbi tres en nostre chasteau de mōtauban/ cest ce que ie vous requier pour dieu & en aulmosne & pour vostre honneur & non plus. Et se ainsi ne le faites vous serez reprouue traytre & tenu tous les iours de vostre vie pour mauluais cheualier. Par dieu dist regnault fouques de morillon vostre prescher ne vous vauldra icy en facon quelconque/& certainement de vous auoir trouue en tel arroy ie nen prendoye mille marcz dor. Or est vostre cousin le sage maugis bien loing de vous/il na garde de vous donner conseil a ceste heure/ & auec ce vous estes trop loing de voz gens/pourquoy par eulx ne pourrez pas estre secouru: et si ont tous mes hommes promis & iure au roy charlemaigne que point ne me fauldront/mais que de toute leur vertu & puissance vaillamment assauldront vous & voz freres. Par ma foy dist regnault puis que aultremēt ne voulez auoir pitie ne mercy de nous/ ie nous reputōs pour meschans se ne nous deffendons cōtre vous de tout nostre pouoir/& se ne secourons lung laultre iusques a la mort. Adonc alard voyant que combatre leur conuenoit dist a son frere regnault. Frere commēt nous rengerons nous pour vigoureusement nous deffendre contre ces traytres. Alard dist regnault mettons nous deux a deux. Vous & mon frere guichard serez derriere/& moy & richard mon frere ferons la baniere deuant. Mettons nous dedēs eulx tous ensemble ie vous en prie et frappons sur eulx vaillammēt/ car le besoing est venu/ faisons auiourdhuy chose dont il en soit memoire a tous temps & iamais/ vous voyez que aultrement ne pouons eschapper.

Beaulx freres dist alard a guichard & a richard nous estiōs bien deccuz q̄ cuydions que nostre frere nous eut trahys/ ie vous prometz quil ne le feroit pour tout lor du monde. Par ma foy dist guichard or suis ie bien garny puis que nostre chier frere regnault est en nostre aide/ car tant comme il sera en vie nous nous deffendrons/mais quant il sera mort ie ne quier plus viure. Quant ilz eurēt ce dit ilz se mellerēt entre leurs ennemys. A brief parler les quatre filz aymō se assemblerēt pour cōbatre a bien trops cens cheualiers/ & cōbien quilz auoyent en ce lieu grāt nōbre dēnemys ia pource ne furēt ilz recreuz/ mais cōme vaillans & loyaulx freres monstrerēt a leurs ennemys visaige de cheualiers. Quant fouques de morillon vit regnault venir il picqua son cheual des esperōs & baissa sa lance & frapa regnault parmy son manteau descarlate quil auoit enuellope alentour de son bras tant grant coup quil luy perca la cuisse pour le coup quil auala abas & tōba a terre luy et son mulet. Quāt alard vit ce coup il escria haultemēt a ses freres & dist. Helas nous auons perdu nostre frere regnault qui estoit toute nostre esperance & nostre secours/ or ne pouōs nous eschapper que nous ne soyōs tous mors ou prins/ il vault mieulx que nous nous rendons prisonniers a ceste foys que plus nous deffendre/ car puis que ainsi est nostre deffense ne nous peult ayder cōtre si grant nombre de gens. Quant regnault entendit les parolles de alard son frere il luy escria disant en ceste maniere. Ha mauluais glouton quest ce que vous dictes/ ie nay encores nul mal/mais vous asseure que ie suis aussi sain que vous estes la mercy de nostre seigneur iesus ne vous doubtez ie me vēdray moult cherement auant que ie meure. Et quant regnault eut ce dit il se dressa moult prestement & print la lance a deux mains & larracha hors de sa cuisse a moult grät angoisse/& puis mist la main a son espee & dist a fouques de morillon. Dassal si vous voulez faire comme preudomme descendez a pied si scaurez que ie scay faire. Quät fouqs entēdit regnault il tourna sur luy fort courrouce & le cuida frapper de son espee dessus la teste/mais regnault se destourna ung petit & ne fut point de ce coup touche. Adōc regnault vistemēt poursuiuit fouques d morillō & lalla frapper tel coup sur son heaulme que riens ne le sceut garder quil ne luy fendist la teste iusques aux dens & le tōba mort a terre. Et quant il se vit cheoir il luy dist. Ha mauluais traytre ia ton ame naye pdon mais aille au plus parfond du puis denfer. Et quant regnault eut ce dit il print le cheual de fouques qui estoit moult fort & monta dessus incontinent/ et puis print son escu et la lance quil luy auoit mis parmy la cuisse/ et quant il eut ce fait il dist a ses freres. Soyes tous asseurez q̄ tant comme ie scray en vie vous ne pourrez auoir mal. Certainement les francoys peuuent bien dire q̄lz ont ung dur voysin en moy. Sachez q̄ quät regnault fut mōte a cheual il nestoit pas bien a son aise/ car les estriers luy estoiēt trop cours/mais il auoit aultre chose a faire que de les alōger. Et quät il fut garny de ces armes il fist courir le cheual & baissa sa lance sur le conte auguenon/lequel il rencōtra p̄ telle maniere quil luy mist fer & fust parmy la poitrine tant q̄l luy cōuint tōber mort a terre deuant les piedz de son cheual. Puis mist la main a son espee & frappa ung cheualier tellement que pour son heaulme ne demoura quil ne le fendist iusques aux dens. Que vous diray ie plus. Sachez q̄ celle foys regnault occist quatre contes/ troys ducs & vnze cheualiers. Et puis regnault se mist a crier montauban tant comme il peut. Et apres son cry fait il alla frapper robert le seigneur de digon q̄ estoit filz du duc de bourgoigne si durement que sa teste a tout le heaulme fist bouler par terre. Puis ung aultre en mist a mort au pres de luy en grant angoisse.

Dāt regnault eut fait ses nobles prouesses il regarda autour de luy & cuida veoir ses freres/ mais il nē vit nul dont il fut moult esbahy. Ha dist il ou sont allez mes freres. Or me ont ilz bien essoigne/ iamais nous ne nō talierons ensemble. Et adonc il vit venir vers soy alard qui pareillemēt auoit gaigne ung cheual ung escu & une lance, car il auoit occis ung cheualier dont il auoit eu le cheual/ mais il estoit moult blesse & non pourtant il vint vers regnault/ et amena son frere guichard auec luy/ & quant il fut aupres de regnault il luy dist. Frere soyes tout asseure que nous ne vous fauldrions iamais iusques a la mort. Et quāt les quatre freres furent raliez ensemble ilz commencerēt a faire si grant destruction des frācoys que nul ne les ousoit attendre/ car tous ceulx quilz attaignoiēt dung coup to9 conuenoit mourir. Quant les francoys virent ce ilz en furent tous esbahys et dirent lūg a laultre. Par ma foy cecy passe toutes meruueilles/ ie cuide que ce ne sont pas cheualiers mais dyables. Or sceut faisons ung assault deuāt et derriere/ car silz viuēt longuement ilz nous feront grant dommaige. Et quāt ilz furēt a ce accordez ilz allerēt courir sur les quatre filz aymon si durement quilz les derompirent voulsissent ou non. Mais regnault les passa tous & yssit hors d la presse/& alard son frere aisne apres/ et richard sen tourna fuyant vers la roche montbron, et guichard estoit demoure a pied/ car les francoys auoient occis son mulet dessoubz luy et lauoient fort naure de deux espees bien parfond en la cher/ & fut prins prisonnier voulsist ou non/ et luy sycrēt les piedz et les mains/ et le mirent dessus vng petit cheual a mode dung sac de bled ainsi naure comme il estoit/Vous prometz que lon le pouoit bien suyure a la trasse du sang qui sortoit de son corps/et lemmenoiēt aussi villainement cōme lon feroit vng larrō/ en le batant/et luy disant quilz lemmenoiēt au roy charlemaigne lequel le feroit pēdre pour vēger la mort de Berthelot son chier nepueu q̄ tant il aymoit/lequel regnault auo it occis si villainemēt en iouāt aux eschez. Et quāt regnault vit quon emmenoit son frere si villainemēt a peu quil nentragea de courroux quil en auoit. Adōc appella son frere alard aisne et luy dist. Beau frere que ferōs nous/ Veez cōme lō emmeine nostre frere villainemēt/ se nous len laissons ainsi mener iamais naurōs hōneur en nostre vie. Frere dist alard ie ne scay q̄ nous deuons faire dy aller ou de demourer/car ie vo9 dy que nous ne sommes que nous deux et ilz sont si grant nōbre de gens q̄ nous ny sca uriōs remedier. Ha dieu dist regnault et que feray ie se le roy charlemaigne fait pēdre mon frere/iamais nauray au cueur ioye ne iamais ne viendray en nulle court ou lon ne me monstre au doy/et diront veez la regnault le filz aymon qui laissa pēdre son fre re au pin de mōtfaucon et ne losa secourir. Certes dist regnault a alard. Frere iayme mieulx mourir premier q̄ ie ne face mon deuoir de secourir nostre frere de mort. Frere dist alard or vous mettez deuant ie vous suyuray apres et feray mon pouoir auec vo9 de le secourir. Et quāt regnault ouyt ce il getta son escu derriere luy et abandōna son corps si hardiment cōme vng lyon et ne luy chaloit de psonne commēt il allast/ car onc ques ne vistes charpentiers dōner en boys si grant noyse cōme regnault faisoit entre les francoys de son espee/ car il trēchoit testes bras et iambes par telle maniere que ce stoit chose incredible. Tellement fist regnault a celle fois quil conuint aux francoys luy fayre voye voulsissent ou non/et plusieurs luy faisoiēt voye pour lamour de ogier car ilz scauoiēt bien que les quatre filz aymon estoient ses cousins. Et quāt regnault fut passe oultre il dist a ceulx qui emmenoient son frere guichard. Laissez le cheualier mauluaises gens/car vous nestes mye digne de le toucher. Et quāt ceulx q̄ emmenoi ent guichard virēt venir regnault ilz en eurent si grant paour quilz se mirēt en fuyte et laisserent guichard et dirent lung a laultre vecy finer le mōde. Et quāt regnault vit ce il dist a alard. Allez beau frere et desliez guichard nostre frere/et le faites mōter sur ce cheual et luy baillez vne bonne lance/ et vous en venez apres moy / car les traytres sont tous desconfitz.

Frere dist alard ie iray la ou il vous plaira/mais se nous nous departōs vnefois iamais ne nous ralirons ensemble a ce que nous sommes si peu et si desarmez/mais tenons nous ensemble si aiderons les vngz aux aul tres. Frere dist regnault vous parlez bien et nous le ferōs. Et lors sen al lerent vers guichard et le deslierent et le firent mōter sur vng cheual lescu au col et vne lance en sa main. Or sen allerent les troys freres ensemble et le quart se combatoit a vng grant nombre de gens cestoit le vaillant richard qui estoit le plus vaillant de to9 aps regnault/mais on luy auoit occis son muletz dessoubz luy/ et estoit naure biē fort toutesfoys il auoit occis cinq contes et bien quatorze cheualiers/dōt il estoit si fort tra uaille et si angoisseux q̄ a peine se pouoit il plus deffēdre/mais se cachoit tout alētour de la roche. Et lors vecy venir gerard de valconuet q̄ estoit cousin a fouques de moril lon/lequel il auoit trouue mort dont il menoit moult grant dueil et dist. Ha gētil cheua

i iij

lier que cest grant dommaige de vostre mort. Certes celluy qui vous a ainsi occis nest pas mon amy. Or vengeray ie vostre mort se ie puis. Adoncques il sen vint a la roche, et voyant que richard estoit a si grant meschief il picqua son cheual des esperons et baissa sa lance et frappa richard parmy le manteau descarlate, lequel il auoit enuelope alentour de son bras si durement quil luy perca le manteau et luy mist la lance bien parfond dedens le corps, tant quil conuit richard cheoir a terre, et au retraire la lance les boyaulx de richard saillirent hors de son corps et luy demourerent en son gyron, et estoit la playe si merueilleusement grande que le foye et le polmon luy paroyssoient. Lors commenca gerard a cryer. Or sont departiz les quatre filz aymon, car ie leur ay occis richard le hardi combatant, tous les aultres seront prins ou mors se dieu me donne sante, et les rendiray au roy charlemaigne qui les fera mettre a montfaucon si tost qlles tiendra. Quant le vaillant richard fut ung peu a son ayse il se dressa en piedz moult vistement et print ses boyaulx en sa main et les rebouta en son ventre, et puis mist la main a son espee et vint a gerard et luy dist par moult grant ire. A mauluais homme vous aurez vostre desserte du grant mal que vous mauez huy fait, car certes il ne sera iamais reprouche a mon frere regnault q vous ayes son frere occis sans en auoir eu vostre payement. Et quant il eut ce dit il frappa gerard sur son heaulme, mais le coup glissa si durement sur son escu quil se pourfendit tout oultre et luy trencha lespaule a tout le bras, et apres recouura ung aultre coup si merueilleux quil labatit mort a terre a ses piedz, et puis luy dist. Certes gerard il vaulsist mieulx pour vous que ne fussiez oncques venu perdeca au seruice du roy charlemaigne. Or ne vous pourrez vous venter que ayes occis ung des quatre filz aymon. Et quant il eut ce dit il cheut pasme a terre, et quant il fut ung peu reuenu il commenca a regreter ses freres en disant. Ha regnault beau frere auiourduy departira nostre bonne compagnie, iamais ne vous verray ne vous moy. Ha chasteau de montauban ie te recommande a nostre seigneur, auquel il plaise par sa pitie et misericorde q ton seigneur mon frere regnault y puisse retourner au sauuement de sa vie et de tous ses membres. Ha roy yon de gascoigne pourquoy nous auez trahys et veduz au roy charlemaigne, certes ce fut grant mespriso. Et puis dist en plourant. Ha pere roy de gloire seigneur de tout le monde secourez auiourduy mes pouures freres. Helas ie ne scay ou il sont, et de moy ne peuuent ilz iamais auoir aide ne secours car ie suis a la fin de ma vie.

Or vous diray ie a present des autres troys freres, cestassauoir du vaillant regnault de alard et de guichard lesqlz se combatoient moult fort contre leurs ennemys comme vaillans cheualiers quilz estoient, mais toute leur deffence ne leur eust valu riens quilz neussent estes tous mors ou prins se neust este ung destroit de roche la ou lon ne pouoit aller a eulx que pardeuant. Quant ilz eurent la assez este regnault comenca a dire a son frere alard. Frere quest deuenu nostre frere richard il ya grant piece que ie ne le viz. Adonc dist alard a regnault, certainement frere ie oncques puis ne le veiz que vous et moy eusmes tant daffaires quant nous nous defendismes aupres de ce sapin ou ie le laissay, ie prie a dieu que se il est mort quil en ait lame. Je en veulx sauoir nouuelles sil est possible dist regnault. Frere dist alard se vous me voulez croire vous nyrez pas, laisses le ester sil est mort dieu luy face pardon, nous ne luy pouons ayder, car le meschief est trop grant et ie croy que nous mourons auant le vespre. Ha dist regnault fauldrons nous a nostre frere richard le bon chevalier et vaillant. Lors dist alard que voulez vous que nous y faissions, quant est de moy certes ie ny scay point de remede. Helas dist regnault frere vous parlez follement, car ia ne laisseray pour doubtance de mort que ie ne sache de luy nouuelles se ie y deuoye aller tout seul si scauray ie ou il est. Frere dist alard ie vous promets que se nous nous departons vnefoys iamais ne nous verrons ensemble. Frere dist regnault ou tout mort ou tout vif ie le trouueray quelque part quil soit aultrement ne peut estre. Et quant regnault eut dit ces parolles il picqua son cheual des esperons et sen vint de laultre part de la roche. Et quant tous ceulx q auoient la chasse ledit richard virent venir regnault et ses aultres deux freres ilz se mirent en fuite. Lors regnault monta vng peu contre mont la roche et trouua son frere richard q gisoit a terre et tenoit ses boyaulx entre ses mains et entour luy auoit grant nombre de gens lesqlz il auoit occis. Quant regnault le vit si naure il en eut si grant dueil que gueres ne sen faillit quil ne tombast mort a terre, mais il print cueur et sapproucha de son dit frere et descendit de son cheual et vint a luy, et le baisa tout en plourant et luy dist. Ha beau frere que cest grant dommaige de vostre mort, certes oncques homme ne vous valut, se vous fussies venu en eage iamais roland ne oliuier ne vous eussent valu de cheualerie. Las or est perdue nostre beaulte et nostre ieunesse par grant peche. He beau sire dieu qui eust cuide que iamais trahyson entra dedens vng si noble cueur comme du roy yon. Helas mon frere richard bien me poise de vostre mal, car ien suis cause. Helas huy matin quant nous partismes de montauban nous estions quatre freres tous bons chevaliers, or ne sommes nous q trops qui ne valons plus riens, car nous sommes perilleusement naurez et tous desarmes, or ne plaise a dieu puis que vous estes mort que ie eschappe, mais ie prie a dieu que ie puisse venger vostre mort sur les traytres auant que ie meure, car ien ay grant voulente, et le feray se dieu plaist. Tout ainsi que regnault regretoit son frere richard il regarda derriere luy il vit venir ses deux aultres freres alard et guichard tous desconfits q crioyent a regnault. Frere que faites vous remontez tost et nous venez ayder ou aultrement nous sommes tous mors. Et quant richard ouyt crier alard il ouurit les yeulx. Et quant il vit regnault il luy dist. Ha frere regnault que faites vous icy, voyez vous la celle roche q est moult forte et ya beaucop de menues pierres dessus, se nous puidons tant faire que nous y fussions montez ie croy que nous serions garentiz de noz ennemys, car il ne peut estre q nostre cousin maugis ne sache nostre affaire, pourquoy iespere quil nous viendra secourir en brief. Frere dist regnault pleust a dieu que nous y fussions. Or me dictes mon beau frere comment vous sentez vous, vous semble il que vous puissiez guerir. Ouy dist richard se vous eschappez, aultrement non, car auec le mal que iay ie ap cy grant paour que nayes mal de vostre personne que ien pourroye bien mourir. Quant regnault ouyt richard ainsi pler il en fut moult ioyeulx, adonc il appella alard et luy dist. Frere prenez richard sur vostre escu et le portez dedens la roche, et moy et guychard serons voye. Frere dist alard nen doubtez mye ien feray a mon pouoir. Et adonc descendit a terre et print richard et le mist dessus son escu, puis monta a cheual et le bon regnault et guichard luy chargerent deuant luy dessus le col de son cheual, et puis se mirent deuant pour derompre la presse des francoys, et tant firent quilz vindrent iusques a la roche, mais bien sachez que regnault fist illec si grant merueilles de armes que tous ses ennemys en furent tous esbahys. Car il occist a celle fois bien trente cheualiers/& oncques sanglier ne tigre ne lyon ne ours ne firent ce q̃ regnault fist de son ppre corps/mais a la verite dire a regnault ne chaloit de sa vie/car il estoit cōc hōme desespere. Et quāt ilz furēt a la roche venuz alard mist son frere richard a terre/& se commença a deffendre moult vistement/mais ie ne scay cōme ilz peurent durer/car ilz nauoient ne chasteau ne fortresse si non la roche.

Tout ainsi cōme les trois freres se deffendoient a moult grant meschief Adonc vint ogier le danoys & ses gēs auec luy/& auoit en sa compagnie mōgon de fricque/guymard & biē mille cheualiers q̃ escrierēt a regnault. Certes vassal vous estes mort/car nous auōs vostre mort iuree/huy est la iournee que vous & voz freres prēdres mort/bien fistes que folz quant vous creustes le roy yon/car il vous a tous faulsement venduz. Quant alard vit si grans gēs venir il en fut moult courrouce & dist a guichard. Voyes vous commēt grant douleur nous est apresee & la les gens q̃ sont appareillez pour quatre cheualiers/certes se nous estiōs cinq cens bien armez si nen eschapperoit vng de nous/car ilz sont grāt quātite de cheualiers & sont moult bien armez. Seuremēt dist guichard vecy merueilleusemēt de gens/se dieu ne pense de nous nous sommes mors / se nest pas dommaige de moy ne de richard/ mais se grant dōmaige si est de regnault qui est le meilleur cheualier du monde. Et quant alard & guichard eurent parle en ceste maniere ilz sen allerent a regnault & le baiserent moult doulcemēt en plourant & luy dirēt. Ha treschier frere regnault donnez nous vng don si vous plaist pour lamour de nostre seigneur. Chiers freres dist regnault que me demandez vous/vous scauez bien que ie ne vous puis en riens aider/& auiourduy conuient que vous voyes tous mourir deuāt mes yeulx. Frere dist alard ouyez ce que nous vous voulons dire/& sil vous plaist vous le ferez. Dictes hardiment dist regnault. Frere dist alard lon dit communemēt quil vault mieulx faire vng dōmaige que deux/ie le dy pource que ce vous mourez icy ce sera vng grunt dommaige/& la perte nen sera iamais retrouuee/car nul ne vēgera vostre mort/mais se nous mourons icy sans vous ce ne sera pas grant dommaige/car vous la vengerez bien. Et pource vous prions tresdoulx frere sur tous les plaisirs q̃ vous n9 voul driez faire que vous v9 en allez & nous demourons icy/ & quant la mort viendra n9 la prendrons en gre/ce que nous vous disons vous le pouez bien faire/car vous estes bien montez/pourquoy vous vous sauuerez bien maulgre les francoys. Je vous prie que vous en allez a montauban/ & quant vous serez audit lieu vous ferez seller bayart vostre bon cheual & v9 ferez armer de voz armes / puis monterez a cheual & ameneres auec vous nostre cousin maugis/& ainsi nous pourrez secourir. Frere dist le bon regnault vous parlez tressollemēt/certes ie ne le feroye pour tout lor du monde/alard mon frere ie seroye biē fol & mauluais se ce cōseil croyoie/vous laisseroye ie en si mortel peril/mieulx aymeroie estre destranche en mille pieces/ou nous eschapperōs tous ou nous mourons tous ensemble/ certainement ie ne fauldray iamais a nul de vous tant quāt iauray la vie ou corps. Or n9 vueille getter de ce peril nostre seigneur iesu crist q̃ pour nous souffrit mort & passiō en larbre de la croix. Ainsi cōme regnault ploit a ses freres vecy venir le cōte guymard a q̃ dieu doit male aduēture q̃ dist a regnault/ Vassal vous estes prins tous deuez a honte mourir en ceste roche/ quāt vous creustes le roy pour ce fut grant folye pour vous/bien fist grande trahyson quant il vous vendit au roy charlemaigne qui tant vous hayt/vous sçaviez plus que vostre cousin maugis/il vous a bien remunere la grãt amour que a luy aviez. Dictes moy regnault voꝰ voulez vous rendre ou deffendre. Certes dist regnault vous parlez bien pour rien/iamais tant comme ie seray vif ne me rendray/car iayme mieulx mourir côme chevalier que destre pendu côme vng glouton. Regnault dist ogier que voulez vous que ie face ie ne vous puis de riens aider. Rendez vous ou vous deffendez. Ogier dist regnault par cestuy dieu qui fist le monde iamais ne me rendray/ie ne fuz oncques larron et pour ce se dieu plaist il me gardera destre pendu ⁊ me souviẽdra a ma necessite. Seigneurs dist guymard assaillôs les/que veulent ilz faire ilz sont tous desarmez/⁊ pource ilz ne pourront longuemẽt tenir côtre nous. Seigneurs francoys dist ogier vous les povez bien assaillir se voꝰ voulez/mais par ma foy ie ne les assaulderay pas/car ilz sont mes cousins/⁊ nonobstant ce point ne les aideray/car pour riens ne faulseroye mon sermẽt ⁊ pourtant prenez les sans moy se vous povez. Certes dirent les francoys nous les assaulderons doncques vaillamment. Adoncques ogier se tyra arriere bien la longueur dung trait darc ⁊ commẽca a faire aussi grãt dueil côme sil vist tout le monde finer devant luy/⁊ ce dueil faisoit il pour lamour de regnault ⁊ de ses freres qui tant estoyent preux ⁊ vaillans chevaliers. Et ainsi côme il demenoit son dueil il cômença a dire. Ha beau cousin regnault q̃ cest grant dommaige de vostre mort/⁊ moy meschãt chetif qui suis de vostre lignaige voꝰ souffre mourir ne vous puis ayder/car ie lay iure au roy charlemaigne/⁊ pour riens ne vouldroye mẽtir. Le livre nous racôpte que ogier se faignit grãdement ce iour/⁊ par son pourchas eschapperẽt les quatre filz aymon et ne furent pas pris/car sil y eust voulu mettre peine par nulle maniere ilz ne fussent eschappez/mais comme lon dit communement son sang ne peut mentir.

Devant ceste roche y avoit quatre contes pour assaillir les quatre filz aymon/lesquelz leur dônoiẽt assault atout grant nombre de gens en quatre parties/dont regnault en gardoit les deux/car richard son frere gisoit p̃ terre naure comme ie vous ay côpté/⁊ aussi estoit naure moult fort alard car dung dard avoit este perce tout oultre la cuisse/⁊ tant avoit saigne quil luy côvint cheoir a terre. Et quant il vit quil ne se povoit plus deffendre il se scria et dist. Ha beau frere regnault rendons nous/car moy ne richard ne vous povôs plus aider. Frere dist regnault que dictes vous/or monstrez vous bien maintenant que vous estes recreu/ie vous faiz assavoir q̃ se ie cuidasse eschapper pour or ne pour argent ne pour chasteaulx ne pour citez ne pour bayart que iayme tãt ie me fusse rẽdu prisonnier des huy matin/mais vous scavez q̃ se nous estiôs es mains de charlemaigne tout le môde ne noꝰ pourroit rachater quil ne nous fist pendre/⁊ pource ne me rendray en nulle maniere. Hôme qui ce dit vaillant se doit deffendre pour estre garenty. Alard secourez noꝰ pour lamour de iesus/car nous en avons bien mestier/ia ne sommes nous mye normans ne bretôs/mais sommes tous dung pere et dune mere/pourquoy devons aider lung a laultre de tout nostre povoir/aultrement lon dira que nous sommes bastars ⁊ de vil pere. Vous dictes verite dist alard/mais vous ne pourriez croyre q̃ ie suis foible et las/car ie suis naure a mort. Certes dist regnault ce poise moy/mais ie vous deffendray tant que ie pourray. Qui eust veu adõcques le vaillant chevalier regnault charger grosses pier⸗

res & getter a ses ennemys vous neussiez mye dit quil fut naure ne trauaille de riens Quant richard qui gisoit a terre si naure come ie vous ay compte dit & entedit la grāt noise que ceulx qui assailloient la roche faisoient il dressa la teste et dist a regnault. Frere ie vous aideray/mais trenchez moy de ma chemise si mestraindray le couste si que mes boyaulx ne puissent yssir de mon ventre/puis me mettray en deffence & vous ayderay de bon cueur. Lors dist regnault. Or haulx tu bien vng bon preudome. Quāt alard lentendit il en eut moult grāt honte & reprint en luy force oultre pouoir & sen vint a la deffence & dist a ogier. Beau cousin que faites vous a vostre lignaige/certes ce sera grant honte a vous se vous ne nous secourez/car il vous sera reprouche en toute place de mauluaistie que vous nous faites de laisser mourir vos parens les meilleurs & les plus vaillans de tout le mōde/sauuez regnault & ferez comme preudomme/car de nous aultres ne plus ne moins en sera. Quant ogier entendit ces parolles il en fut si doulent que nul homme ne pourroit plus estre/et eust voulu auoir donne grant chose & quil les eust peu deliurer. Adonc il leur dist que tout le bien quil leur pourroit faire quil leur feroit de bon cueur. Et lors ogier picqua broisort des esperons et sen vint a la roche vng baston en la main & dist a ceulx qui assailloient la roche. Retrayez vous ar riere iusques atant que iaye parle a eulx vng petit pour scauoir silz se veulent rendre ou non/car il vault mieulx que nous les ayons vifz que mors. Sire dirent les francoys nous ferons vostre commandement/nous les vous laissons en garde de par le roy charlemaigne. Ha dieu dist ogier oncques ne pensay trahyson ne encores ne commenceray ie mye. Et lors saproucha plus pres de la roche quil nauoit encores este. Et appella les quatre filz aymon et leur dist. Beaulx cousins reposes vous et reprenes voz alaines/et si vous estes naurez si bandez voz playes et faictes bonne garnison de pierres/et si vous deffendez noblemēt de tout vostre pouoir/car se le roy charlemaigne voꝰ peut tenir iamais naurez remission quil ne vous face pendre & estrangler & pource gardez vous. Je vous promets que ce maugre le scet quil vous viendra secourir/et ainsi pourrez vous eschapper aultrement non. Cousin dist alard vous en aurez bon guerdon se iamais pouons eschapper. Vous dictes vray dist regnault/car se ie puis eschapper par cellup dieu qui souffrit mort & passion en larbre de la croix tout lor du mōde ne le garētira que ie ne loccie de mes mains. Je le hayz plus que les estranges/car cellup qui nous deust aider & deffendre enuers tous et contre tous hommes/cest cellup q̄ pis nous fait. Cousin dist ogier ie nen puis mes/se dieu ait de mon ame pardō/car le roy charlemaigne me fist iurer deuant toute sa baronnie que ie ne vous ayderoye en aulcune maniere que ce soit/& de ce que ie fais ie suis certain que le roy charlemaigne men saura mauluais gre. Frere dist alard ogier vous dit verite. Et aussi bien fut vray/car ogier en fut reprouue de trahyson/& charlemaigne len appella traytre voyās tous ses barōs. Lors regnault bēda les playes de ses freres au mieulx au quil peut/mais celle de richard estoit si hideuse a veoir que cestoit pitie/car toutes les vētrailles luy paroissoient par la playe. Et quant il les eut toutes bendees alard benda la playe que le bon regnault auoit en la cuisse. Et quant ilz se furēt vng peu reposes regnault se leua & a la parmy la roche pour amasser des pierres pour eulx deffendre & garnit toutes les deffenses ou ses freres deuoient estre. Quant les francoys virēt que ogier le danoys faisoit illec trop grāt demeure ilz commēcerent tous ensemble a crier. Ogier vous faites illec trop long sermon, dictes nous filz se veulent rendre ou nom, ou silz se deffendront. Nenny dist ogier tant comme ilz auront vie au corps. Par ma foy dirent les francoys dont les allons nous assaillir. Lors dist ogier. Je vous prometz que leur ayderay de tout mon pouoir. Quant le conte guimard, ouyt ogier ainsy parler il sen alla a luy et luy dist. Nous vous commandons de par le roy de france que vous venez a la bataille auecques nous contre les quatre filz aymon ainsi que lauez promis, et pour doubtance de vous nous laissent icy plusieurs seigneurs qui ne veulent combatre. Seigneurs dist ogier pour dieu mercy. Ja scauez vous bien quilz sont mes cousins germains. Je vous prie que nous nous retrapons arriere et les laissons en paix, et ie vous donneray de la finance a vng chascun moult largement. Ogier dirent les francoys nous nen ferons riens, mais les rendrons prisonniers au roy charlemaigne qui en fera ce que bon luy semblera, et luy dirons ce quauez fait, il vous en saura maulgre toute sa vie. Et quant ogier entendit ces parolles il en fut moult ire et dist par grant courroux. Par la foy que ie doy a tous mes amys sil y a nul de vous qui soit si hardy ql preigne regnault ne nul de ses freres pour le rendre au roy charlemaigne ie luy trencheray la teste cõmet quil en auiengne apres. Ogier dist le conte guimard. Ja pource nous ne laisserõs que nous ne les prengnons briefuement, et quant nous les aurons prins nous verrons qui les nous ostera, et bien le scaurons dire au roy charlemaigne. Et lors commencerent a assaillir la roche. Sachez que regnault et ses freres se deffendirent moult noblement, mais quant regnault vit la grant multitude de gens qui les venoient assaillir il commenca a dire. Ha maugis mon beau cousin ou estes vous et que ne scauez vous nostre meschief, bien nous viendriez secourir, mais vous ne le scauez mye dont ie suis mal content. He que ie fuz fol et brief que ie ne parlay a vous de ceste matiere auant que ie venisse icy. Ha bayart se ie fusse sur vous ie nentrasse iamais en ceste roche pour paour des francoys, mais y perdroit le roy charlemaigne des meilleurs cheualiers de sa compagnie. Et quant il eut ce dit il commenca a plourer moult tendrement pour lamour de ses freres quil veoyt si angoisseux et si naurez. Lors les francoys les assaillirent de plus fort, et vous prometz que ce neust este la grant prouesse de regnault ilz eussent tous estez prins a celle foys par viue force. Quant lassault fut fine regnault sassist sur la deffence qui estoit las moult grandement, car sil y voulust aller il fust cheu a terre tãt estoit trauaille. Et ce nestoit mye merueilles, car ilz auoient tant trauaille et soustenu de tormens et de terribles assaulx que cestoit grant merueille comment ilz pouoient soustenir ne endurer. Et quant ogier vit ainsi ses cousins malmener il se print a plourer moult tendrement. Et ainsi comme il plouroit il se pourpẽsa dung grant sens et appella vng sien cheualier qui auoit nom gerad et luy dist. Gerard ayez pour dieu mercy de moy, car se vous ne faites ce que ie vous diray ie suis deshõnoure a tousiourmais. Sire dist gerard dites moy ce quil vous plaira, car il sera fait se deuoye perdre la vie. Grant mercy dist ogier. Di vous diray que ie veulx que vous faces. Prenez quarante cheualiers des meilleurs de toute ma compagnie et vous en allez au mont de la housee et vous tenez la et regardez vers montauban tout le droit chemin que personne ne vienne q̃ võ9 ne les voyez, car se maugis peut scauoir aulcunement le meschief de ses cousins ie võ9 prometz q̃l les viendra secourir et nous donra beaucop daffaires tant que ses plus hardiz en seront tous espouetez. Sire dist gerard bien sera fait ce que auez dit

Et lors print quarante des meilleurs cheualiers de la cōpagnie & sen allerēt du mont de la housec la ou ilz ne firent pas bien leur guet au prouffit des francoys. Vous deuez scauoir que ogier ne trouua celle cautelle si non a cause que regnault et ses freres neussent pas affaire a tant de gēs & ne pensoit pas a ce quil aduint. Mais atant laisse le cōte a parler des quatre filz aymon qui estoyent en la roche de montbron/ et laisse a parler de ogier le danoys & des aultres gens que charlemaigne y auoit enuoyes & retourne a parler de goudard le secretaire du roy yō q auoit leu les lettres ou la trahyson estoit contenue touteau plain.

¶ Comment apres ce que goudard le secretaire du roy yon eut compte toute la grant trahyson a maugis que le roy yon auoit faicte a ses cousins laquelle il scauoit bien toute au long, car il auoit leu les lettres de charlemaigne & escript la response que le roy yon luy auoit sur ce faict. Maugis mena a regnault & a ses freres ung tel secours quil les garentit de mort par son grant sens.   Chapitre. p.

R dit le cōte que quant goudard en vit aller regnault & ses freres a leur mort par si mauluaise trahyson comme elle estoit il en eut moult grāt pitie/ et en estoit moult doulent pour deux chose principallement. Dont lune estoit pour son maistre le roy yō qui auoit fait la trahyson moult vilaine. Et laustre estoit pour la grant pitie & dōmaige que cestoit de ce que lon vouloit faire mourir si vaillans cheualiers comme les quatre filz aymon estoient. Si commēca a plourer trespiteusement. Et ainsi comme il plouroit vecy venir maugis le cousin des quatre filz aymon qui sen alloit en la cuisine pour haster le menger/ car le roy yon vouloit menger.Quant le clerc vit maugis il appella a luy dist.Ha maugis commēt il vous va mallement/car se nostreseigneur ne met remede en vous vous aues perdu la chose que plus vous amyes en ce monde.C'est regnault a ses freres que le roy yon a trahys villainemēt.Et lors luy compta toute la trahyson.Quāt maugis ouyt ces pa rolles il fut tout hors du sens a dist au clerc.Goudard pour dieu ostez vous de au pres de moy/car tous les membres me tremblent grandemet/a ne puis estre sur mes piedz le cueur me dist que regnault a ses freres sont mors. Certes dist goudard vous dictes vray/car la lettre dit que ogier le danoys a fouques de morillon se sont embuschez es valees de vaulcouleurs a tout deux mille chevaliers bien armez. Et regnault et ses freres y sont allez tous desarmez par le conseil du roy yon a pource ilz ne sont peu des fendre quilz ne soient tous mors ou prins.Quant maugis entendit ces parolles il en eut si grant dueil quil cheut pasme a terre/a quāt il fut revenu de pasmeson il estoit si courrouce quil ne scavoit que faire/lors print ung coutel a se vouloit frapper pmy la poitrine mais il ne peut/car goudard le prit par les mains a luy dist.Ha gentil cheva lier ayes mercy de vous/ne vous tuez mye/car vostre ame seroit damnee.Mais mō tez a cheual a menez auec vous tous les gensdarmes qui sont ceās/a montez sur bay art qui court si tost/a vous en allez au plustost que vous pourrez en la valee de vaul couleurs.Et quant vous serez la arrive vous cognoistres bien se vous leur pourres ayder ou non/et silz sont en vie vous ferez assez.Goudard dist maugis vostre conseil est moult bon.Lors comēca a plourer a dist. Ha regnault noble chevalier que cest grāt dommaige dz vostre mort. Je fais veu a nostreseigneur que se vous a voz freres estes mors ie ne vivray iamais deux iours.Adonc incontinent sans mot dire au roy yon ne a sa seur la femme dz regnault il fist armer tous ceulx qui pouoyēt porter armes a les fist descendre en la basse court/a leur compta toute la trahyson.Quant les chevaliers de regnault entendirent ces nouvelles ilz commencerent a faire si grant dueil que ce stoit grant pitie a veoir. Et regretoient les nobles chevaliers qui estoyēt allez a leur mort/a a peu quil ne se desesperoient.Car lung regretoit regnault/laultre alard/les aultres guichard a richard a disoient.He beaulx chevaliers que cest grant dommaige de vostre mort/certes tout le monde en vauldra pis.Helas a qui nous donnera les no bles a belles armes a bons chevaulx que vous nous donniez. Tout ainsi comme chas cun demenoit dueil maugis dist au palefrenier qui gardoit bayart.Amy mettes la sel le a bayart si le meneray a regnault. Sire dist le palefrenier ie ne le puis faire aulcu nement/car regnault mon maistre me commanda que nul ne montast dessus iusques a ce quil seroit revenu.Quāt maugis entēdit la responce du palefrenier il en fut mal content/si le frappa du point si grant coup quil le tomba devant luy sur ses genoulx/ a puis entra en lestable la ou bayart estoit.Quant bayart vit maugis il commenca a estraindre les oreilles a frappoit des piedz si fort que nul ne ousoit approucher de luy fors que regnault ou le palefrenier qui le pensoit. Quant maugis vit si fort demener bayart il print ung baston a frappa bayart parmy la teste tellemēt quil le fist agenoil ler a terre.Et quant bayart se vit ainsi malmene/il eut paour de pis avoir/ si se tint tout quoy/a maugis luy mist la selle luimesmes a le frain a sarma a mōta dessus.Sa chez que quant maugis fut monte sur bayart il ressembloit bien ung vaillant homme car il estoit ung des beaulx chevaliers du mōde a ung des vaillans a le plus subtil q̄

f₂

en celluy temps on peust trouuer.

Quant maugis & toutes ses gens furent bien apprestez et mis en point ilz yssirent hors de montauban par la porte faulcon/& pouoient bien estre cinq mille hommes darmes bien montez & auec ce y auoit sept cens bons archiers/lesquelz pour doubtance de mort ne fussent reculez aucunement. Ilz se mirent tous en voye hors du droit chemin & passerent parmy le boys de la serpente a moult grant diligence/& tousiours maugis alloit regretant regnault & ses freres/car il ne scauoient silz estoient mors ou vifz. Et disoit en luymesmes. Ha regnault dieu soit garde auiourduy de vous & vous deliure de mort & de prison. Maintenant laisserons a parler du bon maugis qui a toute diligēce alloit pour secourir regnault es plains de Vaulcouleurs/& parlerons de regnault & de ses freres q estoient en la roche montbron moult tristes & doulens/car ilz se voyent en moult grant peril. Ainsi comme le vaillāt cheualier regnault se repousoit sur la deffence de la roche & pensoit a par luy quil deuoit faire il tourna sa veue deuers le boys de la serpēte & vit venir maugis a tout ses gēs lescu au col & lespee en sa main monte dessus bayart. Sachez que bayart nalloit mye le pas/mais courroit prestement comme vng cerf/& a chascun sault quil faisoit il sailloit trente piedz de terre. Et quant regnault vit venir maugis a tout si grans gens/& a tout si belle compagnie il tressaillit tout de ioye & oublia le grāt mal quil auoit souffert tout le iour & dist a ses freres. Freres or ne vous esmayes de riens/car vecy maugis qui nous vient secourir. Or monstre il bien quil est nostre parent & amy. Benoist soit il de dieu quil luy a dit le dāgier en quoy nous sommes. Frere dist alard est il vray que nous ayons secours. Ouy dist regnault par la foy que ie vous doys. Certes dist alard or ne me plains ie plus. Et quant richard lequel gisoit la/ses boyaulx entre ses mains entendit ces parolles il luy estoit aduis quil songeoit ce que ses freres disoient pour la grāt douleur quil souffroit/car pour le mal quil auoit il estoit ia tout transporte du cerueau. Et puis apres quil ouyt le bruyt des cheuaulx il sefforca tāt quil se dressa sur son cul/mais ce fut a grāt trauail/& adōcques il dist a son frere regnault. Dō frere il mest aduis que iay ouy nommer maugis ou ce ma este vision/& me semble que iay ouy grant tambuissement de cheuaulx. Frere dist regnault par ma foy nous auōs secours/car vecy maugis nostre cousin qui nous a amene tout le pouoir de montaubā. Frere dist richard pour dieu monstres le moy. Et adoncqs le vaillant & preux cheualier regnault remply de ioye le print entre ses bras & le dressa contremont/& luy mōstra leur cousin maugis qui venoit sur bayart a si grāt erre comme la fouldre courant. Et quant il vit son cousin maugis & la puissance quil auoit amene il se pasma entre les bras de son bon frere regnault de la grant ioye quil en eut. Et quant il fut reuenu de pasmeson il dist. Or suis ie guery & ne sens nē mal ne douleur. Frere dist regnault a alard que ferons nous/se les francoys apparceuent la venue de maugis ilz sen fuyront Ie ne vouldroye pour moult grant chose quilz sen allassent q nous ne fussions venges deulx du grant mal quilz nous ont fait. Mais faisons vne chose que ie vous diray Descendons au pied de la roche & commencerons la meslee/& ce pendāt qlz se tiendrō a nous maugis arriuera/ainsi ilz ne nous pourront eschapper. Frere dist alard vous dictes bien nous le ferons ainsi que sauez deuise. Et adoncques regnault alard/& guichard descēdirēt au pied de la roche/& richard demoura dedēs/car il ne se pouoit aide

Egnault descendit de la roche luy et ses deux freres. Et quant les francoys les virēt ilz dirent les ungz aux aultres, Vecy les filz aymon qui se viennent rēdre prisonniers. Or ne les occions mye, mais prenons les et ses rēdons au roy charlemaigne. Et quant ilz eurent ce dit ilz commencerent a cryet. Regnault se vous ne voulez mourir se vo9 rendez, et se vous le faites de bon gre nous prirons tous charlemaigne q̃l ayt mercy d vous. Quāt ogier ouyt ainsi parler il cuydoit quil fust vray que regnault et ses freres se voulsissent rendre, si en fut moult doulent. Lors picqua broifort des esperons et sen vint cōtre regnault et ses freres et leur dist. Vassaulx ie vous tiens pour folz q auez laisse vostre roche qui estoit le sauluemēt de vostre vie, huy serez pendu a grāt honte, et ne vous puis aider, car ie seroye blasme de charlemaigne. Ogier dist regnault nous ne sommes pas si folz comme vous cuydez, mais ie veulx que vous en fuyez, car par la foy que doys au viel aymon mon pere se vous demourez gueres illec vous ne seres pas saige, car se ie vous puis tenir ie vous monstreray que ie scay faire. Ce pendant que regnault parloit a ogier, ogier re garda vers le droit chemin qui venoit du boys de la serpente et vit venir les gens de re gnault que maugis amenoit et estoit tout deuant mōte sur bayard qui venoit a moult grant erre. Et quant ogier vit ainsi venir les gens de regnault a moult grant nombre il les congneut bien et en fut moult ioyeulx et tressaillit tout de ioye et se dressa tout droit dessus la teste de son cheual bien demy pied et dist a ses gēs. Beaulx seigneurs q̃ ferōs nous. Le dyable a reuele a maugis cōme no9 sommes icy. Vecz le cy venir mōte dessus Bayard et amene āuec luy belle cōpaignie de gens, certes se no9 estions xx. mille no9 ne cōbatrions pas a eulx, et huy verrez tourner la douleur sur nous. Ce pendāt vecy venir maugis a toute sa cōpaignie, et la ou il vit ogier il vit a luy et luy dist. Ogier ie vo9 tiens a fol q icy vinstes pour cōmettre trahyson. Je vous chalange regnault et ses freres et suis venu pour les pleger. Par dieu ogier il nappartenoit mye a vous d ainsi trahyr regnault, vous estes d son lignaige, mais vous luy auez mal mōstre, oncques vostre pere ne cōmist trahyson ie mesmerueille cōment vo9 lauez cōsenty, vostre pere vo9 laissa en frāce pour ostage a saint omer a charlemaigne a q̃ vous estes hōme a quatre deniers dor pour an. Ogier ogier ia fustes vo9 parēt de richard de rossillon de doon de nantueil et du duc beuues daigremont. Tous ceulx la furēt freres preudommes et cheualiers loyaulx, et aymon de dordōne fut leur frere q est pere de regnault ce scauez vo9 bien et vous voulez estre aultre q̃ vostre lignaige, pourquoy ie vous deffie a mort, car ie vous hays mortellement. Quant maugis eut dit ces parolles il picqua bayard des esperons et frappa ogier en son escu si durement que lescu ne laubert quil auoit ne luy valut riens quil ne luy fist vne grande playe emmy la poitrine, et de ce coup vola la lā ce en pieces. Quant ogier vit ce il en fut si ire que a peu quil nentagea tout vif si voulut tourner sur maugis, mais il ne peut, car bayard sentit son seigneur si se mist a courir vers luy voulsist maugis ou non. Et quāt il fut deuāt regnault il sagenouilla deuant luy, et maugis descendit et vint a regnault et le baisa moult doulcement. Et puis baisa alard et guichard et puis dist. Ou est le petit richard, car on le tenoit pour vng des hardie de tout le monde. Cousin dist regnault il est demourez la sus si naure que ie ne scay sil est mort ou vif. Cousin dist maugis ne se peut il remuer. Il nest mye temps de tant parler dist regnault, mais pensons de bien besoignier, baillez moy mon cheual et

ʆi ij

mes armes. Voulentiers dist maugis. Et lors regnault sarma et mōta dessus Bayard lescu au col et la lance en la main, et dist a ses freres. Freres armez vous car le besoing en est venu. Quāt il eut ce dit il picqua Bayard des esperons q̄ saultoit a chascun coup xxx. piedz. Et quant regnault se vit monte sur Bayard il en fut moult ioyeulx, car il ne cuydoit iamais aduenir de monter dessus Bayard. Adonc fist vne course et alla courir sur ogier et le frappa si rudement quil luy fist les arsons vuyder et le porta moult felonneusement a terre. Et quant regnault vit ogier a terre il descendit a pied et print le cheual de ogier et luy mena et le fist monter dessus et luy tint lestrief, puis luy dist. Cousin ogier or auez le guerdon et la honte que vous nous fistes, mais certes de ce quauez fait vous lauez fait comme traytre et comme mauluais parent, si vous gardez de moy car ie vous deffie. Par cellui dieu qui crea le monde ie ne vous espargneray de riens, pource que vous estes infame.

Cousin regnault dist ogier et nous nous garderons de vous point nen doubtez. Lors qui eust este en cellui lieu et eust veu comme regnault se mesla vigoureusement entre les frācoys lon pouoit bien dire que cestoit vng cheualier vaillant. Lors vint maugis sur vng cheual quil auoit recouure et sen vint au conte guymard et le frappa parmy son escu tellement quil le getta mort par terre, et puis mist la main a son espee et frappa vng cheualier qui auoit nom aliau, et luy donna sur son heaulme si grant coup quil labatit mort a terre. Et quant il eut fait ces deux coups il escrya son enseigne montauban et clermont. Et puis dist en ceste maniere. Francz cheualiers frappez sur ces francoys qui vueillent occire les meilleurs cheualiers du monde, bien auez mōstre vostre valeur meschans gens q̄ estes venuz assaillir quatre cheualiers tous desarmez, vous le comparez chier. Lors dist a ses gens, sus mes amys frappez hardiment, car se ogier nous eschappe nous sommes deshōnourez Lors commenca la meslee si durement quil y eut grant abatement de francoys, car ilz ne peurent endurer les grans armes que regnault et ses freres faisoient. Et quāt les francoys virent quilz ne pouoient plus souffrir le grant dommaige q̄ regnault et ses freres et maugis leur faisoient ilz se mirent en fuyte et ogier auec eulx vers la riuiere de dordonne et ogier se mist dedans, et broifort la passa tout oultre a nouer. Et quant il fut tout oultre passe il descendit a pied sur la riue. Regnault le voyant dela la riuiere il lappella par mocquerie, et luy dist. Ogier vous faites du pescheur auez vous anguilles ou saulmons a vendre. Je vous fais vng party se vous le voulez prendre, ou vo9 passerez deca, ou ie passeray de la. Se vous passez deca ie vous asseure de tout homme fors que de moy, ou me asseurez des gens de charlemaigne et ie passeray de la et iray iouster a vous, et puis luy dist. Filz de putain mauluais garcon vous auez faulce vostre foy a charlemaigne, car vous estes mon cousin germain, et comment auez vo9 le cueur de nous laisser murtrir en vostre presence, et que ne nous deffendiez vous contre tous hommes et vo9 mesmee nous venez occire par trahyson. Certes ogier vous auez fait grant mesprison, mais la mercy dieu vous nous laissez bon gaige, car il nous demeure fouques de morillon et le conte guymard qui ne nous feront iamais guerre, et plus les quatre cens aultres de voz cheualiers francoys. Mauluaises nouuelles emporterez a charlemaigne vous et roland et en rendrez mauluais compte et en mal an dieu les mette silz ne vous font pendre comme larrons.

Donc moult furent esbahys les francoys quant ilz ouyrent ainsi reprouuer a regnault ogier/dont ilz furēt bien ioyeulx. Et lors ilz dirēt/dieu soit loué de ces parolles/& dirent a ogier. Or trouues vous maintenāt le guerdon de voſtre bonté/car se vous eussiez voulu faire voſtre deuoir les quatre filz aymon eussent esté prins. Et quāt ogier se vit ainsi reprouué dune part & daultre il en fut moult iré/& le laisserēt sur le riuage de dordōne ne demoura auec luy q̄ dix hommes tant seulemēt. Et quāt ledit ogier vit que toute la cōpaignie sauoit laisse il cogneut bien quilz le faisoient par despit. Lors dist tout apar luy. Beau sire dieu glorieux que iay bien merité cecy. Le prouerbe est bien vray qui dit. Souuent aduient mal pour bien. Quāt ogier eut ce dit il dist a regnault. Beste enragee vous me blasmez a tort & sans cause/car se ie ne fusse vo9 & voz freres fussiez ia pendus sans remission/ne iamais maugis neust esté icy a temps. Vous mauez appellé traytre/mais vo9 mētez/car oncques trahyson ne cōmis ne cōmettray se dieu plaiſt. Vous mauez aussi appellé pescheur/or doy ie bien enrager tout vif quāt ung tel glouton moustraige/mais par la foy que ie doy a to9 mes amys se ie ne doubtasse aultre que vous ie vous iroye donner ung si grāt coup parmy voſtre escu que pourries bien dire que cest coup de maistre. Lors dist regnault. Ogier vous dites bien ce quil vous plaist/mais vous ne ferez ia ce que vous dites pour danger de voz membres. Si feray par ma barbe dist ogier. Et lors picqua broifort des esperōs & se mist en la riuiere & passa tout oultre a nouer. Et quant il fut venu en plaine terre il se appareilla pour iouster si baigné comme il eſtoit. Quant regnault vit ogier si mal appareille pour combatre il luy en print pitie/& luy dist. Cousin ie nay a ceste heure point de voulente de iouster/& pource retournez vous en arriere/car vous ne serez huy honny par moy. Or cognoy ie bien q̄ vous mauez aydé. Regnault dist ogier ne vous moccques point de moy/vous mauez appellé traytre deuant plusieurs cheualiers. Se ie men retournoye arriere lon pourroit dire a charlemaigne que ie lay faulcemēt trahy. Ma lance est encores toute entiere/ce seroit grant honte a moy se ie ne la brisoye sur vous ou sur ung de voz freres/ car fouques de morillon & le conte guymard se plaindroiēt de moy en enfer/& daultre part ie ne pourroye auoir excusance vers le roy charlemaigne se ie men alloye ainsi/ car vous nous auez bien occis quatre cens bons cheualiers de nom & darmes/dont ie dis par conclusion que ie ne men iray point sans auoir meslee a vous/car vous scauez que se ie men alloye aultrement le roy charlemaigne me feroit deshonneur & il auroit rayson/& me feroit trencher la teste/& pource me veuil ie combatre a vous/car iayme mieulx mourir q̄ ainsi men retourner/& se dieu a ordonné que me deuez coupper la teste ie vous pardonne ma mort/car se ie vous puis conquerre ie vous rendray au roy charlemaigne comment quil en soit.

Quant regnault ouyt ogier ainsi parler il enrageoit de maltalent & dist par courroux. Ogier ie vous deffie a mort/& gardez vous de moy/& vous de moy dist ogier. Et quant ilz se furent ainsi deffiez regnault picqua bayard & ogier broifort leurs bons cheuaulx & coururent lung sur laultre si durement que la terre trembloit soubz eulx. Et quant vint aux lances baisser ilz sentrefrapperent si durement quilz briserent leurs lances/& puis apres que leur lances furēt brisees ilz se rencontrerent de leurs escuz & se donnerent si grans coups quilz tombe-

ſi iij

rent tous deux a terre par dessus les crouppes de leurs chevaulx, tellement que de celle iouste ilz furent tous deux navrez. Et quant les deux bons chevaliers se virent ainsi tous deux par terre sans faire demourance ilz se leverent incontinent et mirent les mains a leurs espees et commencerent a faire une si dure meslee que cestoit merveilles a les regarder, mais oz oupez ô leurs chevaulx. Sachez que quant Bayard et Broyfort virent leurs maistres a terre incontinent il vindrent lung sur laultre et se commencerent moult fort a mordre et a tuer lung contre laultre. Quant ogier vit ce il en fut moult doulent, car il scauoit bien que Bayard estoit le plus puissant, si courut ogier celle part son escu au col et son espee en la main, car il vouloit ayder a son cheual broifoit, pource quil auoit paour que Bayard ne le tuast. Quant regnault vit ce il sescrya a haulte voix et dist. Quest ce ogier q vous voulez faire. Ce nest pas a faire a ung chevalier de frapper une beste. Il mest bien aduis que vous auez assez a faire a moy sans frapper mon cheual. Adoncques il frappa ogier si grant coup sur son heaulme quil labatit a terre et le coup aualla a bas et trencha tout ce quil attaingnit, et decouppa bien cent mailles de son aubert, et le naura fort en lanche, et se lespee ne fust tournee en sa main de regnault iamais ogier ne fust eschappe de mort du desmesure coup quil receut. Quant regnault luy eut baille ce coup il luy dist. Ogier laissez ester Bayard car vo⁹ aurez assez a faire a moy. Ie croy que ie vous ay vostre heaulne empire, car ie voy vostre visaige qui est fort pasle. Quant ogier se sentit ainsi blesse il en fut si courrouce que a peu quil nenragea de dueil, si se retourna vers regnault et print son espee et dist. Ha courtain tant vo⁹ ay chierement aymee, et certes ce nestoit pas sans rayson, car vous esties merueilleusement bonne et en plusieurs lieux maues fait mestier, et maintz orgueilleux auez abatu. Quant nous allasmes avec lempereur a aps en allemaigne roland et oliuier assayrêt leurs espees au peron, et ie frappay apres pour vous assayer et vous en trenchastes de my pied, et illec vous brisay dont ie fuz moult doulent, mais pour la bonte que ie scauoye en vous ie vous fiz radouber, et pource auez nom courtain. Se vous ne me vengez de ce faulx et dessoyal glouton iamais nauray en vous fiance. Et adôcques il frappa regnault sur le heaulme si durement quil le fit tout chanceller. Et quant ogier vit regnault ainsi atourne il luy dist. Par dieu regnault or vous ay ie rendu ce que mauiez preste, nous sommes par egal. Voulez vous recômencer. Par ma foy dist regnault ouy, car ie desire plus a batailler que nul aultre chose faire. Et adôcques allerent courir lung contre laultre et commencerent une aultre meslee, mais adoncques vindrent alard et maugis et guichard et toutes leurs gens. Et quant ogier les vit venir il en fut moult doulent. Lors sen vint a broifort son bon cheual et monta dessus et se mist en dordonne et passa oultre. Et quant il fut tout oultre passe il demoura a la riue et descendit de dessus son bon cheual, mais il nauoit point de selle, car les sangles rompirent quãt ilz iousterent luy et regnault. Et quant le vaillant regnault vit broifort le cheual dogier sans selle, il escrya a haulte voix a ogier et luy dist. Beau cousin ogier retournez querir vostre selle, ce seroit grant villonnie se ainsi vous en alliez. Louez nostreseigneur que ainsi estes departy de moy et de ce que pis nauez eu, car se nous fussions demourez ung peu plus longuement bataillant ensemble ie vous eusse emmene en lieu ou vous ne fustes oncques, et iamais le roy charlemaigne vostre seigneur ne vous eust secouru a temps ou ieusse perdu la vie.

Regnault dist ogier vous menassez de loing. Il nappartient mye a bon chevalier d ainsi menasser. Je scay bien que se ne fussent voz gens qui vous ont secouru ie vous eusse emmene au roy charlemaigne auant quil fust vespre. Ogier dist regnault bien avez monstre questes bon chevalier qui passastes la riuiere de dordonne pour me venir combatre/ me attendiez vous sur broifort se ie passe dela la riuiere de dordonne pour derechief commencer la meslee. Ouy sur mon ame dist ogier/ & se vous le faites ie diray que vous estes le meilleur chevalier du monde. Quant regnault entendit ces parolles il picqua bayard des esperons & se vouloit mettre a toute force en dordonne/ mais alard maugis & guichard ne le laisserent pas aller/ aincoys le print alard par le frain & luy dist. Ha beau frere & quest ce que vous voulez faire. Trop estes oustrageux/ & qui bien vous fait il pert sa peine. Vous scavez bien que se ne fust ogier nous fussions auiourduy mors & que la le secours de maugis ne nous eust proffite. Laissez aller ogier ie vous en prie/ car il ny a au monde meilleur chevalier que luy. Et adoncques dist alard a ogier. Beau cousin allez vous en a dieu/ car vous nous avez bien ayde. Quant alard eut ple a ogier il se retourna vers son frere regnault & luy dist. Treschier frere il mest aduis quil seroit bon que nous retournissions arriere vers la roche pour scavoir que fait nostre pouvre frere richard qui la est des monte si fort naure come vous scavez. Laissons aller noz ennemys en male part/ car assez les avons dommaiges. Regnault ce dist ogier vous nous avez desconfitz/ mais par lame de mon pere nous reviendrons sur vous tant de gens que nous vous ferons dommaige/ & prendrons la proye dont vous ne serez si hardy de la deffendre. Or menassez tout beau dist regnault/ car nous avons chasteau ou bien attendrons charlemaigne & vous/ & vous dy pour vray que avant qui soit trops iours vous naurez garde de nous prendre. Et comment quil en aille la perte a este tousiours sur vous iusques cy/ & ne porterez pas bonne nouvelles a charlemaigne. Et quant ogier eut assez parlez a regnault il picqua broifort des esperons & sen vint apres ses gens qui lavoient laisse/ & tant chevaucha quil arriva a montbandel & descendit devant la tente de charlemaigne. Et quant roland & olivier virent venir ogier si naure & faisant si male chiere ilz cuydoient quil eust eu bataille/ & que ogier eust prins regnault & ses freres. Adoncques ilz appellerent le duc naymes de bauiere/ salomon de bretaigne/ richard de normandie & le conte guidelon. Et quant ilz furent tous assemblez ilz dirent lung a laultre. Chestif malcureux & que ferons nous/ auiourduy verrons pendre tous les quatre filz aymon. Ilz sont noz cousins bien prochains/ se le roy charlemaigne les fait pendre nous sommes tous deshonnourez. Quant charlemaigne vit que ogier estoit retourne il luy dist. Ogier ou sont les quatre filz aymon les avez vous prins ou tuez ou detenuz prisonniers. Sire dist ogier tout bellement. Sachez que ce ne sont mye enfans pour ainsi prendre/ mais sont les meilleurs chevaliers du monde/ & sont encores en vie. Je vous dy sire que nous les trouvasmes es plains de vaulcouleurs tous quatre vestuz de manteaulx descarlate fourrez dermines/ montez sur muletz/ & portoient en leurs mains fleurs de roses. Bien vous a tenu convenant le roy yon de gascoigne/ car il les a mande en telle maniere come il vous avoit promis. Mais leur valeur & prouesse fut telle quil changerent leurs muletz a bons chevaulx & recouvrerent escuz & lances. Et quant regnault eut recouvre ung cheval il occist fouques de morillon tout le premier/ & puis

monta sur bayard son cheual/puis nous les menasmes vng grãt trayt darc tous de
confitz/mais a la fyn ilz trouuerẽt vne roche a mode d cauerne q̃ estoit vng lieu mout
fort la ou ilz se defendirẽt vne grant piece/a richard vng des enfans a este occis/a to
les aultres eussent este tuez ou prins se ne fussent leur cousin maugis qui les vint se
courir mõte sur baiard a amena auec luy bien cinq mille cheualiers lesquelz nous on
desconfitz a tue le conte guymard.

A dist charlemaigne est il vray quilz sont ainsi eschappez. Sire dist ogier
ouy veritablement. Quant le roy entendit q̃ regnault a ses freres estoiẽt
eschappez il en fut moult doulẽt/a puis dist. He beau sire dieu pe glorieu
commẽt ie suis honny par ces quatre gloutons/ certes ce poise moy/ mai
facent du pis quilz pourront/car silz me sont eschappez maintenant/vne aultrefoy
ilz ne meschapperont mye. Sire dist ogier sachez que se ne fust maugis ilz ne puoier
eschapper. En mal an se mette dieu dist charlemaigne/ car souuent seur a ayde contr
moy/a scay bien que se ie tenoye regnault a ses freres en ma prison q̃ maugis les vie
droit desiurer. Et pour ce ie le hayz mortellement/pourquoy ie prie a nostreseigneur
ne me laisse mourir que ie nen soye venge a ma guise. Sire dist ogier par la foy que
vous doy regnault me bailla vng si grant coup que le coing de mon heaulme en ton
ba par terre/a vous prometz que ie fuz bien aise quant ie fuz eschappe dentre ses m
ins/car de troys mille cheualiers que nous menasmes nen sont eschappez que troy
cens qui ne soient tous mors ou prins. Quant roland entenit toutes ces parolles
fremist tout de maltalent a dist par grant courroux. Par dieu sire ogier vous fustes
moult hardy/car vous neustes nulz compaignons qui fissent si bien que vous/ ma
par saint pierre lapostre ie ne veiz onques vng si fort couart que vous/ ne oncques n
sortit d danemarche vng bon cheualier/filz de putain couart chetif/ cõment auez vo
nulz yeulx qui osent regarder homme/ mais aultre chose y a car vous les auez espo
gnez/pource quilz sont voz cousins a voz amys. Or honny soit le roy sil ne vous fa
tous les membres destrencher/car ilz eussent este prins se vous ne fussiez. Lors qua
ogier se vit ainsi reprouue il enrageoit de la grãt iniure que roland luy auoit dit/si r
spondit hardiment a dist. Damps roland vous mentes mauluaisement/ car ie ne su
mye tel que vo² dittes/ ie ne vouldroye faire trahyson pour tout sauoir du mõde/ a po
ce vecy mon gaige pour me defendre contre vo²/ corps contre corps que iamais ne m
ne tout mon lignaige ne mesprismes oncques enuers charlemaigne/mais suis l
des meilleur a des leal cheualier de toute la france/ a vueil bien que vous sachez q
ie suis de meilleur lignee que vous nestre roland. Sire droit empereur gerard de roy
son fut mon oncle a me nourrist ieune enfant/a doon de nantueil/a le duc beuues d
gremont ces troys q estoiẽt freres furent mes oncles/a geoffroy dãnemarche fut m
pere/a est mon parent larceuesque turpin/a ie suis yssus du lignaige de richard de n
mandie a des quatre filz aymon. Or beau sire roland cõptez moy vostre lignaige po
scauoir vostre grãdesse/car par saint denis de france ie me deffendray cõtre vous
trenchant de mon espee/a vous monstreray se ie suis leal ou non/ou aultrement il
conuiendra mourir de dueil. A merueilles fut courrouce roland quant il entendit ai
parler ogier/pourquoy il se auanca vers luy a le cuyda ferir/mais quant ogier le vit
nir contre luy comme preux il mist la main a son espee a dist a roland. Ne soyez si f

dy que vous mettez la main a moy, car par la foy que ie doy a cessuy qui mengendra ie vous coupperay la teste se vous venez auant. Quant charlemaigne vit ces deux barons ainsi esmouuoir il en fut moult courrouce. Et lors se leua le duc naymes et le pte aymery et dirēt. Sire rolant quest ce que vous voulez faire. Par mon chief la chose ny ta mye ainsi comme vous cuydez, car ogier nest mye tel cōme vous le faites, vous ne le deuez batre ne oultraiger, et se ne fust pour le roy la chose yroit aultremēt q̄ vous ne cuydez. Ogier est tel cheualier comme tout le monde scet ne oncques en son lignage ne naquist homme q̄ commist trahyson, mais est le meilleur cheualier d frāce de tous coustez. Nous nous esmerueillons cōment charlemaigne vous souffre prendre si grāt orgueil, sil le veult souffrir nous ne le souffrerons mye pour chose quil en doyue aduenir. Quāt charlemaigne vit ceste noise entre les barons il en fut moult doulent, et dist. Ha rolant beau nepueu souffise vous, a vous nappartiēt mye de ce dire, laissons tout ce iusques a demain, et entredeux ie me enquerray de ceste matiere, et se ogier a mespris de riens vers moy ie luy feray chieremēt repentir, car tous ceulx du mōde ne le scauroyent garder q̄ ie ne luy face coupper la teste. Sire dist ogier ie le vueil bien. Il nya hōme en frāce si preux ne si hardy q̄ sil vouloit dire que iay cōmis trahyson enuers vous ne enuers aultre a qui ie ne cōbate, et q̄ ie ne luy monstre quil ment faulcement, mais sil vous plaist de moy ouyr ie vous diray la verite sans mētir de mot, sachez sire q̄ quāt ie allay a la roche montbrion ou les quatre filz aymon sestoiēt mys ie vis q̄ nous estiōs si grant nōbre de gens contre quatre cheualiers tous desarmez ie vous prometz que ie ne leur aiday ne ne fuz contre eulx, mais ie me retiray arriere et laissay faire aux aultres et regardoye celle grāt douleur, car ie voyoye mourir ma cher et mō sang et si ne leur pouoye ayder d riens. Or vous ay ie dit toute la verite et tout ce que ie fiz, et se vous trouuez aultrement que ce que ie vous ay dit deuant tous les barons ie vueil estre pugny. Mais pla foy que ie doy a dieu se ie me trouue iamais en lieu ou ie leur puisse ayder ie leur aideray de tout mon pouoir si ien deuoye perdre la teste, et tout le monde me deuroit hayr de ce que ie leur failliz a leur besoing, car ilz sont mes cousins, et vous sire roy leur auez tant fait quil vous deuroit souffire, car ilz ne sont mye tant coulpables du fait dont lon les charge comme lon en fait semblant, mais par la vierge marie tāt comme ie viuray ie ne leur fauldray de riens que ie puisse. Trop sest rolant haste de me cuyder frapper a tort et sans cause, mais ie vueil bien quil sache que sil veort regnault monte sur son cheual bayard il ne se tiendroit mye pour ribault, ne il ne loseroit attendre corps a corps pour tout lor despaigne. Quant rolant ouyt ogier ainsi parler il luy dist. Par dieu ogier vous lauez tresgrandemēt loue et le faites merueilleusemēt hardy, mais ie prie a nostreseigneur que ie le puisse trouuer sur bayard son bon cheual tout acoustre d ses armes pour cognoistre sil est si vaillant cheualier comme vous dittes. Sachez que dieu entendit la priere de rolant long temps apres, car rolant trouua regnault mōte sur bayard. Et vous dy que rolant ne se tint pas puis pour ribault ne pour garcon, mais le tint pour le meilleur et le plus vaillant cheualier du monde. A present laisse le compte a parler du roy charlemaigne d france, et de rolant, doliuier, et dogier le danoys, et des douze pers de france qui sont au siege du chasteau de montaubā, et retourne a parler de regnault qui estoit moult a malaise pour richart qui estoit naure a mort en la roche de montbrion.

¶ Comment apres que les francoys furent desconfitz par le secours que maugis a
uoit amene a regnault dont ogier eut maintz reprouches/le roy yon de gascoigne fut
prins prisonnier en vne abbaye par roland. ☙ Chapitre .pi.

OR dit le conte que quant regnault eut desconfiz les francoys il sen retour
na vers la roche montbron la ou il auoit laisse son frere richard ainsi na
ure come ouy aues. Et quant il fut la venu et il vit son frere si horriblemēt
naure il ne se peut tenir de plourer et dist. Helas q̃ feray ie quant iay perdu
mon chier frere richard le meilleur amy q̃ ie eusse au monde. Et quant il eut dit ces pa
rolles il cheut a terre de dessus bayard tout pasme. Et quant alard et guichard virent
ainsi leur frere regnault q̃ estoit tōbe ilz cōmecerēt a regreter richard moult tēdremēt.
Quāt regnault fut reuenu de pasmeson il comenca a faire le plus grāt dueil du mōde
entre luy alard et guichard sur richard lequel gisoit a terre ses boiaulx entre ses mains/et
ce pendāt qlz menoiēt si grāt dueil la arriua maugis mōte sur bropquerre son bon che
ual le meilleur q̃ on sceust fors q̃ bayard/et tenoit vng tronson de lance en sa main. Et
quant il vit regnault demener si grant dueil il en fut moult courrouce. Adonc maugis
voyāt richard ainsi naure il en eut au cueur grāt douleur et regardoit la playe q̃ estoit
moult horrible a regarder/car on luy veoit le foye dedēs le corps. Lors dist a regnault
Beau cousin entendes a moy et laissez ce grant dueil. Vous scauez bien que vous estes
tous mes cousins/si nous deuons pforcer de secourir lung laultre au besoing. Ie vo9
ay secouru maintesffoys/et sachez q̃ tout le mal que le roy charlemaigne me veust cest
tout a vostre occasion. Il occist na gueres mon pere dont iay au cueur moult grant tri
stesse q̃ estoit vre oncle q̃ mourut pour vostre amour ce scauez vous biē/mais se vo9

voulez promettre devant tous voz barons de venir auec moy en la tente de charlemaigne et moy aider a lassaillir pour venger la mort de mon pere si nous le povons faire ie vous pmetz de vous rendre richard tout guery et tout sain orendroit sans nulle douleur.

Quant regnault entendit ces parolles il sen vint a maugis et le baisa en la face tout en plourant et luy dist. Beaulx doulx cousin pour dieu mercy rendez moy mon frere richard guery sil vous plaist, et se voulez aultre chose que ie face commandez le moy et ie le feray de tresbon cueur, car vous scauez bien que ie ne fiz oncques chose qui fust contre vostre voulente, et ny a homme au monde pour qui ie feisse tant que ie feroye pour vous. Quant maugis vit regnault si tendrement plourer il en eut moult grant pitie et luy dist. Or ne vous esmayes mye beau cousin, car vous aurez richard sain et saulue tout a present. Adonc descendit de son cheual a terre et print vne bouteille de vin blanc si en laua la playe de richard moult bien et osta tout le sang qui estoit entour. Ne vous esmayes point la ou il prenoit toutes les choses qui luy faisoient mestier, car cestoit le plus subtil nigromancien qui oncques fut au monde. Et quant il eut ce fait il print ses loyaulx et les mist dedens son corps, et print vne aguille et cousit la playe moult gentement sans luy faire sentir trop grant douleur, et puis print vng oignement dont il oignit toute la playe, et si tost que la dicte playe fut oingte elle fut aussi saine comme se iamais ny eust eu mal. Et quant il eut tout ce fait il prit dung breuuage quil auoit fait et en donna a boire a richard. Et quant richard en eut beu il saillit en piedz tout desliure de sa douleur et dist a ses freres. Ou est alle ogier et tous ses gens nous sont ilz eschappes. Frere dist regnault nous les auons tous desconfitz dieu mercy et maugis qui nous vint secourir, car aultrement nous estions tous mors. Il nous a saulues la vie a ceste foys, bien le deuons aymer plus que nous mesmes. Frere dist richard vous dictes vray. Et puis alard dist, maugis beau cousin guerissez moy ie vous en prie, car iay vne grant playe ou millieu de la cuisse. Et moy aussi ie suis naure dist regnault. Et moy aussi dist guichard pour dieu donnez nous guerison a tous. Lors maugis leur dist, or ne vous esmayes mes beaulx cousins, car vous serez gueriz a ceste heure. Lors print maugis du vin blanc dont il auoit laue la playe de richard et leur laua leurs playes a tous, et puis les oignit moult doulcement, et adoncques ilz furent tous gueriz. Et quant ilz furent tous sains et gueriz de leurs playes ilz firent monter richard dessus vng cheual et se mirent au chemin pour eulx en retourner a montauban. Et ainsi comme ilz sen retournoient a moult grant ioye vne espie se partist de la compagnie de regnault et sen vint a montauban au roy yon et luy dist. Sire nouuelles vous apporte, sachez que regnault et ses freres sont eschappez des plaines de vaulcouleurs ou les auiez enuoyez, et ont desconfitz ogier le danoys et tous les gens de charlemaigne, et ont mys a mort fouques de morillon et le conte guimard et tant de aultres nobles cheualiers tant que ie ne vous en scauroye racompter le nombre. Et quant le roy yon entendit ces nouuelles il en fut si merueilleusement esbahy quil ne sceut q dire. Et puis apres ql eut long temps pense sur ceste besoigne il dist. Helas vecy mauluaises nouuelles, coment peut il estre, ne trouuerent il pas lembusche du roy charlemaigne. Sire dist lespie ouy veritablement et leur fust mallement entreprins se ne fust maugis leur cousin qui les vint secourir. Et par le secours q maugis amena fut desconfit ogier et tous les gens de charlemaigne, et peu en sont eschappez, car maugis amena a regnault bayart son bon cheual qui fut cause de tout le mal. Helas doulereux meschāt se dist le roy yon/ et q̄ ferap ie se ie attēs regnault maugis alard guichard et richard ie suis mort sans doubtance/car tout le monde ne me pourroit deffendre/et aussi seroit ce droit et ne mesprendroit en riens silz me occioit cruellemēt. Jay biē deserui la mort/car oncq̄s iudas ne lempereur de rome ne commirent si grāt trahyson comme lay fait moy qui voulope faire mourir les quatre meilleurs cheualiers du monde pour menasse dung price Et quant il eut dit ces parolles il commenca a mener moult grant dueil et dist. Ha belle seur clerc/auiourduy departira nostre amour/iamais plus vous ne me verrez. Auiourduy laisseray gascoigne/car iamais ny entreray et sescria a haulte voix. Or deptons tous mes beaulx seigneurs pour dieu soyes prestz/car le besoing est venu/et me a menes les meilleurs cheualiers que vous ayes/se noꝰ pouds tant faire que nous puissions aller iusques au boys de la serpente nous serons eschappez/la nous logerons en labaye de saint ladre et en prendrons labit/et ainsi pourrons nous estre sauluez. Je cognois tant de regnault quil ne nous fera point de mal quant il nous trouuera moynes. Adōc la estoit vne espie qui auoit nom pignaud/lequel estoit si grant quil auoit quinze piedz de long/cest espie alloit aussi tost comme vng cheual quant il vouloit diligenter. Cellup pignaud auoit ouy tout ce que le roy yon auoit dit a ses gens/et quāt il eut tout ouy il le escript dedens vng parchemin/et yssit hors de mōtauban par vne porte que lon appelloit la porte faulcon/et passa le boys de la serpente en peu dheure/ou il encontra regnault ses freres et maugis qui sen retournoient a mōtauban et emmenoient auec eulx grant multitude de prisonniers. Ce grāt larron pignaud nota bien toutes ses choses/puis sen vint au siege q̄ le roy charlemaigne tenoit deuant montaubā et tant exploita quil vint au pauillon de roland/auquel aps quil leust salue il dist. Sire ie vous diray telles nouuelles que asses y pourrez gaigner se croyre me voules et est ce dont vous serez fort ioyeulx.

Bel amp dist roland tu soyes le tresbien venu/quelles nouuelles sont ce dys les nous ie ten prie. Sire dist pignaud sachez q̄ le roy yō sen suyt tout desarme luy et ses gens et ne emmeinent sommiers ne muletz fort q̄ leurs bons destriers/et sen vont dedens le boys de la serpente en vne maison de religion q̄ a nom saint ladre/et luymesmes est delibere de prēdre labit et de deuenir moyne. Par ma soy dist roland ie les iray assaillir a tout quatre mille cheualiers et en vengeray regnault et ses freres/et les feray tous pēdre comme traitres/car ie naimay onques traytres en iour de ma vie/ne iamais ne feray se dieu plaist. Sire dist pignaud encores y a il plus/car iay trouue regnault ses freres et maugis au guet de balancō et emmenoient plusieurs prisonniers de noz gēs/et fault se vous les voulez trouuer aller celle part. Amp dist roland vous aues desserui vng grant guerdon/car bonnes nouuelles nous auez apportees. Adōcques il appella oliuier et luy dist. Oliuier mon amp montes prestement a cheual et menons auec nous guidelon et richard de normendie/et vous sire ogier danemarche vous viendrez auec moy sil vous plaist si verres la grāt prouesse du vaillant regnault le filz aymon/et ne menerons auec nous q̄ quatre mille cheualiers/regnault en a cinq mille bien montes et armes comme il appartiēt/et ainsi nous pourrons combatre a eulx sans nulle auantaige. Certes dist ogier ie iray pour veoir comment vous laures/et quant vous laures prins ie vous promets de vous pre ster une corde si vous en avez mestier. Quant ilz eurent tout devise ilz monteret a cheual & se mirent en la voye/ & le grant ribault les guidoit tout droit au gue de balancon Le roy yon de gascoigne chevauchoit alors parmy les boys de sa serpete auec ses gens & tant chevaucha ql arriua au boys de la serpete ou monastere saint ladre/ou ilz prieret tant labbe qlz les fist moynes de par le dyable. Ce pendant roland & oliuier auec leurs gens arriuerent en labbaye & entreret dedens. Quant labbe les vit venir il leur vint alencontre & tout le couuent chantant. Te deum laudamus. Et quant ilz eurent chante labbe dist a roland. Sire vous soyez le bien venu vous plaist il riens que nous puissions Seigneur abbe nous vous mercions de bon cueur. Sachez q nous querons ceans le plus mauluais traytre du monde que lon appelle le roy yon de gascoigne lequel est ceans/ car ie le veulx pendre comme larron.

Dis respondit labbe/non ferez sire sil vous plaist/car il est deuenu nostre moyne & a prins nostre habit/& pource le deffendrons contre tous hommes Quat roland ouyt ainsi parler labbe il le print par le chapperon & oliuier print le prieur qui estoit dencoste luy/ & les bouterent tous deux si gentement encontre ung pilier de pierre quilz leur firent sortir les yeulx hors de la teste. Et puis roland dist a labbe. Or sus rendez moy ce dyable le roy yon qui est frere de iudas/ou ie vous tueray seurement/car iay iure quil ne commettra iamays trayson. Quant labbe ouyt ce que roland disoit luy & ses moynes sen fuyrent. Et quant roland vit ce il mist la main a durandal sa bonne espee & entra ou cloistre la ou il trouua le roy yon agenouille deuant une ymaige de nostre dame & auoit vestu le froc & le chapperon sur sa teste. Quat roland le vit il le cogneut bien/car il auoit veu aultreffoys auec son oncle charlemaigne. Lors le print & luy dist. Sire moyne de par le dyable scauez vous bien vostre lecon Leuez vous sus en la male heure venez vous en auec moy si verres le roy charlemaigne/car il vous fera pendre comme traytre reprouue mauluais roy & felon/ou sont les quatre filz aymon que a charlemaigne deuez rendre/certes vous serez paye de la trayson quauez faite/& moymesmes vengeray regnault & ses freres. Et quant il eut ce dit il fist monter le roy dessus ung cheual & luy fist bender les yeulx/ & puis luy fist vestir ung chapperon & le mirent a reculons sur le cheual. Le roy yon ne faisoit aultre chose si non regreter regnault & ses freres & disoit. Helas comment ie fiz grant mal quat ie consenty a une si mortelle trayson comme ceste a este. Or doy ie bien mourir dix foys/ car la mort ay bien desseruye. Quant le roy yon eut ce dit il dist a ung de ses priuez ql sentoit auec luy nonobstant ce quil ne veoit goutte. Amy allez a montauban & dittes a regnault quil me vieigne secourir/car il est mon homme & ne preigne mye garde a ma mauluaistie/mais a sa franchise/car sil me laisse mourir il en sera blasme & reprouue a tousioursmais/& ses enfans en seront tenuz a garcons & pour vilz/& sil me peut recouurer ie veulx quil me face tailler la langue dont ie consenty a la trayson ou la teste se bon luy semble/car enuers luy iay bien desserui. Sire dist le cheualier ie ny entreray ia/ car ie scay bien que regnault ny viendra point pour le mal que vous luy auez fait. Si fera dist le roy yon/ ie scay tant de luy quil ne dira iamais le contraire. Sire dist le cheualier ie iray doncques voulentiers puis quil vous plaist/ & dieu veuille que regnault ses freres & maugis vous veuillent venir secourir/car ie cognois que vous en auez bien mestier. Ce pendant oliuier dist a roland. Sire compaings que ferons nous de ce roy cy.

l

Amy dist roland nous se menerons a montfaulcon & laisserons balancon a destre/ ce firent ilz pour trouuer regnault & ses freres, car roland auoit grant voulente de trouuer regnault ses freres & maugis. Beau sire dieu dist ogier le danoys par ta sainte pitié & misericorde ottroye a roland sa priere & volunte qui est q̃ nous puissions trouuer regnault ses freres & maugis pour veoir cõme roland se porteroit, & sil les prediroit ou non, ie scay bien q̃ nul ne pourra abatre son orgueil si non regnault le filz aymon, mais atant laisse a parler de roland, & doliuier, & dogier, & de leurs gens, & du roy yon de gascoigne quilz emmenoiẽt pendre, & retourne a parler des quatre filz aymon.

¶ Comment apres ce que regnault & ses freres furent gueris des playes q̃lz auoyent eues es plains de Vaulcouleurs ilz sen retournerẽt a montauban, mais le roy yon que roland emmenoit pour faire pendre pour la grãt trahyson q̃l auoit fait a regnault & a ses freres manda a regnault quil le vint secourir, lequel y vint incontinent & le secourut. Et roland & regnault se combatirent lung contre laultre/ & la roland & oliuier furent desconfitz par regnault & ses gens.   Chapitre. vij.

En ceste partie dit le cõpte que quãt regnault & ses freres furẽt biẽ gueris par layde de maugis q̃ les auoit gueris ilz se mirent au retour vers montauban, & quant ilz furent la venuz dame clere leur alla alencontre & menoit auec elle ses deux enfans yonnet & aymonet qui auoient tant pleure esgratigne leurs visaiges q̃lz ne leur poissoit yeulx ne bouche, toutesfoys ilz ne scauoient pourquoy ilz le faisoiẽt, car ilz estoiẽt moult ieunes. Et elle pareillemẽt estoit tou te deffiguree de force de plourer & de soy lamenter/car elle scauoit bien côme le roy yon auoit trahy regnault son mary & ses freres & cuidoit quilz fussent mors. Quât elle les vit venir elle en fut moult ioyeuse/& les deux petis enfans couturêt aux piedz de leur pere & de leurs oncles & les vouloiêt baiser. Et quât regnault les vit il les bouta si fort du pied q̃ peu sen faillit q̃l ne les creua/& la dame le vouloit baiser & acoler, mais il nê eut cure/& luy dist. Dame fuyez de deuât moy allez a vostre frere le traytre felon cruel iamais vous naurez mamour/car il na mye tenu a luy que nous ne soyôs tous mors se dieu & nostre cousin maugis ne nous eust secouru apertement. Si vous en allez a/pres luy tout a pied sans compagnie/car vous nen porteres rien du mien & côme maul uaise vous en allez/car vous estes seur du plus traytre & desloyal du monde/& voz en fans ie les pendray/car iay paour q̃lz ne soiêt traytres côme leur oncle. Sire pour dieu mercy dist la dame, ie vous iureray sur les saintz que iauoye doubtâce de vostre allee & par plusieursfoys le vous dis a loccasion du songe q̃ fiz celle nuyt/ & si vous dis que vous ne creussiez mye le roy yon mon frere. Et nonobstant quil soit mon frere iauoye doubtance de ce qui est aduenu. Sire pour dieu vous crye mercy/ car de ce ie nay nulle coulpe/ & ainsi vueille dieu auoir mercy de mon ame, iayme mieulx le moindre doy de vostre pied q̃ tout le roy yon mon frere/ ne que tout le pays de gascoigne. Et quant elle eut ce dit elle se pasma sur les piedz d̃ regnault. Et quât guichard vit la dame pasmee il la print par la main & la redressa & luy dist. Dame or ne vous esmayez/laissez dire a regnault sa voulente/car vous estes nostre dame. Si ne soyez plus a malaise, tant q̃ nous serôs en vie nous ne vous fauldrons/& se regnault vous fault si ne ferons no9 mye/mais vous seruirons de tresbon cueur.

Frere dist richard faisons vne chose. Allôs prier nostre frere regnault quil pardonne a ma dame nostre seur son maltalent/car elle nya nulle coulpe/ se nous la eussions voulu croyre nous ny fussions mye allez. Maintenât nous deuons considerer les vers & les gris manteaulx derminés, les bons cheuaulx & les palefroys que ma dame nous a donnés, souuent plus que regnault ne faisoit. Si luy rendôs le guerdon/car elle en a maintenant mestier/& au besoing voit on lamy. Par ma foy se dist alard vous dittes bien. Et lors sen vont a regnault & le ti terent a part & puis alard luy dist. Beau frere pour dieu ne soyez mye si ire/vo9 scauez que ma dame na nulle coulpe de la trahyson que son frere le roy yon nous a faite/& se vous leussiez voulu croyre nous ny fussions mye allez/pourquoy nous vous prions q̃ vous luy vueillez pardonner. Lors dist regnault/pour lamour d̃ vous ie lottroye & luy pardonne mon maltalent. Quât les freres louyrent ilz en furent moult ioyeulx/ & sen vindrent a dame clere & luy dirent. Dame ne vous esmayez de riens/ car nous auons fait vostre paix. Lors la prindrêt chascun p vne main & la menerent deuers son mary. Et quant regnault la vit il la print par le menton & la baisa par grât amour. Et adôc commêca la ioye & la grant feste a montauban/ & puis on laua les mains pour mêger/ & ainsi comme ilz estoient a table le messagier du roy yon vint a regnault. Et quant il fut deuant regnault il luy dist. Sire le roy yon vous mande de par moy que vous le ve nez secourir ou aultrement il est mort, car roland & oliuier lemmeinent pendre a mont/ faulcon/& le faites sire sil vous plaist pour dieu/ & ne regardez mye a sa mauluaistie, mais a vostre bôte/car nostreseigneur iesucrist pdonna a marie magdaleine & a lôgis

l ij

leurs pechez. Il scet bien quil a mort desservie envers vous/ ꝙ se vous le tuez il vous pardonne sa mort. Dieu confonde dist alard qui y mettra ja les piedz ꝙ qui le rachetera ja dung seul poil de paille ꝙ mauldit soit roland le nepueu de charlemaigne sil ne se peut comme ung traytre prouurer. Quant regnault eut entendu ce ꝙ le messaigier dist il baissa la teste ver terre ꝙ pensa une grant piece sans mot sonner, ꝙ quant il eut assez pensez il commence a plourer en regardant ses freres, car ung bon cueur ne peult mentir quant il vient au besoing, lors dist une bonne rayson comme noble chevalier. Seigneurs dist regnault a ses freres ꝙ a ses gens/ oruppez ce que ie vueil dire. Vous scauez comment ie fuz desheritie a paris a moult grant tort par une feste de penthecoste que charlemaigne tenoit sa court planiere au palays ou il auoit belle compaignie de grans seigneurs, car il y auoit troys cens cheualiers de nom ꝙ darmes, ꝙ cent que ducz que contes ꝙ plus de cinquante euesque ꝙ plusieurs barons/ ꝙ adonc fut occis le duc beuues daigremont qui estoit si bon cheualier comme chascun scet. Jen demanday amendement a charlemaigne deuant toute sa court dont le roy charlemaigne men iniuria moult grandement. Quant ie vis que le roy me reprouuoit ainsi ien fuz moult courrouce ie regarday mes freres ꝙ cogneu leurs voulentez ꝙ veope mes ennemys deuant moy si ne stoit mye mestier de les aller querir aultre part. Il ne souffist mye de ce que ie auoye este oultraige par le roy charlemaigne/ mais puis me oultraga berthelot son nepueu moy et luy iouant aux eschez/ pourquoy ie prins lescheiquier ꝙ luy en donnay tel coup parmy la teste que ie le tuay/ ꝙ loupset ung aultre nepueu de charlemaigne vouloit occire mon frere richard ꝙ lauoit ia moult fort naure, mais ie le frappay dung poing tellement que ie le tombay mort a terre a mes piedz. Et quant charlemaigne sceut ce il me vouloit faire occire ꝙ les membres coupper/ mais mon lignaige ne le souffrit mye, car il y eut grande meslee/ ꝙ tellement quilz y eut maintz coupz donnez. Quant la meslee fut finee ie montay sur bayard ꝙ y fiz monter mes freres ung deuant ꝙ deux derriere/ ꝙ men vins en ardayne ou ie fiz faire ung chasteau ꝙ la charlemaigne me vint asseiger, ꝙ me fist forjurer de mon pere ꝙ iamais nauroye riens du sien/ ꝙ aussi me fist forjurer de tous mes parens ꝙ ny eut homme si hardy qui me osast celler ung iour. Beaulx freres vous scauez bien la grant poureté que nous auons endure long temps/ ꝙ quant ie vis que ie ne scauoye ou aller ie men vins en ce pays a telle compagnie comme vous scauez ꝙ parlay au roy yon ꝙ luy diz comme iauoye guerre contre charlemaigne/ ꝙ il me demonstra grant amour ꝙ me fist grant honneur tant quil me donna sa seur a femme/ ꝙ une duche ꝙ me fist fermer montauban/ ꝙ daultrepart mes enfans sont ses nepueuz/ dont lung porte son nom yonnet/ ꝙ vous le voyez cy/ ꝙ ie luy acquitay sa terre ꝙ tout son pays, ꝙ tous les orguilleux de son pays ie les fiz venir a iube ꝙ a sa mercy. Je ne lay trouuez en forfaiture, mais charlemaigne est si grant ꝙ si trespuissant roy/ ꝙ vous scauez bien quil a maintz preudommes vaincuz ꝙ deshonourez/ ꝙ pour doubte de luy le roy yon nous trahyt dont il nest point trop a blasmer veu que contre le roy charlemaigne nulle chose na pouuoir. Se le roy yon me rendit a charlemaigne ce fut par mauluais conseil que aulcuns de ses faulx barons luy donnerent/ ꝙ oncques dieu ne fist si preudomme que par mauluais conseil ne mesprenge aulcunesfois/ ꝙ comment le puis ie laisser quant ie ne lay point deffie il me semble ꝙ ie luy doy bonte contre grant felonnie, pource vous prie tous ꝙ vous vous vueillez appareiller, car ie le vueil aller secourir. Ce seroit grant reprouche a mes enfans que leur oncle eust este pendu côme larron & si nous seroit grant desshonneur, car il est nostre seigneur. Sil ayt mal fait nous deuōs bien faire, & ne deuōs mye oublier toutes les bontes quil nous a fait. Par ma foy dist alard vous irez donc sans moy, car ie ny mettray ia les piedz. Jamais traytre ne doit auoir secours ne ayde. Ne moy dist guichard ie ny entreray ia. Ce dist richard si ferez sil vous plaist puis que regnault le veult, car il est nostre seigneur & nostre bien, & pource vous prie beaulx freres que vous obeissez a luy. Quant regnault eut conclud quil yroit au secours du roy yon maulgre alard & guichard tous les gascons commencerent a crier. Benoiste soit leure que regnault fut oncques ne, car nul homme terrien ne le vault de bonté & de prouesse. Et lors dirent a regnault. Sire nous vous rendrōs le pays de gascoigne & vous en serons seigneur, & iamais aultre roy ny aura en gascoigne fors que vous tāt que vous serez en vie. Si que pour dieu tresdoulx sire ne souffrez que le roy yon soit pendu, car ce seroit ung grant desshonneur au royaulme de gascoigne que lon eust pendu leur roy. Par ma foy dist regnault vous dictes vray. Et lors print la trōpette & la sonna troys foys si tressfort quil en fist tout le chasteau de montauban retentir, & incontinent sans demeure sen allerent armer tous ceulx qui ouyrent le son de la trompette & vindrēt deuant regnault. Et quant ilz furent tous appareillez regnault monta sur bayard lescu au col la lance au poing & furent bien six mille a cheual, & bien mille a pied, et quāt ilz furent hors de montauban regnault parla a ses gens & leur dist. Seigneurs souuienne vous que vostre seigneur est en grant danger de mort, & que se nous ne nous maintenons fort il est mort sans remede. Pourquoy ie vous prie a tous que facez huy telle chose qui nous tourne a honneur. Quant regnault eut dit ces parolles il se tourna deuers ses freres & leur dist. Beaulx freres voꝰ scauez que roland me hayt mortellemēt & nō mye par ma deffaulte, mais seulement par enuie, pourquoy ie vous prie que pensez auiourduy de moy, car ie vous dy que vous verrez huy que ie seray bon cheualier, & comment que auiourduy soit abaisse lorgueil de roland ou le mien. Quāt alard ouyt ainsi parler regnault il luy dist. Et de quoy vous esmayez vous, soyez certain que tāt que nous aurons vie au corps nous ne vous fauldrōs. Et a ceste parolle ilz se mirent a la voye. Et regnault print deux mille cheualiers & les bailla a alard & a guichard, & leur dist. Beaulx freres vous ferez lauangarde, & gardez bien vostre desroy. Et moy & mon frere richard ferons larriere garde. Sire dist alard nous le ferons bien se dieu plaist. Et lors cheuaucherent leur chemin & cheuaucherent tant quilz virent les gens de roland de bien pres. Et quant alard les vit il se arresta & manda a regnault quil se hastast de cheuaucher, car ilz auoient trouuez leurs ennemys. Et quāt regnault sceut les nouuelles il se hasta moult fort de cheuaucher, & vint a alard en peu deure. Et quāt il vit ses ennemys il mist ses gens en arroy & deuisa ses batailles honnestement comme il scauoit bien faire.

ET quant roland vit tant de gens il appella larceuesque turpin & guidelon de bauiere & leur dist. Seigneurs or regardez ie voy la plusieurs gens armez, pourroit ce estre regnault & ses freres dont la renommee est si grande, & de leur cousin maugis le subtil cheualier. Sire dist larceuesque turpin ouy ce sont ilz vrayemēt, & vous diz quilz se sont bien a cognoistre par tout ou ilz sont & vous dy que nous ne nous pouons sauluer sans auoir meslee auec eulx. Quāt ogier

f iij

dit regnault il ioingnit les mains vers le ciel & dist. He dieu loué soyes tu quant tu as souffert que roland a trouué le vaillant & preux cheualier regnault & ses freres & maugis leur cousin. Certes qui me donneroit mille marcz dor ie ne seroye pas si ioyeulx car roland a tout son desir. Or verray ie maintenant comment il se portera contre regnault ses freres & maugis. Et quant il eut ce dit il se tourna deuers roland & luy dist. Roland or auez vous ce que vostre cueur a tant desire/certes ie suis moult ioyeulx de ce q trouuez les auons/maintenant nous verrons comment vous les prendrez. Et se vous pouez tant faire que vous les preignez vifz non pas mors/& que vous les emmenez au roy charlemaigne qui vous en scaura grant gre/& sera bayard vostre que tant auez desire & la guerre toute faillie.

Sier ogier dist roland ce sont reprouches que vous me dittes/mais par saint denis de france vous verrez auant le vespre lequel en aura de nous deux. Roland dist ogier, or y perra que vous ferez. Quant roland cogneut quil auroit meslee auec ses ennemys, il ordonna toutes ses batailles ainsi quil scauoit bien faire. Puis apres mist toutes ses gens en ordonnance le mieulx quil peut. Quant regnault vit q roland ordonnoit toutes ses batailles, il appella ses freres & leur dist. Seigneurs veez venir les francoys/veez la roland/oliuier/& le duc naymes de bauiere/& ogier le danoys. Vous demourerez icy pour faire larriere garde/& se nous auons mestier dayde si nous venez secourir. Sire dist maugis vous faictes trop long sermon, desliurez vo9 car nous demourons trop dassaillir roland. Cousin dist regnault vous dittes bien & parlez come bon cheualier. Encores nay ie cheualier qui mieulx ne plus saigement me conseille que vous/& auec ce estes vaillant & preux aux armes. Or pensez de bien vous maintenir/& ie me voys des premiers pour oster lorgueil d roland qui est moult grant comme chascun le scet/& prie a tous vous aultres que chascun mette peine a faire son debuoir. Et quant alard guichard & richard entendirent q regnault se vouloit esprouuer contre roland ilz commencerent tous a plourer & dirent en ceste maniere. Ha frere regnault voulez vous que nous soyons tous mortz & perilz a ceste foys vous ne vous pouez mieulx occire que de vous esprouuer contre roland/car il est trop preux & ne peut estre naure de fer. Nous vous prions que laissez ester roland & combatez les aultres a vostre vouloir. Seigneurs dist regnault moult bien auez parle/bien scay que roland est preux & hardy & qui nest son pareil au monde de cheualerie/mais iay le droit & il a le tort qui luy pourra bien porter grant preiudice & grant dommaige/& pource pour riens ne laisseroye que ie naille batailler contre luy/& vous prometz que sil veult paix il aura/& sil veult bataille il aura/car ie vous iure que iayme mieulx a honneur mourir que plus ainsi miserablement languir. Pource vous prie que de ce plus ne me parlez/mais pensez de moult bien assaillir noz ennemys, car nous auons a faire a plusieurs nobles & vaillans cheualiers. Cousin dist maugis pensez de bien assaillir/& se dieu plaist vous serez tresbien secouru. Adonc le vaillant cheualier regnault se mist deuant lescu au col & la lance ou poing monte dessus bayard qui adonc bien ressembloit vng vaillant cheualier. Quant roland vit venir regnault & ses gens si bien ordonnez il les monstra a oliuier & luy dist. Compaings que vous semble de ces gens. He dieu comment ilz viennent moult bien ordonnez. Plus sceut regnault de guerroyer que cheualier qui soit au monde/& est si gracieux qui ny a si poure cheualier dont quil viengne sil bient a luy quil ne soit le tresbien venu/& aussi se il vient a pied quil ne le mette a cheual/& sil est poure & mal en point il le remet tantost dessus. Nest ce mye grant bonte dist oliuier. Certes ouy dist roland & il fait bien/car aultrement ne pourroit il durer contre mon oncle le roy charlemaigne. Il est noble cheuallier & me semble qľ a trops foys plus de gens que nous/dont il nous pourroit bien gaigner se nous ny prenons aultrement garde/car luy & ses freres sont subtilz.

Oliuier dist roland vous dittes vray mais vous scauez q̃ les gascons sont gens aussi couars qľ en ya point au monde & ne peulent endurer coup desspee/pourquoy tãtost se mettẽt en fuyte. Il est vray dist larceuesque turpi mais i'z ont vne si bonne guyde que meilleur nen a point au monde/& sachez que le vaillant hõme fait arrester ses hommes pres de soy & est le vaillant hõme mirouer & epemplaire aux aultres de bien faire. Quant roland ouyt ce a peu quil nen ragea pource quon louoit tãt regnault & ses gens/adonc il picqua son cheual des esperons & esloigna bien ses gens dunã grant trait darc & vint contre regnault. Et quant regnault vit venir roland tout seul il dist a alard. Beau frere gardez sur tout tant que vous maymez que vous ne vous bougez dicy ne nuľ õ voz gens iusques a ce que ie retourne õ la ou est roland que ie voy la tout seul. Et quant regnault eut ce dit il picqua bayard des esperons & sen vint contre roland si durement qui sembloit a ceulx qui le regardoiẽt que bayard volast/car le plus petit sault que il faisoit cestoit de .xxx. piedz & plus. Et quant il fut prest de roland ainsi que pour iouster/regnault descendit a pied & mist sa lãce a terre & lya bayard affin quil ne bougast & dessceignit ssãberge son espee & sen vint deuant roland/& luy presenta & se mist a genoulx deuant luy & luy basa les piedz tout en plourant/& luy dist. Damps roland ie vous crye mercy par ycelle pitie q̃ nostreseigneur eut en larbre de la croix de sa glorieuse mere quãt il la cõmanda a saint Iehan vous priant que vous ayez mercy de moy. Vous scauez bien q̃ ie suis vostre parent/& combien que soyons poures moy & mes freres serõs voz hommes/& vo⁹ donray bayard mon bon cheual & vous remettray mon chasteau de montauban/moyennant q̃ prouchasserez ma paix enuers le roy charlemaigne vostre oncle. Et sil vous plaist ce faire ie le feray accorder a mes freres/& soiurray frãce a tout mon viuant/& vo⁹ promets que ie men iray oultre mer moy maugis & mes freres faire guerre cõtre les sarrasins. Tresdoulx sire sil vous semble que ie dye bien si le faictes si vous pouez/car se vous le pouez faire vous aurez vng bon compagnon & seruiteur en moy. Grant pitie eut ledit roland quant il ouyt ainsi parler regnault & commenca a plourer moult tendrement/& puis luy dist. Par dieu regnault ie nen oseroye parler se vous ne luy rendez maugis. Helas dist regnault iamais ne le feroye pour mourir/car maugis nest mie hõme a bailler pour paix auoir/& lors se dressa & print son espee & son escu & sen vint a bayard & mõta dessus sans mettre le pied en lestrief & puis print sa lance en son poing Et quant il fut bien appareille il sen retourna vers roland/& luy dist. Roland sachez que ie ne vous criray iamais mercy pour paour que iaye de vous. Mais ie vous criray mercy pour vous faire honneur pource que vous estes de mon parente/mais puis que ie voy que vous estes si orgueilleux que vous ne voulez riens faire pour moy ne pour ma priere/or vous fais vng bon party affin que vous ne puissiez pas dire aux barons & aux bons cheualiers de france que regnault vous ayt crye mercy pour paour.

Le cas est tel. Vous aues beaucoup de gens auec vous/ et icy ay aussi la mercy dieu assez/ et se noz gens se assemblent il ne peut estre qu'il n'y ayt grant dōmaige d'ung cousté et d'aultre/ mais se voꝰ voulez nous cōbatrons nous deux sans aultre. Et se ie suis vaincu par vous vous me menerez au roy charlemaigne q'en fera a son bon plaisir/ et se ie vous puis conquerre vous en viendrez auec moy a montauban par tel couenant que vous n'aurez ne mal ne honte non plus que ma personne.

Estez vous ce que dit auez dist roland. Ouy sans faulte dist regnault. Par mon chief dist roland vous le me affermerez. Certes dist regnault voulentiers. Et lors luy iura sur la part qu'il attendoit auoir en paradis de tenir loyaument ce qui auoit esté deuisé. Regnault dist roland ie vueil aller prēdre congé d'oliuier mon compaignon/ car ie luy ay promis q toutes les batailles que ie entreprendray qu'il les peut faire s'il luy plaist. Allez dist regnault et ne demourez gueres. Et lors s'en tourna roland vers ses compaignons. Et quant il fut a eulx venu hector le filz oedon/ et oliuier/ et ogier le danops luy dirent. Sire roland que dit regnault auez vous parlé a luy. Ouy dist roland. Et que vous ensemble. Certes dist roland regnault est ung sage cheualier et bien apris/ car il m'a requis de cōbatre corps pour corps et que noz gens se tiendront quoy d'ung cousté et d'aultre. Roland dist oliuier vous en ferez a vostre bon plaisir/ mais ie cōseille que vous y allez/ car tant comme ie viuray ie ne seray point ennemy a regnault seulement pour sa valeur/ car regnault est cheualier de bien. Quant l'arceuesque turpin et hector le filz oedon et les contes ouyrēt ce ilz cōmencerēt a dire. Roland qu'est ce que vous voulez faire pour dieu mercy et ne le faictes mye/ car regnault est de vostre parēte et du nostre et se vous le mettez a mort iamais ne vous pourrons aymer. Sire laissez le plet d regnault et faites assembler voz gens auz gens de regnault/ car il vault mieulx que voz gens soyent mors ou prins que l'ung de voꝰ deux fust mort. Voulez vous qu'il soit ainsi dist roland. Ouy sire s'il vous plaist. Certes dist roland il me plaist tresbien. Et lors dist a tous ses gens. Seigneurs pēsez de vous bien deffendre/ car le besoing en est venu. Sire dirent les aultres n'ayez doubtance de riens/ bien ferons vostre cōmandemēt. Et lors se mirent en arroy/ et puis roland crya montioye saint denis. Et quant ce vint aux lances baisser, lors eussiez veu maintz cheualiers tresbucher et maintz cheuaulx courir par les champs sans maistre/ tant que c'estoit grant pitié a voir la grant destruction des cheualiers que l'on faisoit illec. Quant regnault vit que les deux ostz faisoient assemblee d'une part et d'aultre il picqua bayard des esperons et se mist en la plus grāt presse des frācoys et frappa ung cheualier si durement parmy la poitrine qu'il l'abatit a terre luy et son cheual. Et puis en frappa ung aultre que pour l'escu ne pour l'aubert ne demoura qu'il ne luy mist le fer de la lance oultre le corps et tomba tout mort a terre. Et lors brisa sa lance/ puys mist la main a son espee et commenca a cryer montauban tant comme il peut. Et lors fist si grant abatement des francoys que nul ne se osoit trouuer deuāt luy/ mais le vont toꝰ fuyant comme la mort. A brief parler regnault fit tant par son effort et par la haulte cheualerie de ses freres qu'il rompit la premiere bataille des frācoys voulsissent ou nō. Quant le petit richard frere de regnault vit que les frācoys estoient baratez il cōmenca a cryer dordōne tant cōme il peut et se mist en la greigneur presse/ et cōmenca a faire si grant abatement de gens q c'estoit merueilles a veoir/ et regnault ne batailloit point pour le regarder. Et richard qui ne se pouoit lasser de coupz donner, lors cōmenca a cryer son frere et dist. Regnault beau frere ou sont voz grans coups allez que vous souliez feire. Helas frappez par dedens, car ilz sont desconfitz, faites que les francoys ou guilleux ne se puissent gaber de vous, et faisons telle chose que lon parle de nous iusques a paris. Quant regnault ouyt richard ainsi parler il commēca a soubrire, et puis picqua bayard et commenca de mieulx ferir que par deuant. Qui adonc vist ses grans coupz despartir il eust bien peu dire que nul charpentier ne scauroit si bien frapper en boys comme regnault faisoit sur les heaulmes et sur les escuz des francoys. Et quant les francoys virent que la desconfiture tournoit sur eulx ilz commencerent a appeller roland et luy dirent. Ha roland et que faites vous que ne venez vous secourir voz gens ilz sont mors se vous ne les secourez. Roland entendit ces parolles dont il fut moult courrouce. Et quant il vit tous ses gens a tel martyre liurez, il escrya montioye saint denis, et puis picqua son cheual et se mist dedens la meslee, et alloit cryant regnault ou estes vous allez veez moy cy tout prest pour faire la bataille que vous me demādastes. Quant regnault se ouyt ainsi nommer il mist son espee en son fourreau et print une lance courte et grosse, et quant il eut saisie il vint celle part ou roland estoit et luy dist. Ou estes vous roland auez vous paour de moy q̄ tant auez demoure ie vous deffie or gardez vous de moy. Et vous de moy dist roland. Lors picquerent leurs cheuaulx et vont iouster lung contre laultre. Et quant les francoys et les gascons virent ce ilz se retrayrent arriere pour veoir les ioustes des deux preux cheualiers, car a la verite dire il nē auoit point de telz au monde.

Q̄uant salomon de bretaigne et hector le filz oedon virent que les ioustes se faisoient ilz se mirent a plourer moult tendrement et sen vindrent au duc naymes, et a larceuesque turpin, et a oliuier et leur dirent. Comment seigneurs souffrez vous que deuant vous soit occis et mys a mort ung des meilleurs cheualiers du monde et lhōme du siecle q̄ nous deuions plus aymer. Certes dist le duc naymes ce sera grant douleur a veoir. Et lors sen vint a oliuier et luy dist. Je vous prie que vous allez a roland et luy dittes de par nous tous quil ne doit point cōbatre a regnault a lespee, mais preigne une lance et la brise sur regnault pour acquiter sa foy, car sil occit regnault nous ne laimerons iamais. Seigneurs dist ogier laissez ce ester vous ne cognoissez mye regnault si bien comme ie fais. Regnault nest mye enfant pour si legierement espouenter comme vous cuydez, laissez leurs faire, car par la foy q̄ vous doy roland sera tout las aincoys quil soit retourne, et aura aussi grant voulente de laisser la bataille comme regnault aura, et que roland ny vouldroit estre alle pour une des meilleurs citez que le roy charlemaigne aye. Ogier dist hector vous en parlez comme par enuie. Certes se vous estiez pour combatre a roland vous diriez aultrement que vous ne dittes. Et lors dist a oliuier. Tresdoulx sire faites celle bataille demourez se vous pouez. Seigneurs dist oliuier, voulētiers puis quil vous plaist. Et lors vint a roland et luy dist tout ce que les barons luy mandoient. Compaing dist roland dieu les confonde, car ilz tollent auiourdhuy le desir de mon oncle le roy charlemaigne. Et lors se tourna vers regnault et luy dist. Sire regnault vous auez essaye de mon espee, mais non mye de ma lance courte et grosse. Roland dist regnault se vous laissez vostre espee ie ne voꝰen scay ne gre ne grace. Touteffois ie ne voꝰ doubte riēs, mais acheuons nostre bataille & a q̄ dieu en donra si en ayt. Roland ne le voulu mye/ mais fist cōme hōme courtoys & fist ce cōme les barons luy mandoiēt, car il print vne lance & alla courir sur regnault tant cōme il peut/ & puis quant regnault vit ce il alla courir cōtre roland & se frapperēt si duremēt quilz firent vouler leurs lances en pieces Et quāt ilz eurēt froisse leurs lances ilz sentrēcontrerēt des escuz si tresfort q̄ leurs cheuaulx/cestassauoir melentis & bayard sen allerēt chancellant, mais de se coup roland fut abatu luy & son cheual en vng monceau p̄ terre/& regnault sen passa tout oultre cryant montaubā tant cōme il peut. Je vo⁹ dy pour vray que oncques roland ne cheut pour coup de lance fors q̄ a celle foys, mais il nestoit pas de merueilles/car il ne se peut pas tenir de cheoir puis que son cheual luy estoit failly.

A Donc quant roland se vit ainsi abatu il en fut mal cōtent. Lors se dressa moult pstement & mist la main a son espee & vint a son cheual melētis pour luy tailler la teste & cōmenca a dire/mauluais roffin todu il sen fault peu que ie ne te occie quāt tu tes laisser tomber pour le coup dung seul garcon/ iamais ie nauray en toy fiance. Se maist dieu roland dist regnault vo⁹ auez tort/car il ya long temps q̄ vostre cheual ne mengea/& pource ne peut trauailler/ mais bayard a bien menge ceste nuyt/& pource est il plus fort que le vostre. Benoiste soit leure q̄ onc ques fut ne. Et lors descendit regnault a terre pource que roland estoit a pied. Quant bayard vit son maistre qui estoit a terre il courut sur melentis le cheual de roland & le frappa des piedz d̄ derriere, si duremēt q̄ peu sen faillit q̄l ne luy rōpist la cuisse. Quāt roland vit ce il en fut grandemēt courrouce & courut sur bayard pour luy trēcher la teste. Et quāt regnault le vit il dist. Roland quest ce q̄ vous voulez faire/ il nappartiēt mye a vous de frapper vne poure beste/mais si vous voulez faire armes venez a moy non mye a mon cheual, car ie vous en donray assez/& tant q̄ vous serez tout las quant vous partirez de moy/mais gardez que ne vous occie/laissez ester bayard/ car il nya au mōde meilleur beste. bien le monstra quant il gaigna la couronne de charlemaigne vostre oncle en vostre presence/sil me fait ayde il fait son debuoir & ce que bō cheual doit faire. Tournez a moy vostre escu si verrez comment flamberge taille. Regnault regnault dist roland ne menassez mye tant/ car auāt quil soit auiourduy vespre vous verrez chose qui ne vous plaira mye.

Il ne pleut mye a regnault quant il entendit ces parolles & trembla tout de maltalent/& incontinent il courut sur roland & luy donna sur son heaulme vng si grāt coup q̄l se desrompit tout & le coup descendit sur lescu/ & en trencha vng grāt quartier & du aubert aussi/mais de la cher ne trencha il point Et quant regnault eut fait ce coup il dist par mocquerie a roland. Que vous semble de mon espee trenche elle bien ou non/ie nay mye failly a ce coup. Or vous gardez de moy/ ie ne suis mye si garcon comme vous me faites. Quant roland sentit le grant coup q̄ regnault luy auoit donne il en fut moult espouentez/si se retrayt arriere pource quil ne vouloit pas que regnault le frappast a celle foys/si mist la main a duradal sa bonne espee & courut sur regnault/& regnault mist lescu encontre. Et roland fiert en le scu si grāt coup q̄l fendit lescu p le millieu tout oultre/& le coup descendit sur le heaulme & ny fist nul mal. Quāt roland eut fait son coup il dist a regnault. Vassal or vous ay ie rendu ce q̄ vo⁹ me pstates or sommes no⁹ p̄ egal/ or verray ie q̄ cōmencera/p ma foy dist regnault mauldit soy ie se ie me faius maintenant/ car par auant ie ne me faisoye que iouer ne iamais vostre frāchise ne vo' vauldra riens encotres moy q̄ ie ne mette vostre orgueil tout par terre. Regnault dist roland se vo°se faites vous serez merueilles. Et tout ainsi cōme ilz vouloiēt recōmencer la bataille a tant vint maugis a toute sa cōpagnie a dist a regnault. Cousin montez dessus bayard, car ce seroit trop grant dōmaige se vous ou roland estiez mors. Et illec vint ogier a oliuier a firent monter roland sur son cheual/ mais bien sachez q̄ ogier neust mye este si ioyeulx q̄ luy eust donne vne cite cōme il estoit de ce que regnault auoit abatu roland. Et quāt ilz eurēt remonte roland ilz cōmencerēt vne grande bataille moult cruelle a si felonneuse que cestoit grant pitie a veoir, car lung tuoyt laultre sans nulle mercy.

Roland voyant que sa bataille estoit toute messee il auoit le cueur si enfle de ce q̄ regnault lauoit abatu, quil cōmenca a cryer tant cōme il peut. Ou estes vous asse regnault le filz aymon tournez vous dune part a finerons nostre bataille, car on ne scet encores eslire le meilleur cheualier d̄ no' deux. Sire dist regnault vous auez courage dung cheualier pour cōquerre honneur, se nous bataillons icy noz gens ne le souffriroient pas, mais faisons vne chose que ie vous diray. Vous estes bien mōte a moy aussi passons la riuiere a nous en allons cōbatre au bops de la serpente cest vng moult delectable lieu. Et la nous pourrons combatre que nous ne serons ia despartiz a la pourrons finer nostre bataille, a a qui dieu en dōnera lonneur si le preigne, cest le meilleur selon mon aduis. Certes dist roland vo° auez bien parle, a ie lottroye cōme vous auez dit. Et lors picquerent leurs cheuaulx pour aller aux bops de la serpente, mais oliuier sen print garde a print roland par la bride a le retint voulsist ou non. Et regnault sen alloit pour passer sa riuiere sur bayard qui couroit comme le vent, a alloit si roydemēt quil faisoit la terre trembler par la ou il passoit. Et ainsi cōme il sen alloit il regarda deuāt luy a vit le roy yon q̄ bien quatre vingtz cheualiers enuironnoient pour doubtance que regnault a ses freres ne le secourussent a lemmenoient moult honteusement comme deuant ouy auez. Quant regnault vit le roy yon il en fut moult ioyeulx, a dist adonc. He beau sire dieu loue soyez vous quant vous m'auez ottroye vne si belle aduenture. Et lors mist la main a son espee a picqua bayard des esperōs a crya tant comme il peut. Laissez le roy yon mauuaises gens, car vous nestes pas dignes de mettre la main a luy. Et lors se mist par dedēs culx a frappa vng cheualier pmy le heaulme si rudement q̄l le fendit iusques aux dens a labatit mort par terre. Et quant les aultres virent venir regnault entre eulx ilz se mirent en fuyte, a direnr lung a laultre. Dont dyable est venu maintenant ce mauluais a cruel homme. Fuyons fuyons mauldit soit il de dieu qui lattendra, car qui se fera tuer a son essient iamais son ame naura pardon, a lors se mirēt au plus espes d̄ la forest a laisserent le roy yon quilz emmenoiēt prisonnier, a regnault sen vint tout droit a luy a le descēpa a luy deslia les yeulx, a puis luy dist. He mauluais roy comment eustes vous le cueur de nous trahyr si faulcement comme vous auez fait, moy a pareillemēt mes freres, vous fismes nous oncques chose qui vous despleust, il nest mye demoure p̄ vous q̄ nous ne sommes pēduz, mais faulx a desloyal roy ie vo° trēcheray la teste tout maintenant si en vengeray mes freres a moy, chetif scroge a mauuais hōme q̄ vous estes. Quant le roy yon vit regnault qui sauoit deliure il sagenouilla deuant luy a luy dist.

Certes noble cheualier cest bien rayson quon me occyr/car iay vers vous & vos freres comps vne si cruelle trahyson q oncques ne fut veu la pareille/mais ie vous prie pour dieu puis quil fault q ie fine mes iours que vous mesmes me trenchez la teste & ne faictes faire par aultre que par vous/& apres faictes tyrer ma langue hors de ma bouche de laquelle ie dittay la trahyson & la faictes mãger aux chiens/car ie lay bien desseruy & assez plus grant martyre. Tout cecy ma fait faire le conte daniou & le conte anthoine. Or me despechez tost pour dieu/car si mauluais traptre côme ie suis ne doit pas viure/ie ayme trop mieulx que me occiez que le cruel charlemaigne. Adõc regnault dist au roy yon. Sus tost montez a cheual/bien en aurez vostre desserte. A present ie laisse a pler du roy yon de regnault & de ses freres qui estoient au boys de la serpente la ou regnault attendoit rolant pour se combatre comme il luy auoit promis/& retourne a parler de rolant & doliuier qui parloient a seurs gens pour compter vne partie de leurs affaires/& comment ilz auoient este desconfitz.

¶ Comment apres ce que regnault eut secouru le roy yon en celle mesme heure il y eut vne merueilleuse iournee entre regnault & les francoys/car rolant y fut bien batu & plusieurs aultres/dont ogier fut bien ioyeulx a cause que rolant lauoit appelle traptre/& aussi il cogneut que les quatre filz aymon nestoient mye si legiers a desconfire comme par auãt rolant disoit/& a ceste cause y cupda auoir meslee entre rolant & ogier/mais les aultres barons les despartirent/& en cellup rencontre richard le frere de regnault demoura prisonnier a rolant. chapitre.viii.

Le compte dit en ceste partie que de puis que regnault partit de la bataille pour aller combatre corps a corps a roland au temps de la serpente/roland et oliuier & ogier se cōbatirent a alard guichard & le petit richard & a maugis & a leurs gens/& y fut la bataille si dure & si aspre dune part & daultre quil y eut grant dommaige/mais a la fin la desconfiture tourna sur roland & sur ses gens. Et atant vint quil fut force que roland & oger sen retournassent desconfitz, car ses trois freres & maugis leur firent si grant effort darmes quilz en eurent le pris icelluy iour. Et ainsi cōme roland sen retournoit tout descōfit il baissa la teste de sa grāt honte quil auoit/& ogier luy dist. Seigneur roland qui vous a ainsi atourne vostre escuie voy naure vostre cheual en la cuysse & en la crope. Il est tombe sur destre & vo⁹ aussi il y appert a vostre coste/ie cuyde que vous auez trouue regnault le filz aymon. Lauez vous amene auec vous ou lauez vous mys. Quāt roland entendit le reprouche q̄ ogier luy faisoit il en fut si pres a peine quil ne perdit le sens/ si mist la main a son espee & courut sur ogier pour le frapper, mais quant oliuier vit ce il pūt roland p le frain/ & le conte pdelon print ogier/& en ce point les departirent. Et ainsi cōment ilz furēt departiz & q̄ roland sen alloit/le petit richard vint la q̄ cōmenca a crier tant cōme il peut Damps roland foullemēt vous en allez, retourne moy cestuy escu si faisons vne iouste. Vassal dist roland ie le vous ottroye p ma foy. Et lors ilz picquerēt leurs cheuaulx des esperons si duremēt que roland abatit richard luy & son cheual par terre. Et quāt richard se vit ainsi par terre il se releua moult prestement & puis vint a son cheual & remonta dessus sans mettre le pied a lestrief/& quāt il fut mōte il mist la main a lespee & se deffendit moult noblement contre ses ennemys.

Quant roland vit & cogneut que cestoit vng des quatre filz aymon il en eut tant grant ioye quil luy estoit aduis quil fust en paradis/ & incōtinent commenca a cryer montioye/& dist or a suy mes amys, car sil vous eschappe ie le diray a charlemaigne. Quant les francoys virent que roland vouloit prendre richard ilz se mirent tous sur luy & luy getterent plus de quarāte espee tout ensemble. Si aduint q̄ son cheual fut occis dessoubz luy & abatu a terre. Et quāt richard vit son cheual par terre il en fut moult esbahy & se dressa legierement & mist la main a son espee & frappa le conte anthoine si grant coup quil se naura moult mallement. Hu mal le breton vit ce & frappa richard. Et richard le frappa si grāt coup que luy & le cheual versa par terre & le naura duremēt a mort. Quant roland vit richard a terre il luy dist. Or vous rendes ne souffrez mye que nous vous tuons, car ce seroit grant dōmaige. Sire dist richard ie me rendray a vous & non a aultre/ car a meilleur que vous ne me pourroye rendre. Lors luy bailla son espee & roland la print moult voulentiers & se fist monter sur vng mulet & ainsi lemmenerēt. Helas quel dommaige ce sera se richard est pendu. Il est bien assez pres de lestre se dieu & maugis ne le deliurent. Toute ceste meschance vit vng varlet de richard. Et quant il vit que lon emmenoit ainsi son maistre richard il picqua son cheual des esperons & passa la riuiere & sen vint a regnault & luy dist. Sire ie vous apporte mauluaises nouuelles. Sachez que roland emmene richad pour prisonnier moult villainement. Quant regnault ouyt ces parolles il en eut si grant dueil que a peine quil ne perdit le sens. Puis dist au varlet dy moy mon amy sont ilz guapres loing ceulx qui emmeinent mon frere richard. Sire dist le varlet, ouy

m

vous ne le pourriez attaindre. Et quant regnault lentendit il en fut plus doulant que par auant/ϡ cheut de dessus bayard tout pasme a terre/ϡ quāt il fut reuenu de pasme/son il regarda ϡ vit benir alard ϡ ses gens qui venoient apres regnault par sa trasse/car ilz cuydoient q̄ richard fust arriue grāt piece/ϡ quāt alard vit regnault demener si grant dueil adonc il sen vint a luy ϡ luy dist. He beau frere quauez vous/il nappartiēt pas a ung tel cheualier comme vous estes de mener si grant dueil.

Alard dist regnault mauuaisement vous lauez fait/car ie vous ay laisse mon frere richard en garde ϡ vous lauez perdu/car roland lemmeine pour prisonnier ϡ est ia si loing que nous ne le pourrions plus secourir. Quant alard ϡ guichard ouyrent ces nouuelles ilz commencerent a faire si grant dueil que cestoit chose merueilleuse d̄ les veoir ainsi larmoyer. Helas dist regnault qui est celluy q̄ a departy nostre cōpagnie/huy matin nous estions quatre freres ensemble ϡ maintenant nous ne sommes que troys. Ha beau frere richard que cest grant dōmaige d̄ vous/se vous eussiez vescu vostre eage vous eussiez passe tous voz freres/veu vous estiez le plus ieune ϡ le plus hardy/car par vostre hardiesse vo⁹ estes prins. Beau frere dist alard tout ce auez vous fait qui nous amenastes icy maulgre nous/pour secourir le roy yon. Or auons perdu richard dont la perte ne sera iamais recouurce/car iamais nous ne le verrons en vie. Et quant il eut ce dit il dist a guichard. frere ti tez vostre espee si en trencherōs la teste a ce traytre ϡ mauluais roy yon par qui nous auons perdu nostre frere richard. Frere dist regnault ie vous prie pour lamour q̄ vous auez en moy q̄ ne touchez au roy yon/car il cest rendu a moy mais menez le a mōtaubā ϡ le faites bien garder ϡ ie demourray icy auecques bayard mon bon cheual ϡ flamber ge ma bonne espee sans plus de compagnie. Si men iray au pauillon de charlemaigne ou ie recouureray mon frere richard ou ung aultre prisonnier ou ie mourray auec luy. Et quāt il eut dit celle parolle il picqua bayard des esperōs pour sen aller/mais alard le print par le frain ϡ guichard lembrassa par derriere pour le destourner de sen aller/puis alard luy dist. Par saint pierre de rōme vous ny mettrez ia les piedz/car il vault mieulx que richard meure se ainsi est q̄ vo⁹/ϡ ainsi cōme les troys freres se desconfor toient ϡ faisoient si grāt dueil q̄ cestoit grant pitie a veoir/atant vecy venir leur cousin maugis qui venoit apres. Et quant il vit ses cousins demener si grant dueil il fut tout effraye ϡ leur dist. Et quauez vo⁹ mes beaulx cousins/ce nest mye honneur a vo⁹ ne vie de bons cheualiers/mais de femmes de mener le dueil que vous menez. Cousin dist alard ie vous diray la rayson. Sachez que roland emmeine pour prisonnier nostre frere richard le meilleur cheualier du mōde apres regnault. Et regnault veult aller au pauillon de charlemaigne/ϡ vous scauez que sil y va nous lauons perdu a tousiours mais. Regnault dist maugis ce ne seroit mye sens dy aller/car vostre allee ny proufti teroit riens/mais vous en allez a mōtauban ϡ ie iray/ϡ se richard nest mort ie le ame neray/ϡ fust enclos dedens .v. prisons maulgre charlemaigne. Cousin dist regnault ie demēdray vostre hōme se vo⁹ le faites/cousin dist maugis ie le feray sans nulle doubte mais laissez vostre douleur/car ie le vous rendray se dieu plaist. Et quāt il eut ce dit les troys freres se mirēt en la voye pour aller a mōtauban/mais oncqs ne fut fait ung si grāt dueil cōme les troys freres faisoiēt pour richard leur frere. Helas dist regnault frere richard comme est grant dommaige de vous se vous estes mort/car onques che ualier ne vo⁹ valut de hardiesse ne de prouesse/ϡ se estes vng ieune enfant. Et se maist dieu ie plains plus la grant honte de vous que ie ne fais ce que vous estes mon frere. Et en ce demenāt leur dueil ilz firent tant q̄lz vindrent a montauban et descendirēt en la court, et puis mōterent au dongon. Et quant dame clere la femme de regnault sceut que son mary venoit elle luy vint alencontre lye et ioyeuse, et menoit a chascune main ses deux enfans auec elle aymon et yon et chascun portoit vng baston en sa main, et commencerent a cryer a leur oncle. Dassal se vous ne fussiez prisonnier vous estiez mort, et sen vindrent a luy et luy dirent, mauluais roy et desloyal pourquoy auez vous trahy mōseigneur nostre pere et ses freres noz oncles q̄ vous auoiēt si bien seruy, certes vo⁹ estes digne de mourir honteusemēt de ville mort. Quāt alard ouyt ses nepueux ainsi parler il commenca a plourer moult tendremēt, et ainsi comme il plouroit il commenca a baiser aymon qui portoit le nom de leur pere et dist. He beau sire dieu cōment no⁹ som̄es abaissez et destruitz. Quant la dame ouyt parler alard ces parolles et se vit plou-rer elle pēsa bien q̄ ce nestoit mye sans cause et dist a alard. Beau frere pour dieu dittes moy loccasion d voʃtre courroux. Dame dist alard voulentiers, or sachez q̄ nous auōs perdu nostre frere richard, roland lē nous enmeine pour prisonnier a charlemaigne, se nostre seigneur nen pense iamais nous ne le verrōs. Lasse chetiue que ferōs no⁹ dist la dame puis que richard est pdu car iamais nous naurons hōneur, et en disant ces pa-rolles elle cheut a terre toute pasmee, et quāt elle fut reuenue d pasmesōn elle cōmenca a faire vng si grāt dueil q̄ tous ceulx q̄ illec estoient en eurent grant pitie, mais atant laisse le compte a parler de regnault de guichard et des petis enfans et de dame clere, et retourne a parler de maugis le bon cheualier qui estoit en auenture et en peine pour de liurer richard des mains du roy charlemaigne.

Il dit le compte q̄ quant maugis fut retourne a montauban tant courrou-ce q̄l ne pouoit plus pour lamour d richard, car il veoit le dueil q̄ regnault et ses freres en faisoiēt. Incontināt q̄l fut descendu il sen vint en sa chābre et se desarma, et puis se despouilla tout nud et print dune herbe et la mēgea et si tost q̄l eut mēge il deuint enfle, cōme vng crapault, et puis print dune austre herbe et la mēgea, mais il la retint entre ses dēs et deuint noir cōme vng charbon et se tourna les yeulx en telle maniere q̄l sembloit q̄l deust mourir, et sabilla en diuerse maniere q̄ iamais hōme q̄ deuant leust veu ne leust cogneu. Et quāt il fut ainsi cōtrefait il print vng grāt chapperō et le vestit, et puis print vngz gros soliers q̄l mist en ses piedz et prīt vng bourdon en sa main et sen yssit de mōtauban, et quāt il fut hors il print vne allee d si grāt erre q̄ nul cheual ne leust peu attaindre et sen vint a mōtbandel deuant le paui-lon de charlemaigne auāt q̄ roland y fust arriue et la se tint tout quoy sans mot dire, et regardoit le roy en son pauillon, et quant il alloit il clochoit dung pied et sappuyoit de-uant le pauillon du roy sur son baston et lung des yeulx clouoit, quāt il vit le roy q̄ sor-toit hors du pauillon il lapproucha et luy dist. Cellup roy d gloire q̄ souffrit mort et pas-sion en croix vous deliure roy charlemaigne de mort et de mauluaise trahyson.

Assal dist charlemaigne dieu vous cōfunde, car iamais nauray fiance en nul pour lamour du mauluais larrō maugis, car il ma maintesfoys deceu pource que quāt il veult il est palmier cheualier ou griffon ou hermite par telle maniere que ie ne me puis garder d luy. Et se dieu plaist et a sa digne mere ie men vēgeray vne foys cōment quil en soit. Et quāt maugis ouyt ainsi parler

m ij

le roy il ne respondit mot/mais se tint tout quoy une grant piece & puis dist au roy. Sire se maugis est larron si ne le sont mye tous les aultres poures gens/iay plus grant mestier de sante q ie nay de trahyson/il appt bien a mon corps q ie ne puis faire mal. Sire ie vies de hierusalem/de adorer au teple de salomon & si iray encores a rome & a saint Jaques se dieu plaist/mais ie passay hier balancon & vins a gironde & entray dedens ung dromon moy & dix homes q ie menay q se mouroient/& quat ie euz passe gironde ie vins p dessoubz montauban la ou ie trouuay des brigans q tuetet mes ges & me osterent quat q iauoie & quat ie me peup deliurer beau me fut/& quat ilz sen furet allez ie demanday aux ges du pape qlz ges cestoient q ainsi mauoient tuez mes gens/& ilz me dirent q cestoiet les quatre filz aymon & ung grat larron q auoit nom maugis & ie leur dis pourquoy ilz faisoiet si maleureux mestier/veu qlz estoiet si gentilz homes/& ilz me respondirent qlz ne pouoiet aultremet faire/car ilz auoiet si grant pourete dedes montauban qlz ne scauoiet q faire/iamais ie ne vis si cruel home come cellup maugis estoit/car il me lya les mains derriere le dos quat il meust desrobe & me batit tant q ie cuiday mourir/si ma ainsi adoube come vous me voyez. Sire vous estes le meilleur roy du monde & si estes seigneur de tout ce pays ie vous prie pour dieu q me facez rayson d ces quatre filz aymon & de ce mauluais larron maugis.

Et quant charlemaigne entedit ces parolles il dressa la teste contremont & dist. Pelerin est il verite ce q tu dis/ouy sire dist maugis. Di comment as tu non dist charlemaigne/sire dist maugis iay non gaydon & suis ne de bretaigne & suis grat home en mon pays. Dont ie vo° requier p le saint sepulchre q vous men facez rayson. Pelerin dist le roy charlemaigne. Je nen puis auoir rayson pour mon fait mesmes/car se ie les tenoye ie te iure que rayson ne leur auroit mestier q ie ne les fisse incontinent mourir. Sire dist maugis puis que ne men pouez faire droit cellup dieu q est ou ciel le men face. Sire dirent les barons ce pelerin semble estre preudomme/il appert bien a sa facon/donnez luy vostre aulmosne sil vous plaist. Et lors le roy commanda quon luy donnast trente liure de monoye & maugis les print & les mist en son chapperon & dist entre ses dens/done mauez du vostre/mais vous auez fait q fol moult chieremet ie le vous rendray auant q ie parte dicy. Et quant il eut largent il demanda a menger pour dieu/car des hyer il nauoit menge come il disoit. Par ma foy dist charlemaigne tu en auras assez/& lors lup fist aporter viandes a foison & maugis sassist sur ung eschequier & mengea bien car il en auoit bon mestier/& le roy lup dist/or menge beau pelerin/car tu seras bien setup/& maugis mengea & ne respondit riens/mais regarda le roy emmp le visaige/& le roy lup dist/dis moy pelerin sans celer pourquoy mas tu tant regarde emmy le visaige. Sire dist maugis ie le vous diray voulentiers/sachez q ie suis assez alle par le monde/mais ie ne vis oncques crestien ne sarrazin si beau prince ne si courtoys come vous estes dont de tous les pardons & voyages q iay gaignez ie vous y metz participant. Certes pelerin dist le roy/& ie le prens tresvoletiers & si vous en scay moult grant gre. Et maugis len reuestit de son bourdon. Lors dirent les barons le pelerin vous a donne beau don/or le guerdonnez. Sire dist maugis ie ne demande aultre guerdon/car ie suis plus malade quil ne me fait mestier/& ainsi comme le roy parloit a maugis adonc vindrent roland & oliuier & tous leurs gens qui amenoient richard pour prisonnier.

Et quant ogier & estou le filz oedon & le duc naymes dirent q̃ roland voulsoit aller ou pauillon de charlemaigne a tout richard ilz sen vindrent a roland & luy dirent. Sire roland cõment hayez vous tant richard q̃ le voulez rendre a charlemaigne. Seigneurs dist roland q̃ voulez vous que ien face dittes le moy & ie le feray. Sire dirent ilz q̃ vous deliurez richard & vous direz q̃ cestoit vng aultre prisonnier. Seigneurs dist roland, se ie le puis faire ie le feray voulentiers Toutes ces parolles ouyt vng varlet q̃ incõtinent picqua son cheual & sen vint au pauillon de charlemaigne la ou il vit le roy & luy dist. Sire ie vo⁹ apite nouuelles moult estranges, nous nous sommes cõbatuz au gue de balancon la ou bien cest contenu regnault cõtre vostre nepueu roland, bien peu le prise regnault, car trop plus y põit roland q̃l ny gaigna. Quãt le roy ouyt ceste polle il en fut tout esbahy, puis dist au varlet. Dy moy mon amy cõment fut il de roland mon nepueu. Sire dist le varlet il cest cõbatu au gue de balancon cõtre les quatre filz aymon q̃ bien se deffendirẽt de nous, mais roland emmeine richard pour prisonnier lung des quatre freres qui est le plus hardy & le plus preux de tous en toutes choses.

Charlemaigne tressaillit de ioye quãt il entendit ces nouuelles si yssit hors de son pauillon & regarda võ.t venir richard q̃ roland son nepueu amenoit quant charlemaigne vit richard il le cogneut bien si cõmenca a cryer de la grant ioye quil auoit. Par dieu mon nepueu il pert bien q̃ vous y auez este, car se vous ny eussiez este richard neust mye este prins. Certes dist charlemaigne bien nous mentoit ogier, sil ne fust les quatre filz aymon ne nous fussent pas eschappez. Et lors dist le roy a richard. Filz de putain par la foy que ie doy a dieu vous serez pendu p la gorge, mais auant aurez assez d mauly & de tourmẽs. Sire dist richard ie suis en vostre prison, mais ie nay garde destre pendu tant q̃ regnault mon bon & loyal frere pourra monter sur bayard ne que maugis sera en vie alard & guichard mes chieres freres se vous me faittes oultrage chastel ville ne forteresse ne vous pourroient garentir q̃lz ne vous facent mourir de masse mort auant deux iours. Quant charlemaigne entendit richard si orgueilleusement parler il en fut moult ire, si print vng baston a deux mains & en frappa richard sur la teste si durement quil en fit sortir le sang par terre. & quant richard se sentit ainsi naure il se auanca & print le roy p le faulx du corps & suyterent vng grãt piece tellemẽt quilz tomberent tous deux lung ca & laultre la, richard voulut courir sur charlemaigne mais ogier & salomon le saisirẽt & lengarderẽt & puis dirent a charlemaigne. Sire vous auez mesprins de frapper vng prisonnier. Certes dist richard, mes seigneurs le roy ma frappez cest grant deshõneur a luy, bien appt q̃l est coustumier de faire chetiuete, ce nest pas la premiere foys & ne sera pas la derniere cõme ie croy. Quãt maugis vit q̃ charlemaigne eut frappe richard il en fut si ire que a peu quil ne frappa le roy de son bourdon, mais il pẽsa que sil le faisoit luy & richard seroient mors, & quãt charlemaigne vit q̃ richard ploit si hardiement il luy dist. Richard dieu me cõfunde si vous meschappez, car vous serez pendu en brief. Sire dist richard sil vous plaist parlez plus courtoisement, car ie vous verrez auant escorcher que vous me voyez pendre ne ia serez si hardy de le faire, si ne meschapperez vo⁹ pas touteffois dist charlemaigne que vous ne le soiez auant quil soit nuyt. Et pleust a dieu que ie teniffe aussi bien tous voz aultres freres & maugis, car ilz seroient pendu auec vo⁹ pour

m iij

Bous faire compagnie affin que nayez paour.
Tout ainsi q̃ richard sarguoit a charlemaigne il se reuira & vit derrier suy maugis q̃ se tenoit tout quoy appuye sur son bourdon & il se cogneut bien/ dõt il fut moult ioyeulx, car puis q̃ maugis estoit illec il scauoit bien qͥl na uroit garde de mourir. Et quãt richard eut veu maugis il en fut moult as seure & dist a charlemaigne. Sire ou seray ie pẽdu dittes le moy. Certes dist charlemai gne au pin de montfaulcon si voͥ verrõs voz freres & maugis voſtre cousin. Sire dist richard il neſt mye rayson q̃ tel hõme cõme ie suis doyue eſtre pendu/mais faites paix a nous si ferez q̃ saige/& si ne le faites voͥ en serez courrouce & doulent si cõme ie croy. Quant maugis eut ouy ce qͥl vouloit ouyr si ne fiſt plus nulle demeure/mais sen pssit hors du pauillon sans dire mot. Et quãt il fut hors il se print a cheminer si viſtemẽt p si grant erre q̃ nul cheual ne scauroit si toſt aller & passa le boys de la serpẽte, & tant fiſt qͥl vint a montauban & trouua regnault & ses freres q̃ lattendoiẽt. Et quant regnault le vit venir sans richard il eut si grant dueil qͥl cheut tout pasme & alard & guichard se couturẽt releuer & luy dirẽt. Sire regnault beau frere voͥ faites cõme vng enfant/il na partient pas a voͥ de demener tel dueil/taisez voͥ traytres dist regnault dieu voͥ con sonde/car p voſtre deffault a eſte pendu le meilleur cheualier du mõde, se voͥ seussiez suiuy il neuſt pas eſte prins/mais voͥ ny osaſtes aller pour crainte/ & si nauez voulu q̃ ie le soye alle secourir/ie y eusse bien eſte a temps. Or sauons nous pdu ne iamais ne le verrõs/car ie voy venir maugis tout seul/pourquoy ie croy que richard eſt mort/sil fuſt vif maugis leuſt amene auec luy/car il ne faillit iamais.
Et quãt alard & guichard ouyrẽt ces polles ilz en eurẽt si grãt dueil quilz tomberẽt tous deux pasmes a terre/& quãt ilz furent reuenuz ilz cõmence/ rent a mener si grãt dueil q̃ cestoit grãt pitie a veoir/& ce pendãt vint mau ais & quant il vit le grant dueil q̃ menoient ses cousins il en fut tresmarry & leur dist. Quauez voͥ mes beaulx cousins q̃ demenez si male chiere. Helas maugis dist regnault quauez vous fait de mon frere richard. Cousin dist maugis richard eſt en cores prisonnier/& dit charlemaigne quil le fera pendre au pin de montfaulcon & dit qͥl me doubte tant qͥl ne le veult guaires garder/vecy.ccc.liures de monoye q̃ charlemai gne ma donne en son pauillon & si me fiſt donner a mẽger a mon plaisir aupres de luy Or y perra maintenant se vous hayez richard & se vous eſtes bon cheualier/secourir le nous conuient & le desiurer par force darmes ou aultrement il eſt mort/car tout lauoir du monde ne le pourroit garentir.
Moult reconforte fut regnault quant il ouyt ces parolles, & puis dist, puis q̃ ainsi eſt q̃ richard eſt encores en vie se ie nauoye q̃ moy mes freres & mau gis si garderay ie richard de mort maulgre le pouoir de charlemaigne. Lors maugis sans faire longue demeure oſta sa chappe & print vne herbe & la mẽ gea, & incõtinẽt il fut desenfle & puis sarma, & quãt il fut arme il se psenta a regnault moult honorablemẽt/& incõtinent tous ses freres & toutes ses gens se mirẽt en armes & cheuaucherẽt vers mõtfaulcon, & quant ilz furent la arriuez a vng trait darc pres regnault dist a ses gens. Seigneurs se onques voͥ me aymaſtes pẽsez q̃ mon frere ri chard soit rescoux de ceſte mort villaine/ie vous pmetz q̃ ie le rameneray ou moy ou mes freres & maugis mourrõs auec luy/& ilz sõt telz cõe voͥ scauez. Sire de noͥ nayez

doubtance/car nous ferōs nostre debuoir. Frere dist alard descendōs icy & nous embu
chons/car se no°estiōs apperceuz les frācoys pourroiēt occire nostre frere richard auāt q̄
cy vinssent. Frere dist regnault vous plez saigemēt. Et lors descendirent & sembuche-
rent dedēs ung boys de sapin regnault a dextre & alard a senestre & auec luy guichard
& maugis. Bien auez ouy comment ilz furent enuoyez es plains de vaulcouleurs & la
peine q̄ regnault & ses freres y souffrirēt/& puis cōment ilz allerent secourir le roy yon
de gascoigne q̄ les auoit trahys/& cōment regnault se estoit combatu a roland dont il
estoit moult trauaille & auoit ia este troys iours sans dormir/& pource ne se fault esba
hyr se regnault ses freres & maugis sendormirēt. A la verite dire si tost q̄ regnault ses
freres & maugis furēt embuchez dedēs ces sappins ilz sendormirēt si fort q̄lz oblierent
richard. Or en pense dieu par sa pitie/car aultrement il est mort.

OR vous dirons de charlemaigne q̄ estoit en son pauillon q̄ appella le duc
naymes & richard de normandie & leur dist. Seigneurs ie vo° prie q̄ me con
seillez/vo° scauez q̄ richard le filz aymon est de grāt pouoir ie me doubte q̄
regnault ne vieigne pour le deliurer quāt ie lenuoyeray pendre/& pource me
cōtent auoir ung tel hōme de ma part q̄ nayt doubtāce de regnault ne de ses freres ne
de maugis. Ainsi cōme le roy & le duc naymes parloiēt il regarda deuāt soy & dit bare
gier de valois si lappella & luy dist. Berēgier vous estes de mes hōmes/car vo° tenez
de moy escosse & galles vous me deuez venir seruir en france a tout vostre pouoir ung
chascun an a mon besoing. Je vous frāchy de vostre seruice vous & les vostres a tous
iours mais/mais q̄ vo°allez pēdre richard & se regnault y vient pour le secourir ie vous
prie que vous vueillez maintenir ma querelle.

BErengier dist. Or voy ie bien q̄ bien petit vo° me aymez quāt vo° me mā
dez ce faire/ce seroit grāt honte a moy se ie le faisoye/car chose qui fust a
mon deshōneur ne vouldroye faire nullemēt/vo° ne le me deussiez pas cō
seiller ne souffrir aussi/si vous ayme mieulx seruir cōme ie suis tenu de faire. Et quāt
charlemaigne vit q̄ berengier nen feroit riens il appella le cōte ydelon & luy dist. Vous
estes mon hōme & tenez de moy bauiere & si me deuez seruir a deux mille hōmes/se vo°
me voulez aller pendre richard ie vo° donray la cite de mascon. Et le conte ydelon dist.
q̄l nen feroit riēs/mais vo°dy pour vray q̄ richard naura nul mal a mō pouoir se ie l'en
puis garder aulcunemēt. Lors dist charlemaigne allez hors de deuāt moy/car vo°estes
mauluais hōmes/& puis dist a richard. Par dieu si serez vous pendu maulgre eulx.

APres charlemaigne appella ogier le danoys & luy dist. Ogier vous estes
mō hōme il ma este dit q̄ lautre iour me fistes trahyson aux plains d'vaul
couleurs pour regnault/or y perra maintenāt sil est vray ou nō. Se vous
voulez aller pendre richard ie vo° dōray la cite de lyon/& si vous qtteray
de tout le seruice q̄ vous me deuez vous & voz heretiers. Par ma foy dist ogier, Sire ie
nen feray riens/car vous scauez que richard est mon cousin germain/& vous dy q̄ cel-
luy q̄ pendra richard ie le deffie & si aideray a regnault de tout mon pouoir. Allez dist
charlemaigne que de dieu soyez mauldit. Non pourtant par ma barbe si sera il pendu.
Et quāt il eut ce dit il appella larceuesque turpin & luy dist. Arceuesque ie vous seray
pape se vous voulez pendre richard. Sire dist larceuesque quest ce que vous dittes vo°
scauez bien que ie suis prestre & vous voulez q̄ ie pende les gens/se ie le faisoye ie per-

m iij

droye ma messe/& daultre pt vous scauez bien que richard est mon cousin voulez vous que ie commette trahyson dessus mes parens ce nest pas rayson. Ainsi vous ayde dieu dist charlemaigne/car vous le laissez plus pource quil est vostre parent que pour dieu ne pour vostre messe.

Dis charlemaigne appella salomon de bretaigne & luy dist. Salomon vous scauez q̃ vous estes mon hõme & si tenez de moy bretaigne ie vous donray la duche daniou se vous voulez pendre richard. Sire dist salomon sil vous plaist de me cõmander aultre chose si le faites/car cela ne feray ie mie/& si vo⁹ dy pour vray q̃ richard naura iamais mal se ie puis. Salomon dist le roy vo⁹ estes traytre puis q̃ ne voulez faire ma voulente/& puis dist. Richard ie veulx q̃ tu saches q̃ tu seras pendu en despit de tes parens. Sire dist richard nõ seray par aduenture/puis charlemaigne se tourna deuers roland & luy dist. Beau nepueu pendez le ie vo⁹ en prie car bien est rayson q̃ vous faces loffice puis q̃ tous les frãcoys me sont faillis & aussi vous sauez prins/pourquoy il fault q̃ vous le pendez/& ie vous donray couloigne sur le rin & tant daultres terres q̃ vous en aurez assez. Sire dist roland se ie le faisoye ie se roye traytre/car iay asseure richard deuãt q̃ ie le prinsse quil nauroit nul mal/& se vo⁹ le faites mourir iamais hõme naura fiãce en ma foy/pourquoy ie prie aux douze pers de france quil ny ait cellup qui vueille entreprendre de pendre richard/car sil estoit pen du ie seroye diffame/& vous p̃metz que q̃ pendra richard ie men iray a regnault & me mettray en sa prison/& sil me veult pdonner sa mort ie luy iureray de luy aider a tous ses affaires enuers tous & cõtre tous a trops mille hõmes bien montez & bien en point Nepueu dist charlemaigne de dieu soyez vous mauldit.

Et quant charlemaigne vit q̃ l ne pouoit faire sa voulente il fut tant ire q̃ l ne scauoit q̃ faire si se dressa sur pied & dist. Seigneurs vo⁹ scauez bien q̃ ie suis filz au roy pepin & de la royne berte. Mon pere fut nourri en france & ie men fuy en espaigne a alaste sur la mer/& la ie fiz tant darmes que ie fus fait cheualier & cõquis galiene q̃ laissa quinze roys couronez pour lamour de moy & sen vint auec moy en france adoncq̃s ie fus couronne roy & espousay ladicte galiene & cuidoye auoir mon royaulme en bonne paix/mais le iour de mon couronnement les dou ze pers de france cõprindrent de me faire mourir le iour de noel ensuyuãt. Adonc nostre seigneur me manda vng ange/& me fist dire q̃ ie men allasse mucer/laq̃lle chose ie fiz & nosay dire le ptraytre & si ne scauoye ou me mettre/mais dieu madressa basin vng grãt larron q̃ me mena en vne fosse. Ce pendant lon cõspiroit ma mort/mais basin me di soit tout/& par son ayde ie prins tous mes ennemys/& en fiz la pugnition/& si feray ie de vous aultres sil ya nul qui aille contre ma voulente/& suis delibere de vous reque rir chascun p son nom pour veoir ceulx qui me seront bons.

Quant charlemaigne eut ce dit il se tourna deuers le filz oedon & luy dist. Estou venez auant/ie vous ay moult honnore & nourri chierement/vous scauez q̃ vous tenez langre de moy encores vo⁹ feray ie plus de biens/car ie vous donray la conte de clermont & montferrant/& q̃ vous mallez pen dre ce filz de putain richard. Sire dist estou vous scauez q̃ mon pere tenoit toute la ter re dont vous plez/& nen eux oncques riens/mais suis cõpaignon de roland en armes & quant ie tiendray la terre q̃ mon pere tenoit ie feray vostre cõmandement. Par saint

denis de france il vous y conuient aller dist charlemaigne. Sire dist estou est ce a bon escient ce q̃ vous dittes/oup dist charlemaigne/p mon chief sire dist estou vo⁹ ne voul-
driez estre auec moy pour pendre richard pour la moitie d̃ vostre royaulme. Quãt le roy
se ouyt ainsi reprouuer il print vng baston & le getta apres estou pour le frapper/& estou
se tourna & le baston alla frapper au rubant si grãt coup q̃ le baston rompit. Et quant
les douze pers de france virẽt ce ilz yssirẽt hors tous du pauillon du roy/& quãt le roy
se tourna & il vit q̃ nulz des douze pers nestoient point demourez auec luy. Lors dist au
duc naymes ou sont mes douze pers alez. Sire dist le duc naymes ilz sont tous sortiz d̃
hors & nõ sans cause/car il nappartiẽt pas a vng tel roy comme vous estes d̃ frapper
ses barons/certes vous en serez trop blasme.

E t quant charlemaigne vit ce/il appella richard de roland & luy dist. Ve-
nez auant richard de roland entendez mes ditz. Vous scauez q̃ vous estes
vng des hõmes q̃ iayme mieulx au mõde/mais y fault q̃ vous facez vne
chose a ma requeste/cest q̃ vous allez pendre richard le fi'z aymon au pin
de mõtfaulcon. Lors richard d̃ roland respõdit. Sire ie le feray voulentiers/car ie suis
vostre hõme si ne doys mye refuser vostre cõmandemẽt/mais p ma foy sire empereur
se vo⁹ voulez q̃ ie aille pendre richard vous y viẽdres auec moy a tout mille cheualiers
bien armez & ie le pendray auquel lieu q̃l vous plaira/& se regnault & ses freres y vien-
nent ie mettray mon corps tout abandon pour le vostre sauluer/or regardez mon sei-
gneur ie vous en prie se vous le voulez faire/car aultrement niray pas. Ha glouton
dist charlemaigne dieu te mauldie.

L e roy appella le duc naymes & luy dist. Quel conseil me donnez vous. Si-
re dist le duc nayme bon se vous me voulez croyre. Sire vous scauez que
regnault ses freres & maugis sont des meilleurs cheualiers de france com
me bien scet vng chascun/moult longuement a dure ceste guerre il y a bien
seze ans quelle est cõmencee & en sont mors plusieurs nobles cheualiers/sil vo⁹ plaist
vous manderez a alard guichard & maugis q̃ilz deuiẽnent voz hõmes & vous leur ren
dres leur frere richard/& que facez regnault & alard des douze pers de france. Et quãt
regnault & ses freres verront q̃ vous leur aurez fait si grant hõneur ilz vous seruirõt
de bon cueur & si hardimẽt que vous leur en scaurez bon gre. Et si vous certifie q̃ vous
en serez plus craint/& se vous auez tous les quatre freres & maugis tous ensemble il
nya si grant prince en crestiente q̃ soit si hardy de mouuoir guerre contre vous/& vous
pmetz sire q̃ tãt plus maintiendres la guerre & plus y pdres/& puis daultrept ilz sont
tous de nostre maison de par aymon leur pere/ce scauez vo⁹ bien/& pour ceste cause ne
les puis nullemẽt hayr. Naymes dist charlemaigne ie nẽ feray riẽs/car ilz ont to⁹ mes-
prins enuers moy & si feray pendre richard p la foy de mon corps. Sire dist le duc nay-
mes non ferez se dieu plaist/car il est de grant lignaige & de nostre parẽte/& ne le pour-
tions souffrir ne endurer & vous mesmes en seriez blasme/mais se vous le voulez fai
te mourir ie vous donray meilleur conseil/dittes moy dist charlemaigne & ie le feray
si bon me semble. Sire dist le duc naymes puis quil vous plaist q̃ richard meure faittes
le mettre en vne prison soubz terre & illec faictes le bien garder & ne luy faictes riens dõ
ner a mẽger/& ainsi mourra de faim/& ne serez de riens blasme se vous le faictes ain-
si. Naymes dist charlemaigne vous me gabes ie le cognoys bien quant cecy vous me

dittes/vous scauez bien q̄ maugis est si grāt enchanteur que ie ne scauroye faire chose quil ne gitast tantost richard hors de prison ⁊ pource ne le feray ie mye. Lors vint ogier le danoys ⁊ dist au duc naymes/trop faites long sermon/ laissez faire a charlemaigne ce qʼil luy plaira/car tant plus le prieres tāt pis en fera mais il fera pis quāt il ne pourra plus aultre chose faire/mais or y perra auiourdhuy qui aymera richard ⁊ cōbien que son lignaige soit huy tourne dune part sil ya nul qʼ luy face mal ie le deffie a mort. Et quāt ogier eut ce dit il yssit hors du pauillon/⁊ estou ⁊ richard de normandie/larceuesq̄ turpin/⁊ pdelon de bauiere ⁊ firent armer leurs gens/ ⁊ quāt ilz furēt armez ilz furent bien p̄ compte fait xiij. mille. Lors ogier cōmenca a cryer a haulte voix. Damps roy or y perra q̄ sera si hardy q̄ mencra pendre richard/car tel le menera q̄ iamais nen retourneta qʼ nait le chief couppe. Et ogier sen vint au pauillon ou estoit richard q̄ auoit les mains ⁊ les piedz liez ⁊ les yeulx bendez. Et quāt ogier vit richard ainsi atourne il en eut moult grāt pitie si alla celle part pour le deliurer/mais il se aduisa ⁊ dist quil ne le feroit pas/mais attendroit pour veoir la fin.

Quant richard ouyt ainsi parler ogier il lappella ⁊ luy dist en la presence du duc naymes/⁊ de richard de normandie/⁊ d̄ pdelon/⁊ de larceuesque turpin ⁊ de roland q̄ suruint. Beaulx seigneurs ie cognois bien q̄ sil estoit en vostre liberte voʼ me lassetiez aller quitte ⁊ assez voʼen estes trauaillez dont ie voʼ mercye/mais puis qʼ cōuiēt q̄ ie soye mene aux fourches/il vault mieulx q̄ moy pour mal eureux meure tout seul q̄ voʼ ayez nul mal pour moy/pourquoy ne souffres q̄ soyez en male grace de charlemaigne/ie voʼ prie q̄ voʼ allez a luy ⁊ luy dittes quil face d̄ moy a sa voulente/car iayme mieulx mourir briefuement q̄ longuemēt languir. Quāt ogier ouyt ainsi parler richard il en eut si grāt dueil au cueur q̄ peu sen faillit qʼl ne cheut pasme a terre/⁊ quāt il fut reuenu il dist a richard p̄ grant ire/quest ce q̄ tu diz fol detestable/veulx tu estre pendu se noʼ le disons a charlemaigne tout lor du monde ne tē racheteroit. Il ne men chault dist richard auiengne ce q̄ pourra/⁊ lors se tourna vers roland ⁊ luy dist. Roland ie voʼ pdonne ⁊ quitte icy ⁊ deuāt dieu la foy q̄ vous mauez pmise q̄ me donnastes quāt voʼ me prinstes au gue de balancon. Quant ogier ouyt ce il eut si grant dueil qʼl entrageoit tout vif/si dist a roland. Sire ne croyez mye richard//car il p̄ le cōme hōme trouble ⁊ nō sans cause/mais maintenez luy la foy q̄ voʼ luy auez pmise vous demōstrerez loyaulte ⁊ ce sera vostre hōneur. Ogier dist roland ne doubtez point car ie feray a richard tout ce q̄ ie luy ay pmis sauf ue le plus. Quant richard ouyt celle parolle il appella ogier ⁊ luy dist. Beau cousin pour dieu tenez voʼen paix/car iay veu icy nagueres maugis ⁊ ne cuyde mye qʼl me ait oublie/car par la foy q̄ ie voʼ doy tel me menera au gibet qui perdra la teste. Cousin dist ogier est il vray que auez veu maugis Ouy dist richard sans nulle faulte. Lors dist ogier. Beau sire dieu benoist soyez de ces nouuelles/or nay ie doubtance de richard puis que mon cousin le scet. Lors toʼ les douze pers de france descendirent a pied ⁊ sen vindrent a charlemaigne ⁊ luy dirent. Sire nous sommes tous voz hōmes pluuiz ⁊ iurez/ tout ce q̄ nous auons dit ⁊ fait nous le feismes pour veoir se nous eussions peu faire acorder que nous eussions deliure nostre cousin richard/mais puis quil ne vous plaist ⁊ q̄ voulez quil soit pendu nous ne vous en voulons plus p̄ler pource q̄ vous vous courroucez si fort/or mandez pendre richard a qui il vous plaira/car il na garde de vous.

¶ Comment charlemaigne enuoya pendre richard & cõment regnault le secourut & de liura & fist pendre ripus. Chapitre.xliij.

A Donc dist charlemaigne p ma foy vous dittes bien & saigemẽt mon malta lent vous pardonne/& lors charlemaigne appella ripus de ripemont & luy dist. Ripus se vo9 voulez tant faire pour moy q̃ vo9 allez pendre richard ie vous dõray grãt terre/& serez mon chambrelain toute vostre vie. Sire em pereur dist ripus ie suis tout prest de faire vostre voulente/car regnault occist mon on cle au aue de balancon. Or parlez vous bien dist ogier vous serez couart se vous ne vous vengez a ceste foys. Et quant ripus ouyt ce il en fut plus asseure & treshumble mẽt & courtoisemẽt sagenouilla deuãt le roy charlemaigne & luy baisa les piedz & puis dist. Sire ie suis ordonne a faire vostre voulente & vostre cõmandemẽt/sil vous plaist vous me serez pmettre que quãt ie seray reuenu de pendre richard que nulz des douze pers ne men rendra mauluais guerdon. Par ma foy dist charlmaigne ie le feray tres volentiers. Lors dist a roland & a oliuier & a to9 les pers de france. Par ma foy ie veul que vous affiez q̃ nul mal ne luy serez ne ferez faire a cause que ie luy fais pẽdre richard Laquelle chose tous les douze pers firent voulentiers. Et quãt ripus eut prins le ser ment de tous les douze pers de france il vint a sa tente & se fist armer/& quant il fut ar mez il monta sur son destrier & sen vint deuant charlemaigne. Et quant le roy le vit il luy dist. Ripus menez mille cheualiers auec vo9 pour vous garder/& se regnault ou cel luy traytre maugis y viennent si les pendez auec richard. Sire dist ripus ie seray vo stre cõmandement. Et lors le roy luy fist liurer richard/& quant il se tint il se mist en la voye & monta richard sur vng petit mulet/& puis luy mist vng cheuestre en son col/et le mena ainsi villainement comment se ce fust ung larron/ et le passa par devant le pavillon de charlemaigne/ et quant il se vit il en fut moult ioyeulx et dist a ripus. Dont amy vengez moy de ce truant. Sire dist ripus pleust a dieu que tous les aultres filz aymon fussent en ce point comme richard/car bien vous vengeroye et moy aussi de mon maltalent.

Quant les francoys virent richard mener pendre si villainement ilz commencerent a mener si grant duel que cestoit merueilles/si que iamais ne fut veu le pareil. Ripus cheuaucha et fit tant quil vint a montfaulcon. Et quant ripus vit les fourches il dist a richard. Par dieu richard veez la vostre logis ou vous serez mys de mes mains a grant honte/huy sera vengee la mort de fouques de morillon mon oncle que regnault occist au gue de balancon. Cy est maintenant esloigne le secours de maugis/car il ne vous scauroit garder que ie ne vous pende en despit de regnault et de voz freres. Quant richard ouyt ripus si orguilleusement parler et vit quil estoit si pres des fourches sans auoir secours il eut fort grant paour. Si se pourpensa de tenir ripus en parolles et luy dist. Ripus pour dieu ayez mercy de moy/car ie ne suis mye homme pour estre pendu/mais dois estre deliure par vous/et se vous me voulez deliurer ie vous donray deux cens mars dor et si vous feray grant seigneur. Certes richard dist ripus pour rien parlez/car ie ne vous lairroye point a faire mourir pour ses dix meilleurs citez de france. Ripus dist richard/puis que ne voulez auoir mon corps pour recommande ayez mon ame pour recommandee/et vous prie tant comme ie puis que me facez venir ung prestre si me confesseray. Certes dist ripus il me plaist bien. Et lors fist venir ung prestre/aulcuns dict que ce fut ung euesque. Adonc richard se commenca a confesser et disoit dix foys plus de pechez quil nauoit oncques fait en sa vie/et ce faisoit pour veoir sil auroit point de secours/ et quant richard vit que son secours ne venoit point il se desesperoit tout vif et dist a son confesseur Sire ie ne scay plus que dire donnez moy labsolution. Et lors luy donna penitence selon le terme de sa vie/et puis luy donna la benediction et sen vint pleurant le confesseur. Et quant ripus vit que richard fut confesse il sen vint a luy et luy myst le cheuestre au col et le fist monter sur leschelle et ferma le cheynon. Quant richard fut monte sur leschelle et vit que regnault ne luy venoit point au secours il cuyda alors mourir et en estoit delibere/ et lors dist a ripus. Dont amy ie te prie pour dieu que tu me souffres tant que iaye dit une oraysonn que iay apprinse de mon enfance a celle fin que dieu ayt de mon ame pardon. Non feray dist ripus ia ne auras respit. Sire dirent ses hommes si ferez sil vous plaist/car sil peut tant faire que son ame soit sauluee vous en aurez merite enuers dieu et nous aussi. Et lors donna ripus respit a richard dont il fist que fol/ et quant richard eut le respit il se tourna deuers orient et commenca a dire son orayson de moult bon cueur et en grant deuotion/ car il cuydoit totalement mourir/ et dist en ceste maniere.

Glorieux dieu qui par ta diuine bonte creas le soleil/la lune/le ciel/la terre/ et tous les aultres elemens/ et formas lhomme a ta semblance/ et luy donnas femme pour son ayder puis les mis en paradis terrestre/ et leur abandonnas menger de tous les fruits qui dedens estoient/excepte du fruit dung pomier. mais pource quilz desobeirent a vostre commandement ilz furent par lange deschassez de paradis et mys en ce miserable monde/ou quel ilz furent long temps gaignant miserablement leur vie a moult grant peine et trauail. Jesus qui par ta infinie gloire/ et apant pitie de humaine creature voulus deliurer noel du grant deluge/ et luy fys faire larche en laquelle luy commandas entrer ʒ auec luy sa femme ʒ ses enfans tãt seulement ʒ luy fiſt mettre dedẽs d̃ chascune espece de bestes vne paire/cestassauoir mal ʒ femelle. Et qui par ta clemence ʒ misericorde deliuras ionas du ventre de la balaine Puis ayant pitie de nostres premiers parens ʒ de tous leurs successeurs lesquelz estoiẽt dãpnez par le peche d'adan pour les deliurer des mains des ennemys d'enfer vins ça ius prendre humanite ou ventre de la glorieuse vierge marie ʒ voulez estre nostre frere/et viure pourement en ce monde ou quel souffris froit ʒ chault/ faim ʒ soif come lung de nous. Apres pour nous monstrer vostre amour/ʒ nous enseigner que deuons pardonner les vngz aux aultres/pardonnastes a marie magdalaine tous les pechez quelle auoit contre vous comis quãt elle vous laua les piedz de ses larmes/ʒ vous oingnist d̃ son precieux oingnement/dont le traytre iudas eut si grant enuye quil vous vendit aux felons iuifz lesquelz vous mirẽt a mort villaine ʒ ignominieuse. vray dieu. aussi vray que pour nous souffristes tant de maulx ʒ dafflictions q̃ langue humaine ne creature ne le scauroit exprimer/ʒ pardonnastes au bon larron pendant en la croix tous ses pechez/ʒ q̃ apres vostre benoiste passion pour monstrer voz vertus a longis q̃ estoit aueugle q̃ cuydant bien faire vous perça vostre precieux couste dune lance dont il yssit sang ʒ eaue ʒ de vostre precieux sang cheant sur les yeulx fut enlumine. Tresdoulx iesus si come fermemẽt ie croy toutes ces choses auiourduy vous prie que me deliurez du peril ou ie suis ʒ des mains d̃ mes ennemys. Ha regnault mon trescher frere q̃ nestes vous icy/helas mes freres ʒ mõ bon cousin maugis or mauez oblie ʒ delaisse pourquoy ie me recomande a dieu. Lors richard se mist a plourer moult tendremẽt/ ʒ puis dist a ripus Ripus faites de moy a vostre plaisir.

R dirons de bayard le bon cheual de regnault ʒ de ses freres ʒ de maugis Il est vray q̃ bayard fut sar ʒ entendoit la palle quant on la disoit aussi bien q̃ se ce fust vng hõme, quãt bayard sentit la noise ʒ le bruit des gẽs q̃ ripus auoit amene auec luy a montfaulcon ʒ il vit q̃ regnault dormoit il sen vint a regnault ʒ hurta si fort du pied en son escu quil le fist esueiller/ si saillit regnault en piedz tout effraye ʒ regarda q̃ cestoit/ʒ en regardãt vers montfaulcon vit q̃ son frere estoit en leschelle si ne fist aultre demeure/ mais monta sur bayard q̃ couroit comme vent, car a vng sault il faisoit xxx. piedz en plaine terre/ʒ alard ʒ guichard ʒ maugis sesueillerẽt pour le bruyt q̃ bayard faisoit. et quãt ilz furẽt tous esueillez maugis comença a crier tant come il peut a son cheual/mauldit soyez vous mauluaise beste que tant vous mauez laisse dormir/ʒ puis monta dessus.

Quant ripus de ripemont q̃ vouloit estrangler richard vit venir ses freres ʒ maugis il en fut si esbahy quil ne scauoit q̃ faire/lors dist a richard. Richard vous estes deliure de mes mains/car vecy regnault ʒ toute sa puissance q̃ vous viẽnent secourir, pourquoy ie me rens a vous/sil vous plaist vous aurez mercy de moy/car ce q̃ ie fiz de vous auoit icy amene ce fut pour oster le debat que charlemaigne auoit auec les douze pers de france/ʒ si scauoye bien q̃ vous seriez rescoux sans nulle doubte de voz freres ʒ de maugis. Rip' dist richard ne vo' mocques point de moy vecy trop dure mocrie vo' ne gaignez gueres de vo' ainsi gaber d̃ moy. Par ma foy dist ripus ie vo' diz verite veez cy a vng trait darc pres dicy ie ne quiers a vo' faire nul mal. Allez bas de leschelle ʒ ayez mercy de moy ie vous en prie.

A merueilles fut esbahy richard quant il ouyt ripus parler et tourna la teste et Vit regnault Venir acourant seulemēt. Et quant il Vit il dist audit ripus. Iamais ne reclameray mon frere regnault pour mon frere sil ne Vous pend de ses mains a ses mesmes fourches ou Vo⁹ me Voulez pendre. Ce pendant q̃ richard ploit a ripus regnault fut arriue et ouyt ce q̃ richard auoit dit a ripus et commenca regnault a cryer haultemēt. Se maist dieu ripus Vous estes mort/car Vous estes mauluais hōme et par Vostre mauluaistie Vo⁹ pendray moymesmes a ses fourches et tiendrez le lieu de mon frere richard tout le pouoir de charlemaigne ne Vous en scauroit garentir. Ce pendāt Vint maugis moult effroye et dist a ripus. Ha ripus traytre et mauluais tousiours auez este prest/de faire chose cōtre no⁹/lors haulsa sa lance/pour le fraper mais regnault luy escrya cousin ne le touchez/ie ne Vouldroye pour grāt chose q̃ aultre loccist q̃ moy/se dieu plaist ie Vengeray mon frere richard. Et lors print sa lance et en frappa ripus de ripemont du bout si duremēt q̃l labatit mort deuant ses piedz au pied de leschelle. Et puis dist a ses freres/gardez bien q̃ nul neschappe de ses gēs quilz ne soient mors ou prins/et puis regnault descēdit a pied et mōta cōtremont leschelle et print richard entre ses bras et le descendit a terre et luy desslya les mains et les piedz/et puis le baisa en la bouche et luy dist frere cōment Vous Va il/estes Vous point a malaise.

Frere dist richard ie nay nul mal/mais faites moy armer ie Vo⁹ en prie/par saint iehan dist regnault Vous le serez incōtinent. Frere dist richard faites moy dōner les armes de ripus/Voulentiers dist regnault. Et incontinent fist desarmer ripus et fist armer richard et le fist monter sur son bon cheual/et luy fist prendre son escu et sa banniere. Quāt richard fut bien en point regnault print le cheuestre q̃ ripus auoit mys au col de richard et le mist au col de ripus et puis mōta sur leschelle et le tyra cōtremont tout mort et le pendit au lieu de richard luymesmes/et bien quinze aultres des plus principaulx de sa compagnie de ceulx que plus charlemaigne aymoit. Et quant il les eut pendu il dist a richard/frere ceulx feront la garde en lieu de Vous. Quant ce fut fait maugis Vint a regnault et luy dist. Cousin q̃ Vous esueilla/si a point cōme Vo⁹ auez este. Cousin dist regnault/par la foy q̃ ie Vous doiz ie dormoye si fort cōme se ie neusse iamais dormy mais Bayard le gētil cheual mesueilla. Lors dist maugis. He pere glorieux loue soiez Vous qui creastes Vng tel cheual/ce nest pas la premiere bonte quil Vous a faite mon cousin ne aussi sera la derniere. Et lors allerent tous baiser Bayard pour le bien quil auoit fait.

Mes seigneurs dist regnault q̃ ferons no⁹ bien auons exploite puis q̃ nous auons rescoux le gētil richard sain et ioyeulx/il me semble q̃ nous nous en deuons aller a montauban si reconforterons dame clere ma femme et mes deux enfans q̃ sont tous a malaise pour lamour de richard et si mengerōs et dormirons a nostre aise/car nous en auons bien mestier/et si ferons la iustice du roy yon q̃ si faulcemēt nous trahyt/et puis demain nous assauldrons le roy charlemaigne que Vint naymons. Et si laisserons cinq cens hommes a montauban et autant dessus montbandel qui nous dōront secours si nous en auōs mestier/et lors dist richard. Sire non ferez sil Vous plaist/car Vous ne scauez pas le grant dueil et la grant douleur que tous les francoys ont faicte pour lamour de moy en lost de charlemaigne et Vous promets q̃ Vo⁹ deuez bien aymer ogier/roland/et estou le filz Vedon/et richard de normādie

ec le bel pdelon a selomon de bretaigne a oliuier de vienne/ car pour moy ilz ont tous
prins grāt debat a charlemaigne dedēs son pauillon/ a tout ce faisoiēt pour lamour de
vo9/ car ilz cupdoiēt de vray q ripus me deust pēdre a q ie neusse point de secours/ mais
sil vous plaist dōnez moy cōge q ie me puisse demōstrer a ogier le danops a tous no9
parens/ car ilz auront grāt iope silz me voient eschapper de mort.

Donc dist regnault. Par ma foy ogier fist cōme vaillant homme/ on doit
aymer les siens a leur apder a leur besoing/ a puis dist a richard. Frere les
soleil est ia fort baissez ie me doubte de vous q voulez aller en lost de char
lemaigne/ se vo9 y voulez aller menez auec vous quatre cens cheualiers
bien montez a si les faites embuscher pres de vous/ a ie seray icy auec mes gens a vo9
porterez condie mon bon cor/ a se vous auez besoing daide si le sonnez haultemēt cōme
bien scauez faire a ie vous secoureray incōtinent. Sire dist richard ainsi soit il cōme il
vous plaira. Lors regnault donna son cor a richard a quatre cens cheualiers/ puis se
mist en la voye a portoit la banniere de ripus/ a tant fist richard ql vint en lost de char
lemaigne lequel estoit armé deuant son pauillon luy a ses gens q regardoiēt le chemin
de montfaulcon si virent venir la banniere de ripus monté sur son cheual.

Dant ogier vit venir richard il cupda q ce fust ripus de ripemont qui eust
pendu richard/ a de la douleur quil eut il cheut pasme a terre/ a quāt il fut
reuenu il dist. Helas perdu auons richard iamais ne le verrōs trahy la re
gnault a maugis/ or pert il bien richard que vous auez eu peu damys. Et
lors picqua son cheual broifort a vint contre richard/ car il cupdoit que ce fust ripus.
Et quant charlemaigne vit que ogier le danops sen alloit vers ripus il dist a ses gēs
assez apres barons/ or y perra qui seront mes amys. Vecy venir ripus/ certes il ma bi
en seruy a mon gre/ car il ma deliure de richard/ a maintenant ogier le danops le veult
occire en trahyson/ mais se ie le puis tenir ien feray telle iustice qlen sera parse long
temps aduenir/ a adonc picquerent francops a bourguignōs apres ogier a charlemai
gne luy mesmes/ mais ogier estoit bien loing deuāt eulx si ire cōme vng lyon a sescrya
tant comme il peut. Si maist dieu ripus vous estes mort/ vous aurez le guerdon de ce
q auez fait a mon cousin richard a vous pmetz q charlemaigne vous sera mauluais
garant. Quant richard ouyt ainsi parler ogier il dist. Ayez mercy de moy car ie suis ri
chard a si ne suis mye ripus/ nous lauons pendu en mon lieu/ et vous prometz q mon
frere regnault men a bien venge/ et pourtant me suis venu monstrer a vous a a mes
aultres parens/ car ie scay que vous en serez bien aise. Vous mentez traytre ripus dist
ogier ainsi ne meschapperez vous pas. Quant richard vit ogier si ire contre luy il luy
dist. Cousin ne me cognoissez vo9 mye/ nō sans faulte dist ogier/ car vous portez les ar
mes a la baniere de ripus. Ie lay fait sire dist richard pource que ie ne soie cogneu/ par
ma foy dist ogier ie vous veulx veoir descouuert/ car ie ne le croiray aultrement. Sire
dist richard a vo9 me verrez maintenāt. Et lors defferma son heaulme pour monstrer
son visaige. Et quant ogier le vit il en fut moult ioyeulx si courut acoler richard bien
doulcement p plusieurs foys a luy disoit tout en riant/ cousin q auez vous fait de ripus
le mauluais traytre. Par ma foy dist richard il est arceuesque des chāps/ car mon fre
re regnault la pendu de ses mains/ a si ne voulut q aultre y mist la main que luy/ p ma
foy dist ogier il a biē fait/ puis dist richard. Beau cousin gardez vo9 car vecy charlemai
gne/ a dieu vous cōmant/ si sen retourna ogier/ a quāt charlemaigne vit ogier il luy

dist/pourquoy alles vous apres ripus deuant que moy. Sire si vous ne fussiez si pres de moy ie luy trenchasse la teste/mais ie ne lose faire pour lamour de vous/ alles a luy car ie vous affie quil naura nul mal pour moy.

Charlemaigne dist. Par ma foy ie le deffendray contre tous hommes. Et lors picqua son cheual des esperons et vint a richard cuidāt q̄ ce fust ripus de ri pemont/et luy dist. Venez auant ripus mon amy et nayez doubtāce de riens car ie vous garderay contre tous. Quant richard ouyt charlemaigne ainsi parler il luy dist. Or ne suis ie mye le traytre ripus/mais suis richard le filz aymon et si suis frere de regnault le meilleur cheualier du monde et de alard et guichard et cousin du vaillant maugis que tant vo9 aymez/ vous me frappastes au matin dung baston en la teste dont me fistes grant mesprison/ et pource mon frere regnault vous a pendu ripus au lieu ou il me vouloit mettre/et quinze cōpaignons auec luy pour luy tenir cō pagnie/ie vous deffie or vous gardez de moy. Quant charlemaigne entendit celle pa rolle il en fut si ire que nul ne le pouoit plus estre. Si picqua son cheual et vint contre ri chard et richard contre luy/et se donnerēt si grans coups emmy les escuz quilz firēt vou ler leurs lances en pieces. Et apres le briser de leurs lances ilz sentreferirent du corps et des escuz si durement q̄ se pluffort en abandōna les estriers/mais il dist bien a charle maigne quil demoura dedans larcon/ mais richard tomba a terre/et quāt il se vit par terre il fut moult ire/si se rescua prestement et mist la main a son espee et va frapper char lemaigne sur son heaulme si grāt coup quil lestōna tout/mais lespee glissa sur son he aulme et attaignit le cheual sur leschine si durement quil le trencha en deux parties et charlemaigne cheut a terre/et quant il se vit par terre il en eut moult grāt dueil et saillit en piedz moult prestement et mist la main a son espee et en frappa richard sur son heaul me si duremēt qˡ le fist tout chanceller/et lors commenca entre charlemaigne et richard vne aspre meslee. Et quant ilz se furent vne grant piece cōbatuz charlemaigne cōmen ca a cryer montioye saint denis/et quant richard louyt il se tyra arriere et print son cor et le sonna haultement si que ses freres lentendirent bien et maugis aussi. Et lors pic querent leurs cheuaulx des esperons et sen vindrēt vers richard pour le secourir. Lors dist maugis. Seigneurs iay grant doubtance que richard ne soit prins/mais tous y mourons ou nous laurons.

Regnault fist grant diligence pour secourir richard. Et quāt il eut trouue il escrya son enseigne mōtauban/et alard pauerayne/ guichard balancon et richard dardayne. Et lors maugis va courir sur vng cheualier quō ap pelloit mangon aultremēt sanson seigneur de pietrefitte et le frappa si du rement quil labatit mort a terre/ et regnault en frappa vng aultre tellement quil luy mist la lance oultre le corps/ et guichard en frappa vng aultre de son espee si duremēt quil le fendit tout oultre/ et alard frappa le tiers sur son heaulme si grant coup quil le mist a ses piedz. Et puis sen courut sur vng cheualier moult vaillant et se donnerent si grans coups quilz tomberent tous deux a terre. Et atant vecy venir regnault et fu rent tant que le cheualier fut retenu q̄ son appelloit hugue dalemaigne et lemmenerēt prisonnier au chasteau de montauban. Que vous diray ie la bataille commenca si fie re que cestoit pitie a veoir/ car lung nespargnoit laultre/ mais se tuoyent cōme bestes Et quant regnault vit que le souleil estoit ia abaisse et que lanuyt sapprouchoit fort

eut doubtance de ses freres et dist. Glorieux dieu par ta redemption et par ta pitié gar
de huy moy et mes freres de mort et de prison, car la nuyt me fait paour. Et ainsi quil di
soit ses parolles vecy venir charlemaigne tant comme son cheual pouoit aller et vint
contre regnault, et regnault contre luy pource quil ne se cognoissoit, et sentrefrapperent si
asprement parmy les escuz qlz firent leurs lances voler en pieces et sentrehurterent de
corps desçus si duremēt quilz se abatirēt tous deux a terre et puis se dresserēt prestement
et mirent les mains aux espees. Et lors charlemaigne comença a cryer montioye saint
denis, et puis dist. Se ie suis pour ung cheualier oultrage ie ne doy mye estre roy ne por
ter couronne. Quāt regnault entēdit charlemaigne pler il le cogneut bien si se retyra ar
riere et dist. Helas q iay mal fait, cest charlemaigne a qui iay iousté, trop ay mespris
quant iay mis la main a luy. He beau sire dieu il y a bien quinze ans que ie ne parlay
a luy, mais ie y parleray maintenāt se ie deuoye mourir, car par rayson ie doys perdre
le poing, si luy en feray amende tout a present et face de moy tout a sa voulente. Et quāt
il eut ce dit il sen vint a charlemaigne et sagenouilla deuāt luy et luy dist. Sire pour dieu
mercy donnez moy tresues tant que iaye parlé a vous. Voulentiers dist le roy, mais ie
ne sçay qui vous estes, touteffoys vous ioustez moult bien.

Ie vous mercye humblement dist regnault. Sire sachez q ie suis regnault le
filz aymon, ie vo9 crye mercy p ycelle pitié q nostreseigneur eut en croix de
de sa mere quāt il la comanda a Jehan son disciple que vous ayez pitié de
moy et de mes freres. Vous sçauez que ie suis vostre homme et vous mauez
desheritè et chassé de vostre terre et de la mynne il y a .v.viii. ans, et a cause de ce sont mors
tant de vaillans cheualiers et daultre gens quon ne sçauroit dire le nombre, pour dieu
ayez pitié de nous, vous sçauez que cest de guerre auiourduy perdre et demain gaygner
Et pource sire vous supplie pour dieu que ayez mercy de nous qui sommes telz cheuali
ers comme vous sçauez, ie ne dy mye ces parolles pour doubtance de mort ne pour cou
uoytise, car la dieu mercy nous auons assez, mais ie le dy pour auoir vostre amour tāt
seullemēt. Sire souffrez q nous ayons paix a vous et nous deuiendrons voz hommes
a tousiours mais, et vous iurerons foy et loyaulté, et si vous donray montauban et bay
ard mon bon cheual qui est la chose qui plus iayme en ce monde apres mes freres et mau
gis, car il nya tel cheualier au monde come il est. Et se cecy ne vous agree ie feray en
cores plus, plaise vous de pardonner a mes freres et ie foriureray france toute ma vie
que iamais ny seray trouué et men iray au saint sepulchre tout nudz piedz pour remem
brance de vous, ne iamais moy ne maugis ne retournerons en france, mais ferons
guerre contre les turcz.

Donc quāt charlemaigne loupt ainsi parler il luy respondit et luy dist. Re
gnault vous parlez pour neant, trop fistes grant folye quant vous eustes
hardiesse de parler a moy au palais come vous fistes, et encores fistes vo9
pis de tuer mon nepueu berthelot q tant iaymoie, et maintenāt me parlez
de paix et me venez cryer mercy. Je vous prometz pour vray q vous naurez nulle paix
auec moy se vo9 ne faittes ce q ie vous diray. Sire dist regnault q sera ce, dittes le moy
ie vous en prie. Je le vous diray voulentiers dist charlemaigne, et se vo9 le voulez fai
re vous et voz freres serez dacord auec moy, et si vous rendray vostre heritaige et vous
donray du mien assez. Cest q vo9 me donnés maugis pour en faire ma voulente, car ie le

n

hahyz plus que nul du monde.Sire dist regnault se ie le vous rendoye que feriez vous Regnault dist charlemaigne.ie vous prometz que ie le feroye trayner a queues de che uaulx parmy paris/⁊ puis luy feroye toftir tous les membres de son corpis lung apres laultre/⁊ puis se feroye ardre ⁊ getter la pouldre au vent.Et quant il sera ainsi atourne come iay dit/lors face ses enchantemens ainsi come il vouldra ⁊ ie luy pdonneray mon maltalent.Alors dist regnault au roy.Sire le feriez vous ainsi come vous dittes/ouy dist charlemaigne par ma foy.Sire en prendrez vous ville ne chasteaulx or ny argent pour sa rancon.Certes non dist charlemaigne p ma foy.Sire dist regnault dont ne se rons nous iamais dacord/car ie vous dy pour vray q se vous auiez tous mes freres en prison ⁊ vo⁹ fussiez delibere de les faire pendre si ne vous donneroye ie point maugis pour les desliurer.Taisez vous dist charlemaigne gardes vous de moy/car iamais na urons acord ensemble aultremēt.Sire dist regnault ce poise moy/car nous ne sommes mye gens destre refusez de vostre seruice/⁊ puis que vous me deffiez ie me deffendray ⁊ nostreseigneur me fera grace sil luy plaist que ia ne seray prins de vo⁹.Et quāt char lemaigne ouyt ce il en fut moult ire ⁊ courut sur regnault/⁊ quant regnault le vit ve nir sur luy il luy dist.Sire pour dieu mercy ne souffres mye q ie mette la main en vous car se me laissoye occire a vous ie seroye vil ⁊ meschant.Vassal dist charlemaigne tout ce ne vous vault riens/car deffendre vous conuient.Et lors charlemaigne frap pa de ioyeuse son espee sur son heaulme ⁊ le coup aualla sur lescu tellemēt quil en coup pa vng grant quartier.Quant regnault sentit vng si grant coup q charlemaigne luy auoit donne il en fut moult courrouce/si se mist en auant ⁊ embrassa le roy par les ra ins a mode de lupte/car il ne le vouloit pas frapper de son espee flamberge ⁊ le print ⁊ le chargea sur le col de son cheual bayard pour lemmener auec luy sans luy faire mal/⁊ quant charlemaigne se vit ainsi mal mene il comenca a cryer tant come il peut mont ioye saint denis ⁊ dist.Ha beau nepueu roland ou estes vous/oliuier de vienne/⁊ vous duc naymes/⁊ vous arceuesque tourpin/me laisserez vous ainsi mener/se vous le fai ctes ce sera honte a vous.

Regnault escrya son enseigne tant come il peut quāt il ouyt charlemaigne ainsi pler.Ha mes freres ⁊ vo⁹ cousin maugis venez moy au secours/car iap prins vng tel eschac q se nous le pouons emmener nous aurōs paix en france.Alors les nobles pers de france come roland ⁊ oliuier ⁊ les aultres sen vindrent au secours de charlemaigne.Et daultrepart y vindrent les freres de re gnault ⁊ maugis ⁊ bien quatre cens cheualiers bien armes.Et quāt les vaillans che ualiers furent assemblez dune part ⁊ daultre/illec eussiez veu vne merueilleuse batail le/car ilz se occirent les vngz les aultres come bestes.Illec auoit tāt de lances brisees ⁊ descuz faulces/⁊ de haubers desmaillez/⁊ de cheuaulx traynās leurs boyaulx parmy les champs que cestoit pitie a veoir/⁊ vous prietz qlz y en auoit tāt doccis dune part ⁊ daultre que lon ne scauoit le nombre.

Et quant roland fut arriue en la meslee il vint sur regnault ⁊ luy donna vng si tresgrant coup sur son heaulme quil lestonna tout/⁊ puis luy dist. Vassal mal auez fait qui cuydez emmener le roy mon oncle en ceste manie re/vous scauez que cest trop pesant fais de lauoir ainsi charge/vo⁹ le laisserez ⁊ le comparerez auant q vous meschappez.Et quāt regnault se vit ainsi reprou ue et sentit le grant coup que roland luy auoit donne il en trembla de courroux et print son espee en sa main estât charlemaigne deuât luy dessus le col de son cheual et sen vint a roland et luy dist. Daps roland venez auât si scaurez cômêt mon espee trêche/quât roland lentendit il vint a luy/et quant regnault lapperceut venir il laissa tomber char lemaigne et courut sur roland. Illec cômenca entre eulx deux vne aspre meslee. Le pê dant vecy venir alard/guichard/et le petit richard et vont courir sur roland et luy dônent tant daffaires quil luy conuint prendre fuyte voulsist ou non.

Dant regnault vit q̃ charlemaigne et roland sestoiêt saulnez il en fut bien marry et dist a ses freres. Des freres mal auez exploite/se vous eussiez este auec moy nous eussions bien besoingne/car iauoye prins charlemaigne q̃ nous eussions mene a môtauban. Sire dirent ses freres ce pose nos car nous auions tant daffaires aultrepart que bien no9 est aduenu quât nous en som mes eschappes sauluez noz vies/mais or pêsons de bien faire et faittes vostre cor son ner a celle fin q̃ vo9 raliez voz gens q̃ sont fort espâchez/et ya danger a cause de la nuyt q̃ saprouche retirez vostre banniere/car nous auons plus gaigne que pdu et nous en allons a montauban. Regnault q̃ estoit saige fist ce q̃ ses freres et maugis luy cõseillerent. Quant charlemaigne vit q̃ regnault eut retrayt sa banniere il en fut moult ioyeulx/car il vroit q̃ ses gês auoiêt du pire si fist sonner la retrayte et passa balancon et fist tant q̃l vint a son ost. Et quât il fut descendu a pied il dist a ses gens. Par ma foy mal nous va/car regnault nous a gettez du champ. Sire dist roland ne vous guemen tes riens/car pour vous nest demoure q̃ nous nayons este deshonourez. Grant folie si stes quant vous allastes iouster a regnault sil vo9 eust mys a mort ou prins la guerre eust este finee qui si longuement a dure/dont il me desplaist. Or atant laisse le côpte a parler du roy charlemaigne et de roland son nepueu et de ses gens et retourne a parler de regnault et de ses freres et de maugis leur consin/et de leurs gens.

⁋ Comment apres q̃ regnault ses freres et maugis eurêt desconfitz charlemaigne au reuenir de secourir richard q̃ son estoit alle pendre a môtfaulcon. De rechief ilz vind. Et abatre son pauillon/et emporterent laigle q̃ estoit de fin or massiz qui estoit dessus ledit pauillon dont le roy charlegmaigne fut moult doulent tant q̃l voulut rendre sa coutô ne a ses barons disant q̃l ne vouloit plus estre roy/car ilz luy auoiêt failly et abandon ne pour les quatre filz aymon. Chapitre. xv.

R dit le côpte q̃ quant regnault le filz aymon vit q̃ le roy charlemaigne ce stoit mys a retour vers son ost/il fit cheuaucher sa banniere deuant luy et ralia ses gens. Et quât il eut monte le puy de montfaulcon il appella ses gens et leur dist. Des amys mettez vous en ordônance/et vous mettez a la voye de môtauban/et moy mes freres et maugis pronsderriere/car iay doubtance q̃ les francoys qui sont courroucez pource q̃ nous les auons desconfitz ne nous suyuêt pour nous dômaiger/silz nous suyuent no9 souffrirons mieulx la peine que noz gens. Je ne vouldroye pour riens q̃ roland et oliuier se mocquassent de nous/ne q̃lz no9 trou uassent desordôneement. Par ma foy dist alard frere vo9 parlez saigemêt. Lors leurs gens se mirent en ordonnance et eulx demourerent derriere et attendirent q̃ leurs gens eurêt passe balancon/et quât sa plus part deulx eurêt passe regnault print troys mille

hommes des meilleurs de ses gens/ɞ dist aux aultres alles vous en a mōtaubā/car ie vueil aller assaillir le roy charlemaigne en son pauillon quoy q̄ls mē doyue aduenir ɞ si luy mōstreray a luy ɞ a ses gēs q̄ ie scay faire/ɞ que ie suis hōme pour laler cercher nō pas suy moy. Quant regnault eut ce dit il vint au gue de balancon/ɞ le passa oultre/ɞ tāt cheuaucha luy ɞ ses gens q̄l vint en lost d̄ charlemaigne ɞ le trouuerēt moult courrouce ɞ doulent de ce quil auoit perdu le champ. Quant regnault vit le pauillon d̄ charlemaigne il dist a ses freres ɞ a ses gens. Je vous prie que vous vous gouuernes saigement. Sire dist richard/q̄ veult en pris mōter il ne doit regarder de si pres. Quāt richard eut ce dit il mist la main a son espee ɞ picqua son cheual des esperōs ɞ sen vint au pauillon de charlemaigne ɞ trencha les cordes ɞ fist tomber le pauillon a tout laigle qui estoit dessus de fin or massif qui estoit de moult grant valeur/puis crya montaubā. Et quant les gens du roy charlemaigne entendirent ce cry ilz furent moult esscapez ɞ coururent hastiuement aux armes/ɞ furēt tous moult esbahys de voir le pauillon du roy charlemaigne ainsi abatuz par terre. Quant le vaillant regnault vit ce il appella maugis ɞ luy dist. Cousin venez auant/aydez moy a emmener ce gaing lequel iay conqueste. Sire dist maugis voulentiers. Et lors descendirent a pied ɞ prindrent laigle d̄ fin or ɞ dist a ses gens. Mes seigneurs or feres bien sans point vo⁹ fain dre/car qui ieu cōmence ieu doit souffrir. Adoncq̄s vit vng des gens de charlemaigne sarmer ɞ sortir hors d̄ leurs tentes ɞ courir sur les filz aymon si fort q̄ cestoit pitie a regarder du cry ɞ abatement de gens que lon faisoit. Quant maugis eust mys laigle dor fin en mains seure il retourna vers le pauillon de charlemaigne ɞ le trouua ɞ luy dist.

Par mon chief sire empereur moult nous auez greuez longuement/mais a ceste heure vous achateres chiere la venue de gascoigne z la mort de mon feu pere le duc beuues daigremont/car ie vo° donray tel coup q iamais ne feres guerre/ne a no° ne a aultruy. Lors getta sa lance pour frapper le roy charlemaigne parmy la poitrine/mais charle/ maigne natendit mye le coup/aincops se tourna de saultre pt z la lance entra dedens le lict du roy bien deux piedz. Et quāt charlemaigne vit ce il en eut moult grāt paour si commenca a cryer montioye saint denis z puis dist. Ha beau nepueu roland ou estes vous. Quāt maugis ouyt clamer roland il regarda entour luy z ne vit point regnault ne ses freres/car ilz sestoient ia mys au retour.

Roy est demoure maugis en lost de charlemaigne/car regnault auoit ia passe balācon/z roland z oliuier estoiēt ia venuz au cry du roy charlemai gne moult effrayez/mais quāt maugis les vit il ne fist longue demeure/ aincops donna des esperōs a son cheual z sen alla apres regnault tant cō me il peut. Et quant il eut passe balancon il rencōtra vne grāde cōpagnie des gens de charlemaigne q venoient a luy/z maugis en frappa vng parmy lescu si durement que homme z cheual getta par terre/z puis frappa millon de puille tellemēt quil luy faul/ sa lescu z labatit a terre naure a mort. Et puis cxya montauban z dist. He beau cousin regnault ou estes vous secoures moy pour dieu/car si vous me perdez vous y aurez dō maige. A celle heure maugis se pensa bien que regnault sen estoit alle. Ce pendant ve cy venir oliuier parmy la presse z sen vint contre maugis z le frappa si durement que pour escu ne pour aubert ne demoura quil ne luy fist plaie grande emmy la poitrine z le mist par terre.

Dant maugis se sentit ainsi blesse z abatu il en fut moult ire/si se leua en piedz moult prestement z mist la main a son espee/z la nuyt estoit moult ob/ scure si q lung ne pouoit veoir laultre. Et quāt oliuier vit q maugis se def fendoit ainsi bien il luy dist. Je ne scay pas q tu es cheualier/mais se tu ne te rens a moy ie te trencheray la teste sans nulle doubte. Commēt as tu nom dist mau gis/car se tu es homme de bien ie me rendray a toy/aultremēt non. Cheualier iay nom oliuier de vienne. Quant maugis louyt il le cogneut bien z luy dist. Ha gentil cheuali er oliuier ie me rens a vous sur vostre loyaulte par telle cōdition que ne me rendrez au roy charlemaigne/car si vous my rendez ie suis mort/z me fera villainemēt z honteu sement mourir cōme vng larron. Par ma foy ce ne feray ie mye/car ie ne vo° ouseroye celer au roy charlemaigne/mais rendez vous a moy z ie vous pmetz que ie vous ay deray a mon pouoir de faire vostre appointemant vers charlemaigne. Sire dist mau gis. Et ie me rens donc a vous sur vostre loyaulte z bailla son espee a oliuier. Et oli uier la print z puis le fist monter sur vng petit cheual z lemmena au pauillon de char lemaigne la ou ilz ne le trouuerēt mye a cause quil estoit tout desconfortez comme ouy auez. Quant oliuier vit quil ne trouua pas charlemaigne il eut grant doubtance que maugis ne luy eschappast par son enchantemēt/si luy dist. Maugis vous scauez que ie vous ay prins par armes z que vous estes mon prisonnier ie veulx que vous maf/ fiez loyaulment que vous nyres hors de ceans sans congie. Sire dist maugis voulen/ tiers. Et lors luy affia ce que oliuier voulut. Et quāt oliuier eut le serment de maugis il le fist desarmer z bender la playe quil auoit/z le fist affubler de vng mantel z puis le

n iij

fist coucher dedens ung lit.

R laisserons ung peu a parler de charlemaigne doliuier & de maugis qui estoit prisonnier a oliuier & ditons de regnault & de ses freres q̃lz firẽt quãt lost de charlemaigne fut esmeu/& cõment ilz auoiẽt gaigne laigle dor qui estoit de si grant valeur/ & cõment regnault dist a ses freres. Seigneurs or pẽsons de exploicter/car le demourer icy nous pourroit bien tourner a dõmaige. Lors fist retrayre ses gens & les fist mettre a la voye/& ainsi cõme ilz sen alloiẽt richard dist a regnault. Sire bon eschac auons gaigne la mercy dieu/car charlemaigne en sera maintz iours courrouce. Certes dist regnault beau frere vous dittes vray/nous en auons occis belle cõpagnie. He dieu dist alard ou est alle maugis. Frere dist richard nayez ia doubtance de maugis ie croy q̃l sen soit alle a mõtauban. Certes dist regnault dieu le cõduye en quelq̃ part q̃l soit/car moult est saige & noble cheualier. Je ne vouldroye pour tout lor du monde q̃ mon cousin maugis eust mal ne fust prins. Mais or laissons ung peu a parler de regnault & de ses freres q̃ sen vont a mõtauban bien ioyeulx/& plerons de charlemaigne qui estoit moult courrouce comme deuant ay dit.

Dant charlemaigne fut desarme il se pasma du grãt dueil q̃l auoit de ce q̃ ainsi auoit este destrousse/& quant il fut reuenu de pasmeson il demãda le duc naymes/larceuesque turpin/estou le filz oedon/salomon de bretaigne richard de normãdie/le conte guymard/& aussi ogier le danoys/& tous les barons de france. Et quant ilz furẽt tous assembles le roy cõmenca a dire ses complaintes par ceste maniere. Seigneurs ie vous ay maintenus soubz moy passe a cinquante ans que nul hõme viuant ne vous a riens oste du vostre/& si naues voysin qui vous osast riens demãder. Or mest il aduis q̃ pource que ie suis vieulx & que ie ne suis plus que demy hõme & non mye si bon cõme ie vouldroye estre q̃ ie ne puis estre roy sans vous & quant vous me failles q̃ feray ie. Vous scaues q̃ vous mauez laisse pour lamour de regnault dõt ie suis moult doulent & doy bien estre par rayson/car regnault ma prins a pied seue & ma deschasse hors du champ. Certes ie suis pis q̃ enrage de ce que mauez tourne le dos pour regnault. Et puis quil est ainsi ie ne quiers plus viure ne estre roy. Or vous rens la couronne donnez la a regnault quant il vous plaira & le faictes roy de france/car ie ne veulx plus estre roy.

Et quant les douze pers de frãce & les aultres barons onyrẽt charlemaigne si douloreusement parler ilz furẽt si esbahys q̃l ny eut si hardy q̃ osast sonner ung tout seul mot/& lung commenca a regarder laultre par moult grant honte. Et quant le duc naymes de bauiere ouyt la parolle de charlemaigne il se mist auãt & dist. Sire empereur ia a dieu ne plaise q̃ vous faces ce q̃ vous dittes/car ce seroit grant honte a vous & a nous. Je scay bien que nous auons enuers vous mesprins de ce q̃ nous auons regnault supporte/mais vous deues regarder q̃ ce que nous auons fait ne vient mye de mauluaistie mais de bonne part/car nous cuydions faire la paix de la guerre q̃ a si longuemẽt dure/dont maint preudõmes en sont mors. Puis donc q̃ nous voyons q̃l ne vous plaist de faire paix aux quatre filz aymon reprenez vostre couronne & ne soyes mye ire cõtre nous/& nous vous pmettons tous loyaulment seruir/& q̃ nous prendrions mõtauban auãt ung moys passe ou nous y mourrõs tous/& dorsenauant q̃ vouldra espargner les filz aymon sera occis par nous.

Ors dist le roy charlemaigne laissez tout cecy en paix. Je vous dis tout certainement q̃ iamais ne seray vostre roy se vous ne me rendes regnault ou maugis le maulvais larron qui ma tant de foys gabe. Et quant charlemaigne eut ce dit il sen entra en son tref moult courrouce. Et adonc vint oliuier qui fut moult esbahy de ce que le roy faisoit si malle chiere & dist au roy. Sire de quoy estes vous si courrouce. Par ma foy dist le duc naymes il nous a tous diffamés, car il a relinqui sa couronne & son royaulme. Sire dist oliuier ne le faicte point sil vous plaist, mais reprenes vostre couronne & soyez seigneur & qui ne fera vostre commandement chastiez le en telle maniere que lon y preigne exemple. Oliuier dist charlemaigne pour neant en parles, car ie nen feray riens se ie nay regnault ou maugis mors ou vif. Sire dist oliuier or nous pardonnes vostre maltalent & ie vous rendray maugis tout maintenant.

Ainps oliuier dist charlemaigne ie ne suis mye enfant d quoy lon se doyue gaber, ie scay bien q̃ maugis ne vous doubte riens. Sire dist oliuier se vo9 me pmettez q̃ vous reprendres vostre couronne & q̃ vous no9 maintiendres a droit ie le vous ameneray tout a p̃sent. Par ma foy dist charlemaigne se ainsi est ie feray ce q̃ vous vouldres, car ie le hays plus q̃ tous hõmes q̃ soit au monde & vo9 donray d ma cheuãce tant q̃ vous aures cause de vous contêter de moy. Se maugis ne fust les quatre fiz aymon ne pourroiẽt durer côtre moy, car se ie les tenoye en prison & ie eusse iure d les faire mourir il me les roberoit auãt q̃ fust minuyt. Sire dist oliuier sans nulle doubte ie le vous ameneray. Et lors oliuier sen vint en son pauillon & roland auec luy & moult daultres cheualiers pour veoir maugis, oliuier dist a maugis Maugis il vous couient venir vers charlemaigne. Oliuier dist maugis vo9 maues trahy. Je scay bien q̃ charlemaigne sera plus courtoys q̃ vo9, car il ne me fera ia mal & allons de par dieu quant il vous plaira. Lors oliuier mena maugis a charlemaigne Et quant il fut dedens le pauillon il sen alla droit au roy & luy dist. Sire vous maues affie q̃ se ie vous rendoye maugis que vous reprendries vostre couronne & q̃ vo9 nous maintiendries a droit & par rayson cõme aues fait le tẽps passe. Certes dist charlemaigne il est vray. & se vous me tenes ce que promis maues ie vous tiendray ce que pmis vous ay. Or tences sire vecy maugis que ie vous rens a en faire vostre voulente lequel iay prins & conqueste par force darmes.

Dant le roy charlemaigne vit maugis il fut si ioyeulx q̃ nul ne le pourroit plus estre, & puis dist. Par ma foy or aige vne ptie d mes desirs. O faulx larron maugis or te tiẽs ie, or te sera rendu lorgueil que tu mas fait quãt tu emportas laigle dor, & aussi tous les tours & larrecins que tu ma fait en ta vie, car maintesfoys tu mas courrouce dont tu en seras paye a ta desserte. Sire dist maugis vous feres de moy a vostre plaisir, car ie suis en voz mains, mais ie vo9 loue en droit conseil q̃ vous me deliures & q̃ vous faces paix a regnault & a ses freres vous ne gaigneres riens en ma mort, mes cousins sont telz que bien la vẽgeront par force darmes, & se vo9 faictes ce q̃ vous dis vous aures auec vous la fleur de toute la cheualerie du monde. Ha larron dist charlemaigne cõment grãt paour vo9 aues. Certes ce que tu dis ne te vauldra riẽs. Sire dist maugis ie ne suis mye larron, or ne puis aultre chose faire puis que ie suis entre voz mains. Et quant vous maures mys a mort vous ne me pourres plus riens faire. Et si seres courrouce de moy auãt quil soit ppvinj. heures. Ribault dist charlemaine ne parlez si rudemẽt a vous ferez q̃ saige/ car se le puis vous autres masse nupt auant q̃ meschappes/ne tes gloutons cousins ne te sauroiẽt garentir de mes mains q̃ tu ne preignes mort en despit de tous les enchantemens q̃ tu sces bien faire. Or laisserons vng peu a pler de charlemaigne a de maugis a parlerons du bon cheualier regnault de alard guichard a du petit richard.

Quant regnault se fut party de lost de charlemaigne il cheuaucha tant quil vint a montauban luy a ses gens. Et quãt la dame sceut q̃ son seigneur venoit elle luy vint au deuãt a luy dist. Sire bien soyez venu auez voʳ deliure richard/ouy seuremẽt dist regnault la dieu mercy. Et dieu en soit loue dist la dame/a puis sen vint a richard a lacolla moult tendrement plus de dix fops. La fut menee vne feste moult ioyeuse. Puis apres q̃ lon eut demene grant feste regnault commenca a demander son cousin. Et la dame respondit monseigneur ie nen scay nouuelles. Et quant regnault oupt ce il en fut moult ire/si se retourna ves ses freres a leurs dist. Mes freres ie vous prie que lon sache incõtinent se nostre cousin maugis est point arriue a le queres par son logis/car a la vesture sest il usse desarmer. Et incõtinent guichard a richard lallerent cercher en son logis a le demanderẽt a deux o ses gens/lesqlz leur dirẽt q̃lz ne lauoyẽt point veu de puis quil estoit allez auec eulx. Et quant ilz ouyrent ce ilz en furent moult doulens a sen retournerent devers leur frere regnault a luy dirent cõment ilz ne lauoient point trouue. Quãt regnault oupt quil ne lauoient point trouue il comenca a faire plus grãt dueil que se tous ses freres fussent mors. Et lors qui vist demener le dueil a alard a guichard a au petit richard cestoit pitie a veoir, car ilz arrachoient leurs cheueulx a sesgraffinoiẽt leurs visaiges moult asprement. Quãt la bonne dame vit le grant dueil que regnault son mary a ses freres faisoiẽt elle cheut pasmee a terre. Je vous pmetz qui eust veu ce dueil il nest si dur cueur qui se fust sceu tenir de plourer.

Apres q̃ regnault eut mene grãt dueil il se refreignit vng peu a puis dist. Ha mon cousin maugis bien vous estes emble de nous/a q̃ ferons nous desormais puis q̃ nous voʳ auons pdu. Quãt ilz eurẽt demene le dueil vne grãt piece regnault dist a ses gẽs. Mes seigneurs ie vous prie q̃ noʳ laissons nostre dueil ester/car de mener grãt dueil pour vng affaire ce nest pas le souuerain remede que lon puisse trouuer. Je vous prie q̃ vous vous vueilles reconforter/car ie me vueil mettre a la voye pour aller au boys de la serpente pour parler a labbe de saint la dre sil en scet nouuelles/se cueur me dit que auant ppvinj. heures ten scauray nouuelles seures/a a dieu mes freres iusques au retour.

Vus parlez bien saigement dist alard/mais nous yrons auecques vous pour vous garder. Certes dist regnault vous ny mettres ia le pied. Et lors regnault sen va en sa chambre a se fist armer/a incõtinent monta sur bayard son bon cheual/a sen yssit hors de montauban son escu au col a sa lance au poings/a sen vint a balancon a passa leaue. Et quãt il fut passe oultre il trouua deux pages qui venoient de abbreuuer les cheuaulx de lost de charlemaigne. Quant les pages virẽt regnault qui estoit si grant a tout seul ilz luy dirent. Vassal q̃ estes voʳ qui estes ainsi tout seul a vous semblez estre si homme de bien. Enfans dist regnault

ie suis des gens de ripus qui suis eschappe quāt le filz aymon sont pendu a montfaul
con ⁊ puis leur dist. ⁊ q̄ fait le roy charlemaigne est il encores prest pour souper. Sire
dirent les paiges charlemaigne fait moult grāt chiere ⁊ a oublie tout le dueil q̄l auoit
de vostre maistre ripus/car on luy a liure maugis q̄ tāt hayssoit. Or me dittes dist re/
gnault maugis est il mort. Sire dirent les paiges il est encores en vie.

Dant regnault ouyt que maugis estoit en vie il tressaillit tout de ioye. Et
puis dist. Aes beaux enfans benoistz soyes vo⁹ puis q̄ maugis nest mye
mort/or nay doubtance q̄l puisse huy mais mourir. Tout ainsi q̄ regnault
parloit les paiges sen allerent ⁊ regnault demoura tout seul pēsant sur le
gue. Et quant il eut assez pense il dist en soymesmes/ beau sire dieu que feray ie/or ne
scay ie que ie doy faire ne penser/car se ie voy assaillir charlemaigne a son souper la
nupt est obscure/⁊ cuydera que iaye grans gens auec moy ⁊ aura paour quil ne perde
maugis ⁊ loccira/mais puis que tant iay attendu iattendray iusques demain au ma/
tin/⁊ sil le mene mourir ie le deffendray de ma puissance ou ie mourray auec luy. Atāt
laisse le compte a pler de regnault qui est sur le gue de Balancon tout seul sur bayard/⁊
retourne a parler de lempereur charlemaigne.

¶ Comment lempereur charlemaigne voulut faire pendre maugis incontinent que
oliuier de Vienne luy eut donne/mais par le moyē des douze pers de frāce q̄ a la reque
ste de oliuier le pleigerēt pour vne nupt tant seullemēt. Il fist tant quil eschappa a son
neur ⁊ quittance de ses pleiges ⁊ de luy aussi. Et emporta au chasteau de mōtauban la
courōne ⁊ lespee de lempereur charlemaigne celle mesme nupt/⁊ aussi celle des douze
pers de france.   Chapitre .vvi.

En ceste partie dit le cõpte que quant charlemaigne se vit saisy de maugis il appella roland a oliuier a ogier le danoys a larceuesque turpin/richart de normandie/pdelon de bauieres/a le duc naymes a leur dist. Mes seigneurs ie vous prie tant cõme ie puis q̃ vous me faces faire vne grand fourches/car ie suis delibere q̃ auant soupper maugis le larron sera pendu a estrã glé tout le mõde sauoit iure/si ne le garderoye mye iusques au iour. Sire dist le duc naymes/puis quil vous plaist qlmeure vous le feres aultrement mourir se vous me vou les croyre. Et cõment dist charlemaigne. Sire ie vo?cõseille que vous ne pendez poĩt maugis de nupt/car regnault a ses freres se mocqueroyent de vous a diront q̃ vous lousastes faire mourir de iour pour doubtance deulx. Et pource sire attendes quil soit iour a le faire pendre/ a quant sera seure q̃ vous le vouldrez faire/enuoiez tant de gẽ q̃ se regnault a ses freres y venoient pour le secourir quilz soiet prins. a sõ les pẽt tous ensemble. Naymes dist le roy vous vous gabez de moy/car si le larron meschap pe ie suis diffame. Sire dist maugis se vous auez paour q̃ ie men aille ie vous dõn pleige q̃ ie ne men iray point sans q̃ vous ne le sachez ne sans prendre congie de vou Qui te pleigera dist charlemaigne a maugis a il nul hõme au monde si hardy q̃ lose faire ne entreprendre. Sire dist maugis icy trouueray assez sil vous plaist. Di y pert dist charlemaigne cõment vous les trouuerez. Et lors maugis regarda entour luy vit les douze pers/si appella oliuier a luy dist. Sire oliuier vous me promistes qua ie me rendy a vous que vous me ayderiez enuers charlemaigne. Di vous requiere vo9 me pleiges sil vous plaist. Voulentiers dist oliuier ie le pleige sur ma vie a sur terre. Et vous sire roland dist maugis/me pleigerez vous pour dieu. Et vous sire d naymes/a vous ogier/a vous estou/a vous arceuesque turpin/a vous richard de n mandie/a vous pdelon de bauieres/ie vous prie a tous que me pleigez pour lamour bon cheualier regnault. Maugis dist le duc naymes nous promettes vous sur vos foy de non point vous en aller sans nostre cõgie. Ouy dist maugis sur ma foy. Et lo sen vint le duc naymes auec les aultres pers de france deuãt charlemaigne a luy d Sire roy nous pleigons maugis sur noz vies a sur nostres terres que nous tenons vous ne daultres quil ne sen yra point sans vostre congie ne sans vous dire a dieu a toute la compaignie/a que nous vous le rendrions demain au matin. Adonc leur spondit charlemaigne/gardez que ce traytre ne vous enchante/pour dieu ne vous fi en luy. car cest le plus grant trompeur qui soit au monde. Et adonc oliuier dist au Sire de ce ne doubtes.

Mes seigneurs dist le roy puis que le pleigez ie le remetz en vostre garde celle condition q̃ se ie ne lay demain au matin au point du iour que vou dres toutes voz terres/ne que iamais en frãce ne pourres retourner. Si dist oliuier nous le vous ottroyons ainsi comme dit auez. Seigneures d le duc naymes/puis q̃ cecy est fait allons reconforter maugis a le reioyr/car il est courrouce. Seigneurs dist maugis puis q̃ vous mauez fait vng bien faictes mẽ de ie vous supplie faictes moy dõner a menger/car ie meurs de fain. Quant charlem gne entendit ainsi parler maugis il le regarda a luy dist en riant. Et mengeras tu d charlemaigne. Ouy dist maugis seulemẽt q̃ iaye de quoy. Di oupez dist charlemaig ce diable q̃ demãde a mẽger q̃ si peu d terme doit viure. Touteffoys quant vng hõ a bien menge il en est plus aise, dont ie vous prie que vous luy faces donner a menger. Lors le roy laua les mains pour soupper et dist, Ou sera maugis pour menger. Sire dist roland il sera bien decoste vous. Nepueu dist le roy vous dittes bien et aussi ie lauoye en pensee, car ie ne men firoye en homme du monde que a moy. Et le roy sassist a table et fist asseoir maugis tout aupres de luy et le seruoit a table, car tout au long du soupper le roy nosa boyre ne menger pour doubtance que maugis ne lenchantast, mais maugis mengea bien, car il auoit bon mestier.

Quant oliuier vit ce il comença a rire et bouta roland et luy dit, auez vous veu comment le roy na oncques ose menger pour doubte que maugis ne lenchatast. Seuremet dist roland il est verite. Apres souper charlemaigne appella son senechal et luy dist. Senechal ie vous prie que me facez aporter .xxx. torches et quelles soient ardantes toute la nuyt. Sire ie feray vostre comandement. Quant charlemaigne eut ce ordonne il se retourna deuers roland et luy dist. Beau nepueu ie vous prie que vous et oliuier et tous les douze pers vous veuillez veiller ceste nuyt auec moy pour garder ce larron maugis, et faittes armer cent hommes darmes qui veilleront auecques nous et faittes iouer aux tables et aux eschez et aussi a tous ieux a celle fin que lon ne se puisse endormir et faittes faire le guet a mille des meilleurs cheualiers, a celle fin que se maugis nous eschappoit ceulx la le rettendront. Quant charlemaigne eut ce ordonne il sassist dessus son lit et fist asseoir maugis decoste luy, et daultrepart roland et oliuier et ogier le danoys et tous les aultres .xii. pers. Sire dist maugis ou doy ie reposer. Comment dist charlemaigne voulez vous dormir, ouy sire dist maugis voulentiers sil vous plaist. par ma foy dist le roy vous autres mauluais repos, vous ne dormires de vostre vie, car vous serez demain pendu au point du iour. Sire dist maugis vous auez tort. Pourquoy vous ay ie te donne mes pleiges si non pour si peu que iay a viure que ie aye mes voulentres pour me laisser repouser et dormir ou aquittez mes ostaiges. Certes dist charlemaigne, tout ce ne te vauldra riens, car ie veulx bien que voz pleiges soyent quittes, mais pourtant nestes vous pas hors de mes mains. Et lors fist aporter ungz gros fers et les luy fist mettre es piedz et une longue cheine par entour les rains attachee a ung pilier, et puis luy fist mettre ung collier de fer au col dont luymesmes retint la clef. Et quant il fut ainsi atourne le roy charlemaigne luy dist. Par ma foy maugis vous ne meschapperez mye maintenant. Sire dist maugis vous vous mocquez bien de moy, mais ie vous dy deuant les douze pers de france que ie verray le chastel de montauban auant quil soit demain prime.

Quant charlemaigne ouyt ce que maugis luy auoit dit il cupda enrager tout vif si se dressa et mist la main a son espee et sen vint a maugis tout ire pour luy trencher la teste. Quant roland vit ce il se auança et dist au roy. Sire pour dieu mercy, car se vous locciez nous en serons diffamez a tousiours mais. Sire vous ne deuez point prendre pied a ce quil vous dit, car ce quil vous dit il dit come ung homme desespere. Et comment se pourroit il faire quil vous eschappast ainsi comme vous le tenez. Seurement mon beau nepueu ie ne scay comment, mais ce quil ma tant de foys mocque me fait doubter de luy. Puis que a tant vient ie le lerray en paix iusques a demain quil sera pendu. Sire dist roland vous dittes bien. Lors tous ceulx qui illec estoient commencerent a iouer aux tables et a plusieurs aultres ieux, et quant il vint quilz eurent longuemēt ioue ilz cōmencerēt tous a auoir grant sommeill Et quāt maugis vit q̄lz auoiēt si grant fain de dormir il cōmenca a faire son chermer Et quant il eut fait chascun se commēca a endormir moult fermemēt/ɾ charlemaigne mesmes sendormit si fort quil cheut a reuers sur son lit. Et quant maugis vit q̄ charlemaigne estoit si endormy ɾ tous les douze pers/il cōmēca a en faire vng autre q̄ estoit de si grāt vertu q̄ les fers q̄l auoit es piedz ɾ le collier ɾ chaine de fer tout tomba a terre. Et quant maugis vit ce il saillit en pied ɾ vit charlemaigne q̄ dormoit si bien la teste de trauers ɾ il print vng oreillier ɾ luy dressa la teste/ɾ puis luy dessaingnit ioyeuse son espee ɾ la saingnit sur ses rains/ ɾ puis sen vint a roland ɾ dessaingnit durandal sa bonne espee/a oliuier haulte clere/ɾ a ogier le danoys courtain/ɾ puis sen vint aux coffres ou la couronne ɾ tout le tresor de charlemaigne estoit ɾ print tout. Et quāt il eut tout ce fait il print dune herbe/ ɾ en frota le nez ɾ la bouche de charlemaigne ɾ le desenchanta/ɾ puis le bouta du doy ɾ luy dist. Sire empereur leuez vous sus. Je voꝰ dys au soir q̄ ie ne men iroye sans vostre cōgie. Et quāt il eut ce dit il sen yssit du pauillon ɾ se mist en la voye vers montauban. Quāt le roy charlemaigne ouyt ce q̄ maugis luy auoit dit il saillit en piedz si ire q̄ plus ne pouoit estre ɾ sen vint a ses douze pers q̄l ne pouoit esueiller. Et quāt il vit ce il se aduisa dune herbe quil auoit aultressoys aportee doultre mer ɾ en print ɾ en frota le nez la bouche ɾ les yeulx a roland/ɾ pareillement a tous les aultres pers de france/ɾ incōtinent ilz saillirēt tous en piedz moult esbahyz. Et quāt ilz furent esueillez lung regarda laultre/ɾ le premier qui cōmenca a parler ce fut le duc naymes qui dist au roy. Du est maugis. Par ma foy dist charlemaigne vous me le rendres/car voꝰ len auez fait aller tout a essient/se vorme leussiez laisse hyer pēdre ien fusse aultremēt deliure. Roland dist ogier len vistes voꝰ aller/nēny par saint denis dist roland. Je len vis bien aller dist charlemaigne. Sire dist roland vous le nous deuiez dōc dire/car il ne sen fust mye alle. Et en ce disant il regarda a son coste ɾ ne vit point durandal son espee dont il getta vng grant souspir/ɾ puis charlemaigne luy dist Nepueu ou est vostre espee/par mon chief ie cognois bien q̄ maugis nous a enchātez car nul de nous na son espee. Or nous a il bien tous mocquez a la rigueur.

Q̄uant les douze pers virēt q̄lz eurent tous pdūz leurs bonnes espees ilz en furent plus doulens q̄ lon ne scauroit dire/ɾ puis roland dist. Par ma foy maugis a fait vng grāt gain quant il emporte ainsi noz espees/car elles valent plus q̄ paris. Quāt charlemaigne apperceut q̄ ses couffres estoient ouuers il alla veoir incōtinēt ɾ fut moult ire quāt il ne trouua point sa courōne ne le meilleur de son tresor/dont il emmena grāt dueil ɾ dist. Ha larron maugis q̄ ie nay gueres gaigne en ta prinse. Lors q̄ eust veu demener le dueil aux pers il neust eu talent de rire Or vous dirons vng peu de maugis q̄ sen alloit tant comme il pouoit aller le chemin de montauban/ɾ sen vint pour passer le gue la ou estoit regnault moult triste ɾ doulēt de ce quil ne scauoit nouuelles de maugis. Quant maugis eut passe le gue bayard le sentit/si cōmenca a hynner moult fort/ɾ sen vint vers maugis voysist regnault ou non Quant maugis vit regnault il le cogneut bien ɾ luy dist en riant. Vassal q̄ estes vous qui allez a tel heure. Et regnault luy dist. Vous scauez biē que ie suis vostre cousin regnault le filz aymon. Et lors descendit de dessus bayard ɾ vint a maugis ɾ le baisa p moult grāt amour plusieurssoys ɾ puis luy dist. Beau cousin loue soit nostre seigneur de ce que ie vous ʒoy deliure des mains de charlemaigne. Par ma foy dist maugis vous me oubliastes bien. Cousin dist regnault par ma foy ie nen puis mes/car ie suis icy de puis vespres/et si vous pmetz q̃ iestoye delibere d vous secourir ou de mourir auec vous. Cousin dist maugis grant mercy/or mõtes sur voʃtre cheual si prons a mõtauban. Quant regnault fut monte a cheual il dist a maugis. Mon cousin que purtez vous. Cousin dist maugis cest la courõne de charlemaigne et ioyeuse son espee et durã dal lespee d roland et celles des douze pers. Cousin dist regnault vous auez bien exploite la dieu mercy/mais de lespee de ogier me desplaist. Cousin dist maugis ie lay fait tout a essient affin q̃ le roy ny pẽsast nul mal/et qˡ ne laccusast de trahyson. Et lors luy cõpta tout le cas et la facon q̃ charlemaigne luy auoit tenu. Cousin dist regnault vous fistes pour le mieulx. Et quãt il eut ce dit ilz se mirent a la voye vers montauban. Et encõtrerent en leur chemin alard/guichard/et le petit richard q̃ alloiẽt demenãt grant dueil pour doubtãce de regnault. Quant regnault les vit venir il leur dist/ou allez voˀ beaulx freres. Sire dirent ilz nous vous allions querant. Vous maues trouuez dist regnault ie ay trouue noʃtre cousin maugis. Quãt ilz ouyrent ces parolles ilz en furẽt moult ioyeulx et louerẽt noʃtreseigneur/ et puis alard dist a maugis. Beau cousin que deuinstes voˀ laultre hyer quant nous voˀ pdismes. Alard dist maugis quant richard fut entre dedens le pauillon de charlemaigne et il eut prinse laigle doz ie demouray au pauillon pour loccire et peu sen faillit que ie ne loccis. Et quant ie men cuiday tourner apres vous ie trouuay une grant route de cheualiers q̃ marresterent. Ie me deffendy de tout mon pouoit/mais oliuier de vienne vint qui mabatit et me rendy a luy pour prisonnier lequel me rendit a charlemaige q̃ me voulut faire pendre villainement/ mais la dieu mercy iay tant fait q̃ ie suis eschappe. Cousin dist alard bien vous en est prins. Quant ilz furẽt assez diuise ilz sen allerẽt a mõtauban et la menerẽt grãt feste. Quãt ilz furent arriues il ne fault pas demãder si dame clere fut bien ioyeuse/car incõtinẽt elle fist appareiller viãdes a foyson pour le soupper. Et quãt ilz eurẽt souppe bien ioyeusement ilz sen allerẽt tous coucher et reposer/ car ilz en auoient grant mestier. Le lendemain au matin quant chascun fut leue ilz sen allerent a la messe/ et quant ilz eurent la messe ouye maugis appella son cousin regnault et ses freres et leur dist. Seigneurs mõstres moy voʃtre butin que vous gaignastes hyer. Sire dist richard tresuoulẽtiers puis qˡ vous plaist. Et lors maugis print laigle q̃ estoit doz de pierres precieuses et la donna a regnault. Et quãt regnault vit ce don si riche il en fut moult ioyeulx a cause de la grant valeur q̃ en laigle estoit. Regnault appella maugis et luy dist. Mon cousin q̃ ferõs noˀ de ceste aigle. Mon cousin dist maugis il ne semble q̃ lon la doit mettre sur le põmel de la grant tour/ a celle fin q̃ charlemaigne et tout son hoʃt la puisse veoir Par ma foy dist regnault vous dittes bien. Et lors firent prendre laigle doz et la firẽt mettre sur la grant tour de montauban. Et quant le soleil luysoit encontre laigle elle gettoit si grant clarte q̃ lon la pouoit veoir de cinq lieues. Et quãt charlemaigne et ses gens lapperceurent ilz en fuerent moult doulens.

Quant charlemaigne vit q̃ les quatre filz aymon se mocquoient de luy il appella roland et oliuier et tous les aultres pers de france et leurs dist. Mes seigneurs moult nous est mescheu de puis q̃ sommes en gascoigne/ car iay perdu ma couronne et ioyeuse ma bonne espee et mon aigle doz qui estoit de

o

tresgrant valeur comme tous bien scaues/ Vous tous aues perdu voz bonnes espee dont sommes bien diffames/ & auons este enchasses du champ moult villainemēt. Et nous ont bien les quatre filz aymon a laide de ce larron maugis vituperes/ pourquoy mes beaulx seigneurs ie me cōplains a vous en vous priant que me aides a moy ven ger deulx/ car ilz vous font honte comme a moy & plus.

Donc les pers dirēt/ sire nous sommes tous prestz a faire ce q̄ vo9 vouldres Ie vueil dist charlemaigne q̄ vo9 ogier & le duc naymes larceuesque turpin & estou le filz oedon q̄ estes de la parēte de regnault q̄ vous alles a mōtau ban/ & dires a regnault a ses freres & a maugis q̄lz me rendēt ma courōne/ ioyeuse mō espee/ & mon aigle dor/ & les espees de vo9 tous/ & ie leur dōray tresues pour deux ans & feray tourner tout mon ost en france. Sire respondit ogier volentiers feray vostre cō mandemēt/ mais ie me doubte moult de regnault q̄l ne nous retiengne pour prisonni ers. Ha ogier dist charlemaigne q̄ vous le doubtes bien peu. Quāt les barons ouprēt le cōmandemēt du roy ilz ne firent aultre demeure/ mais monterēt a cheual & sen alle rent a mōtauban. Quāt ilz furēt deuāt le pont le portier q̄ estoit sur le portal qui faisoit le guet leur dist. Seigneurs q̄ estes vous. Mon amy dist ogier nous sommes des gēs d charlemaigne. Ha dire a regnault q̄ le duc naymes/ larceuesque turpin/ & estou le filz oedon/ & ogier le danoys veulent parler a luy. Mes seigneurs dist le portier ie my en voys apptement. Et quāt il eut ce dit il sen va vers regnault & luy dist. Sire la ō hors a quatre cheualiers q̄ veulent pler a vous. Qui sont ilz dist regnault. Sire dist le port er ilz mont dit q̄ lung sappelle le duc naymes/ laultre larceuesque turpin/ laultre estou le filz oedon/ & laultre ogier le danoys. Quāt regnault ouyt ce il se dressa en pied & dist a ses freres. Messeigneurs vecy venir de vaillans cheualiers & saiges ie vo9 suppli a tous q̄ nous vueillons demōstrer q̄ nous ne sommes point enfans pour endormir a la musette. Cousin dist maugis vous parles bien & saigemēt. Il me semble dist regnault q̄l seroit bon de scauoir pourquoy ilz sont venuz a celle fin q̄ no9 leurs puissions mieulx respondre. Lors sen vindrēt a la porte & firent baisser le pont leup. Et quant il fut baiss richard saillit le pmier sur le pont & leur vint alencōtre & leur fist grant hōneur & les sa lua & puis leur dist. Mes seigneurs vous soyes les tresbiē venus. Le chastel est a vo stre cōmandemēt/ car ie me tiens si seur de mon frere regnault q̄ le vo9 puis bien offri & donner. Cousin dirent les messaigiers grant mercy. Et lors regnault se auāca & les salua honnorablemēt & puis print ogier par la main & luy & les autres troys mena au dongon la ou ilz furent receuz moult hōnestemēt par dame clere la femme de regnault Quāt regnault les eut receuz il les fist asseoir sur ung banc/ & puis leur dist. Beaulx seigneurs ie vous prie que vous me vueilles dire pourquoy vous estes venus/ car vo9 ne venez mie sans cause.

Vous scaues bien sire regnault dist ogier q̄ tous ceulx q̄ sont icy vous ont tousiours bien ayme/ & si vous pmetz q̄ sil eust este a nostre vouloir vous eussies eu bonne paix auec charlemaigne/ mais par plusieurs foys il nous a reprouche q̄ nous sommes telz q̄ vous. Regnault vous deuez scauoir q̄ maugis vostre cousin nous a tous deshonnoures/ car nous sauōs tous pleige enuers charlemaigne sur nostre foy & serment de luy rendre a sa voulente/ & ledit maugis ser est venu sans nostre congie oultre sa promesse/ & qui pis est il a desrobe la courōne du roy ꝗ son espee/ꝙ aussi les espees de tous nous aultres douze pers. Pourquoy vous mande charlemaigne ꝑ nous aultres q̃ icy soyes q̃ vous luy rendez sa couronne laigle dor ꝙ toutes noz espees/ꝙ il vous dōra tresues pour deux ans/ꝙ si fera retourner toute son armee en france. Apres q̃ ogier eut ce dit maugis se leua en pied ꝙ parla ꝑ licence d̕ regnault ꝙ de ses freres ꝙ dist. Seigneurs vous soyes les tresbien venuz en ce chastel d̕ montauban ꝙ a tresgrant ioye receupz. Et sil vous plaist de ceste matiere ne parleres plus a p̃sent/vous demoureres pour ceste nupt ceans auec nous ꝙ demain lon vo°fera responce de ce q̃ dit aues. Regnault dist ogier aues vo°ouy ce q̃ maugis a dit/ouy sans faulte. Puis quil vous plaist dist ogier nous demourrons pour lamour de vous. Lors quant maugis vit ce il sen vint au seneschal de mōtauban ꝙ luy deuisa les viādes de quoy lon debuoit festoier les cheualiers d̕ charlemaigne/ꝙ luy dist cōment quil fust q̃lz fussent si aises quil ny faillist riens/ꝙ gardes q̃ le grant hanap soit mys deuant le duc naymes lequel iay cōquis a rains. Seigneur respōdit le seneschal ne doubtes q̃ vous seres bien aises a mon puoir. Et lors maugis sen retourna deuers les aultres dont il estoit party. Et quāt regnault le vit venir il lappella ꝙ luy dist. Mon cousin ie vous prie que vous entendes que nous soyōs bien aises. Sire dist maugis iay tout pourueu en cela ꝙ ordonne ce qui se doit faire.

Dant regnault ouyt ce il en fut moult ioyeulx. Et lors se mist a deuiser a uec les gens de charlemaigne moult honnestement de plusieurs choses/ꝙ quāt il vit q̃ les viandes puoient bien estre prestes/luy ꝙ ses freres prin drent les quatre cheualiers ꝙ les menerent en la sale pour menger. Quāt ilz furēt illecques maugis leur fist lauer les mains a tous/ꝙ puis print le duc naymes ꝙ le fist asseoir ꝙ dame clere empres luy/ puis fist asseoir larceuesꝙ turpin ꝙ regnault puis ogier ꝙ alard/apres guichard/ꝙ estou le filz oedon/ puis le petit richard. Quāt ilz furent tous assis les mez des viandes cōmencerent a venir lung apres laultre ꝑ bon ne ordre ꝙ de plusieurs manieres. A dire verite ilz furent bien aises ꝙ bien seruis hono rablement. Apres q̃lz eurent bien menge a leur aise/le duc naymes appella regnault ꝙ luy dist. Beau parent ie vo°prie q̃ vous vo°deliberes de nous faire bonne respōce d̕ ce q̃ ouy aues. Seigneurs dist regnault ie feray tant q̃ le roy aura cause desoy cōtenter d̕ moy car ie feray ce qˡ vouldra pour auoir paix auec luy ꝙ son amitie ꝙ pour lamour de vo°ꝙ de to°les aultres messeigneurs q̃ icy sont. Et a celle heure regnault fist apporter lespee de charlemaigne ꝙ celles des douze pers ꝙ aussi la couronne dor. Et quāt ogier vit ce il commenca a rire ꝙ dist. Par ma foy dist il regnault vous auiez icy vng beau gain se vous leussiez garde. Quant richard vit q̃ regnault son frere volut rendre lai gle dor il cōmeca a dire. Par saint pol mon beau frere il ne sera riens q̃ vous rendez ce q̃ iay gaigne bien ꝙ loyaulmēt par force darmes. Frere dist regnault laisses moyfaire ie vous en prie. Par ma foy dist richard ie nen feray riens car charlemaigne luy mes mes me bati moy estāt prisonnier en son pauillon moult villainemēt. Seigneurs dist le duc naymes laissons en paix cecy ꝙ prendes en gre ce que regnault nous baille/car il nous en fait assez/par ma foy dist larceuesque turpin ce fait mon. Et lors ilz prindrēt la couronne d̕ charlemaigne ꝙ toutes leurs espees. Et quant ilz les eurent ogier dist a regnault. Cousin ie vous cōseille q̃ vous vous en venez auec no°/ꝙ alard guichard ri chard et maugis demoureront icy pour garder vostre chasteau. Sire dist regnault iap trop grant doubte que le roy me fist occire oultrageusement. Venez dist le duc naymes hardiment/car seulement nous vo9 conduyrons puis q̃ vo9 seres auec no9 il ne vo9 couient de riens doubter. Seigneurs dist regnault ie feray vostre commandement a bien asseurāce

Quant regnault se fut acorde daler auec le duc naymes & auec larceuesque turpin & auec ogier le danoys & estou le filz oedon ilz monterēt to9 sur leurs cheuaulx & regnault monta sur bayard & se fist bien armer & pareillemēt alard. Quāt la duchesse vit q̃ regnault son seigneur voulut aller auec les gens de charlemaigne elle sen vint deuant eulx & sagenoilla & leur dist. Messeigneurs ie vous remercye du bien & de lonneur q̃ vous auez fait a maugis. Et derechief ie vo9 supplie tant comme ie puis quil vous plaise dauoir pour recomande regnault mon seigneur & mary lequel vous emmenes auec vo9. Dame dist ogier le danoys nayez doubtance q̃ regnault aye nul mal/car no9 ne le souffrirons mye pour tous noz membres coupper. Et adonc incontinent se mirent a la voye pour eulx en aller. Et regnault print dix cheualiers auec luy pour luy faire compagnie. Quant ilz furent a la riuiere de balancon ilz cercherēt le gue & passerent oultre/& quant ilz eurēt tous passe/ogier comenca a dire. Seigneurs vo9 scauez tous comment le roy a mauluais couraige & mauluais talent iay grant doubtance de regnault q̃ nous auons icy amene auec nous. Je coseille q̃ no9 faichons la voulente de charlemaigne auant q̃l voye regnault. Ogier dist le duc naymes vous parles bien & saigemēt/nous yrons vous & moy parler a charlemaigne/et regnault demourera icy iusques a ce q̃ nous soyons retournez. Seigneurs ie feray ce q̃ me coseilleres/mais ie vous prie q̃ me tenez ce q̃ mauez promys/cest le saulueraent de mon corps & de mes membres. Regnault dist le duc naymes auant mourrons q̃ vous ayez mal. Et lors luy & ogier prindrent leur chemin deuers lost de charlemaigne/& regnault demoura tout seul auec larceuesque turpin & estou le filz oedon. Or oyez de pinabel vne espie qui estoit a charlemaigne/saches q̃ ladicte espie estoit sur le gue de balancon en sa compagnie quant ces dessudits parlerent de ce que ouy auez. Quant il eut bien entendu toute la coclusion il se destroba de la compagnie & cheuaucha tāt errāment come il peut & sen vint a charlemaigne auquel il dist par ceste maniere. Sire nouuelles vous aporte/dōt vous seres tresbien ioyeulx. Mon amy dist charlemaigne tu soyes le tresbien venu. Je te prie q̃ tu me dies ce q̃ te meyne. Saichez sire q̃ iay laisse regnault & alard dessus le gue de balancon auec larceuesque turpin & estou le filz oedon/& le duc naymes & ogier sen viennent par deuers vous pour vous demander conge silz lamene roient a seurance. Est il verite ce q̃ tu dis dist charlemaigne. Ouy sans faulte dist pinabel. Par mon chief dist le roy tu en auras de moy guerdon/ mais garde bien q̃ a nul ne dye ces parolles sur ta vie/car ie y mettray bien remede. Lors regarda entour luy/& vit oliuier & luy dist. Oliuier incontinent & sans delay prenes deux cens cheualiers bien montes & bien armes & les menes sur le gue de balancon la ou vo9 trouueres regnault & alard & les prenes commēt quil soit/& puis icy les amenez/& se ainsi le faictes demādes moy ce que vous vouldres.

Lors dist oliuier. Sire bien feray vostre commandement. Et lors il print deux cens cheualiers comme charlemaigne auoit ordonne & se mist en la voye deuers le gue de balancon. Or pese nostre seigneur par sa pitie du vaillant cheualier regnault & de alard son frere/car ilz sont en tresgrant dan-

gier de prendre mort. Ce pendāt que oliuier sen estoit alle deuers le gue de balancon le
duc naymes & ogier le danois arriuerēt deuant le pauillon du roy & entrerēt dedens in
continent. Quant ilz furent deuant le roy/ogier salua charlemaigne moult honnoura
blemēt/mais le roy ne luy rendit point de salut/& ne luy respōdit vng seul mot. Quāt
ogier vit ce il luy dist. Sire quel semblant nous mōstres vous/ie mesmerueille cōment
vous nous mōstres si male chiere veu q̄ nous venōs de la ou il vous auoit pleu nous
mander/ce a este a mōtauban la ou nous auions parle a regnault le filz aymon lequel
est tout prest d̄ faire ce q̄ vous vouldres/& nous a rendu vostre courōne/& pareillemēt
noz espees/& vostre aigle vous saures quant il vous plaira. Ogier dist charlemaigne
quaues vous fait de regnault ie suis seur q̄ vous lauez amene auec vo⁹. Sire dist ogi
er il est vray veritablemēt/& lauons amene sur nostre foy pour prendre ostage des tres
ues q̄ vous luy aues donnee. Par saint denis dist charlemaigne ie nen feray riens/car
se ie le puis tenir vne foys tout lor du monde ne le garentiroit que ie ne le face de male
mort mourir. Sire dist ogier quest ce que vous dittes/ie mesmerueille de ce quaues dit
Damps empereur dist le duc naymes vng si grant roy comme vous estes ne deuroit
auoir dit telles parolles pour la moitie d̄ son royaulme. Tresdoulx sire pour dieu mer
cy ne donnes sur vous si grāt blasme/si vous faictes ce q̄ vous dittes ie vous pmetz
q̄ moy/ogier/larceuesque turpin/& estou le filz oedon nous vo⁹ rendrōs du mal le mal
& sauluerons regnault a nostre pouoir puis que nous lauōs amene sur nostre foy. Di
y petra dist charlemaigne cōment vous luy pourres aider. Sire dist ogier se vous nous
faictes oultraige ne deshōneur/ie vous prometz que nous vous rendrons hommaige
& la foy q̄ nous vous debuōs & si ferons du pis q̄ nous pourrons aencontre de vous
& de vostre royaulme. A present parlerons vng peu doliuier qui sen estoit alle a balan
con pour prēdre regnault & son frere. Et saches q̄ quant oliuier de vienne fut arriue sur
balancon il aduint ainsi que par fortune que ledit oliuier surprint regnault de si pres/
lequel estoit a pied quil ne peut auoir espace de monter dessus bayard. Quāt regnault
vit quil ne peut mōter sur son cheual a cause que oliuier lauoit si fort surprins il fut si
ire que a peu quil nentagea tout vif/& lors se tourna deuers larceuesque turpin & de
uers estou le filz oedon & leur dist. Dassault vous maues faulsemēt trahy/ie ne leusse
iamais cupde/vous auez mal fait. Sire dist larceuesque turpin/ie vo⁹ iure sur ma foy
que de ce ne scauons nous riens. Ie vous promets que nous vous deffendrons ius
ques a noz membres coupper. Puis regnault se tourna deuers oliuier & luy dist ainsi.
Oliuier or me poues vous maintenāt rendre la bonte que ie vous fiz quāt mon cousin
maugis vous abatit es plains de vaulcouleurs. Vous scaues que vne courtoysie re
quiert laultre/car quant vous fustes par terre ie vous rendis vostre cheual/& vous ay
day a remonter. Sire dist oliuier il est vray. Ie vous promets que ie suis bien marry de
vous auoir icy trouue/& ne scay homme au monde si vo⁹ faisoit mal quil ne fūst mal
de moy. Ce pendant que regnault & oliuier parloiēt ensemble vecy arriere roland qui
estoit venu apres oliuier pour luy ayder a prendre regnault & son frere. Et quant il fut
pres il commenca a cryer. Ha par dieu regnault vous estes prins/maintenant estes at
trappe. Quant il eut ce dit la fut derriere ogier le danoys qui lauoit supui a coitte des
perons q̄ luy dist. Par mō chief sire roland a regnault ne feres nul mal/car le duc nay
mes & moy lauōs amene sur nostre foy & sermēt a charlemaigne pour prendre les ostai

o. iij

ges et tresues que nous luy auons donnees de par le roy charlemaigne comme vous
sçauez quil nous auoit enchargez/ et vous dy sire roland que se vous luy faictes oul-
traige que vous nous le feres. Ogier dist roland maintenant vo° luy seres mauluais
garant. Roland dist ogier ie vous iure que se vous assailles regnault q̃ nous aultres
luy apderons. Roland dist oliuier ie vous prie q̃ laisses ester regnault/car ie vous pro
metz que vnefoys il me fist vne grande courtoysie et plaisir/ maintenant ie luy veulx
rendre/ si me voules croyre ie vous diray que nous ferons/ nous menerons regnault
deuant charlemaigne et luy prirons quil le trapcte hõnestemẽt/et nous pforcerons tous
de luy faire son appointement. Seigneurs dist le duc naymes oliuier parle hõnestemẽt
Je cõseille q̃ nous menons regnault a charlemaigne pour veoir quil en vouldra faire
sil nous fait demõstrer traptres ce sera grant honte a luy et pour nous/ et iure dieu que
sil veult faire nul oultraige a regnault que nous ne le souffririons mye et laiderons a
le saluer de tout nostre pouoir. Apres toutes ces parolles ilz se mirent en la voye pour
mener regnault a charlemaigne.

Quant roland et oliuier eurent amene regnault au pauillon du roy charle-
maigne/sachez q̃ le duc naymes/larceuesque turpin/ogier le danois/et auſ
si estou le filz oedon ne habandonnerẽt onques regnault dung pas/mais
quant oliuier le vouloit pseuter a charlemaigne/ogier se auança et dist au
roy par ceste maniere. Sire roy empereur vous sçaues comment vous nous manda-
stes nos quatre qui sommes icy par deuant vous en messaige a montauban pour dire
a regnault ce de quoy vous no° chargastes/ et luy dismes de par vous q̃ sil vouloit ren
dre vostre courõne et les espees que maugis auoit emportees et laigle dor que vous luy
donneries/tresues dicy a deux ans/ et que vous feries aller en france tout vostre ost/ sa-
ches q̃ regnault a fait tout ce de quoy nous l'auõs requis de vostre part et l'auõs amene
soubz vostre saufconduyt et prismes tous quatre sur nostre charge quil naura nul mal
plus que nous/nonõstant vous l'auez fait prendre/ laquelle chose nous neussions ia-
mais cuyde veu que vecy vostre couronne et noz espees/ et l'aigle dor vous laures quãt
il vous plaira/ et en oultre luy promistes que quant vous luy feries nul mal que aussi
le feries vous a nous. Et vous pmetz que se vous luy faictes nul mal vous en seres
grandemẽt blasme de tout le monde/mais se vous en voules ouurer honnestemẽt et cõ
ment loyal seigneur pour garder que vous ne nous nayons blasme/enuoyes regnaul
a montauban auec ce quil nous a baille. Et quant il sera dedens si luy faictes a lor
au mieulx et au pis que vous pourres.

Ogier dist charlemaigne de ce vous me parles pour neant et tous voz cõ-
forz aussi/car ie n'en feray riẽs/mais en feray ma voulente et leussies vo°
tous iure/et ne feres mye de regnault comme du larron maugis. Quant
eut ce dit il se tourna deuers regnault et luy dist. Regnault regnault c
vous tiens ie maintenant/penses q̃ vous nauez garde de moy trahyr ne enchanter c
me fist le larron maugis/car ie vous feray ardoir et les membres coupper. Sire dist
gnault/non feres se dieu plaist. Ogier dist charlemaigne voulez vo° côtre moy deffe
dre mon ennemy mortel. Sire dist ogier ie ne vueil mye deffendre voz ennemys encõt
vous/mais ie vous pmetz q̃ ie deffendray ma loyaulte côtre tous. Sire dist regnau
que vous plaist il q̃ ie face/vo° mauez appelle traptre/sachez que ie ne le fus iama

ne homme de mon lignaige/ ne scay homme au monde que sil disoit que iaye este tray
tre ne comps trahyson enuers vous que ie ne combatisse a luy corps pour corps. Par
ma foy dist charlemaigne ie le vous prouueray a force darmes. Sire dist regnault ma
intenant parles comme roy. Et vecy mon gaige que ie baille que ie dy que ie suis aussi
loyal quil est point home au monde et pareillement mon lignaigne. Lors charlemaigne
luy dist. Regnault se tu me donnes pleiges saches que ie leueray ton gaige/ aultremēt
non. Sire dist regnault de pleiges trouueray asses. Et lors se tourna et vit ogier le da
noys et luy dist. Damps ogier venes auant/ et vous pareillement duc naymes/ et vous
aussi arceuesque turpin/ vous estou le filz oedon pleiges moy/car tous le deuez faire
vous scaues que ie ne fis oncques desloyaulte. Regnault dist le duc naymes nous vo9
pleigerons volentiers.

Lors dist regnault. Sire vecy mes pleige q ie vous done/ dittes si vous
en aues asses/ ouy dist charlemaigne certes ie nen demande plus. Sire dist
regnault q fera la bataille cōtre moy. Par ma foy dist charlemaigne moy
mesmes le feray. Sire dist roland non feres sire sil vous plaist/ car ie la fe
ray pour vous. Sire dist regnqult mettes lequel quil vous plaira. Quant il eut dit ces
parolles bayard fut rendu a regnault lequel monta dessus et sen alla vers mōtauban
et auec luy ogier/ le duc naymes/ et estou le filz oedon ensemble/ et alard qui auoit este
prins aussi quant ilz furent pres de mōtauban/guychard/richard et maugis les virent
venir et leur vindrent au deuant. Quāt richard les vit il leur demanda cōment il leur
estoit alle. Par ma foy dist regnault nous fusmes tresmal venuz/ car le roy sceut q no9
estions a balancon la ou ogier nous auoit laisses et nous enuoya prēdre par oliuier et
roland/ et fusmes surprins de si pres que nous ne peusmes oncques mōter sur noz che
uaulx/ et fusmes menes au roy/ et vous promets quil est vng cruel homme remply de
maltalent. Sachez que regnault compta a ses freres et a maugis tout le fait come des
sus ouy aues sans faillir de riens.

Celle nuyt regnault et toute sa compagnie firent grant chiere a montauban
et furent moult bien festoyez les gens de charlemaigne a montauban par
dame clere la femme de regnault. Quāt ilz se furent bien festoyez chascun
sen alla reposer celle nuyt. Et quāt se vint au point du iour que chascun fut
leue regnault et sa cōpagnie allerēt ouyr messe en la chapelle saint nicholas et offrit re
gnault quatre marcz dor. Quāt la messe fut chātee regnault et tous les barons demā
derent leurs armes pour eulx armer. Et quant ilz furēt bien armes regnault print cō
gie de sa femme deuant toute sa compagnie/ puis appella ses freres et maugis et dist.
Sseigneurs ie laisse ce chastel en vostre protection et saulue garde/ et vous recom
mande ma femme et aussi mes enfans/ car a present ie men voys combatre le meilleur
cheualier du monde. Or ne scay quil aduiendra de moy/ pourquoy vous prie que vueil
lez bien garder ce chasteau icy/ car ie vous promets que se ie meurs quil vous fera biē
mestier. Vecy ogier qui sen viendra auec moy et le duc naymes aussi/ car ilz sont mes
pleiges vers le roy charlemaigne. Par ma foy dist alard pour neant parles vous/ car
nous yrons auec vous et vous acompaignerons et verrons la bataille et cōment vous
seres soustenu en vostre bon et loyal droit/ et se vous aues nul besoing daide vous nous
trouueres bien pour vō secours. Par saint pol dist ogier alard a bien parle saigement

Quant regnault vit ce il appella maugis et luy dist. Mon cousin ie vous prie q̄ vueil les demourer icy et q̄ apres tout pour recōmande puis q̄ mes freres veullent venir auec moy. Regnault dist il ie feray tout ce quil vous plaira et vous promets q̄ par moy mont auban naura deffault de riēs q̄ soit. Quāt regnault eut tout son fait deuise incōtinēt se mist a la voye acōpaigne de ses freres et des aultres barons dessuditz. Quāt ilz furent venus au pin de mōtfaulcon la ou la bataille estoit deuisee, regnault descendit a pied en attendāt roland. A p̄sent laisse lystoire a p̄ler de regnault, et semblablemēt de ses freres et des aultres barōs q̄ estoiēt en la cōpagnie dudit regnault, et retourne a p̄ler de roland cōment luy et regnault furēt leur bataille, et cōment leurs armes furēt faictes, et cōment le champ fut deuise, ne a qui il demoura a la fin des armes.

¶ Icy deuise comment regnault se combatit a roland, lequel il cōquist par la voulente de dieu et lemmena a montauban, dont le roy charlemaigne fut moult doulent. Et aussi parle comment maugis emporta charlemaigne a mōtauban dessus bayard tout endormy, puis se rendit a regnault dedens ung lit, puis sen alla en guise dermite pouurement abitue et laissa tous ses parens et amys pource quil ne vouloit point destourner la paix de regnault enuers charlemaigne, car la guerre nauoit que trop longuement dure.

R dit le cōpte que quāt roland vit le iour il se leua et puis sen alla ouyr la messe et offrit ung moult riche don a loffrande dessus lautel. Quant la messe fut chantee roland demāda ses armes pour soy armer incontinēt. Quāt il fut arme il mōta a cheual et charlemaigne luy dist. Beau nepueu ie vo⁹

commande a dieu quil vous conduye/& vous ayt en sa garde/& vous vueille garder de
mort & de prison/car vous scaues q̃ regnault a droit sur nous/& nous auons grant tort
enuers luy/pourquoy ne vouldrope pour la moitie de mon royaulme quil vous aduint
nul mal. Sire dist roland vostre repentir est trop tard/car puis que vo9 scauies q̃ auies
maulvaise querelle vous ne deuies pas accepter la bataille qua ues entreprinse/mais
puis q̃ ainsi est q̃ la chose est tant venue auãt q̃ ie ne le scauroye laisser q̃l ne fust a ma
grant honte. Or me ayde dieu sil luy plaist par sa misericorde.

Quant roland eut dittes ces parolles il se mist en la voye pour aller vers le
pin de montfaulcon. Quant il fut pres de montfaulcon il vit regnault q̃l
attendoit & incõtinent luy commenca a cryer/par dieu regnault huy autre
affaire a moy & vous promets q̃ quant vous partires du champ q̃ iamais
naures garde de faire armes cõtre moy ne cõtre aultre. Quant regnault ouyt roland
ainsi cryer il luy vint a lencõtre & luy dist. Sire roland il nappartient point a vng tel che
ualier cõme vous estes de moy menasser ainsi/& vous dy q̃ vees moy icy tout prest. Se
vous voules paix vous laures a moy/& se vous voules bataille vous laures semblas
blemẽt a moy. Regnault dist roland ie ne suis mye icy venu pour paix auoir/mais vo9
gardes de moy & feres q̃ saige. Roland dist regnault & vo9 de moy pareillemẽt/car ie su
is certain q̃ abatray auiourdhuy vostre orgueil q̃ est si grant. Quant regnault eut dit
ces parolles il picqua bayard des esperons & vint cõtre roland & roland cõtre luy. Et
lors se donnerẽt si grans coups contre leurs poictrines quilz briserent leurs lances/et
de la course quilz auoient prinse sentrehurterent si grandemẽt de leurs escus quil con
uint a regnault de tomber par terre sa selle entre ses cuisses/& roland en habandonna
ses estrief. Quant regnault se vit par terre il se dressa moult prestement & remonta sur
bayard sans selle & sen vint sur roland lespee au point & luy donna si grant coup q̃ ro
land sen sentit moult greue/quãt il vit q̃ regnault lauoit si fort estonne il mist sa main
a durandal sa bonne espee & courut moult asprement sur regnault/& quant regnault se
vit venir il vint contre roland moult fierement. Lors cõmenca vne merueilleuse & aspre
bataille entre les deux cheualiers/car ie vous pmets quilz ne se laisserent oncques õ
leurs aubers ne de leurs escus piece entiere tant que tous les barons q̃ les regardoiẽt
eurent grant pitie de lung & de laultre. Et quant le duc naymes eut vne grant piece re
garde celle merueilleuse bataille il se mist a crier tant que faire peut par ceste maniere
He roy charlemaigne mauldittte soit vostre cruaulte/car p vostre felonnie faictes met
tre a mort les deux meilleurs cheualiers du monde/dont vnefoys vous aures daffai
re auant quil soit gueres de temps.

Quant regnault vit que lung ne pouoit gaigner laultre il dist a roland. Si
re roland se vo9 me voules croyre no9 descendrons tous deux a pied a celle
fin q̃ nous ne tuons noz cheuaulx/car si nous les tuons iamais nen trous
uerons de telz ne de si bons. Certes regnault dist roland vo9 ples biẽ. Lors
descendirent a pied emmy le pre. Roland dist regnault or somme nous maintenant par
a par. Or apperra lequel de nous deux demourera. Et lors coururẽt lung ꝯtre laultre
si asprem̃et cõment sil fussent deux lyons/qui eust veu adonc les grãs coups & dange
reux que lung donnoit a lãultre il eust dit que cestoient les deux nõ pareilz cheualiers
du monde. Quant roland vit q̃l ne pouoit auoir regnault il sen vint a luy & sembrassa

a plain bras & regnault luy a mode de luyte. Lors se tournerent vng grant temps tant que lung ne peut oncques faire tõber laultre/& ie vous pmetz que lon fust alle demye lieue auãt q̃ lung abandõnast laultre. Quãt il virẽt q̃lz ne se pouoiẽt abatre ilz se laisserent aller & se reculerẽt lung deca & laultre dela pour reprẽdre leur aleine/car ilz estoient moult las & trauaillez tant q̃ a peine se pouoiẽt ilz soubstenir & leurs escutz & leurs aubers & heaulmes estoiẽt tous destãchez, la ou ilz se stoient combatuz la terre estoit toute foulee comme se y eust batu le bled pour le marchissement que la firent. Charlemaigne voiãt q̃ lung ne pouoit gaigner laultre & q̃ tous deux estoient tresmalmenez. Il eut moult grãt paour d̃ son nepueu rolãd/ & adõc se mist a genulx & ioingnit les deux mains vers le ciel & commenca a dire en plourant. Beau pere glorieux qui creastes le monde/la mer/& ciel/ & la terre/& deliurastes la benoiste saincte marguarite du ventre de lorrible dragon/& ionas du ventre du poisson/ie vous prie & supplie quil vous plaise de deliurer mon nepueu rolãd de ceste mortelle bataille/& me enuoyer vng tel signe pourquoy ie les puisse faire departir a lonneur de lung & de laultre. Quant alard qui chard & richard virent leur frere regnault si lasse ilz eurent grãt paour de sa personne Et lors se mirent a prier nostre seigneur quil luy pleust de garder leur bon frere d̃ mort & de prison. Et quant ilz eurent fait leurs oraison nostre seigneur pour la priere d̃ charlemaigne demonstra vng beau miracle, car il fit leuer vne si grant nue q̃ lung ne pouoit voir laultre. Lors rolãd dist a regnault. Ou estes vous alle regnault/ou il est nuyt ou ie ne voy riens. Seurement dist regnault ne moy aussi. Regnault dist rolãd ie vous prie que me faces vne courtoysie/& vne aultresfoys ie seray bien autant pour vous se vous men requerres. Lors le vaillant cheualier regnault luy respõdit. Sire rolant dist regnault ie suis prest de faire tout ce de quoy me requerres/mais que mon honneur y soit saulue. Grand mercy dist rolãd de ce que maues ottroye. Saches q̃ la chose dont ie vous veulx requerir est que me emmenes a montauban. Sire rolant dist regnault se vous voules ce faire ici seray grandemẽt ioyeulx. Par ma foy ie iray sans point faillir. Sire dist regnault dieu vous rende par sa pitie lonneur quil vous plaist a moy faire/car ie ne say nulle desseruy enuers vous. Sire regnault ie le seray a cause que ie scay bien que vous aues le droit & moy tort. Quant rolãd eut ce dit il recouura la veue & vit si clerement que parauant. Et lors vit villanche son bon cheual & monta dessus/& pareillement le vaillant cheualier regnault mõta sur bayard son bon cheual Quãt charlemaigne vit ce il fut tout esbahy & comenca a cryer. Seigneurs seigneurs or regardes ie ne scay que cest a dire/car regnault emmene rolãd. O y perra commẽt vous le laisseres emmener. Quant charlemaigne eut ce dit il sen vint a son cheual et monta dessus & commenca a cryer/ or y perra qui seront mes amys. Quant les barons de france ouyrent ainsi parler charlemaigne ilz picquerẽt leurs cheuaulx des esperõs & sen coururent apres regnault.

Dant ogier vit venir regnault qui menoit rolãd auec luy il en fut moult ioyeulx/& sen vint au deuant de regnault & luy dist. Sire bien aues exploite auiourduy dauoir prins telle proye. Ogier dist regnault ie vous pmetz que roland sest laisse prendre de son bon gre. Dieu en soit loue dist le duc naymes. Regnault dist ogier alles vous en a mõtauban & ie retourneray arriere moy & larceuesq̃ turpin & estou le filz oedon si arresterons charlemaigne & serons tãt q̃ vous q roland vouires estre a montauban auant q̃ſ vous attaigne. Ogier dist roland vous dittes bien ⁊ vous mercye de ceste courtoisie. Quant ilz eurent tout ce deuisé regnault ⁊ roland cheuaucherẽt si errament q̃lz arriuerẽt a montauban. Il ne fault pas demãder se roland fut bien festoye a montauban. Ie vous pmetz q̃l nest possible de mieulx festoyer vng prince ne plus hõnourablemẽt q̃l fut. Ce pendãt ogier sẽ estoit venu au deuant de charlemaigne ⁊ fist tant par ses beaulx langaiges quil entretint le roy iusques a ce quil se pensa q̃ regnault ⁊ roland pouoiẽt estre a montauban. Quãt il eut ce fait il picqua son cheual ⁊ sẽ alla deuers montauban apres les aultres/sachee quil y pouoit bien aller sans reprouche/car il estoit vng des pleiges de regnault comme ouy auez. Quant charlemaigne vit ce il le suyuit iusques es portes d mõtauban/⁊ quãt il fut a la porte il cõmenca a cryer a haulte voyx. Par dieu regnault peu bõ vauldra ce quaues fait/car tant cõme ie vyuray vous naures paix a moy. Quãt il eut ce dit il se tourna deuers la porte ⁊ dit oliuier auql il dist. Oliuier allez vous en a montbandel ⁊ faittes icy venir tout mon ost/car ie vueil assegier ce chastel.

Lors dist oliuier. Sire ie iray tresvolentiers/mais sil vous plaist vous y viendres auec moy/car ie vous prometz q̃ si vous ny venes q̃lz ne viendront point pour moy. Seurement ie iray dist ce roy. Lors print son chemin deuers son ost a montbandel. Quãt ses gens se virẽt venir ilz luy vindrẽt au deuant ⁊ luy cõmencerent a dire. Sire quauez vous fait d rolãd. Seigneurs dist charlemaigne roland sẽ est alle a montauban. Ie vous cõmande a tous q̃ incõtinẽt ⁊ sans delay q̃ mon siege soit trãsporte tout alentour de mõtauban ⁊ vous. damps oliuier porteres lonflan ⁊ richard de normandie cõduira nostre ost. Quãt charlemaigne eut tout ce cõmande il ny eut cellup q̃ dist le cõtraire/mais se muẽt a abatre pauillõs ⁊ tentes pour mener deuant mõtauban. Quant tout lost fut trousse richard de norman die sẽ vint dessus le que de balancon a tout dix mille cõbatãs pour garder illec iusq̃s lost eust tout passe. Ce pendant charlemaigne sest oit mys deuãt pour aller droit la ou il mettoit son siege/⁊ la ou il mettroit son pauillon. Quant tout lost fut arriue deuãt montauban incõtinent le roy fist tendre son pauillon deuant la porte. Quant tout lost fut assis la guette qui faisoit le guet de la grant tour sẽ vint a maugis ⁊ luy dist. Sire sachez que charlemaigne est arriue a tout son ost/⁊ si a tendu son pauillon druãt la maistresse porte. Est il vray dist maugis/ouy sans faulte dist la guette. Or ne tẽ chailt se dist maugis/car charlemaigne quiert son dommaige ⁊ saura plustost quil ne cuyde. Lors sẽ vint a regnault ⁊ luy cõpta cõment charlemaigne estoit venu a tout son ost ⁊ sestoit logie deuant la maistresse porte. Quant regnault ouyt ce il sẽ vint a roland ⁊ luy dist. Sire vous deues scauoir q̃ charlemaigne a mys deuant nous son siege/mais ie vous prometz q̃ si ne fust pour lamour de vous ie luy monstreroye quil na pas bien fait. Regnault dist roland ie vous remercye/mais vne chose ie vous diray sauf vo stre correction. Il me semble que ie dops enuoyer deuers mon oncle le duc naymes/ogi er le danops/⁊ aussi larceuesque turpin qui luy diront par ceste maniere. Sire roy empereur sachez que regnault pour lamour de vous na point voulu enserrer ne emprisonner vostre nepueu roland/mais luy a fait faire bonne chiere comme a luy appartient ⁊ encoires plus regnault ⁊ ses freres ⁊ maugis se presentent deulx tendre a vous saul ue leurs vies.

Ous parles bien et saigement sire roland dist regnault, ie suis prest de faire ce que vous vouldres. Roland dist le duc naymes ie ny ouseroye aller. Si feres dist roland vous nestes point hay du roy. Duc naymes dist ogier nous yrons si vous me voules croyre. Et lors sacorderent daller tout ainsi que roland leur auoit deuise. Quant les princes furent venus au pauillon de charlemaigne ilz le comencerent a saluer, et le duc naymes luy dist par ceste maniere. Sire roy empereur roland vostre nepueu se recomande humblement a vostre bonne grace, lequel regnault tient dedens montauban pour son prisonnier non mye mauluaisement, mais luy fait bonne chiere et honneur come sil estoit son frere et son souuerain seigneur, et tout ce fait pour lamour de vous, et vous demande paix et accord par telle maniere quil vous dora montauban et laigle dor et lairra aller roland en sa liberte et sans rancon, et se rendra a vous luy et ses freres et maugis a en faire vostre voulete saulues leurs vies, et vous promettrot que sil vous plaist vous seruir deulx quilz vous seruiront enuers tous et côtre tous de leur pouoir et puissance tellement que vous naures que honneur par eulx.

Quant charlemaigne entendit ces parolles il trembla tout de maltalent, et commenca a dire au duc naymes et aux aultres. Fuyes de mon pauillon mauluaises gens. Je mesmerueille comme vous estes ouses entrer icy, et vous dy que regnault naura point dappointement auec moy se ie nay maugis pour en faire ma voulente. Et quant les barons ouyrent ainsi parler charlemaigne ilz sen yssirent hors de son pauillon sans prendre congie de luy et sen retournerent vers montauban. Et quant ilz furent arriues roland et regnault leur demanderent coment ilz auoient explotie enuers charlemaigne. Seigneur dist le duc naymes il nen fault point demander, car charlemaigne nen fera riens se on ne luy rend maugis pour en faire sa voulente. Seigneurs dist regnault ce poise moy que charlemaigne a le cueur si dur, ie promets a dieu que maugis naura il mie. Apres ces parolles ilz sen allerent menger et maugis les fist seruir moult plantureusement. Et quant ilz eurent souppe les litz furent faitz sen allerent tous coucher. Et quant regnault se voulut aller coucher il appella maugis. Cousin ie vous prie que anuyt faictes faire bon guet, car vous scaues que nous en auons bon mestier. Sire dist maugis napes doubtance, car ie vous promets que ce chastel sera bien garde a laide de dieu. Et quant les barons furent couchez, maugis sen vint a lescurie de regnault et mist la selle a bayard et puis monta dessus, si sen vint a la porte et appella le portier et luy dist. Don amy ouure moy la porte car ie veulx ung peu yssir dehors, et me attens icy, car ie ne demourray guaires. Sire dist le portier ie le feray voulentiers. Lors sen yssit maugis et sen alla au pauillon de charlemaigne. Et quant il fut la arriue il se mist a faire son charme et endormit tous ceulx de lost. Et quant il eut ce fait il sen vint au lit de charlemaigne et le print entre ses bras et le mist dessus bayard. Et quant il eut tout ce fait il sen retourna au chasteau de montauban et emporta charlemaigne auec luy et le porta dedens sa chambre et le coucha dedens son lit. Et quant tout ce fut fait il print vne torche et laluma, et puis la planta au cheuet du lit de charlemaigne au droit de sa teste, puis sen alla en la chambre de regnault et luy dist. Cousin que donries vous bien qui vous remettroit charlemaigne entre voz mains. Par ma foy dist regnault ie nay riens que ie ne donnasse moyenant ce que ie leusse ceans en ce chasteau Cousin dist maugis me promettes vous que vous ne luy feres nul mal, et ne souffreres faire par aultruy. Cousin dist regnault ie le vous promets seurement sur ma foy. Or venez auec moy dist maugis. Lors maugis mena regnault en sa chambre et luy mõstra charlemaigne q̃ estoit couche en son lit/ et puis dist. Mon cousin regnault or aues vous icy charlemaigne/gardes le bien quil ne vo⁹ eschappe. Et quãt maugis eut rendu charlemaigne a regnault il sen vint a lestable la ou il auoit mys bayard et print de la paille et luy frota le dos et la teste et puis le baisa en plourãt et print cõgie de luy/ et puis alla prendre vne escharpe et vng bourdon et sen vint au portier auquel il dõna tout son abillement q̃l portoit parauãt/ et puis sen yssit hors d̃ mõtauban. Or a p̃sent laisse le cõpte des choses dessusdittes et retourne a parler d̃ maugis qui laissa son lignaige et sen alla hors de montauban habitue moult pouurement.

¶ Comment apres que maugis eut rendu charlemaigne es mains de regnault il sen alla sans cõgie de montauban en vng boys oultre la riuiere de dordonne en vng hermitaige la ou il demoura comme vng hermite viuant pouremẽt pour son ame sauluer. Chapitre .p̃viij.

R dit le compte que quãt maugis eut rendu le roy charlemaigne prisonnier a son cousin regnault q̃l sen alla de montauban sans licẽce de regnault et sans le sceu daulcun du chastel excepte du portier/saches q̃ ledit maugis tant chemina q̃l vint a dordonne et passa la riuiere dedẽs vng bateau/ et quant il fut oultre passe il se mist dedẽs vng boys bien espes et chemina iusques a heure de nonne. Quant il eut asses chemine parmy ce boys il regarda a mont vne terre et vit au dessus vng hermitaige moult ancien. Quant il cogneut que cestoit vng hermitaige/il sen alla celle part et trouua le lieu moult plaisant, car deuant la porte sourdoit

p

vne moult belle fontaine. Lors maugis entra dedēs la chapelle & se mist a genoulx deuant vne ymaige de nostre dame q̄ estoit moult deuote/ & pria nostre seigneur q̄l eust mercy d̄ ses pechez. Ainsi q̄l faisoit ses prieres vne deuotion luy print si grāde q̄l voua q̄l feroit sa demourāce en ce lieu/ & q̄l seruiroit nostre seignr̄ desormais & ne mengeroit aultre chose q̄ des herbes sauluaiges & des racines. Lors pria dieu q̄l luy pleust que regnault & ses freres puissent auoir paix a charlemaigne/ & q̄ se ainsi le faisoit q̄l vseroit desormais son tēps en cest hermitaige faisāt penitēce des maulx q̄l auoit fait ou tēps passe/ pour venger la mort de son pere le duc beuues daigremont q̄ guenes auoit occis par trahyson villainement. A present laisse le compte a parler de maugis qui est deuenu hermite/ & retourne a parler de regnault & de ses freres q̄ ont charlemaigne prisonnier a montauban.

⁋ Cōment les barons de frāce q̄ estoiēt a mōtaubā se guemētoient pource q̄l ne pouoient esueiller charlemaigne q̄ maugis auoit endormy par son art & apporte a mōtaubā/ mais quāt leure d̄ lenchantemēt de maugis fut passee le roy sesueilla. Et quāt il se vit a mōtaubā il iura q̄ ne feroit iamais paix a regnault tant q̄l seroit prisonnier si le renuoya regnault tout quitte sur son cheual bayard dōt apres regnault se repētit grandemēt/ car tātost apres charlemaigne fist asseger mōtaubā de si pres quil affama regnault & ses freres sa femme & ses enfans.   Chapitre. xix.

En ceste partie dit le compte que quant maugis eut rendu charlemaigne a regnault & quil sen fut alle comme ouy auez/ regnault appella ses freres & leur dist. Venez auant mes freres dittes moy que nous debuons faire d̄ charlemaigne que nous tenons entre noz mains. Vons scauez quil nous a long temps dommaiges & fait plusieurs maulx sans rayson, pourquoy il me semble q̃ nous nous devons venger de luy puis q̃ nous le tenons. Sire dist richard ie ne scay que vous en feres, mais se vous me voulez croyre incõtinent il sera pendu, car apres sa mort il nya homme en france que nous doubtons de riens. Quant regnault entẽdit le conseil que richard son frere luy avoit donne il enclina le chief vers terre, & se mist a penser moult grandement. Quant richard vit ce il luy dist. Que pensez vous mon frere, vous soussiez vous qui fera loffice, ie vous prometz que aultre ne la fera que moy & se sera tout a present se liurer le me voules. Apres ces parolles regnault leva la teste & dist. Mes freres vo{us} scavez que charlemaigne est nostre souverain seigneur, & daultre part vous voyes cõmẽt roland, le duc naymes, & ogier, larceuesque turpin, & aussi estou le filz oedon sont ceans pour faire nostre appointement. Ilz cognoissent bien que nous avons le droit & charlemaigne le tort, & par ainsi se nous locions soit a droit ou a tort tout le monde nous courra sus ne iamais tant que nous soions en vie guerre ne nous fauldra. Quant regnault eut ce dit alard parla en ceste maniere. Frere vous avez parle saigement, mais vous voyez que nous ne povons avoir pays a charlemaigne. Il me semble que nous luy devons demander maintenant vnefoys pour toutes & sil la nous ottroye dieu en soit loue, & sil ne la nous dõne gardons le sans le faire mourir par telle maniere q̃ iamais ne nous face guerre ne ennuy. Frere dist guichard vous dittes bien, mais le cueur me dit que iamais tãt quil vivra nous naurons ne pais ne amour. Seigneurs dist richard il me semble que nous avons bon chief en nostre frere regnault la dieu mercy q̃ bien nous a conduitz & gouvernes laissons le faire a sa voulente, & ce quil sera soit fait. Par ma foy dist alard richard parle bien. Quant ilz se furent tous acordes de faire a la voulente de regnault ilz laisserent le roy endormy & sen allerent en la chambre de roland, quant ilz furent la regnault cõmenca a dire. Sire roland levez sus ie vous prie que vous mandes querir ogier, larceuesque turpin, & to{us} les aultres qui sont ceans, car vne chose vous vueil dire. Quãt roland vit regnault a celle heure il sesmerveilla moult, non pourtant il envoya querir tous ses compaignons comme regnault luy avoit dit. Quant ilz furent tous venuz regnault se leva en piedz & dist. Seigneurs vous estes tous mes amys la dieu mercy & vo{us} tous, & pource ne vo{us} quiers riẽs celer. Vous devez scavoir que iay ceans vng prisonnier par lequel iauray pays & aussi tout mon heritaige. Regnault dist roland ie vous prie que vous no{us} dites qui cest, car icy na nul a qui de vostre bien ennuye. Par ma foy dist regnault cest charlemaigne a qui tout france appartient. Et quant roland entendit ces parolles il sen esbahyt grandemẽt & dist. Regnault or mesmerueille cõment vous avez prins mon oncle si legierement, dittes moy sil vous plaist comment vous lavez eu ceans, car de lavoir prins en bataille ne en champ ne en son ost & pavillon oncques ne fut si recreant lavez vous prins par force. Nenny seuremẽt dist richard, dittes moy donc cõment ie vous en prie dist roland. Sachez dist richard que ennuyt ie ne scay cõment maugis a ouvre, car il a apporte le roy charlemaigne ceans & la couche dedens vng lit en sa chambre la ou il est tout endormy. Quand roland & ses cõpaignons entendirent ces nouvelles ilz en furent tous esbahys. Seigneurs dist le duc naymes bien fait nostre seigneur a ceulx q̃ luy plaist, comment se peut ce faire que maugis a prins le roy, vous scavez que le roy se faisoit garder nupt & iour moult seuremẽt. Seigneurs dist ogier tout ce a fait nostre

p ij

seigneur pour lamour de regnault pource quil estoit a meschief/car trop auoit dure sa guerre si que elle sera desormais finee dont ie loue dieu/car maintz cheualiers en sont mors. Quant ogier eut ce dit regnault print roland et les aultres et les mena en parlant iusques a la chambre la ou charlemaigne estoit endormy si fort mêt qͥl ne se sceut esueiller pour nulle chose quil luy sceust faire/car maugis sauoit ainsi endormy.

Quant les barons virent le roy si endormy ilz en furêt tous esbahyz. Lors roland parla le premier et dist. Regnault ou est maugis qͥ a enuyt si bien exploicte/ie vous prie q̄ vous le faces icy venir/et qͥl esueille mon oncle charlemaigne/et quant il sera esueille nous irons tous a ses piedz pour luy crier mercy. Et vous prie pour dieu et pour lamour de moy que se vous tenez le roy mon oncle entre voz mains que ne soyez de riens plus orguilleux ne oultrageux en parolles. Par ma foy dist regnault sire roland ie veulx que vous saichez que iaymerope mieulx mourir en ꝉage que ie disse au roy mon souuerain seigneur vne vilaine parolle/ mais mettray moy et mes biens et tous mes freres a en faire sa voulente/et quil luy plaise cō nous ayons auec luy paix/ et ie men vois querir maugis pour en faire ce q̄ vous vouldres. Et lors regnault sen alla cercher maugis lequel il ne trouua point dont il estoit bien marry. Quant le portier cogneut q̄ regnault cerchoit maugis il luy dist. Sire pour neant le querez/car il sen est alle nagueres/et cōmēt dist regnault le sces tu. Sire sachez que ennuyt il me fist ouurir la porte et sortit hors monte sur vostre cheual bayard et ne demoura gueres quil apporta dessus le col du cheual vng grant homme et gros/et puis ne demoura gueres quil reuint vestu de poure abillemens et me fist ouurir la porte/ et puis il sortit dehors ne oncques puis ne se vis. Quant regnault eut entendu ces parolles il fut si ire quil ne scauoit que dire/car il cogneut bien a soymesmes que maugis sen estoit alle pource quil ne vouloit plus auoir le courroux du roy charlemaigne ne estre en sa male grace. Et commenca regnault a plourer moult tendrement/et en plourant il sen vint aux barons et leur dist comment maugis sen estoit alle sans mot dire dont gueres ne sen failloit quil ne perdist le sens du grant courroux quil auoit. Quant alard guichard/et richard eurent bien entendu ce ilz cōmencerent a demener grāt dueil a merueilles. Et lors richard cōmenca a dire. Ha mon beau cousin q̄ ferons nous desormais puis q̄ nous vous auons perdu/bien pouōs dire q̄ nous sommes desconfitz/car vous esties nostre saulnement/nostre secours/nostre esperance/nostre refuge/nostre deffence/ et nostre guide. Il ny a gueres que iusse prinse mort villaine si neust este par vous. Helas tout lennuy que vous auez et la malle grace du roy charlemaigne ce nest qͥ pour lamour de nous. Quant il eut ce dit il estraignit les dens de malle ire et dist. Puis q̄ nous auons perdu nostre cousin maugis ou sommes nous bien tous perduz. Et lors mist la main a son espee et vouloit occire charlemaigne/mais regnault le tyra arriere adonc ogier et le duc naymes luy dirēt. Richard richard refregnez vostre couraige ce seroit pourement fait de tuer vng homme qui dort. Et daultre part sil plaist a dieu auāt que despartons dicy nous mettrōs tout a bonne paix. A brief parler ogier et le duc naymes dirent de tant belles parolles a richard quilz luy firēt ꝓmettre quil ne feroit nul mal a charlemaigne. Non pourtant richard ne laissa point de mener son dueil pource quͥl auoit perdu maugis son bon cousin/tant q̄ tous ceulx qui le voient demener son grāt dueil en auoiēt pitie. Richard nauoit pas tort sil menoit dueil pour la perte de maugis car ie vous prometz que auant long temps apres il en eut bien mestier luy & ses freres comme vous orrez cy apres si escouter me voulez.

Tout ainsi que les quatre filz aymon demenoient leur dueil pour lamour de leur bon cousin maugis, le duc names se print a parler & dist ainsi. Par dieu seigneurs vo⁹auez tort de mener vng si grät dueil, ie ne vis iamais rien gaigner en perte q̃ lon face pour en demener dueil, & pource vous prie que vous vueilles appaiser, & q̃ cõmencons a parler de vostre paix quil conuiēt faire auec le roy charlemaigne, & q̃ lon mette fin a ceste guerre qui a si longuemēt duree. Par dieu dist roland vous y penses laschement, & daultre part il nous fault auoir mercy d̃ luy quant q̃ luy parlons de faire paix, car vous scauez que ie le laissay a cause que la pais se fist. Sire dist le duc naymes vous parles saigemēt & dittes bien, mais cõment pourrons nous pler a luy sans maugis nous ne le scaurons esueiller, & se dieu ny met remede iamais ne parlerons a luy. Ainsi q̃ les barons ploient ensemble leure de senchantement q̃ maugis auoit fait cõmenca a passer. Lors ilz ne se donnerent garde que charlemaigne fut esueille. Quãt il fut esueille il se dressa sur ses piedz & cõmenca a regarder entour luy & fut tout esbahy, & quant il vit & apperceut q̃l estoit ou chasteau de montauban en la subiection d̃ regnault il fut si ire & demena tel dueil q̃ tous ceulx qui la estoiēt cuydoiēt quil fust deuenu enrage. Quant il fut reuenu il cogneut bien que ce auoit fait maugis, & iura que tãt quil seroit homme vif pais il ne seroit tant q̃l seroit a montauban & iusques a ce que lon luy eust liure maugis pour en faire sa voulente. Quãt richard ouyt ce q̃ charlemaigne disoit il commenca a dire par ceste maniere. Et cõment dyable sire roy ouses vo⁹ainsi pler. Vous voyez q̃ vous estes nostre prisonnier & encores no⁹menasses. Ie voue a dieu & a saint pierre se ne fust ce q̃ iay pmys de non vous faire mal a present ie vous coupasse la teste. Taisez vous glouton dist regnault laissez au roy dire sa voulente & luy cryons mercy quil luy plaise nous pardonner son maltalent, car sa guerre a trop longuement duree, mauldit soit qui la commenca, car tant de maulx en sont venus.

Moult fut saige le bon cheualier regnault & bin aprins quant il appaisa ses freres, & puis leur dist. Messeigneurs & mes bons freres sil vous plaist vous viendres auec moy pour cryer mercy a nostre souuerain seigneur le roy charlemaigne. Regnault dist alard nous ferons ce quil vous plaira. Par ma foy dist le duc naymes, messeigneurs vous faictes saigement, & vous pmetz que tout bien vous viēdra. Lors regnault & tous ses freres, & roland, oliuier, ogier, le duc naymes, larceuesque turpin, & estou le filz oedon sagenoillerent semblablemēt, et regnault parla tout le premier, & dist en ceste maniere. Sire droit roy & empereur pour dieu ayez mercy de nous, car moy & aussi tous mes freres nous rendons a vous a en faire tout vostre desir & vostre volente saulues noz vies, ne sera chose que nous ne facons pour lamour de vous sil vous plaist de faire accord & bonne pais entre vous et nous. Mon tresdoulx sire ayez pitie & mercy de nous tous, pour icelle pitie & pardon que nostre seigneur dõna a marie magdaleine quant elle luy laua les piedz en la maison de symon, & sil ne vous plaist de moy pardonner, au moins pardonnes a mes freres & leur rendes leurs heritaiges, & ie vous donneray montauban & bayard mon bon cheual, & men iray oultre mer moy & mon cousin maugis la ou nous seruirons au tem

p iii

ple de nostre seigneur. Quant charlemaigne ouyt regnault ainsi parler il rougit tout de maltalent/& dist. Par icelluy dieu qui fist le monde/se tout le monde men parloit si ne len feray ie riens se ie nay maugis a en faire ma voulente a celle fin que ie le face tout detrencher.

Elas dist regnault/or ay ie ouy le mot amer dont ie suis tout desespere/car ie me laisseroye deuant pendre que ie consentisse a la mort de maugis mon bon cousin/il ne la pas vers nous dessertuy/mais seroit bien raison quil fust seigneur & maistre sur nous. Regnault dist le roy charlemaigne ne penses point pource se ie suis vostre prisonnier que ie face nulle chose qui soit oultre mon gre. Sire dist regnault sachez q ie me vueil humilier enuers vous/& ayme mieulx q vous ayez tort de nous que nous de vous. Or me dittes sire comment ie vous rendray maugis qui est nostre vie/nostre secours/& nostre esperace/nostre cõfort/nostre escu/nostre lance/& espee/nostre pain/nostre vin/nostre chair/& refuge/nostre maison/nostre guyde/& nostre deffence en tous lieux/pourquoy sire vous dy que si vous auiez tous mes freres en voz prisons & vous les deussiez tous faire pendre/& ie tenisse maugis en mõ pouoir & quil fust auec moy/si ne le vous donroye ie pas pour rendre mes freres/& vo iure sur ma foy & serment que ie ne scay ou il est alle/dieu le sache. Ha dist charlemaigne le corps dieu le mauldie/car ie suis seur quil est ceans auec vous. Non est sans faulte dist regnault sur mõ baptesme. Et lors regnault se tourna deuers roland & deuers les aultres barons/& leur dist. Seigneurs ie vous supplie pour lamour de dieu quil vous plaise de prier nostre souuerain seigneur le roy charlemaigne quil ait mercy de moy et de mes freres/a celle fin que ie puisse auoir paix au pays de france sil luy plaist. Lors naymes estoit a genoulx qui auoit ouy ce que regnault auoit dit & scauoit bien quil ne disoit que tout bien/si parla a charlemaigne & luy dist. Sire ie vous prie ql ne vo9 desplaise de ce que ie vous vueil dire. Vous scauez sire que ie suis pleige de regnault/pareillement ogier le danoys. Il mest aduis q nous sommes quittes de nostre pleige cõme scauez/mais vne aultre chose vous veulx dire. Il me semble sire que vous deuez prendre celle belle offre que le conte regnault vous a faicte auant quil auiengne plus de mal/& se maist dieu vous feres bien/car tous ceulx de vostre court en serõt tresbien ioyeulx. Quant les barons ouyrent ce q le duc naymes auoit dit au roy. Lors ilz dirẽt tous ensemble. Sire droit empereur faictes ce que le duc naymes vous conseille/ car il vous a donne bon conseil/& se vous ne le faictes vous vous en repentires a tard/et de ce faire vous prions.

Quant charlemaigne entendit ce q le duc naymes luy disoit il en fut moult ire/car il auoit le cueur si endurcy q'il ne vouloit nul cõseil. Lors iura sait denis de france quil nen feroit riens sil nauoit maugis pour en faire sa voulente. Quant regnault ouyt ces parolles il rougit tout de maltalent et se leua de genoulx luy & ses freres & les aultres barons aussi. Lors regnault parla a roland & luy dist. Sire roland & aussi tous vous aultres barons de france ie vueil bien que charlemaigne sache ma voulente laquelle luy diray deuant vous/sachez puis que ne puis mercy trouuer vers luy/ie vous prie que ne me vueilles mye blasmer dorsenauant se ie quiers mon droit/car ie le querray en toutes maniere q loyal cheualier doit faire. Quãt il eut dit celle parolle il se tourna deuers le roy & luy dist. Sire quãt il vo plaira vousvous en pourres bien aller, car par ma foy ie ne vous feray nul desplaisir pource que vous estes mon souuerain seigneur, & quant dieu plaira nous ferons bonne paix auec vous.

Tous les barons de france q̃ illec estoiēt se smerueillerent de la grant franchise de regnault. Lors dist le duc naymes. He dieu auez vous ouÿ la grāt humilite du noble cheualier regnault. Par ma foy dist oliuier il dist merueilles. Quāt richard ouyt ce q̃ son frere regnault auoit dit il dist. Frere regnault que voulez vous faire, vous voyez q̃ nous tenons ce mauluais roy a nostre pouoir, & si le pouons faire viure ou mourir, & si a vng si grant orgueil quil ne veult riens faire que son noble cōseil luy dye, mais nous menasse tousiours plusfort, & si voulez q̃l sen aille frere ie vous certifie q̃ sil sen va il nous fera dōmaige, & vous promets q̃ sil nous tenoit cōme nous le tenons que tout lor du monde ne nous scauroit garētir quil ne nous fist mourir honteusemēt, & pource ie vous dy q̃ voꝰ faictes folie de len laisser ainsi aller, car se voꝰ voulez maintenāt voꝰ feres nostre paix, mais il me semble q̃ ne querez que vostre mort, dont ie prie a nostre seigneur se vous len laissez ainsi aller que a mal le mort puissiez vous mourir. Quāt regnault ouyt ainsi parler son frere richard il fut moult ire & luy dist par courroux. Tays toy mauluais garcon dieu te confonde, car maulgre toy il sen ira quant il luy plaira, & quāt a dieu plaira la paix se fera & aultrement non. Oste toy de deuant moy.

Quant regnault eut ce dit il appella vng de ses gentilz hommes & luy dist. Allez incōtinent & sans demeure a mon escurie & me faictes icy amener mō cheual bayard, car ie vueil q̃ mon souuerain seigneur le cheuauche, & q̃l sen voise dessus iusques a son ost, oncq̃s meilleur cheual ne cheuaucha. Quant richard ouyt ce il se desparty dilecques ire comme vng lyon, car il cognoissoit q̃ charlemaigne sen iroit. Sachez q̃ le roy escoutoit toutes ces parolles & nosoit sonner mot pour la fureur quil veoit en richard. Ce pendāt le gentil hōme qui estoit alle q̃rir bayard arriua illec incōtinent. Quāt regnault le vit il print bayard par le frain & sen vint a charlemaigne & luy dist. Sire or pouez vous mōter quant il vous plaira & aller a vostre liberte recōforter voz gēs, ie suis seur quilz sont marys d vostre prise. Quāt charlemaigne vit ce il mōta sans demeure sur bayard & sortit hors de mōtaubā pour aller vers ses gens, & regnault le conuoya iusques a la porte. Et quant le roy fut dehors regnault fit fermer la porte. Quant les francoys virent leur seigneur ilz en furēt moult ioyeulx, si le saluerent moult honnorablemēt comme a roy appartenoit, & puis luy demanderent comment il luy estoit alle & sil auoit ottroye la paix. Seigneurs dist charlemaigne il me va bien la dieu mercy, mais d paix ie nen ay point fait, ne iamais ne se fera par moy tant que ie viuray pour homme q̃ men parle se ie nay le traytre maugis pour en faire ma voulente. Sire dirent aulcuns de ses barons cōment auez vous este deliure. Par ma foy dist charlemaigne. Regnault ma deliure maulgre ses freres tout quitte a ma voulente. Sire dirent les barons auez vous point veu roland & oliuier, ne le duc naymes, ne ogier le danoys, ne larceuesque turpin, ne aussi estou le filz oedon. Ouy seuremēt dist le roy charlemaigne, ilz mont tous abandōnes pour lamour de regnault, mais se ie les puis tenir ie leur monstreray quil ont mal fait. Quant il eut ce dit il descendit de bayard & le fit mener a regnault. Quant regnault vit bayard que charlemaigne luy auoit enuoye il appella roland & ses compaignons/ & leur dist. Beaulx seigneurs ie cognois bien q̃ vo⁹ auez la male grace du roy charlemaigne pour lamour de moy & de mes freres/laquelle chose ie ne vueil mye q̃ souffres/& pource mes beaulx seigneurs ie vous quitte tous de toute querelle q̃ ie pourroye auoir sur vous/ vous donne congie que vous en allez quant il vous plaira.

Dant le duc naymes entendit la demõstrance du cueur d regnault q̃ estoit si noble il sen remercya moult honorablemẽt & lacolla par grant amour & se volut agenoiller deuãt luy/ mais regnault ne le souffrit pas. Lors dist le duc naymes. Sire roland pensons de nous en aller apres le roy charlemaigne puis q̃l plaist a regnault. Naymes dist roland cõment pourrons nous ce faire voulez vous laisser regnault lequel voyez q̃ mon oncle charlemaigne veult a tort desfaire. Sire dist le duc naymes escoutez moy sil vous plaist. Je cõseille que nous nous en allons & quant nous serons deuant charlemaigne nous luy demanderõs comment regnault se deliura/car se nous luy parlons de paix il nen fera ia riens/mais quant il luy souuiendra de la grant bonte & courtoisie d regnault son cueur samollira & ne pourra estre quil ne luy face aulcune grace & doulceur/& cognoistra bien quil a grant tort & trop dur cueur. Certes dirent les barons naymes vous parlez saigemẽt & donnes tres bon conseil. Quant ilz furent accordes au conseil du duc naymes roland demanda son cheual & les aultres barons aussi. Et quant ilz furent tous prestz de monter a cheual. Lors vint dame clere la femme de regnault qui acolla roland & oliuier & tous les aultres ensuyuant/& quant elle les eut tous acollez & festoyez au mieulx quelle sceut elle leur dist ainsi. Seigneurs qui estes cy presens/ie vous prie au nom de dieu & de sa glorieuse passion q̃l vous plaise a prouchasser la paix d mon seigneur regnault & semblablement de ses freres enuers le roy charlemaigne/vous scauez mes seigneurs q̃ le roy a grant tort deulx & les guerroye a tort & sans cause/en oultre vo⁹ scauez la grãt courtoisie que mon mary regnault a fait au roy cõme de sen laisser aller/& bien scauez q̃ sil ne fust richard luy eust oste la teste. Dame dist le duc naymes nayez doubtance/car se dieu plaist la paix sera faite auant troys iours. Adoncques ilz monterent tous a cheual/& les freres de regnault les conuoierẽt iusques a la porte & regnault les attendoit sur le pont. Quant ilz furent audit pont regnault leur dist. A Desseigneurs ie vous cõmande a dieu plus ne puis aller auec vous/en vo⁹ priant quayes de moy souuenance. Lors tous les pers qui illecques estoiẽt se mirent a plourer tendrement en le cõmandãt a dieu en disant. Regnault dieu vous begnie & vous aye en sa garde. Quãt ilz eurent ce dit roland & ses cõpaignõs sen allerent en lost de charlemaigne. Quãt le roy les vit venir il appella ses barons & leur monstra ceulx qui venoient. Quant les barons les virent ilz en furent moult esmerueilles & eurent grant paour/car ilz ne scauoient q̃ ce stoit. Par dieu dist le conte ydelon nous auõs recouure roland & ses cõpaignons. voyre dist le roy q̃ dieu les mauldie. Ce pendãt roland & ses cõpaignons arriuerẽt deuant charlemaigne & descendirẽt a pied/& incõtinẽt se mirent a genoulx deuãt le roy moult humblement. Le duc naymes parla le premier & dist. Sire empereur nous sommes venus en vostre p̃sence vous cryer mercy & vo⁹ suppliant q̃l vo⁹ plaise nous pdonner vostre maltalent/car puis q̃ nous auõs cogneu q̃ la paix ne vo⁹ agreoit no⁹ auons abandonne regnault & to⁹ ses freres/& iamais tant q̃ serons en vie il naura secours d nous

Seigneurs dist charlemaigne ie vous pardonne mon maltalent/mais ie vous dy que se nous demourons icy longuemēt nous ny aurōs gueres de gaing. Dune chose vous prie/cest q̃ nous allons assaillir mōtaubā tant de iour que de nuyt par telle maniere quil soit prins incōtinent/ ceulx de dedens tous mys a mort. Sire dist le duc naymes vous dittes bien/mais si mal nous suruiēt a cest assault comme aultrefsoys a fait/ie vous promet z q̃ vous tournera a grāt dōmaige. Ie vous dy sur ma foy q̃l vauldroit beaucoup mieulx la paix que la guerre comme il me semble.

Dant les barons de france ouyrent ce que le duc naymes auoit dit au roy ilz cōmencerent a cryer tous a haulte voix. Sire roy empereur nous vous supplions pour dieu que facies ce que naymes vous conseille/ car il vous donne bon conseil. Quāt charlemaigne vit le cry que ses gens luy faisoiēt il sen vint au duc naymes q̃ estoit agenoille deuant luy le releua/ pareillement son nepueu roland tous les aultres ensiuāt leur dist. Aḋe seigneurs vous scauez que ie vous ay pardonne mon maltalent de bō gre/mais ie vueil bien que vous saches q̃ se vous ne vous gardes daider a mō ennemy mortel q̃ ie vous courrouceray du corps car ie les hays tāt que se ie deuoye estre icy toute ma vie il cōuient quilz soiēt destruitz malmenes. Saches q̃ charlemaigne estoit moult ioyeulx sans faire semblant de ce q̃l auoit recouure roland ses aultres pers. Et de rechief il dist quil ne partiroit iamais de son siege q̃l neust prins mōtaubā tous les quatre filz aymon dont il feroit aspre iustice feroit ardoir maugis le mauluais traptre. Sire dist roland ie vous promet z q̃ maugis nest point la dessus des hyer matin. Il vous doubte tant q̃l ne se oseroit trouuer deuant vous/ a grāt paour que vous ne se facies pendre pource quil vous auoit si faulcement emble en vostre ost. He dieu dist le roy charlemaigne quant le tyendray ie pour en faire ma voulente/adoncques serōt les quatre filz aymon daccord auec moy Quant le roy charlemaigne eut assez deuise il donna congie a tous ses barons deulx en aller en leurs tentes pour veoir leurs gens. Et quant ce vint le lendemain au matin tous les barōs se mirēt en ordre pour reuenir a charlemaigne. Et le roy les veans tous ensemble dedens son pauillon il en fut moult ioyeulx leur dist. Seigneurs iay assiege montaubā de si pres comme vous voyes/ suis bien delibere de non men partir ne par froit ne par chault ne par famine iusques a ce q̃ ie laye prins. Laquelle chose sera legiere a faire, car ie suis seur quilz nōt plus gueres de viures/ que pis est ilz ont perdu le traptre maugis qui estoit leur esperāce confort qui sen est alle/pourquoy ie vous dy quilz ne pourrōt durer longuemēt. Quant les barons ouyrent q̃ charlemaigne menassoit si fort regnault il ny eut celluy a qui il ne despleust/car la plus grāt partie aymoit regnault par la valeur bonte qui en luy estoit. Lors parla le duc naymes dist. Sire empereur vous dittes que ceulx de montaubā nont que māger/ que vous ne vous partires du siege iusques a ce que layes prins que cest moult legiere chose a faire. Ie vous promet z sire q̃ se vous y demoures iusques a ce q̃ vous layes affame q̃ vous y demoureres plus q̃ vous ne penses. Sire ie vous supplie quil vous plaise de croyre mon conseil sil vous semble bon. Premierement regardes la courtoisie que regnault vous a faicte/car vous scauez que sil ne fust tout lor largent de tout le monde ne vous eust eschappe que richard son frere ne vous eust trēche la teste. Item peses aussi a la grant humilite quil vous a tousiours fait. Aussi a la grant fiance quil eut en vous quant il vous baissa son cheual qui est le nompareil du monde. Sire se vous pensez bien en tout vous trouueres que iamais home ne vous fist si grant courtoisie come regnault vous a fait, et daultre part ilz sont telz cheualiers come ung chascun le scet. Je vous iure sire sur tous les saintz que auant que prenez montauban regnault et ses freres vous feront tel dommaige que vous en serez longuement courrouce. Et encores tres doulx sire deuez bien regarder coment nous gastons les champs et despedes vostre argent. Dieulx vaulsist pour lonneur de vous que vous employssez ce que vous despendes sur les sarrazins que de le despendre contre les quatre filz aymon, car les sarrazins sont maintenant en temps menans grant ioye a loccasion de ceste guerre, et ilz ont bien rayson, car guerre leur est faillie et nous lauons sur nous mesmes prinse, laquelle est si cruelle et si horrible que plusieurs nobles et vaillans cheualiers en sont mortz.

Charlemaigne fut moult esbahy quant il ouyt le duc naymes ainsi parler et luy mua tout le sang et si deuint tout passe come ung drap blanc de la grant ire quil auoit en son cueur, si se mist a regarder le duc naymes de trauers, et luy dist par grant felonnie. Duc naymes par la foy que ie doy a celle benoiste dame que conceut le benoist filz de dieu en sa virginite, sil y a si hardy que iamais me parle de faire accord enuers les quatre filz aymon ne nulle paix, iamais ne laymeray, et si len feray marry du corps, car ie ne suis point delibere den faire riens pour home qui men prie et si les pendray quoy qui me couste ou iamais dicy ne partiray. Quant les barons ouyrent ainsi charlemaigne parler si fierement ilz en furent moult esbahys. Si laisserent tous a parler de ceste matiere. Quant ogier vit que tous les barons laisserent a parler, il comenca a dire au roy charlemaigne. Mauldicte soit leure que regnault ne vous laissa trancher la teste a richard, car vous ne le menasseries pas maintenant. Quant charlemaigne ouyt ce que ogier disoit, il baissa le chief vers terre et puis dist. Sus barons ie vous commande que chascun se mette en armes, car ie vueil que montauban soit assailly tout maintenant. Quant les francoys virent et ouyrent ainsi parler charlemaigne ilz ne firent aultre demeure, mais sen allerent tous armer. Quant ilz furent bien appareilles ilz sen vindrent par bonne ordonance portans eschelles, marteaulx de paulx de fer et becz agus pour les murailles effondrer et se presenterent a charlemaigne pour acomplir sa voulente. Quant le roy les vit si bien aprestes il leur comanda daler assaillir le fort chasteau de montauban.

Tantost que regnault apperceut venir ses ennemys il appella alard son frere et luy dist. Mon frere ie vous prie humblement que vous prenez vondre mon cor et le sonnes haultement affin que noz gens se voisent armer, car vecy les francoys qui nous viennent assaillir. Quant alard ouyt le comandement de regnault il print vondre et le sonna si hault par troys foys que tous ceulx du chasteau louyrent et en furent moult esbahys. Et sans faire aultre demeure ilz sallerent tous armer et se mirent en deffence sur les murailles du chasteau. Non pourtant les francoys arriuerent et se getterent dedens les foussez comment pourceaulx et mirent leurs eschelles contre les murs, mais sachiez que ceulx de dedens le chasteau se commencerent si grandement a deffendre a force de getter pierres quilz dommageret fort les francoys entant quil y auoit moult grant foyson de mors dedens les foussez. Et deuez scauoir que regnault et ses freres faisoyent si merueilleuses armes que nul homme ne pouuoit endurer leurs coupz. Qui vit a cestuy assault la poure duchesse et ses petis enfans porter pierres a regnault et a ses freres sur les murailles il en'eust grãt pitie, car les deux enfans de reanault disoiẽt a leurs oncles. Tenes noz oncles ces pierres elles sont asses grosses. Telle deffence firẽt ceulx de mõtauban qlz firent trebucher ceulx q̃ estoient sur les eschelles dedẽs les fousses tous mors ou blessez. Quãt le roy charlemaigne vit ce il en fut moult ire et cogneut bien q̃ par force il ne prendroit iamais montauban ne aussi les nobles cheualiers q̃ estoiẽt dedens cõme regnault et ses freres. Et lors fit sonner la retraicte si ire q̃ a peu ql nenrageoit de dueil. Quãt les francoys ouyrẽt sonner la retraicte ilz en furẽt bien ioyeulx, car ilz estoient moult mal menez et vous prometz que charlemaigne laissa tel gaige aux fossez de mõtauban dont bien marry fut lõg temps apres. Quãt charlemaigne et tous ses gens furẽt retraictz ilz commẽca a iurer saint denis de france q̃ iamais ne se partiroit dilecques iusques atant qil auroit affamé regnault et ses freres et tous ses gens dedẽs le chasteau de mõtauban. Lors cõmanda q̃ a vne chascune porte et venue d mõtauban son establist deux cens cheualiers pour garder que nul ne peust yssir sans estre mort ou prins. Quant regnault vit ce il se mist a genoulx et ioingnit les mains vers le ciel et dist. Beau sire dieu qui en la croix mort souffristes ie vous supplie quil vous plaise de permettre q̃ nous ayons bon acod vers charlemaigne saulues noz vies. Quãt richard ouyt la priere que regnault faisoit il sescouta et puis dist. Frere regnault ie vous prometz que se vous meussiez creu q̃ maintenant nous fussions en bonne paix, et de ce faire eust este charlemaigne tout ioyeulx et bien cõtent pour sauluer sa vie. Vous scauez que ce q̃ nostre cousin auoit fait d se nous auoir donne ceans prisonnier il ne lauoit fait par aultre intention synon pour faire nostre paix, mais vous ny auez voulu entendre aulcunement dont ie vous prometz quil ne nous en prendra ia bien.

Vous deuez scauoir q̃ tant demoura le roy charlemaigne au siege de mont auban q̃ ceulx qui estoient dedens auoiẽt grant souffrete de viures, et qui vouloit auoir vng peu de vituaille il la mussoit incontinẽt et atant vint qlz ne pouoiẽt auoir viures pour or ne pour argent, et par tout le pais dentour cũmencerent les viures a faillir tant que cestoit vne grant pitie, et deuez scauoir q̃ ses gens se pasmoient parmy les rues de montauban par force de faim. Bien eust le cueur enduircy qui leust veu sil nen eust eu pitie, car la famine y estoit si grande que lung frere mussoit la viande a laultre, et le pere a lenfant, et le filz a la mere. A brief dire ie vous prometz que ses poures gens mouroient tous parmy les rues, et y auoit dedens mont aubã si tresgrant puanteur des mors qui y estoient que lon ny pouuoit durer. Quant regnault vit ce il en eut moult grant dueil au cueur. Et lors fist faire vng grant charnier ou il fit mettre tous ses mors. Et quant richard vit si grande mortalite dedens le chasteau de mõtauban a cause de la grant famine qui y estoit et vit son frere regnault en si grande destresse il ne se peut tenir qil ne luy dist. Par dieu mon frere or va pis que iamais. Or vaulsist il mieulx que vous meussiez creu, car se vous meussiez voulu laisser occire le roy charlemaigne nous ne fussions pas maintenant en ceste pourete et meschance, et voz gens ne fussent pas mors de famine comme ilz sont. Et lors richard se mist a plourer moult tendrement, et puis dist. Helas pourquoy plains ie aultruy ie me deusse plaindre moymesmes, puis quil me cõuient mourir et estre mys audit char nier comme le plus petit de tous nous. He maugis mon beau cousin ou estes vous maintenant/vous nous faillez au besoing/se vous fussies ceans auec nous nous nauriōs garde de mourir de famine/τ ne doubterions gueres le roy charlemaigne. Je scay bien que vous trouueries assez de viandes pour nous τ pour noz gens. Or nous conuient mourir de faim comme le loup dessus la mer/car charlemaigne nous hayt plus qͥl ne fait les sarrazins/il ne nous fault point attendre quil aye pitie de nous/cest le plus cruel roy de tout le monde.

Charlemaigne sceut par aulcunes gens la grant famine qui estoit dedens montauban dont il fut moult ioyeulx. Lors appella ses gens τ leur dist. Seigneurs or ne peut eschapper regnault quen brief il ne soit pendu τ le mauuais richard trayne a la queue dung cheual τ alard τ guichard aussi τ si leur vauldra peu leur valeur. Quāt le roy charlemaigne eut dit ces parolles il mā da querir tous ses pers τ barons. Et quant ilz furent tous arriues en son pauillon il en fut moult ioyeulx τ dist. Seigneurs la dieu mercy iay tenu montauban de si pres τ si long temps que regnault τ ses freres nont plus que menger dedens/maintenant se ront ilz myens maulgre leurs dens/car la plus part de leurs gens sont mors de faim τ meurent tous les iours. Vous deuez scauoir que ie veulx que regnault soit pēdu τ ses freres aussi/mais auant veulx que richard soit trayne par vng roussin/τ si vous deffens a tous qͥl ny aye aulcun si hardy qui me parle que ne face ma voulente/car ie nen feray aultre chose. Quant le duc naymes/roland/oliuier/ogier le danoys/larceuesque turpin/τ estou le filz odon qui illecques estoient ouyrent le roy ainsi parler ilz furent bien mal contens pour lamour de regnault τ de ses freres. Et lors baisserent leurs testes vers terre sans dire mot de paour dencourir la malle grace du roy/τ peu sen faillit que ogier le danoys nen ploutast/mais il se restraignit vng peu pour doubtance que le roy ne sen apperceust.

Vous deuez scauoir que durant le temps q̄ charlemaigne estoit au siege de montauban persecutant les quatre filz aymon/regnault/alard/guichard τ richard/aymon leur pere estoit de la partie de charlemaigne menāt guerre contre ses enfans/car il sauoit promys au roy charlemaigne comme dessus ouy auez. Sachez que quant il ouyt les menasses que le roy faisoit de ses enfans/ nonobstant quil les eut forjures il en fut moult ire/car il cognoissoit bien que se ses enfans prenoient mort quil nauroit iamais ioye/τ quelque guerre quil leur menast si les aymoit il naturellement comment ses filz/car nature ne peut mentir. Et pource eut il si grant douleur quāt il ouyt menasser ses enfans de la vie perdre q̄ a peu qͥl ne tomba mort a terre/τ du grant dueil quil auoit ne se peut tenir de dire. Sire empereur ie vous supplie qͥl vous plaise o mener mes enfans a droit/car se ie les ay forjures touteffoys ilz sont extraitz de mon corps τ de mon sang. Taisez vous dist charlemaigne ie vueil quil soit ainsi/car regnault occist mon nepueu berthelot q̄ tant iaymoie/puis se retourna τ vit q̄ les barons parloient lung a laultre si leur dist. Seigneurs laissez le murmurer/car ie vous dy pour verite q̄ ie ne laisseray pour homme du monde que ie ne face ma voulente. Vous scauez qͥl ya troys ans q̄ nous auons assiege ce chastel/τ si ny auons iamais donne assault que plusieurs de noz gens ny ayons perdue/pourquoy ie vueil τ vous commande a tous que vng chascun de vous face faire engins pour abatre celle grande tour & tout le surplus aussi, car en ceste maniere les esbahyrons nous grandement. Et vous mon nepueu roland des engins ferez faire sept, & oliuier en fera faire six, le duc naymes quatre, l'arceuesque turpin & ogier le danoys aultres quatre, & vous duc aymon en ferez trois. Comment pourray ie cecy faire beau sire dieu dist aymon. Sire roy vous sçauez qu'ilz sont mes enfans, non mye truantz mais les plus vaillans cheualiers du monde, & vous dy sire que se ie les veoye mourir que ie forcenneroye. Quant charlemaigne ouyt ainsi parler aymon il en fut moult ire & se mist a rongier ung baston qu'il tenoit en sa main, & puis dist. Par icelluy dieu qui me crea s'il y a celluy de vous qui ne face ma volente ie luy trencheray la teste de ceste espee. Sire dist le duc naymes ne vous courroucez mye car il sera fait ce qu'auez commande tout a present. Quant les barons ouyrent le commandement du roy ilz s'en allerent pour faire les engins que le roy auoit commande, lesquelz eurent prestement faitz, & estoient engins pour getter grande multitude de pierres. Et incontinent culx estre faitz l'on les fist getter contre le chasteau de montauban, & en brief temps ilz le dommagerent grandement, & vous prometz que dedens ledit chasteau auoit grant cry de femmes & d'enfans. Et pour doubte de ces pierres ilz s'en alloient soubz terre mussant. Ceulx de montauban endurerent celle pyplepite iusques a ce qu'ilz n'eurent plus que menger, & vous prometz qu'il y eut si grande mortalite & famine que l'on ne sçauoit plus ou mettre les mors, car le charnier estoit tout plain. Helas qui eust veu les ieunes bachelieres qui s'alloient appuyant d'ung baston parmy le chasteau de montauban pource qu'ilz estoient si foibles a cause de la grant famine qu'ilz enduroient ilz en eust eu grant pitie, car auant que le chasteau de montauban fust assiege ilz estoient si fortz & si vertueulx que nul ne les pouoit gaigner, mais alors estoient si affoyblis qu'ilz alloient tresbuchant parmy les rues & mengent comme pourceaulx.

Quant regnault vit la grant pitie que estoit en ses gens il en eut moult grant douleur pource qu'il n'y pouoit mettre remede. Lors commenca a dire en soy mesmes. Beau sire dieu que pourray ie faire, or voy ie bien que mon sens ne me vault riens, car ie ne scay ou prendre vituaille. Helas dieu en quelle part est maugis qui ne scet il mon affaire & l'outraige que charlemaigne nous fait. Quant dame clere ouyt que regnault se plaignoit si angoisseusement elle luy commença a dire en ceste maniere. Par dieu monseigneur regnault vous auez tort d'ainsi vous desconforter vous nous descouragez tous ceans. En oultre ie vous prometz qu'il y a encores ceans plus de cent cheuaulx. Je vous prie que'n facez tuer ung de quoy vous mengeres, & nous aussi & voz poures enfans, car il y a deux iours qu'ilz ne mengerent chose qui bien leur fist ne moy aussi. Quant elle eut ce dit elle cheut toute pasmee aux piedz de regnault son mary de grant foyblesse par faulte de menger. Quant regnault vit ce il la redressa & la tint entre ses bras. Et quant elle fut reuenue tout en plourant se print a dire par ceste maniere. Helas vierge marie que feray ie moy doulente, car tout le cueur me fault, & peu s'en fault que ie ne rens l'ame tant suis affoiblye, & ce par cause de faim. Helas mes enfans qui eust iamays cuyde que vous mourissiez par famine. Quant regnault vit la grande destresse en quoy sa femme estoit il en eut moult grant pitie. Lors se mist a plourer aigrement & tout en plourant s'en alla en son estable, & la il fist tuer ung cheual, lequel il fist appareiller & cuyre pour en donner a menger a ses gens. Je vous promets bien que celluy cheual ne dura gueres, car ilz estoient assez gens pour bien tost le menger. Vous de uez scauoir que tous les cheuaulx qui estoient dedens le chasteau de montauban furēt tous mēgez lung apres laultre excepte quatre/cestassauoir bayard et les cheuaulx des trops freres de regnault/ lesquelz ilz ne vouloient point menger, car ilz ne vouloient pas demourer a pied. Quant le vaillant regnault vit quil ny auoit plus riens quilz peussent menger il appella ses freres et leur dist. Beaulx freres que ferons nous, nous nauons plus que menger fors que noz quatre cheuaulx qui nous sont demoures/ faisons en tuer vng si mengerōt noz gēs. Par mon chief dist richard ce ne sera pas le myē/ et si vous auez talent de menger si faictes tuer le vostre/ car le myen naurez vous pas et se vous auez grant meschief cest bien a droit, car par vostre orgueil nous sommes venuz en ce point pource quen laissastes aller le roy charlemaigne/ car se vous meussiez creu ceste grant meschance ne nous fust iamais aduenue. Ce pendant veez venir le petit aymon le filz de regnault qui dist a richard par ceste maniere. Taisez vous mō oncle la chose quoy ne peut amēder lon la doit passer le mieulx que lon peut/ trop est lait de reprēdre les choses passees. mais faictes ce que mon pere vous cōmande et vous ferez bien/ vous ne faites pas bien dainsi le courroucer/ et sil a failly a son entente il la bien cher comparez et souffert grant peine. Si le roy charlemaigne vous a long temps dommaiges a lauenture dieu vous aydera auant q̄ soit peu de temps sil luy plaist/ et ie croy certainement que si fera il/ car la bonte que mon pere fit au roy charlemaigne ne doit estre perdue comme ie croy.

Quant pitie eut richard de son nepueu quāt il ouyt ainsi parler saigement il le print entre ses bras et le baisa tout en plourant. Lors dist a regnault. frere faites tuer mon cheual quant il vous plaira/ si en donnes a ses gens et a ma dame vostre femme et a mes petis nepueuz, car mon petit nepueu aymon q̄ veez a biē desserui a mēger pour le bon cōseil ql ma dōne. Frere dist alard faictes tuer lequel ql vous plaira fors seulemēt bayard, car celluy ne mourra point, ce seroit trop grant dōmaige/ et vous pmetz q̄ iaymeroye mieulx mourir q̄ bayard fust occis. Frere dist richard vous dittes tresbien. Lors lon fit tuer le cheual de richard et le mengerent. Quāt regnault vit quil nauoit plus q̄ menger il ne scauoit q̄ faire, car il estoit plus doulent de ses freres et de sa femme ql nestoit pas de luymesmes. Et lors commēca a dire en ceste maniere. Helas q̄ feray ie/ ie suis feru sans coup ferir/ or me vaulsist mieulx auoir creu mon frere, car ie ne fusse pas maintenant en ceste misere ou ie suis. Di voy ie bien que charlemaigne ma tant chasse quil ma mys en ses laz et nen puis eschapper. Je cognoy bien que a nul ne mē dois plaindre, car moymesmes ay fait la verge dont ie suis maintenant batu/ mon repentir est trop tard. Quant richard vit son frere regnault ainsi parler il cogneut bien dōt la pēsee luy venoit/ si en eut si grāt douleur quil en trembla tout de maltalent et ne sceut que dire, car sil eust sceu que regnault eust voulu de sa chair il luy en eust bien baille. Quant il eut este vne grant piece en celle destresse il dist a ses freres. Mes freres que ferons nous, il nous cōuiendra rendre puis que nous ne scauons plus que faire/ et nauons plus de pouoir. Quest ce que vous dittes dist regnault. Vous voulez vous rendre au plus felon roy du monde/ et au plus orgueilleulx q̄ nous feroit tous pendre honteusemēt. Sil eust pitie en luy ie me rendisse voulentiers/ mais il nen ya point. Et pource suis delibere q̄ nous ne nous rendōs pas auant mengerons noz enfans et puis nousmesmes/ et se vous voulez menger bayard ie ſuis content pour touſiours aller en auāt/car iay ouy touſiours dire que vng iour de reſpit vault moult. Touteſſoys quelque choſe qͥl diſt il nauoit pas couraige de mēger Bayard, car ceſtoit tout ſon ſecours.

Frere diſt alard ie conſeille que nous mengeons voſtre cheual Bayard auant que dͤ noͫrendre a charlemaigne/car il eſt trop cruel/ne iamais naura mercy de nous. Et quant regnault vit qͥlz vouloient occire Bayard ſon bon cheual il en eut ſi grant dueil au cueur q̄ peu ſen faillit qͥl ne cheut paſmea terre. Touteſſoys il eut tant de pouuoir qͥl ſe tint tout droit ⁊ commenca a dire. Beaulx freres q̄ voulez vous faire/voulez vous mēger Bayard mon bon cheual q̄ nous a tant de foys gardez de peril mortel. Je vous prie q̄ auant q̄ locciez q̄ vo9 me occiez moymeſmes, car ie ne le pourroye veoir mourir. Et quāt vous me aures occis lors tuez hardiment Bayard/⁊ ſe vous ne voulez ce faire ie vo9 deffens ſi chier cōme vous maymes q̄ vous ne touches Bayard/car qui luy fera mal il le me fera. Quant la ducheſſe ouyt ainſi parler regnault elle ne ſceut que faire. Lors elle luy diſt en moult grāt regret. Ha gentil duc debonnaire ⁊ que feront voz pouures enfans/voulez vous qͥlz meurent de faim par deffault de voſtre cheual/car il ya ia trop iours paſſez que riens ne mengerent/en brief leur fauldra la vie ⁊ a moy auſſi/car le cueur me fault par force de faim ⁊ me verres a pͥſent mourir ſe ie nay ſecours. Quant les enfans ouyrent ainſi pler leur mere ilz dirent a regnault. Pere pour dieu liure nous voſtre cheual, car auſſi mourra il de faim/⁊ mieulx vault quil meure des premiers que nous. Quāt alard/guichard/⁊ richard ouyrent ainſi parler leurs nepueux. Lors richard diſt a ſon frere regnault. He gētil duc pour dieu ne ſouffres mye q̄ voz enfans ne ma dame voſtre femme meurēt de faim ⁊ nous auſſi. Quant regnault ouyt ainſi parler ſon frere le cueur luy attendrit moult ſi cōmenca a plourer ⁊ diſt. A ees beaulx freres puis quil vous plaiſt q̄ Bayard meure ie vo9 prie q̄ locciez/quāt to9 ſe furēt accordez q̄ Bayard ſeroit occis ilz vindrent a leſtable ⁊ vont trouuer Bayard q̄ leur getta vng grant ſouſpir. Quant regnault vit ce il va dire quil occiroit luymeſmes auant que Bayard euſt mal/car pluſieurſſoys il lauoit garde de prendre mort. Quant les enfans de regnault ouyrent ce ilz ſen retournerent a leur mere en plourant de faim.

Quant regnault vit que ſes enfans ſen eſtoient allez il ſen vint a Bayard⁊ luy donna vng peu de faim/car il nauoit aultre choſe q̄ luy donner ⁊ puis ſen vint a ſes freres⁊ trouua alard q̄ tenoit aymō ſon nepueu q̄ plouroit ⁊ richard tenoit yon/⁊ guichard tenoit la ducheſſe qui eſtoit paſmee ⁊ leur diſt. Helas pour dieu mercy ie vo9 prie q̄ vo9 prenez couraige iuſques a la nuyt ⁊ ie vo9 pmetz q̄ ie ſeray tant q̄ nous aurons a mēger. Frere diſt alard il le nous cōuient ſouffrir vueillons ou non. Tant attendirēt les cheualiers q̄ la nuyt vint, quāt la nuyt fut venue regnault diſt a ſes freres. Mes freres ie vueil aller pler a noſtre pere pour veoir quil me dira/⁊ ſil nous lairra mourir de faim. Frere diſt alard ie vueil aller auec vous ſil vous plaiſt ⁊ vo9 en ſeres plus aſſeure. Non frere diſt regnault vo9 ny viendres mye, car ie y vueil aller tout ſeul/⁊ ſe ie ne vous appoꝛte a mēger ie vous deliure Bayard. Quant regnault eut ce diſt il ſe fit treſbien armer ⁊ monta ſur Bayard ⁊ ſortit bien ſecretemēt de montauban ⁊ ſen alla au pauillon de ſon pere quil cognoiſſoit, car il lauoit choiſy de iour de deſſus la grant tour. Aduint qͥl trouua aymon ſon pere hoꝛs

du pauillon tout seul q̃ estoit en espic pour scauoir sil pourroit auoir nouuelles du cha‑
steau. Quant regnault vit son pere il luy dist. Qui es tu q̃ bas a ceste heure tout seul.
Quāt aymon ouyt parler regnault il le cogneut bien/si en fut moult ioyeux/mais il
nen fit nul semblant ains luy dist. Mais toy q̃ es tu q̃ bas a ceste heure si hault mōte.
Quant regnault ouyt parler son pere il le cogneut bien/si luy dist. Sire pour dieu ayez
mercy de nous/car nous mouros tous de fain/q̃ tous mes gens sont ia mors a nauons
plus q̃ bayard qui ne mourra tant que ie viue/auant me lairray escourcher/car a moy
a a mes freres plusieursfoys a sauluc la vie. Helas pere sil ne vous plaist auoir mer‑
cy de nous ayez le de mes petis enfans.

Ha beau filz dist aymon ie ne vous puis de rien aider/mais vous en asses
car vous sauez q̃ vo°ay foriures/a pourtant ne me pinteroye pour chose
qui soit au monde/a ce q̃ ie ne vous puis ayder ne dōner secours icy ay le
cueur moult doulent. Sire dist regnault vo° parlez mal ne vous desplaise
car ie vous pmetz q̃ se vous ne nous donnes aulcun secours q̃ deuant trops iours ma
femme/mes enfans/mes freres a moy mourrons par force de famine/car il ya desia
trops iours passes q̃ nul de nous na riens mēge a ne scay quelle chose faire. Helas vo°
estes mon pere/si no°deuez cōforter/ie scay bien q̃ se le roy nous tient il nous fera tous
pendre a mourir villainemēt/a ce ne vous seroit pas honneur/parquoy vous ne nous
deuez faillir se la loy est droicturiere. Mon pere pour dieu ayez mercy de nous/a ne te‑
nes pas vostre couraige cōtre voz poures enfans/ce seroit grant cruaulte/a aussi vo°
sauez bien q̃ charlemaigne a grant tort de nous ainsi persecuter. Quant aymon ouyt
ainsi parler regnault il en eut grant pitie a si grant duail q̃ peu quil ne tomba pasme a
terre/puis se mist a regarder son enfant tout en plourāt a luy dist. Beau filz vo° auez
dit verite q̃ le roy a tresgrant tort de vous/a pource descendes a entrez dedens mon pa
uillon a prenez tout ce quil vo°plaira/car riens ne vous sera cōtredit/mais ie ne vous
donray riens pour sauluer mon sermēt. Et quāt regnault ouyt ainsi parler son pere il
descendit a pied a sagenoilla deuant luy en le mercyant treshumblemēt. Lors entra au
pauillon de son pere a chargea bayard d̃ pain a de cher fresche a salee/sachez q̃ bayard
en portoit plus q̃ neussent fait dix aultres cheuaulx/quāt regnault eut charge bayard
de viures il print cōgie de son pere a sen retourna a mōtauban. Il ne fault pas demā‑
der qsse bien venue regnault eut de ses freres/de sa femme a de ses enfans. Sachez q̃
quant ilz virent qil amenoit tant de viures qlz cheurent tous pasmez de ioye. Quāt re
gnault vit ce il cupda quilz fussent tous mors de fain/a quil eust trop demoure/si com‑
menca a mener tresgrāt duail. Ce pendāt quil demenoit son dueil ses freres commēce
rent a reuenir de pasmeson a sa femme aussi/a puis ses deux enfans. Quāt regnault
les vit tous debout il en fut moult ioyeulx si leur presenta a mēger a a toutes ses gēs
Tous ensemble demenerēt grāt ioye a mēgerent a leur aise. Quant ilz furēt saoulz
ilz sen allerent reposer excepte regnault qui voulut faire le guet. Quant vint le lende
main quil fut iour ilz se leuerēt tous a allerēt ouyr la messe/a puis allerēt mēger le de
mourant de la viande que regnault auoit apportee.

Dant la nuyt fut venue aymon qui ne pouuoit oublier ses enfans fit ve‑
nir son maistre dostel deuant luy/a luy dist. Vous scauez comment iay for‑
iure mes enfans dōt ce poise moy q̃ ie le fiz oncques a daultre part iay ouy

dire que au besoing cognoist on l'amy. Vous devez sçavoir q̄ mes enfans sont leans en grant povrete et destresse et cōbien q̄ ie les ay fors iures ie ne leur doy ne puis faillir, nos aurons troys engis q̄ charlemaigne m'a fait faire pour dommaiger mes enfans dont nous les avons dōmaigez tant q̄ nous auōs peu, or couient q̄ nous leur aydons selon leur dōmaige, et ie vous diray cōment. Faictes q̄ vo⁹ mettez dedēs les engins du pain et de la cher salee et fresche a grant plante en lieu des pierres et les faictes getter dedēs le chastel, car se ie devoye mourir de faim si ne leur fauldray ie iamais tāt cōme i'auray de quoy, et ie me repens du mal q̄ ie leur ay tant fait, car tout le monde m'en deuroit blasmer, et par rayson ilz auroiēt droict, car mes enfans ont le droit et nous auōs le tort. Si ie dist le maistre d'ostel vo⁹ dittes tresbien, vo⁹ en avez tant fait q̄ chascun vous en mesprise grandemēt. Lors le maistre d'ostel fit emplir les engins de vituaille et commanda au maistre des engins de les getter dedens montauban. Et devez sçavoir q̄ plusieurs des gens de l'ost du roy blasmoient le viel aymon de ce qu'il tiroit cōtre ses enfans, car ilz cuydoient q̄ ce fussent pierres. Le lendemain au matin quāt regnault fut levé il s'en alloit parmy son chastel et trouva des vivres a foison q̄ son pere luy avoit fait getter, dont il fut bien ioyeulx et dit. Beau sire dieu benoist soyez vous. Or voy ie bien que a nul qui ayt en vous esperance ne peut a aulcun mal venir, puis appella ses freres et sa femme et dist. Mes freres vous voyez cōment nostre pere a eu pitie de nous. Lors fit amasser les vivres et mettre en lieu seur, si en mengerēt a leur aise, car ilz en avoiēt bien mestier, et avoient si grant faim q̄ c'estoit grant pitie. Sachez q̄ aymon fit tant getter des vivres dedens mōtauban q̄ ceulx de dedēs en devoient avoir assez pour troys moys a se gouverner honnestement.

Vous devez sçavoir q̄ charlemaigne sceut aulcunement cōment le viel aymon avoit donne des vivres a ses enfans, si en fut moult doulent, et incontinent fit venir aymon devant luy et luy dist. Aymon cōment es tu si ousé ne si hardy d'avoir donne a menger a mes ennemys mortelz. Or sçay ie bien toute la chose, tu ne t'en peux excuser, mais par la foy que ie doy a dieu ie me vēgeray bien avant que la nupt viēgne, car vous en perdres la teste. Sire dist le duc naymes ie ne le vueil point nyer, mais ie vous dy que se vous me deviez faire mourir et getter dedens ung feu q̄ ie ne fauldray q̄ mes enfans tant q̄ i'auray de quoy. Sire roy mes enfans ne sont mye larrōs ne traytres ne murtriers, mais sont les meilleurs chevaliers du mōde et les plus loyaulx. Sire roy ne cuydez ia occire mes enfans en telle maniere vous avez trop longuement mene ceste folye, il vous devroit souffire de ce que vous en avez fait. Quant charlemaigne ouyt ainsi parler aymon il en fut moult doulent, et du grant dueil qu'il en eut les peulx luy rougirēt en la teste cōme chandelles, et peu s'en faillit qu'il ne frappa aymon. Quant le duc naymes vit ce il se trayt avant et dist. Sire roy envoyez en aymon car trop l'avez tenu icy. Vous pouez bien sçavoir que aymon ne souffriroit mye que ses enfans fussent destruitz, et pource vous ne l'en devez pas blasmer ne aussi frapper. Apres que charlemaigne eut ouy parler le duc naymes il luy dist Naymes puis que vous l'avez iuge vous n'en seres pas desdit. Et lors il se tourna devers le duc aymon et luy dist. Or tost vuydez mon ost, car vous m'y avez fait plus de dōmaige que de prouffit. Sire dist aymon voulentiers feray vostre cōmandemēt. Et lors monta a cheval, et puis dist aux douze pers de france. Seigneurs ie vous prie a tous

q iij

que mes enfans vous soyent pour recommandez car ilz sont extraictz de vostre sang Et bien se garde le roy car sil fait mourir mes enfans par si grant oultrage comme il a dit/se ie deuoye deuenir sarrazin & demourer en affrique tous les iours de ma vie si luy trancheray ie la teste &aultre gaige nen vueil prendre. Quant aymon eut ce dit. il se partit de lost &sen alla en france en sa contree moult doulent de ce quil auoit laisse ses enfans en si grant misere. Charlemaigne voyant que aymon sen alloit ainsi quitte & quil auoit garny montauban de grant abondance de viures il en fut moult doulent si pensa sur ce fait longuement. Et quant il eut assez pense il estoit si doulent que nul ne le pourroit plus estre/si retourna vers ses barons & leur dist. Mes seigneurs ie vous commande que faciez deffaire tous noz engins/car par eulx iay perdu le chasteau de montauban. Incontinent ses barons firent deffaire les engins comme le roy lauoit commande. Et par ainsi le vaillant regnault demoura long temps en bonne paix/mais quant il eut assez dure les viures commencerent fort a appetisser. Regnault veant que ses viures estoient courtz il en fut moult ire & commença a se plaindre en disant. Beau sire dieu & que feray ie. Ie congnois que au long aller nous ne pourrons mye tenir/& naura charlemaigne nulle mercy de nous quil ne nous face tous mourir honteusement. Helas maugis ou estes vous/se vous fussiez auec nous nous neussions doubtance de riens/& ne souffriroye mye ceste grant destresse que ie souffre. Ainsi que regnault se complaignoit a soymesmes vecy venir alard qui estoit si foyble q̄ a peine se pouoit il soustenir sur ses piedz/si dist a regnault. Pour dieu frere faites occire bayard/ car no9 ne puons plus viure sans menger.

Quant regnault ouyt son frere ainsi parler il en eut moult grant dueil/ si prit son espee & sen vint a bayard pour loccire. Quant bayard vit regnault il commença a mener moult grant ioye & quant le bon regnault vit la feste q̄ bayard luy faisoit il luy dist. Ha bayard bonne beste se iauoye cueur de vous mal faire certes ie seroye bien cruel. Quant yonnet lung de ses enfans entendit ce il escrya a son pere. Sire q̄ attendez vous que vous ne tuez bayard puis q̄l doit mourir/car ie enraige de faim/& vous dy que se ie nay quelque chose a menger en brief vous me verres mourir deuant voz yeulx & aussi mon frere & ma mere pareillement/ car nous ne puons plus viure doresenauāt tant sommes destraintz de famine. Quant regnault ouyt son filz ainsi parler il en eut moult grāt pitie & angoisse/& daultre part il nousoit tuer bayard qui luy faisoit si grant feste. Lors ne sceut que dire ne que faire & commença a penser grandement. Et quāt il eut pense vne grant piece il se va adviser comment bayard ne mourroit point. Lors demanda vng bassin & saigna bayard dedens lequel getta grant sang. Quant il eut assez saigne regnault benda la playe/ & alard print le sang & le porta abiller/& quant il fut bien cuyt ilz en mengerēt chascun vng petit qui leur donna moult grant substance. A dire verite regnault & toute sa compaignie demourerent bien quatre iours quilz ne mengerēt aultre chose. Quant ce vint au cinquiesme iour que lon cuyda ressaigner bayard il estoit si mat q̄lne getta point de sang. La duchesse veant ce elle se print a plourer moult tendremēt & dist en ceste maniere. Sire pour dieu puis que vostre cheual bayard ne rend plus de sang/si le faites tuer si en mengeront voz poures enfans & vous & voz freres & moy aussi/car nous nous mourrons tous de male famine.

Ame dist regnault le nen ferap rien/car bayard nous a fait bonne cōpaignie a la vie/& aussi il la nous fera a sa mort/car nous mourrōs ensemble Vous devez scavoir que regnault & ses freres estoiēt venuz atant qlz natendoient que la mort & ia en estoiēt assez pres. Ce pendāt vecy venir ung viel homme qui estoit de leans q dist a regnault. Sire q sera ce. Je voy q vous & mont auban seres destruitz & ne vous est riens demoure q tout ne soit despendu cōme il appert puis q ie voy que vous ny povez faire aultre chose venez avec moy & ie vous monstreray une voye par laquelle nous nous en pourrōs aller sans nul dangier. Et vueil bien que vous sachez que montauban fut une fop ferme avant que vous le fissiez faire/et le seigneur qui le fit faire fist faire une voye soubz terre qui va iusques au boys de la serpēte. Jestoye lors ung ieune enfant quāt la voye fut faicte/& scay bien ou elle est/faictes souyr la ou ie vous mōstreray & vous la trouveres sans faulte/si nous en yrons tous sans nul dangier. Quant regnault entendit ses parolles il en fut si ioyeulx que nul ne se pourroit plus estre tant quil en oublia toute sa faim & puis dist. Or ay ie trouue ce que desiroye/car ie men iray a dordōne que ie doy bien cher tenir. Et lors print le viel hōme par la main & se fit mener au lieu quil avoit dit/& la il fit souyr en la terre & trouva la voye que le viel homme luy avoit dit/dōt il fut moult ioyeulx. Et lors sen vint a lestable & mist la selle sur bayard & puis se mist dedens la voye. Mais sachez que bayard estoit si foible du sang quil avoit perdu que a peine povoit il aller le pas puis print la duchesse sa femme/ses freres/ses enfans/& le residu de ses gēs & les mist tous en la voye dedens terre entant quil ne laissa personne dedens le chasteau de mōt auban.

Rant plante de torches fit alumer regnault quāt lup & ses gens furent de dens la cave pour veoir plus clerement/puis ordonna son avangarde de ce peu de gens quil avoit par bonne ordonnance sa banniere desployee/et lup fit larriere garde avec ses freres. Quāt regnault eut bien ordonnē sa besoigne ilz se mirent a la voye par devers la cave qui estoit grande & plantureuse/et quant ilz eurent allē une grant piece regnault sarresta & dist a ses freres. Mes freres nous avons tresmal epploicte, car nous avōs laisse le roy yon en la prison/certes iay meroye mieulx mourir que se ie le laissoye ainsi/car il mourroit de famine cōme ung loup entagez & ce seroit grāt peche a nous. Par dieu dist richard il la bien desservy/car dung homme qui est traytre lon nen doit point avoir de pitie. Frere dist regnault vous dittes mal. Et lors sen retourna & sen vint en la prison ou estoit le roy yon & le delivra & le mena avec luy. Quāt la duchesse vit venir le roy yon elle luy dist. Ha sire vous soys el le tresmal venu/car vous estes cause de tout le mal que nous avons/ ce poise moy que vous nestes mort & pourry dedens la prison/car vous lavez tresbien desservy. Dame dist le bon regnault laissez ce ester ie vous en prie/car il ne mourra mye que ie puisse. Je luy ay fait hommaige dont ie le doy supporter & obeir combien quil aye grandemēt mespris envers nous/iamais ne seray pariure envers luy. Quāt ses freres ouyrent ainsi parler ilz luy dirent en ceste maniere. Frere vous parlez bien & saigement/vous faictes ce que vous devez faire/ne iamais par nous nen serōs reprins/faictes en ce ql vous plaira. Apres ce dit regnault avec ses chevaliers & tous ceulx du chasteau de mont auban se mirent en leur voye.

Tant ont les cheualiers alle quilz sont sortis hors de la fosse & se trouueret
au boys de la serpente droictemēt au poing du iour. Incōtinent qlz furent
hors de la caue ilz furent moult ioyeulx de ce qlz estoiēt eschappes de char
lemaigne/ỹ onet le petit enfant de regnault se pasma p force de fain/quāt
regnault dist ce il en fut moult doulent/si le print & le dressa & luy dist. Beau filz ie vo9
prie q vous facez bonne chere/ car nous aurons tantost a menger largemēt. Et ce dit
il print aymonnet son aultre filz entre ses bras & se cōmenca moult fort a reconforter.
Quant regnault eut ce fait il regarda entour luy & cogneut bien ou il estoit/si appella
ses freres & leur dist. Mes freres il me semble q nous sommes pres de lermitaige ber-
nard mon bon amy. Frere dist alard vous dittes verite/mais q ferons nous. Frere dist
regnault ie cōseille pour le plus prouffitable q nous y allons & y demourons tant que
la nupt soit venue & nous en prons puis a dordōnc/car de iour ie ne cōseille mye q no9
y allons/& daultre part il ne peut estre q lermite nape quelque chose a menger q no9 dō
nerons a ma femme & a mes enfans. Frere dist alard Vo9 dittes bien. Lors se mirēt en
la voye & neurent gueres alle qlz trouuerēt lermitaige/mais en allant parmy les boys
ilz se cūmencerēt a departir cōme bestes sauluaiges mēgeans les herbes cōme si fus
sent pōmes ou poires tant auoiēt grāt fain. Quant regnault vit ce il en fut moult dou
lent/si les appella & leur dist. Seigneurs ce q vous faictes vous pourroit bien tourner
a dommaige de vous separer ainsi. Je vous prie q vng chascun se ralye & nous en al
lons en lermitaige/car nous y trouuerons bernard lermite q nous fera bonne chere ie
le scay biē. Quant regnault eut ce dit chascun se ralya ensemble & sen vindrēt vers ler
mitaige. Et quāt ilz furent la regnault hurta a la porte/& quant bernard soupt il vint
ouurir incōtinent. Quāt lermite vit regnault & ses gens il en fut moult ioyeulx. Lors
sen vint a regnault & lembrassa en disant. Beau seigneur vous soyez le tresbien venu
dont venez vous & comment vous va il.

Regnault dist. Mon amy bernard sachez q iay laisse mon heritaige p force
de fain/si men voys a dordōne/car ie ny puis aultre chose faire pour le pre
sent/ie vous prie q se vous auez riens q nous puissons donner a mēger a
ma femme & a mes enfans ql vous plaise leur en donner pour dieu/ car ilz
sont si affames quilz meurent de fain. Quant bernard lermite oupt les parolles de re
gnault il en eut tresgrant pitie pour la destresse quil veoit en regnault & en ses gens/
daultre part il fut moult ioyeulx quant il vit quilz estoiēt sortis hors des dangiers de
charlemaigne. Si sen vint a la duchesse & luy dist. Dame vous soyez la tresbien venue
Je vous prie q nayez doubtance de riens/car vous estes bien arriuee & en bon lieu pour
auoir repos & ioye. Lors entra en sa chambre & apporta pain & vin & ce q dieu luy auoit
donne/puis sassist decouste regnault & luy dist. Seigneur prenez en gre sil vous plaist
veez la des biēs q dieu ma donne. Je vous donray a menger en despit du roy charle-
maigne. Grans mercyz sire dist regnault/icy a tresbonnes nouuelles pour nous/mais
quant la nupt sera venue nous nous en irons a dordōne/car ie doubte moult charle
maigne quil ne sen apperçoyue que nous sommes departis. Et se dieu me donne fortu
ne que ie puisse aller iusques a dordenne bien peu doubteray le roy charlemaigne & me
deffendray bien de luy. Sire dist lermite vous dittes tresbien/ ie prie a nostre seigneur
quil en face a vostre guise.

Tout ce iour seiourna regnault a ses gens cheuz lermite q̃ les seruit a conforta de son pouoir a dõna d lauoyne de son asne a bayard q̃ estoit si recreu q̃l ne pouoit mẽger. Quãt la nuyt fut venue regnault sen voulut deptir et cõmanda a dieu lermite. Quant lermite vit q̃lz sen vouloient aller il trouua maniere dauoir troys cheuaulx/dont sa duchesse en eut lung a les enfans les aultres. Et quãt il eut ce fait regnault a sa cõpagnie sen allerent leur chemin/ a tant errerent q̃lz arriuerẽt a dordonne. Quant ceulx de la cite sceurẽt q̃ leur seigneur estoit venu q̃ tant auoiẽt desire ilz en furent moult ioyeulx/si luy vindrent au deuãt a tout moult belle compagnie de gens a le receurẽt treshõnorablement a le conuoirent iusques a la fortresse. Puis les bourgoys se mirent a dancer a menerẽt grãt feste parmy la ville cõme se dieu y fust descendu. Quant les barons du pays sceurẽt q̃ regnault a ses freres estoiẽt arriuez a dordõne ilz en furẽt moult ioyeulx/si le vindrent tõ incõtinent veoir a luy firent grãt reuerẽce. Mais a present laisse le cõpte a parler de regnault a de ses freres a de sa femme a de ses enfans qui sont a dordonne bien aises a ont bien appaise leur faim a retourne a pler de charlemaigne a de ses douze pers pour cõpter cũment il entra dedens montauban apres que regnault en fut party.

¶ Cõment apres ce q̃ charlemaigne eut assiege montauban a q̃l eut affame tõ ceulx q̃ estoiẽt dedens/il sceut cõment regnault auoit abandõne mõtauban a sen estoit alle luy a ses freres/sa femme/ses enfans par dessoubz terre a dordõne la ou il les alla de rechief assieger/mais auãt quil mist son siege regnault a ses freres luy firẽt une saillie sus/dõt plusieurs en ydirent la vie dune pt a daultre/a y fut retenu le duc richard de normandie per de france dont charlemaigne fut moult dolent. Chapitre. xx.

En ceste partie dit le compte q̃ charlemaigne estoit au siege de montauban moult doulent pource q̃l ne pouuoit prendre regnault ne ses freres. Or aduint vng iour q̃ charlemaigne cheuauchoit pour scauoir comment lon se portoit dedens môtauban. Quant il fut pres du chastel il regarda contremont τ ne vit psonne du monde sur ses murs comme il auoit acoustume. Quãt il vit ce il fut moult esbahy. Si sen vint a son pauillon τ incontinent manda querir tous ses barons. Quant ilz furêt tous venuz charlemaigne leur dist. Seigneurs il ya bien huyt iours q̃ ie nay veu nulluy dessus les murs de môtauban, pourquoy ie croy que regnault soit mort τ toutes ses gês. Sire dist le duc naymes il seroit bon q̃ lon en sceust la verite, mandez y sire sil vous plaist. Quant charlemaigne ouyt ce luy mesmes mota a cheual τ tous ses barons τ sen allerêt a môtauban. Eulx venus a la porte ilz firêt semblant dassaillir le chasteau, mais regnault en estoit trop loing pour le deffendre. Quant charlemaigne vit q̃ nul napparoissoit pour le chasteau deffendre, il cuyda proprement q̃ regnault τ tous ses gens fussent mors de faim τ de destresse. Lors fist apporter vne eschelle bien haulte τ la fist appuyer es murs, τ incontinent roland monta sus le pmier, τ puis ogier oliuier τ le duc naymes. Quant ilz furêt sur les murs ilz regarderêt dedês τ ne virent home ne femme, si descendirent dedês τ vindrent ouurir la porte τ firent entrer charlemaigne τ toutes ses gens dedês, mais sachez q̃ charlemaigne y entra si ire q̃ nul ne le pourroit croyre. Quãt il fut dedens τ il ne trouua nul il fut si esmerueille q̃ nul ne scauroit dire ne que faire, si monta au dongon τ ny trouua nul dont il fut plus esmerueille q̃ par auant. Lors comenca a dire. Par ma foy messeigneurs vecy merueilles τ dyablerie, sachez q̃ regnault sen est alle τ tous ses freres τ toutes ses gens. Tout ce a fait le larron maugis qui a este ceans, car aultrement il ne peut estre.

Apres q̃ charlemaigne eut dit ces parolles il se mist a aller parmy le chastel de montauban querant sil pourroit trouuer regnault ne aulcun de ses freres. Tant alla parmy le chasteau de montauban quil trouua la voye par ou regnault τ ses gens sen estoient allez. Quãt il vit la caue il fut moult esbahy. Lors appella ogier le danoys τ luy dist. Ogier vecy la voye par ou les traytres sen sont allez, τ tout ce ma fait maugis, car il a fait ceste caue en despit de moy dont il me fait creuer le cueur. Sire dist le duc naymes vous blasmez maugis, mais ceste caue de monstre estre faicte de plus de cent ans, τ vous dy de vray que les sarrazins la firent. Quant charlemaigne ouyt ces parolles il se mist a rire de maltalent, si mauldit ceulx qui firent la caue τ en fut moult ire, car il cognoissoit que par la caue il auoit failly a venir a son entête. Lors dist a ses gens. Or tost cerchez ceste caue pour scauoir ou elle va, car ie ne seray iamais aise que ie ne le sache. Quant roland entendit charlemaigne il se mist dedens la caue, τ fit alumer grant plante de torches pour y veoir cler par dedens. Apres roland entra grant plante de francoys τ tant allerêt q̃lz vindrêt iusq̃s au bout de la caue. Et quant ilz furent au bout ilz se trouuerent au boys de la serpente. Quant rolant fut yssu hors de la caue il regarda pour scauoir ou il estoit, mais luy mesmes ne se scauoit recognoistre. Et lors dist a ses gês. Messeigneurs il me semble que daller plus auant ne de querir regnault ce seroit grant folye, car il scet bien la contree τ nous ne scauons ou aller. Sire dirêt ses compaignons vous dittes bien, pource retournons vers charlemaigne vostre oncle pour luy dire ce q̃ nous auons trouue en ceste caue

Quant roland a ses compaignons se furent accordez ilz se mirent en voye pour tourner de la ou ilz estoient venuz. Quāt le roy charlemaigne les vit venir il leur dist. Roland mon beau nepueu quauez vo͗ trouue/auez vous point trouue nulle part lyssue de la caue. Sire dist roland ouy sans nulle faulte. Sachez que regnault a ses gens vous sont eschappes a si emmeynēt bayard a vecy les pas tous formez. Quant le roy charlemaigne apperceut que regnault a ses gens sen estoient allez il en fut si ire que plus ne se pouoit estre. A celle mesme heure il manda ses messagiers par tous pays a cōtree pour sauoir sil pourroit auoir nouuelles de regnault a de ses freres. Quant il eut ce fait il commanda que lost fust desloge a quilz venissent tous a mōtauban. Quant les barons ouyrent le roy ilz firent son cōmandemēt a allrent tous a mōtauban a se logerēt dedens au mieulx q̄lz peurent a de mouerent dedēs bien six iours menans grāt ioye de ce q̄ regnault a ses freres estoiēt ainsi eschappez. Ainsi q̄ les barons se deduisoyent dedens mōtauban vecy venir vng messagier q̄ sen vint droit au roy charlemaigne a le salua moult hōnorablemēt a puis luy dist. Sire sachez q̄ iay veu regnault/alard/guichard a richard menans grant ioye a moult grant compaignie de cheualiers tenans grant court dedens dordonne la ou il fait moult de riches dons a vng chascun/a suis esmerueille ou il a prins si grāt tresor Et si y est le roy yon de gascoigne/a que plus est ie vous dy o vray que regnault a fait vne moult grant assemblee de gens pour se deffendre contre vous se vous lallez assaillir en quelque facon que ce soit.

Mult fut ire le roy charlemaigne quāt il ouyt son messagier/si iura saint denis q̄l ne coucheroit iamais en lit q̄l neust assiege dordōne. Quant il eut ce dit il cōmāda a ses barōs q̄ chascū troussast ses bagues a q̄lz se missent a la voye le droit chemin de dordōne. Quāt les barons ouyrent charlemaigne ainsi parler sans faire longue demeure ilz se mirent a la voye/a tāt cheuauchereēt quilz arriuerēt a motargueil q̄ estoit assez pres de dordōne tant quon en puuoit veoir les clochiers. Celle nuyt logea la lost de charlemaigne/mais ie vous pmetz q̄l fit faire toute la nuyt moult grant guet pour doubtance des quatre filz aymon. Quāt le iour fut venu charlemaigne fit mettre ses gens par belle ordōnance sa banniere desployee a se mist a cheuaucher vers dordōne. Quāt regnault sceut que charlemaigne estoit venu pour lassieger dedēs dordōne/il cōmenca a iurer q̄ point ne se lairreroit assieger comme il fit a montauban/mais se combatroit a charlemaigne/a sil peut tōber entre ses mains il sera mal venu/car il nen auroit pas la pitie q̄l en auoit eu aultresfoys a cause quil est si felon a sans pitie. Frere dist richard or voy ie maintenant q̄ vous plez en cheualier/a par la foy q̄ ie vous doy ie vous pmetz q̄ auāt que iamais charlemaigne nous assiege ien occire plus d cent/a se dieu ne nous fault nous ferons telle chose que charlemaigne en sera doulent a marry toute sa vie/car il a maniere de villain q̄ plus on le prie a moins en fait. Frere dist alard par la foy q̄ ie vous doy vous parlez biē hōnestement a vous en scauray bon gre toute ma vie.

Vus deuez scauoir q̄ quāt regnault vit q̄ charlemaigne le venoit assieger atout grāt puissance de gēs il nen fut de riens esbahy/mais fit sonner hault dire son cor/a fit armer ses gens qui estoiēt grant nombre a les fit yssir hors de la cite. Quant son armee fut assemblee cestoit noble chose a veoir.

Lors il ordonna ses batailles par bonne ordonnance côme saige combatant. Quant il eut ce fait il appella ses freres & leur dist. Aes beaulx freres auiourduy est le iour q̃ nous mourrons tous ou nous ferons tant q̃ nous finerōs la guerre p̱ laq̃lle nous pour- rons auoir paix finee/pourquoy ie vous prie tant cōme ie puis q̃ chascun se demonstre vaillant cheualier/car iay en vous toute mon esperance/& vo9 pmetz q̃ iayme mieulx mourir en bataille questre pendu honteusemēt cōme vng larron. Aes freres ie vous prie q̃ venez tous aupres de moy & me supuez/car ie vueil q̃ nous soyons des premiers ferans. Frere dist alard nous ferons vostre commandement point nen doubtez & vous mettez deuant quāt il vous plaira. Quant ilz se furēt a ce accordez regnault essyt cent des meilleurs cheualiers de sa cōpagnie & leur dist. Seigneurs ie vo9 prie q̃ vo9 vueil- liez estre auec moy en la pmiere bataille & vous me feres grāt honeur. Sire dirent les cheualiers voulentiers ferons vostre cōmandemēt/& ne vous laisserons tant q̃ nous aurons au corps la vie/& vo9 remercions de lhonneur q̃ vous nous faictes de ce quil vous plaist q̃ nous soyōs en vostre cōpagnie/car nous scauons bien q̃ tant q̃ nous se- rons auec vous nous naurons garde dauoir mal ne peril.

Quant regnault eut biē ordōne ses batailles il ne fit aultre demeure/mais se mist le pmier lescu au col & la lance au poing & mōta sur bayard qui re- gardoit entour soy menāt grant noyse. Et lors regnault luy bailla des es- perons & se mist auāt dedēs les gens du roy charlemaigne. Quāt charle- maigne vit venir bayard q̃ faisoit si grāt bruyt/& regnault dessus q̃ venoit en si belle ordonnance il en fut moult esbahy & dist en soymesmes. He beau sire dieu & ou dyable ont si tost maintenant prins les quatre filz aymon tant de gens. Je croy moy que cest vne diablerie/car ie ne luy auoye riens laisse na mye encores gueres de temps/& main tenant il est de rechief si puissant quil ne me prise riens/mais ie prometz a dieu q̃ tout ce ne luy vauldra riens que deulx ne face iustice auant quil soit peu de temps. Si fist ordonner ses batailles le mieulx quil peut & mōta a cheual pour soy venir combatre a regnault. Quāt le duc naymes vit que charlemaigne estoit si enrage quil sen vouloit aller cōbatre contre regnault il sen vint a luy & luy dist. Sire quest ce que vous voulez faire. Je vous prometz q̃ ce seroit grant folye de combatre a ses gens/mais ce seroit le meilleur de faire bonne paix entre vous & regnault/car ie suis seur q̃ regnault fera tout ce que luy cōmanderes/& vou dy bien que ce nous cōbatons a eulx que vous ver- res a maintz bons cheualiers trayner les boyaulx pmy les champs dont sera grāt dō- maige pour lune partie & pour laultre/& telle sera la perte q̃ iamais ne sera recouuree. Naymes dist le roy charlemaigne laissez cela en paix/car ie nen feray riens pour hom me viuant qui men parle/plustost me laisseroye tous les membres detrencher. Quant le duc naymes entendit ces parolles il en fut moult doulent & laissa de luy en plus par ler. Et de celle heure charlemaigne se delibera de combatre & tousiours cheuauchoit en auant en grant erre.

Quant regnault vit q̃ les deux ostz sapprouchoient lung de laultre a point d frapper/lors se tourna deuers son frere richard & luy dist. Frere ie vueil aller parler au roy pour scauoir de luy sil nous vouldroit pardonner son maltalent/car sil le vouloit faire ie feroye du tout son plaisir entieremēt comme a nostre souuerain seigneur. Par dieu frere dist richard vo9 ne valez pas vng glouton de haye/car le cueur vous est ia failly. Ha meschant dist regnault/car ie y vueil aller/a psonne q̃ soit viuant au monde ne men gardera./a sil refuse la paix quant ie la luy demanderay ie voue a dieu q̃ iamais nen requerray. Frere dist alard vous dittes bien a saigement/allez y a en faictes voftre voulente. Lors regnault ne fist aultre demeure/mais frappa bayard des esperons a vint incontinent vers charlemaigne a luy dist. Sire pour dieu mercy/souffrez sil est vostre bon plaisir que nous ayons paix a accord enuers vous/a que ceste guerre qui a si longuemẽt duree preigne fin/a que vostre ire nous soit pardonnee sil vous plaist/a ie feray ce q̃l vous plaira a vo9 donray bayard mon bon cheual. Fuyez vous en dicy glouton q̃ dieu vous mauldie dist charlemaigne/car tout le monde ne vous scauroit garentir que ie ne vous face mourir de male mort. Sire dist regnault non ferez se dieu plaist/car ie me deffendray bien. Et puis que a ce vient sachez que ne serez par nous espargnez/mais vous ferons le pis que nous pourrons. Frappes vassaulx dist le roy. Iamais ie ne vous prise riens se ce mauuais glouton meschappe. Quant regnault vit ce il dist/Roy de france ie vous deffie. Puis picqua bayard des esperons a alla courir sa lance baissee a frappa vng cheualier par my la poictrine si durement q̃l labatit mort a terre a puis sen retourna a ses gẽs. Quãt charlemaigne vit ce il escrya a haulte voix. Frappes cheualiers frappes/maintenant seront desconfitz.

Dãt roland ouyt le roy charlemaigne ainsi cryer il picqua apres regnault a maintz aultres cheualiers/mais ilz ne lacõceurẽt mye. Quant richard vist venir regnault il luy vint alencontre a luy dist. Frere quelles nouuelles apportes vous/auõs nous paix ou du tout guerre. Frere dist regnault pensons de faire le mieulx q̃ nous pourrons/car la paix naurons nous pas. Frere dist richard dieu vous benie des nouuelles q̃ vous portez/car ie pense faire auiourdhuy telle chose dont charlemaigne sera courrouce. Frere dist regnault ie vous prie chierement q̃ vous vous mõstres vertueux alencõtre de noz ennemys. Quant charlemaigne vit q̃l estoit temps de frapper il appella le duc naymes moult hastiuemẽt a luy dist. Naymes tenez mon oriflay a penses de bien a vaillamment ferir cõme bon cheualier doit faire a destre a a senestre en gardãt mon honneur a ie vo9 en prie. Sire dist il. il ne fault point q̃ vous men priez car ie suis tenu de le faire. Bien me griefue q̃ vo9 nauez fait aultrement cest dauoir donnez paix car la guerre a trop longuemẽt duree. Naymes ie vous cõmande q̃ de ce ne me parlez/car tãt q̃ ie viue ilz nauront a moy paix. Sire dist le duc naymes ce poise moy. Dy perra q̃ vous ferez/car ie men voy a la bataille des pmiers penses de me supire se vo9 voules/car ie me mettray en tel lieu dont vo9 en serez moult esmerueille a non sans cause/car il nest homme si froit q̃ ne si eschaufast en peu deure. Dy me supire maintenant qui vouldra.

Dant regnault vit loriflay venir il picqua bayard des esperons a sen alla courir en la plusgrant presse a frappa vng cheualier si durement q̃l le getta mort a terre/puis se retourna deuers ses gens a les reconforta hõnestement/puis se mist derechief a frapper ses ennemys moult asprement a sans cesser en tomba de sa lance iusques a quatre. Et quãt ce vint au quatriesme il brisa sa lance. Et quant il eut brisee il mist la main a son espee a en frappa vng cheualier sur son heaulme si durement quil le fendit iusques aux dentz/puis en frappa vng aultre

r

a qui il fit boulet la teste ius des espaules. Quant il eut fait ces deux coups il escrya
dordone tant come il peut pour esbaudyr ses gēs, quāt il eut assez crye ainsi il leur dist
Or a culx francz cheualiers, car auiourduit vengerons la grant honte q̄ charlemaigne
nous a fait si longuemēt a sans rayson. Quāt alard guichard a richard ouyrent ainsi
parler regnault ilz se mirēt a courir sur seurs ennemys par telle maniere q̄lz abatirēt
chascuny deux sept cheualiers d cesse attainte. Qui alors sust illecques il eust veu faire
moult noble cheualerie darmes aux quatre filz aymon, car depuis q̄lz furent la assem
blees les gens d charlemaigne ne peurent oncques auoir enuers eulx duree. Regnault
a ses freres les alloiēt abbatāt come bestes, si q̄ la pluspart furēt mors ou desconfitz. E
quant le roy charlemaigne vit le grant dōmaige q̄ les quatre filz aymon luy faisoient
il en sut moult dousent, a comme forcēe courut sur ses gens d regnault a frappa vng
cheualier si duremēt quil sabatit mort a terre dōt sa lance voula en pieces. Lors il mist
la main a son espee nōmee ioyeuse a en fit merueilles darmes, si q̄ ses gēs luy en dōne
rent grant sous, a puis bien vaillammēt se porta. Sachez q̄ celle bataille fut si merueil
leuse a si cruelle que cestoit grant pitie a veoir.

Il est vray q̄ roland eut moult grāt paour de charlemaigne son oncle q̄l ne
sust abatu quāt il se vist parmy la meslee, si sen alla incōtinent au pres de
luy a oliuier a ogier a tous ses douze pers pour garder quil neust nul mal.
Quant les grosses batailles furēt assemblees lune cōtre laultre vous eus
siez veu vne aspre a douloureuse bataille tāt q̄ cestoit pitie a veoir, car de puis que ro
land a oliuier a les douze pers de france furēt arriuez en la meslee ilz cōmencerēt a fai
re si grant abatemēt des gens de regnault q̄lz leur faisoient laisser la place. Quant re
gnault a ses freres virent ce ilz se mesferēt si aspremēt cōtre les francoys que chascun
leur faisoit voye a cause des grās coups q̄lz donnoient, car ilz natteignoiēt hōme quilz
ne se tombassent mort a terre entant q̄l nestoit riens quil ne fremist deuāt eulx. Vous
deuez scauoir q̄ depuis heure de prime iusques a heure de nōne dura la bataille moult
fiere, si q̄ lon ne scauoit lequel des deux auoit le meilleur, mais quāt nonne fut passee
ses gens de regnault se cōmencerēt a refraindre a ne pouoiēt plus. Et a verite dire se
les gens de regnault se retiroient arriere nul ne les en doit blasmer, car charlemaigne
auoit quatre foys plus d gens q̄ regnault sans ses douze pers q̄ chascun scet quelz che
ualiers sestoiēt, mais ce q̄ ses gens d regnault faisoiēt cestoit par le bon exemple quilz
voient en regnault a en ses freres.

Quant le noble cheualier regnault apparceut q̄ ses gens se retrayoiēt il sen
vint a cellup q̄ portoit son enseigne a luy dist. Mon amy cheuauche vers
dordone le plus saigemēt q̄ tu pourras, car trop nous sommes huy comba
tuz, il est huymes temps de reposer. Sire dist le cheualier bien feray vostre
cōmandement. Et incōtinent se mist en voye vers dordone. Lors regnault appella ses
freres a leur dist. Mes freres tenons nous derriere, car aultrement sommes pdus. Frere
dist richard nayez doubtāce, car tant q̄ dieu dōnera vie a vous a a bayard nous naurōs
doubtāce de riens. Quāt charlemaigne vit q̄ regnault sen estoit alle a toute sa cōpai
gnie il escrya a haulte voix. Apres seigneurs apres, car maintenāt sont desconfitz, par
icelle parolle maintz vaillans cheualiers perdirēt la vie, car tel eschauffa regnault q̄
sen repentit chieremēt, car luy a ses freres en firent mourir plus de cent a grant mar

tyrap. Et en despit de charlemaigne regnault & ses freres entreret en dordōne/& deuez sçauoir q̃ richard le frere de regnault iousta a richard le duc de normādie aupres de la porte de dordōne ainsi quilz vouloiēt entrer dedēs/il fut abatu richard de normandie, lequel richard frere de regnault retint & le mist dedēs la cite maulgre les gens de charlemaigne. Quāt regnault & tous ses gens furēt dedēs dordōne il fit fermer les portes/& puis sen allerēt desarmer pour eulx mettre a leur aise, car ilz en auoient bien mestier.

Ous deuez sçauoir que quant charlemaigne vit que les quatre filz aymon sestoient sauluez & quilz auoiēt richard de normandie prisonnier qui estoit lung des douze pers il en fut tant doulent que nul ne le pouuoit plus estre, car il auoit paour q̃ regnault ne fist mourir richard de normandie. Quant il vit quil ne sçauoit aultre chose q̃ faire il cōmanda que lon assegeast la cite de dordō ne de toutes pars, laqlle chose fut incōtinent faicte ainsi ql auoit cōmande. Lors iura charlemaigne que dillec ne partiroit iusques a ce quil eust la cite prise & les quatre filz aymon fait pendre honteusemēt. Sire dist roland vous sçauez que ie suis cellup q̃ pis ay fait aux quatre filz aymon & que iamais ne vous parlay de paix entre vous & eulx mais desormais rayson me cōmande que ie vous en doyue parler. Sire vous sçauez bi en quil a passe quinze ans q̃ vo9 auez guerroye ces quatre cheualiers & auons eu tousiours le pis de la guerre & nō sans cause, car regnault & ses freres sont mōlt vaillans & ne sont mye legiers a desconfire cōme chascun le scet, & vous promets que se vous eussiez tant guerroye les sarrazins que les filz aymon vous en fussiez seigneur de la plusgrant partie & a plusgrant honneur & a moins de dommaige. Et que pis est vo9 sçauez que richard de normandie est prins lung des bons cheualiers que vous eussiez & sil vous en vient aulcunement deshonneur il sera bien employe, car se regnault le fait occire vous en aures honte & grant dōmaige & en verres france toute troublee, car le dit richard de normandie a de grās amys & parente, & vous dy que se iestoye au lieu de regnault q̃ ie loccirope puis que ie ne pourroye auoir paix auecques vous. Pourquoy sire se me voulez croyre pour vostre honneur & prouffit vous mandetes a regnault ql vous mande richard de normādie tout arme sur son cheual & vous feres accord a luy, & ie vous promets sire quil le fera voulentiers & tout ce quil vous plaira luy commander & a ses freres aussi.

Oland dist le roy voulez vous aultre chose dire. Non sire dist roland. Et ie vous iure sur ma foy dist charlemaigne que les quatre filz aymon nauront iamais paix a moy. Et vous dy que ie nay nulle doubtance de richard de normandie car regnault se laisseroit auāt creuer les yeulx quil luy fist nul mal. Quant les barons ouyrent ainsi parler le roy ilz se mirent tous a plourer pour la grant paour quilz auoiēt que richard de normādie neust aulcun mal. Apres toutes ces choses regnault & ses freres & toutes ses gens estoiēt dedens dordonne menant grāt feste. Quant ilz furēt tous desarmes regnault ordōna son guet dessus les murs de la cite, puis fit venir le duc richard de normandie deuant luy & luy dist. Duc richard vous sçauez bien le grāt tort q̃ charlemaigne a de moy & pareillement de mes freres sans rayson dont ie vous dys de vray q̃ se vous ne faictes la paix q̃ en nul de vos membres ne vous fiez, car ie les vo9 feray tous decouper. Sire dist le duc richard de normandie ie suis en vostre dangier si pouez faire de moy a vostre bon plaisir. Vous mauez prins de

r ij

guerre & nõ aultrement se vous me faites oultraige vous en aurez deshonneur toute vostre vie/& veulx bien q̃ vous sachez q̃ tant q̃ ie vive ie ne fauldray a charlemaigne p doubtãce de mort. Quãt regnault ouyt ainsi pler richard d' normãdie il se refraignit vng peu d' son maltalent. Lors il cõmanda q̃l fust mis aux sers en la chambre & q̃l fust bien gardé & courtoisemẽt & bien seruy d' tout ce q̃ appartenoit a son estat & q̃ tout ce q̃l demãderoit luy fust baillé. Or est le duc richard d' normãdie emprisonné, mais il estoit bien aise & seruy de toutes viandes & auoit bonne cõpagnie pour iouer a quelque ieu q̃l luy pleust. Et pareillemẽt la bonne duchesse dame clere le venoit souuent visiter & le reconfortoit souuentesfoys de ses belles parolles.

Dant charlemaigne vit ce & cogneut facillemẽt q̃ par assault il ne pouoit auoir la cite de dordõne il sist faire des engins pour getter des pierres dedẽs dordõne, mais quelque chose quil sist regnault & ses freres & aussi ses gẽs sortissoiẽt souuent tant de nuyt q̃ de iour dessus lost de charlemaigne auq̃l ilz faisoiẽt grãt desplaisir/car regnault ne prenoit iamais hõme quil ne le gardast prisonnier pour veoir sil pourroit auoir paix auecq̃s le roy charlemaigne. En cellui tẽps que charlemaigne estoit deuant dordonne le roy yon de gascoigne tomba au lit malade dune moult grande maladie & se cõfessa de tous ses pechez & prioit a nostreseigneur moult deuotemẽt quil luy pleust auoir pitié & misericorde de luy & luy pardonner ses pechez. Quant il eut assez maladie il mourut dieu en ayt lame. Et deuez scauoir que regnault le sit enterrer moult honnorablemẽt cõme a roy appartenoit/mais il ny eut hõme leans q̃ en plourast/car tous luy vouloient mal par la grãt trahyson quil auoit cõmise enuers les quatre cheualiers. Or a p̃sent laisse le cõpte a parler de ceste matiere & retourne a parler de maugis q̃ estoit en son hermitaige & seruoit nostre seigneur de son cueur tant quil auoit oublie regnault ses freres & amys.

¶ Cõment maugis luy estant en son hermitaige il luy vint voulente par vne vision q̃l eut de nuyt en son dormant daller veoir regnault & ses freres & au matin se mist au chemin & trouua en sa voye deux marchans q̃ sept larrons auoient destroussez en vng boys desquelz sept larrõs maugis en occist cinq & rendit aux marchans tout leur auoir Puis sen alla a dordõne veoir regnault & ses freres ses bõs cousins. Chapitre. xxi.

R dit icy le compte q̃ quant maugis estoit en son hermitaige & quil auoit moult veille en faisãt son oraison & ses prieres a dieu il sendormit en son oratoire. Si luy sut aduis en son dormant q̃l estoit a mõtauban & veoit regnault & ses freres qui luy venoiẽt au deuãt & se plaignoiẽt a luy de charlemaigne qui leur vouloit tollir bayart le bon cheual, mais regnault lauoit prins par le frain & ne sen laissoit mye mener/sachez que maugis eut si grant douleur en son songe quil sen esueilla tout furieux & se leua en pied incõtinent. Lors iura nostreseigneur que iamais d' sa vie ne cesseroit iusques a ce q̃l eust veu regnault & ses freres ses bons cousins. Quant maugis eut ce dit il ne sit aultre demeure/mais ferma la porte de sa chappelle & puis print sa chappe & son bourdõ & se mist a la voye au plutost q̃l peut & trouua enuiron heure de nonne en vng grãt boys la ou il trouua deux hõmes q̃ faisoiẽt mauluaise chiere & menoiẽt grãt dueil. Lors maugis sen vint a eulx & leur dist. Dieu

ſoit auec vous ⁊ lung des deux reſpondit. Certes dieu neſt mie aueucques nous/mais
y eſt le dyable/maleureuſe fut leure pour nous q̃ iamais venismes en ce bops/car nous
en ſommes deſtruitz a touſiours mais. Aḋeſſeigneurs dist maugis queſt ce q̃ vo9 auez q̃
ainſi vo9 guementez. Bon hõme dist lung des deux cy deuãt a des larrõs q̃ no9 ont de
ſtrouſſes des draps q̃ nous portiõs vendre ⁊ ont tue vng de noz cõpaignons pource q̃l
parla a eulx trop rudemẽt. Quãt maugis ouyt ces deux poures marchãs ainſi parler
il en eut grant pitie ⁊ leur dist. Venez auec moy ⁊ ie prieray les larrõs de par noſtre ſei
gneur q̃lz vo9 rendẽt le voſtre ⁊ ſilz ne le font ie me courrouceray a eulx ⁊ me cõbatray
a eulx ſi rudemẽt q̃ ie ſcauray de mon bourdon ſilz ont dure teſte. Quãt les marchans
ouprent ainſi parler maugis ilz le cõmencerẽt a regarder a ffin q̃lz le peuſſent cognoi
ſtre. Lors lung deulx luy dist y ceſte maniere. Et q̃ dyable eſt ce q̃ vous dittes. Ilz ſont
ſept ⁊ vous eſtes tout ſeul ⁊ tout nud ⁊ ilz ſont tous armes/⁊ daultrepart a grãt peine
pouez vous aller ne tenir voſtre bourdon. Taiſez vous dist laultre laiſſez eſter ce fol
car il ne ſcet quil dit/veez cõment il croſle la teſte tant eſt affolle. Quãt ilz eurẽt ce dit
ilz luy dirẽt. Frere va ta voye ⁊ nous laiſſe en paix ou ie te donray tel coup d' ce baſton
q̃ tu le ſentiras bien. Quãt maugis ouyt ainſi parler le marchant il luy dist. Frere tu
as grant tort ie ne te puis faire bien par force. Lors ſen partit maugis des marchãs ⁊
tant erra q̃l acõceut les larrons ⁊ leur dist. Seigneurs dieu vous gard. Ie vous prie q̃
me dittes pourquoy vous auez prins lauoir de ces poures marchãs/vous ſcauez biẽ q̃l
neſt pas voſtre/pourquoy ie vo9 prie q̃l vo9 plaiſe leur rendre leur marchandiſe ⁊ dieu
vous en ſcaura bon grc. Quãt les larrõs ouprẽt ainſi pler maugis ilz en furent moult
irez ⁊ regarderẽt maugis de trauers cõme ſil fuſt ſarrazin. Lors parla le maiſtre des

c iij

larrons qui estoit de mauluaise part & dist a maugis. Haten filz de putain ou ie te don tay tel coup du pied q̄ ie te creueray le ventre. Quant maugis ouyt ce & vit q̄ le larron ne craignoit ne dieu ne sa mere il en fut moult ire / si haulsa son bourdon & en frappa ce mauluais larron pmy la teste si durement quil le mist mort par terre. Quant les aul tres larrons viret leur maistre mort ilz coururent tous sur maugis pour le tuer, mais maugis les mist en tel point de son bourdon quil en tua cinq en peu deure & les aultres deux se mirent en fuyte pmy le boys. Quant maugis vit qlz laisserent la place il ne les chassa plus auant, mais leur crya a haulte voix. Ha mauluais larrons tournes arrie re & rendes vostre larrecin. Quāt les marchans ouprēt ainsi cryer maugis ilz sen vin dient incōtinent vers luy & trouueret q̄ les larrōs q̄ les auoiēt desrobes estoient mors Lors dirent lung a laultre, vecy vng tresbon pelerin.

Quant les marchās virent ce q̄ maugis auoit fait ilz en furēt moult lyes & vindrent vers maugis &sagenoilleret deuāt luy en luy criant mercy de ce quilz lauoient blasme a tort & sans cause. Seigneurs dist maugis se vous me distes grosses parolles les larrōs men dirent encores plus car ilz map pelleret ribault putanyer &truāt paillard filz de putain mais ilz ont chierement achetez & suis moult courrouce de ce q̄ les deux me sont eschappes. Leues vo9 sus & prenes voz bagues & vous en ales a dieu & pries dieu pour moy. Mais dune chose vo9 veulx par ser auāt q̄ vous vous en alles. Je vous prie q̄ me dictes nouuelles de charlemaigne se vous en scaues ne sil a prins mōtauban, les quatre filz aymon q̄ estoiēt dedens. Sire dirent les marchās seurement charlemaigne a prins mōtauban mais il na point prins les quatre filz aymon ne leurs gens car ilz sen estoiēt alles par vne caue soubz terre a dordōne la ou charlemaigne les a de nouel assieges cōme lon dit, & ne veult auoir paix ne concorde auec eulx. Certes se dist maugis se poyse moy car trop sōt bōs cheualiers les quatre filz aymon. Quāt maugis ouyt les nouuelles q̄ charlemaigne auoit assiege regnault dedens dordōne il cōmanda a dieu les marchans & puis print sa voye vers dordōne & tant alla q̄l arriua en lost de charlemaigne puis sadressa vers la cite & fai soit semblant destre moult foible en sappuyāt sur son bourdon. Quāt les gens de char lemaigne virent maugis ainsi aller ilz cōmencerent a le regarder & disoiēt lung a saul tre. Ce pellerin va moult lachement il nest pas bien pour aler gueres loing. Par mon serment dist vng aultre ce pourroit bien estre maugis qui est ainsi desguise pour nous deceuoir. Non est dirent les aultres maugis nest mye en vie. Ainsi quil disoiēt ces pa rolles maugis sapproucha du guichet de la porte et trouua maniere dentrer en deman dant du pain pour dieu. Quant il fut dedens dordōne il sen alla hault au palays ou il trouua regnault qui tenoit sa court.

Quant maugis fut au palays il entra dedens la grant salle en laquelle re gnault & ses freres mēgoiēt & la il trouua regnault & ses freres entour luy & dame clere & leurs deux beaux enfans, cestassauoir ponnet & aymonet et moult daultres vaillans cheualiers. Quant maugis vit ce il sappupa a vng grant pillier qui estoit au myliēu de la salle deuant regnault. Lors cōmenca a re garder ses beaux cousins lesquelz il aymoit tant qui luy playsoient plus q̄ nulle chose du monde. Quant le senechal apparceut maugis cuydant q̄ ce fust vng hermite il com manda q̄l fust setuy au nom d̄ dieu & quon luy apportast pain & vin & chair a grāt plan te laquelle chose fust incontinent faicte ainsi que le senechal lauoit commande. Quāt maugis vit la viande q̄ on lup apporta il dist. Messeigneurs ie vous supplie au nom de dieu quil vous plise de moy faire apporter du pain noir & de leaue en vng hanap de boys/& lors ie seray seruy comme il mappartient car ie noseroye daultre viandes vser. Quant le senechal oupt ce il lup fist apporter ce q̄l auoit demande incontinent. Quāt maugis eut ce q̄l demandoit il print son pain noir & en faisoit des souppes dedens vng hanap de boys & en mengeoit de bon appetit. Quant regnault vit deuant lup ce poure hōme q̄ viuoit si pourement & qui estoit si maigre & si palle il en eut grāt pitie. Si prit vng plat q̄l auoit deuāt lup qui estoit tout plain de venoison et la lup enuoya par vng sien escuyer lequel la presenta a maugis en lup disant. Tenez preudōme vecy q̄ le duc vous enuoye. Dieu le lup rende dist maugis. Lors la prist & la mist deuāt soy/mais il nen mengea oncq̄s. Quant regnault vit ce il en fust moult esmerueille & dit a soymesme. Dieu qui est ce preudōme qui meine si estroicte vie sil ne fust si maigre ie disse q̄ se fust mon cousin maugis q̄ nous a fait souffrir maintes destresses/mais ce me monstre q̄ ce nest mye lup cest q̄l ne me celeroit en aulcune maniere.

Regnault regarda tant maugis quil en lassa le menger. Quāt les tables furent leuees & que chascun eut mange a son aise il se leua & les autres sen allerent tous armer pour eulx mettre en deffence comme ilz estoient acoustumez. Quant regnault vit que chascun sen estoit alle et quil nauoit nul dedens la salle par qui il laissast de dire sa volente il sen vint a maugis & lup mist ses bras au col & lup dist. Beau sire ie vous prie par la reuerence de cellup dieu q̄ vous seruez que vous me dictes se vous estes maugis ou non/car vous lup ressemblez moult bien. Quant maugis oupt regnault ainsi parler il ne se peut plus celer mais lup dist haultement. Mon cousin ie suis maugis sans nulle doubte q̄ vous suis venu veoir & suis bien ioyeulx quāt ie voy q̄ vous & voz freres estes en bon point. Quāt regnault entendit q̄ cestoit son cousin maugis lhomme du monde lequel il ayoit le plus & qui plus lauoit garde de dāgier il en fut plus ioyeulx q̄ qui lup eust dōne la moytie du mōde. Si le courut embrasser & le baisa plus de cent foys et puis lup dist en ceste maniere Beau cousin ie voꝰ prie q̄ vueillez oster ceste chappe q̄ vous portez car ie nay peulx q̄ scioupssent de vous regarder en se poure habit. Et lors lup respōdit maugis & lup dist Mon cousin ne voꝰ desplaise de ce que ie vous diray. Vous deuez scauoir que iay fait veu que iamais ie ne mengeray sinon pain & herbes sauluaiges & ne beuray iamais q̄ deaue tant seulement/& que iamais en ma vie ie ne vestiray aultre draps. Je me suis donne totalemēt a nostre benoist saulueur & a sa glorieuse mere pour mettre mon ame a saluacion. Quant regnault oupt maugis ainsi parler il se pourpensa que ce nestoit mye maugis/car il ne le cognoissoit point bien pource quil estoit si empire de sa personne & se recommenca moult fort a le regarder/& ne leust iamais cogneu se ne fust vne petite playe quil auoit pres de lueil. Quant il eust bien recogneu il lup fist moult grant feste & grant chiere/& de rechief le pria treshumblement en disant. Mon beau cousin ie vous prie par la foy que vous me deuez que me dictes la verite de ce que ie vous demanderay. Sire dist maugis voulentiers la vous diray. Beau cousin dist regnault ie vueil scauoir ou vous auez este ne dont vous venez. Sire dist maugis puis q̄ vous voulez scauoir d ma vie voulentiers le voꝰ diray. Vous deuez scauoir mō beau cousin que ie me suis fait hermite et ay laisse le monde pour seruir nostre benoist sauueur et la glorieuse vierge marie pour auoir pardon des peches que iay comps en ma vie/car iay fait beaucoup de maulx/pourtant q̃ par moy sont mors tant de gens dont iay courrou ce nostreseigneur grandemẽt. Apres ce que regnault ouyt ainsi parler maugis il eut si grant pitie quil ne se peut tenir de plourer pour lamour de son bon cousin. Lors appella ses freres et leur dist. Venez auant mes freres si verres vostre cousin maugis. Quant alard guichard et richard ouyrent ces parolles ilz tressaillirent tous de ioye. Lors cou rurent tous a maugis et lembrasserẽt moult doulcemẽt. Quãt la duchesse sceut q̃ mau gis estoit venu incõtinent alla celle part et le courut baiser et embrasser en plourant de ioye. Lors y acoururent aymonet et yonnet et luy firent moult grant chiere. Par toute la cite fut sceue la venue du vaillant maugis dõt plusieurs gens le vindrẽt veoir/mais il estoit si change que cestoit pitie a le regarder. Moult fut ioyculx regnault de la ve nue de son cousin maugis. Quant ilz eurent demene leur ioye vne grãt piece regnault appella richard et luy dist. Frere allez tost querir vne bõne robe pour nostre cousin mau gis et luy faictes apporter vngz soliers q̃ soient assez larges/ car ie cognoys biẽ quil a les piedz affolles/puis dist a sa femme. Dame leuez vous sus et luy allez querir du lin ge. Sire dist la dame vous en aures tantost assez. Quãt maugis ouyt ces parolles il dist a regnault. Sire ie võ9 dys en verite q̃ iay iure q̃ iamais ne porteray soliers ne ve stiray fin drap ne linge/mais faictes moy tant de bien sil vous plaist q̃ vous me dõnez vne chappe et vng large chapperon et vne escharpe dune vache et vng bon bourdon ferre et vous maurez bien seruy/et quãt vous maurez ce fait ie võ9 cõmanderay a dieu et me retourneray. Je ne suis icy venu synon tant seulement pour vous veoir/ car ien auoye tresgrãt desir. Moult fut regnault doulent en son cueur quãt il ouit ainsi parler mau gis tant q̃ peu sen faillit quil ne cheut pasme a terre. Regnault dist maugis laissez vo stre douleur/car ie me suis dõne a dieu entieremẽt pour mettre mon ame a salut et men vueil aller oultre mer pour seruir dieu au saint sepulchre en hierusalẽ troys ou quatre ans/et se dieu me dõne la grace q̃ ie puisse la venir a le seruir mettray toute ma peine et puis võ9 retourneray veoir/et apres ce ie men iray en mon hermitaige et viuray cõme vne beste des racines des boys comme ie viuoye par auant que ie vinsse icy. Quãt re gnault ouyt ce il en fut mõlt doulent en son cueur et dist en ceste maniere. Beau cousin pour dieu prenez vng bon cheual et de largent car ien ay assez. Taisez vous dist mau gis ie nen prendray point/car quãt iauray du pain cest assez et mon esperãce est en dieu auquel ie prie q̃l me doint retourner sain et sauue. Apres ces parolles maugis pria re gnault q̃l sabregeast de luy faire ce q̃l auoit demande, laquelle chose fist regnault quãt il vit quil ne pouoit aultrement iouyr de luy. Quant ce vint le lendemain que maugis eut toutes ses besoignes il sapareilla et puis sen alla ouyr messe/et quant il eut oupe a loisir il print congie dung chascun et se mist a la voye. Regnault le conuoya iusques a la porte de la cite/puis le baisa tout en plourant et ses freres aussi et dame clere et tous ses enfans. Quãt ilz eurent tous baise maugis il les commãda a dieu et sen yssit hors de la ville et se mit en la voye son droit chemin/mais il neut gueres alle quil fut tout enuironne des gens du roy charlemaigne et lung disoit a laultre. Vecy lermite que no9 veismes hyer passet/mais il est mieulx vestu quil nestoit pas. Ce pourroit bien estre maugis le cousin de regnault q̃ nous a tãt de foys mocque. Certes ce dirẽt les aultres ceſt il frapement tuons le ⁊ nous ferons bien. Non ferons se dirent aulcuns ceſtuy cy a paſſe cent ans il ne peut q̃l ne ſoit preudomme il feroit peche q̃ luy feroit mal/ainſi q̃ ſes gens diſoiẽt ces parolles maugis eſcoutoit tout ⁊ ne ſonnoit mot/mais alloit touſiours ſon chemin au trauers de loſt ſans ce q̃ nul larreſtaſt. Atant laiſſe le cõpte a parler de maugis q̃ ſen alla oultre mer ⁊ retourne a parler de charlemaigne q̃ auoit aſſiege dordonne pource q̃ regnault ⁊ ſes freres eſtoient dedens.

¶ Cõment regnault voulut faire pendre le duc richard de normandie pource q̃l ne pouoit auoir paix au roy charlemaigne. Quant les douze pers de france ſceurẽt ce comment ilz vindrẽt a charlemaigne ⁊ le prierẽt de faire paix auecq̃s regnault pour auoir leur cõpaignon le duc de normandie a laquelle choſe charlemaigne reſpondit q̃l nen feroit riens de quoy ilz furent ſi marryz quilz le laiſſerent.   Chapitre. xxvij.

En ceſte partie dit le compte que charlemaigne eſtoit au ſiege de dordonne moult irẽ pource q̃l ne pouoit auoir richard de normandie. Si manda venir a luy tous ſes barons/⁊ quãt ilz furẽt tous arriues il leur diſt. Seigneurs ie voy bien q̃l me va meſchãmẽt/car regnault ne ma point enuoye richard de normandie. Il ma tãt fait de mal daultre couſte q̃l le me pourroit bien enuoyer tout quitte. Oncle diſt roland ie meſmerueille fort de ce q̃ vo⁹ dittes/biẽ no⁹ monſtres q̃ vo⁹ eſtes ſans cõſeil/p̃ la foy q̃ ie vo⁹ doy ie vo⁹ pmetz q̃ iamais ne verres richard ſe vo⁹ ne pdonnes voſtre maltalent a regnault ⁊ a ſes freres/p̃ pluſieurs foys il ceſt vers vo⁹ humilie a faire vr̃e voulente ⁊ vo⁹ ne luy voulez pdõner/ne vo⁹ eſmerueilles ſe regnault eſt deſpiteux/car ſe vous cõſideres bien la courtoiſie quil vo⁹ fit quant il vo⁹ tenoit a

sa voulente quil vous deliura de dedens môtaubã/ & la grant humilite quil vous fit
& fait tous les iours voꝰ ferlez enuers luy tout aultremêt/ mais puis q̃ regnault voit
quil ne peut vers vous mercy trouuer il ne veult plus perdre sa courtoysie/ mais voꝰ
fera du pis quil pourra faire/& bien en pouez clerement apperceuoir tous les iours lex
perience/ car il nous dômaige chascun iour & nous tient le meilleur cheualier q̃ vous
eussiez cest richard de normandie lequel ie cuyde q̃l soit mort. Nepueu dist le roy ie voꝰ
promets q̃ regnault ne la point mys a mort/mais le tient bien aise & a grãt hõneur. Si
te dist le duc naymes puis q̃ les parolles sont a ce venues il côuient q̃ ie dye ma voulen
te & ce que me semble estre vray. Sire se regnault vous fait dômaige voꝰ ne len pouez
point blasmer/car il voꝰ a tant de foys prie humblemêt q̃l vous pleust auoir mercy de
luy & iamais ne le voulustes ouyr/mais vous estes tousiours demôstre le plus orguil
leux roy du monde & le plus aygre & ne voulez croyre côseil/& vous dy q̃ se regnault na
fait mourir le duc richard de normandie q̃l a fait la plusgrant debonnairete que fit onc
ques homme/mais ie croy mieulx q̃l soit mort q̃ aultrement/ car nul ne scet nulles nou
uelles ou de sa mort ou de sa vie. Quãt charlemaigne ouyt ainsi parler le duc naymes
il cogneut bien quil disoit vray. Si cômenca a souspirer du parfond du cueur. A celles
parolles sauanca larceuesque turpin & ogier le danoys q̃ dirent en ceste maniere. Sire
sachez q̃ naymes vous dit la verite/regnault a biê rayson destre ire encôtre voꝰ. Quãt
charlemaigne ouyt ses barôs ainsi parler il fut bien esbahy/adonc appella le duc nay
mes/larceuesque turpin/ogier le danoys/& estou le filz oedon & leur dist. Seigneurs ie
vous prie q̃ vous alles a dordonne & dittes a regnault de par moy quil me rende le duc
richard de normandie/& quant il maura rendu quil me baille maugis & adoncques il
aura paix aquecques moy & luy rendray sa terre & tiendray ses deux enfans auecques
moy tout le temps de ma vie.

Hier sire dist le duc naymes vous nous y enuoyez pour neant/ car ie scay bi
en que maugis sen est alle passe troys ans/& se regnault le vous vouloit ly
urer sil ne scauroit il/car il ne scet ou il est. Naymes dist charlemaigne voꝰ
ourez ce que regnault vous dyra & scaurez ce q̃ richard de normandie fait.
Sire dist le duc naymes puis que ainsi est quil vous plaist que ie y aille il me plaist biê/
mais ie prie a nostre seigneur quil luy plaise que nous nous en retournons sains & sau
ues de noz personnes & sans estre deshonnorez. Quant les barons virent que charle
maigne vouloit quilz allassent a dordonne faire son messaige ilz nouserêt oncques cô
tredire. Si se mirent incôtinent p̃ la voye & ne cesserent iusques a tant quilz furent a
dordonne. Et chascun deulx portoit en sa main vne branche doliuier en signifiance de
paix. Quant ilz furent a la porte ilz la trouuerent ouuerte/car regnault les auoit veuz
de loing venir/parquoy il auoit cômande q̃ le guichet fust ouuert. Quãt les barons vi
rêt q̃ le guichet estoit ouuert ilz entrerêt dedês & sen allerêt au palays. Quãt regnault
sceut q̃lz estoiêt au palays il sassist sur vng lit & mist vng pied sur laultre/& iura dieu
& sa mere q̃ de riens ne prieroit charlemaigne/car trop luy auoit fait ô dômaige/& que
par charlemaigne il auoit perdu son bon cousin maugis & môtauban q̃ tant il aymoit
Le pendant vindrent les messagiers du roy charleaigne. Quant le duc naymes qui
estoit le premier vit regnault il le salua moult hônorablemêt en disant. Sire dieu soit
auec vous & vous gard de mort et de prison. Sire regnault le roy charlemaigne vous

mande par nous que vous luy rendes le duc richard de normandie/ et en oultre vous mande que se vous luy voulez rendre maugis de quoy il a si grant desir q̃ vous aures a luy paix et vous rendra toutes voz terres et tiendra voz deux enfans auec luy en sa court et les fera cheualiers tous deux de sa propre main.

Mes seigneurs dist regnault vous soyes les tresbien venuz comme les cheualiers du monde que ie doy plus aymer. Ie mesmerueille moult de charlemaigne qui cecy me mande/car chascun scet bien que ie nay point maugis mais lay perdu par luy/et pleust a cellui seigneur qui print cher humaine au ventre de la vierge marie que ie tenisse icy aussi bien charlemaigne entre mes mains comme ie tiens le duc richard de normandie/car sil ne me vouloit donner paix ie vous prometz quil me laisseroit sa teste en gaige/et adonc ie seroye venge de tous les oultrages quil ma fait depuis que ie suis cheualier. Seigneurs ie cuydoie que charlemaigne fust plus courtoys quil nest/se ieusse sceu quil fust si aigre sur moy ie me fusse bien venge de luy/mais mon repentir est trop tard. Ie vous prie que vous vo⁹ en allez et dittes a vostre roy q̃ ie nay point maugis mais lay pdu par luy/et daultre part se ie lauoye si ne sauroit il pas. Et pource q̃ iay perdu par luy maugis ie feray demain pendre richard de normandie sur celle porte lassus en despit de luy/et aultre respit naura il de moy/non obstant quil soit de mon lignaige. Et vous deffens que ne venez iamais plus ceans ne homme qui soit a charlemaigne/car ie vous prometz que tous ceulx qui y viendront ie leur feray trencher les testes/ puis que on est en folye on la doit maintenir. Quant ogier le danoys vit regnault si courrouce et quil respondoit si orguilleusement il sen esmerueilla moult/si se tyra vers regnault et luy dist. Beau cousin ie vous requiers que nous monstres le duc richard de normandie a celle fin que nous puissons dire au roy q̃ nous lauons veu. Ogier dist regnault ie vous entens bien/vous ne le verres iamais que ie ne laye fait pendre/et si charlemaigne en est doulent si sen face venger/ et pource allez vous en tost/car par la foy que ie doy a ma dame de mere se vous ne vous en allez ie vous dommaigeray du corps. Quãt les barons virent q̃ regnault estoit si courrouce ilz noserent plus la demourer/mais prindrẽt congẽ de luy et yssirent hors de la cite et sans faire longue demeure sen allerẽt en lost de charlemaigne qui les attẽdoit. Quãt il vit venir ses barons il leur dist. Seigneurs bien soyez venuz/quelles nouuelles maportes vous/auez vous point veu richard de normandie. Sire dist le bon duc naymes regnault vous mande q̃ tant quil pourra monter sur bayard vous naurez maugis/car il la perdu par vous/et pour vengence de ce il vous mande q̃l fera demain pendre richard sur la grant porte/et pareillement fera de tous voz gens q̃l pourra tenir/ et encores dist il plus q̃ sil vous tenoit cõme il tient le duc richard se ne luy donnies paix vous luy laries sa teste pour gaige. Quãt roland ouyt les parolles que le duc naymes auoit dittes a son oncle charlemaigne il dist. Sire ne vous desplaise mye de ce que ie vous diray. Il mest aduis que iamais ne verres le duc richard de normandie par vostre orgueil. No⁹ trouuons en la saincte escripture que dieu mauldit le fruit qui iamais nest meur/ainsi vous en aduiendra il qui ne vous voulez meurer ne condescendre a nulle paix enuers les quatre filz aymon qui tant de foys vous en ont prie et requis tant humblemẽt dont ie vous iure sur tous les sainctz que se le duc richard est pendu vous en perdres honneur toute vostre vie. Quant charlemaigne ouyt roland ainsi parler qui disoit que richard de normandie seroit pendu il en fut tant doulent quil rongeoit ses ongles par grant fureur/& sachez quil en fut si courrouce que sil eust eu vng baston il en eust bou lentiers frappe roland/mais quant il vit quil ne pouoit acomplir sa voulente il appella ses barons & leur dist. Seigneurs vous me cuydes espouenter par voz paroles. Je ne suis pas enfant pour ainsi abuser/& si vous iure sur ma foy que se regnault estoit si hardy de faire aucun mal au duc richard ie le pendroye ou ma main luy & tout son signaige que vng seul nen demoureroit.

Charlemaigne fut moult ire quāt il oupt dire q̄ regnault vouloit faire pendre le duc richard/mais quant ogier ouyt ainsi iurer charlemaigne quil seroit pendre tout le lignagne de regnault il ne se peut tenir de plourer. Lors dist a larceuesque turpin. Sire q̄ vous semble de nostre roy qui dist q̄ nous pendra tous par son orgueil/car tout ce quil fait ne luy pcede daultre chose/mais dieu me cōfonde se de son courroux ne me chault/car se regnault ne nous a menty il fera pendre le duc richard en tel lieu q̄ le roy se pourra bien veoir. Ce pendāt le duc naymes voyant le roy si courrouce sapproucha de luy & luy dist. Sire pour dieu entendes ce q̄ ie vo? vueil dire. Sachez q̄ nous sommes tous bien esbahys & nō sans cause de ce que vous no? menasses dune part & regnault daultre/& ie ne mesmerueille point de regnault/car il est si courrouce a cause q̄ vous luy aues fait perdre maugis q̄ nul ne se pourroit plus estre/& vous promets que par le grāt dueil quil en a il fera pendre le duc richard de normandie/& a vousmesmes trencheroit la teste sil vo? tenoit/& sil pend le duc richard que pouons nous mais dont si fort vous nous menasses/pourquoy ie conseille a tous mes cōpaignons qui sommes du parente de regnault que nous nous en allons & que nous vous laissons acheuer la guerre contre les quatre filz aymon. Par dieu dirent les aultres pere naymes dit tresbien.

Quant charlemaigne vit ses barons si courroucez il ne sceut q̄ faire/mais leur donna cōgie deulx retrayre iusques au lendemain & luy sen alla coucher/mais de toute la nuyt il ne peut dormir si non tourner parmy son lit sans nul repos/car il ne scauoit q̄ faire. Quāt ce vint le lendemain au matin le roy se leua & manda querir to? ses barōs/& quāt ilz furēt tous arriues il leur dist Seigneurs q̄ ferons nous de regnault qui veult pendre le duc richard de normandie deuant ses yeulx. Sire dist le duc naymes pour neant quiert conseil quil ne le veult tenir pourquoy nous demandes vous conseil veu que vous ne voules croyre sinon vostre teste/se vous voules croyre mon cōseil a ceste foys ie vous promets sur ma foy que tout bien vous viendra. Sire faictes paix a regnault & vo? aures le duc richard & si aures la bonne amour de tous voz hommes/car il nya cellup a q̄ ceste guerre nennoye/dont ilz ont forment rayson.

Naymes dist le roy ie nen feray rien/taysez vous de cela/car ce sera le dernier mot que ie diray en ma vie. Sire dist roland par ma foy vous aues tort/car se vous souffres pendre le bon duc richard de normandie qui tant vous a ayme & honnoure ce vous fera grant honte/& si vous iure sur to? les saintz que se ie le voy pendre a celle mesmes heure ie me partiray de vostre ost & de vostre seruice & si men iray si loing que iamais naures nouuelles de moy. Roland dist oliuier ne cuidez pas que ie demeure apres/car charlemaigne a tort de regnault nostre cousin. Moult fut dolent le roy douyt ces parolles et se tint tout quoy sans mot respondre. Sachez que lost fut tout esmeu a cause de la grant paour qilz auoient que regnault fist pendre le duc richard de normendie/car il estoit grandement ayme des gens de charlemaigne et aussi il estoit de grant parente.

En ce mesmes matin regnault estoit dedens dordone apres quil eut ouy messe il appella ses freres et leur dist. Mes freres il nous va tresmal de ce que nous ne pouons auoir paix a charlemaigne/et puis quil est ainsi par la foy que ie doy au viel aymon nostre pere ie le feray courrouce et marry, car ie suis bien seur que sil nous tenoit il nauroit nulle pitie de nous/et pource ie suis delibere de luy faire du pis que ie pourray, car deuant luy ie luy pendray le duc richard de normendie tout a present, car ie suis seur que charlemaigne en forcennera quant il le verra. Frere dist alard ie vous prie tant come ie puis que vous faciez ce que vous dictes/et moymesmes le pendray sil vous plaist. Frere dist regnault ie le veulx bien il fault faire les fourches dessus la grat tour du portal affin que charlemaigne et tous ceulx de lost le puissent veoir. A brief parler regnault fit faire les fourches en tel lieu que charlemaigne les pouoit si bien veoir que sil fust au pres. Et deuez scauoir que le premier que les apperceut ce fut roland qui se mist a crier tant qil peut. Sire sire regardez coment lon pend le duc richard a grat honte/ helas il a mal employe le seruice qil vous a fait vous luy rendez son guerdon et si demostrez bon exemple a tous cieulx que vous seruent. Helas se dist oliuier or sera pendu le bon duc a grat deshonneur/car ie voy les forches leuees. Taisez vous dist le roy ilz le font pour moy espouenter affin quilz ayent a moy paix/mais pource ne lauront ilz mye, et vous prometz qilz ne luy oseroit faire mal. Ainsi se reconfortoit charlemaigne cuydant que regnault ne fust si hardy de pendre le duc richard. Ce pendant oliuier qui auoit la chose au cueur regardat tousiours deuers la ville vit que lon dressoit leschelle si dist a roland. Ha roland mon amy vela leschelle toute dressee/helas mal a employe son seruice quil a tat fait a charlemaigne. Sire oliuier dist roland vous dictes vray/mais celluy dieu le secoure que deliura ionas du ventre du poisson.

Apres ce que leschelle fut dressee au fourches dessus le portal regnault appella dix de ses gens et leur dist. Galas allez moy querir le duc richard/car ie vueil quil soit pendu a present. Sire dirent les barons nous le ferons tres volentiers. Lors sen allerent en la chambre ou le duc richard estoit et le trouuerent qil se iouoit auecques ponnet le filz de regnault si le prirent et luy dirent. Sire venez auant car regnault a comande que soyez pendu incotinent. Quant le duc richard ouyt ainsi parler ses gens il les regarda de trauers et ne leur daigna respodre/mais dist. mon bel amy ponnet hastez vous de iouer car il est temps de manger. Quant les galans virent que le duc richart ne respondoit mot ilz le comeneret a prendre lung de ca et laustre de la en disant. Leuez sus duc richard car en despit de charlemaigne que tat vous ayme serez maintenant pendu. Quant le duc richard vit que ses gens le tenoiet par les bras il tenoit en sa main vne dame diuoyre de quoy il vouloit matter ponnet si en dona a vng des serges parmy le front si durement quil le getta a ses piedz/et puis print vng roc et en frappa vng aultre parmy la teste si durement quil la luy froissa toute et puis en frappa vng autre si grant coup du poing quil luy rompit le col et le tomba mort a terre. Quant les aultres virent leurs copaignons ainsi atournez ilz comenceret a fouyr. Quat le duc ri chard les vit fu pr il leur dist. Allez ribaulx dieu vous maudie iamais ne puissiez vo9 tourner. Quāt il eut ce fait il dist a ponnet q̄ estoit tout esbahy. Iouez bien mon enfant car vous serez matte. Ie croy q̄ ces truās estoiēt pures qui ainsi men vouloient mener mais mal leur en est prins. Quant ponnet loupt ainsi parler il ne luy ousa contredire quant il le vit si courrouce si ioua de son roc pour soy garder de matter mais il ne peut onq̄s. Quāt le duc richard eut matte ponnet il appella ung varlet q̄ estoit la & luy dist va prēdre ces villains q̄ sont la mors & les gette par les fenestres. Le varlet fit incōtinent son mandemēt car il ne sousa de riens cōtredire de la paour q̄l auoit qui ne luy fist cōme aux aultres lesquelz il auoit veu tuer en sa presence.

Lard estoit hors du chasteau attendāt le duc richard de normandie pour laler prēdre & vit cōmēt lon getta les mors p̄ les fenestres de la tour dōt il fut bien courrouce/ si sen alla a regnault & luy dist. Frere ie cognois q̄ le duc richard ne se veult laisser prendre & coustera bien chier auant quil soit prins veez cōment il a tue voz gens & comment il les a gettez par les fenestres. Frere dist regnault le duc richard est moult a doubter a prendre allons a laide de noz gēs ou aultrement ilz sont en danger. Tout ainsi cōment ilz vouloiēt aller vecy venir ses serges q̄l auoit enuoyez pour amener le duc richard. Et quāt ilz virent regnault il luy dirēt. Par dieu sire le duc richard ne sera point prins sans meslee car il en a mys a mort troys de noz cōpaignōs & quāt nous veismes ce nous no9 mismes en fuyte & le laissames iouāt auecq̄s vostre filz ponnet. Quant regnault oupt ce il en fut moult doulent si iura p̄ to9 les sainctz q̄ sil nauoit celluy iour paix auecques charlemaigne q̄ le duc richard seroit pendu quoy q̄l en deust aduenir. Quant il eut ce dit il sen vint vers la tour ou le duc richard estoit & ses freres sen allerēt auec luy/ car ilz ne le vouloient point laisser & menerent quarāte hōmes bien armez pour prēdre le duc richard si se vouloit deffendre/ quāt regnault fut a la porte de la tour il la fit ouurir & entra dedens. Quant il fut dedens il dist au duc richard. Vassal pourquoy auez vo9 tue mes gens. Cousin dist le duc richard escoutez moy sil vo9 plaist. Il est vray q̄lz vindrēt dix ribaulōs q̄ mirent la main a moy & dirēt q̄ vous leur auiez cōmande laq̄lle chose ie ne puoye croyre car se vous leussiez dit vo9 eussiez oultrageusemēt parle si les fis saillir de ceās a grāt haste & en occis ne scay cōbien car ie ne men peuz tenir & puis les fiz getter hors de ceans par les fenestres vo9 semble q̄ iaye mal fait si en prenez lamende sur moy. Ie vueil bien q̄ vo9 sachez q̄ ie ne vous eusse pas fait celle honte quāt ie vous eusse tenu cōme vo9 me tenez dōt se iay en riens mespris ie suis prest de lamender mais vo9 scauez biē q̄l nest pas rayson q̄ ung villain iuge ung tel hōme q̄ moy car il apptiēt a roy ou a duc ou a conte et cest la coustume bien le scauez donc q̄ se les villains sont cōpare q̄ de ce se sont meslez nul ne men doit blasmer. Par dieu richard dist regnault vo9 direz ce q̄ vo9 vouldrez mais se ie nay ma paix auiourduy ie vous pendray en tel lieu q̄ charlemaigne vous pourra bien veoir & si ne vo9 pourra donner aide ne secours. Quāt regnault eut ce dit il fist prēdre le duc richard & luy fist lyer les mains & luy dist. Richard ie vous iure sur ma foy q̄ se ie nay auiourduy ma paix a charlemaigne ie ne laisseray pour prescher q̄ vous faciez ne pour hōme du monde q̄ ie ne vo9 face mourir hōteusemēt. Par ma foy dist le duc richard ie nay point de paour q̄ vous faciez ce que vous dictes car vous ne louseriez faire tant que charlemaigne sera en vie. Quāt regnault oupt le duc richard ainsi parler il en fut moult ire et deuint tout noir de ire quil eut et luy dist. Par dieu or sçaurez vous q̃ ie sçay faire et se ie suis couard ou hardy. Lors le fit prendre et mener la ou les fourches estoient dressees et luy dist. Richard pensez de deux choses la meilleur ou q̃ faciez q̃ iaye paix ou q̃ vous abãdonnez charlemaigne pour moy aider car se lung des deux ne faictes sachez q̃ a p̃sent vous feray pendre et estrãgler et ne le lairray pource q̃stes de mon lignaige. Et se vous voulez estre de ma part incõtinent serez deliure, et puis apres feray grant dommaige a charlemaigne se vous me voulez aider de tout vostre pouoir.

Par dieu regnault dist le duc richard or vous ay ie ouy parler cõme enfant cuidez vous q̃ ie face ce q̃ voꝰ dictes par doubtãce de mort certes non, car le roy charlemaigne est mon souuerain seigneur et de luy tiẽs mon heritaige et sil a tort de moy pourtãt ne luy doy ie point faillir car se tort quil aura de moy il le trouuera au iour du iugemẽt, mais se vous voulez bien faire prestez moy vng messagier lequel ienuoiray deuers charlemaigne et a ses barons assauoir mon sil est delibere de moy laisser ainsi mourir honteusement. Par ma foy dist regnault vous parlez saigement. Lors il appella vng de ses gẽs et luy dist. Allez faire le messaige leq̃l vous dira richard de normandie. Mon amy dist ledit richard au messagier vous vous en irez a charlemaigne et luy dires de ma part q̃ ie luy supplye comme a mon souuerain seigneur q̃ se oncques il mayma quil pardonne son maltalent a regnault et si luy a riẽs meffait ie le prendray sur moy q̃l lamẽdera au dit des douze pers et sil ne le veult faire regarde par de ca et il me verra pendre honteusimẽt. Et daustre part tu diras a roland et a tous mes cõpaignons q̃ se oncques ilz maymeret ilz demonstrẽt a charlemaigne q̃l luy sera granthonte sil souffre q̃ ie meure ainsi honteusemẽt. Sire dist le messagier bien feray vostre message pot̃ nen doubtez. Apres ces choses dictes le messagier sortit hors de la et sen alla en lost de charlemaigne lequel il trouua en son pauillon bien pensif. Quant le messagier le vit il le salua reueramẽt en disant. Sire dieu vous sault et aussi la belle cõpagnie. Sachez q̃ le duc richard de normãdie se recomãde hũblemẽt a vostre bõne grace et vous supplie treshumblemẽt cõme a son souuerãy seigneur que se vous la mastes oncques q̃ a p̃sent luy mõstrez, car il en a biẽ mestier pource que se regnault na paix en ce iour auecques vous moy retourne voꝰ verrez pẽdre le duc richard de normãdie honteusement et veez la dessus le portal les fourches toutes prestes. Quãt le messagier eut ce dit il se tourna vers les douze pers, et premieremẽt a roland, et puis aux aultres et leur dist. Seigneurs le duc richart de normandie vous prie a tous en general se oncques laymastes que vous priez a charlemaigne quil face paix auec regnault ou aultrement il est mort sans nulle mercy. Quãt roland ouyt ce il parla au roy et luy dist. Sire pour dieu ie vous supplie ne souffrez mye que vous soyez blasme. Vous sçaues bien q̃ le duc richard est lung des bons cheualiers de tout le monde et celluy qui mieulx vous a seruy a voz affaires sans point faulcer. Pour dieu sire faites paix a regnault pour recouurer vng tel cheualier que le duc richard de normãdie, car grant honte sera a vous se le laissez ainsi mourir. Quãt le duc napmes, ogier, larceuesque turpi, estou le filz oedon, et oliuier de vienne ouyrent ainsi parler roland ilz commẽcerent a dire au roy. Par dieu sire se vous ne faictes paix a regnault pour recouurer nostre compaignõ le duc richard de normandie vous y perdrez moult, car en peu de temps vous verrez vostre terre destruyte deuant vous.

Quant charlemaigne vit q̃ ses pers estoient si fort esmeuz pour richard de de normandie et q̃lz succordoient tous a faire paix il en cuyda enrager. Lors iura par grant ire comme homme forcéne q̃ iamais regnault nauroit paix auecques luy sil ne luy dõnoit maugis pour en faire a sa voulente. Quant il eut ce dit il se tourna deuers les douze pers de france et leur dist. Mes amys nayez doubtance du duc richard car regnault se lairroit auant trayre lung des yeulx q̃l luy fist mal ne vilõnie. Sire dist larceuesque turpin il mest aduis q̃ vous estes trouble du sens car ia voyez vous q̃ richard est ia iuge a mort. Arceuesque dist charlemaigne voꝰ parlez folement ne scauez voꝰ pas bien q̃ le duc richard est du lignaige de regnault. Je vous prometz quil ne luy oseroit mal faire en nulle maniere. Par dieu sire dist oliuier vous nous auez bien payez de cela dire. Pourquoy ne feroit pendre regnault le duc richard. Je le cognoys bien de tant q̃ sil vous tenoit il vous pendroit vous mesmes et toꝰ ceulx de ceans. Sire oliuier dist le messagier ie vous iure sur ma foy que regnault ne cessa huy de prier le duc richard quil sourriast le roy charlemaigne et il luy saulueroit sa vie/mais le duc richard nen a rieus voulu faire mais dist de moult grosses parolles a regnault. Quant le messagier eut ce dit il dist au roy. Sire sil vous plaist, donnez moy congé et dictes moy quil vous plaist que ie die au duc richard de par voꝰ. Amy dist charlemaigne vous luy direz de part moy quil naye doubtãce de riens car regnault ne sera ia si hardy quil luy face mal. Quant le messagier qui estoit vng sage cheualier entẽdit charlemaigne il ne se peut tenir quil ne luy dist, Sire roy et empereur trop estes orguilleux ie vous prometz q̃ regnault prise bien peu vostre orgueil, et vous prometz q̃ alard attent mon retour et ne prendroit pas cent mille escuz quil ne pendist le duc richard luy mesmes. Quant il eut ce dit sans prendre cõge du roy il print son chemin vers dordõne Quant les douze pers virent q̃ le messager sen aloit et emportoit mauluaise reponce ilz en furent moult courroucez. He dieu dist ogier cõment diable le roy est dur qui ne veult ne paix ne cõcorde. Je suis seur q̃l fera pendre le duc richard par son orgueil. Ogier dist roland vous dictes vray mais sil en est pendu iamais dieu ne mait se iamais ie demeure auecques charlemaigne. Quãt il eut ce dit il fut moult ire. Si sen vint aux aultres pers et leur dist. Seigneurs q̃ ferons nous larons nous ainsi pendre le duc richard de normandie nostre cõpaignon lung des bons cheualiers du monde et le plus hardy q̃ par sa prouesse est la ou il est. Oncques de sa bouche ne saillit vne villaine parolle. Helas maintenant le verrons pendre a grãt honte. Certes se nous le souffrons noꝰ sommes ahontez toute nostre vie.

Roland cõme vng hõme desespe apres quil eut parle aux aultres pers sen vint au roy charlemaigne et luy dist. Sire par ma foy ie men voys dvostre seruice sans prendre cõge de vouꝰ et puis dit a ogier. Damps ogier q̃ ferez vous vous en viendrez vous auecques moy laissons ce diable icy, car il est tout assotte/pource q̃ luy auons tant obey et tant de foys prie et supplie il sen tient si orguilleux. Par mõ chief dist ogier roland vous dictes vray. Je ny demourray iamais en ma vie mais men iray auecques vous sil vous plaist et ne voꝰ laisseray pour hõme du monde/puis quil souffre q̃ vng si vaillant hõme cõme le duc richard de normandie soit pendu quil aymoit tant / bien le souffriroit il de nous cest vng hõme qui na en luy ne amour ne pitie. Quant oliuier de vienne entendit ces parolles il se leua sus et dist.

Seigneurs ie men vueil aller auec vous iay trop icy demouré, et moy aussi dist le duc
naymes et pareillement dist estou le filz oedon. Quant larceuesque turpin vit ce il getta
vng grant souspir et dist. Par ma foy sire roy il vous fait mauluais seruir car pour bon
seruice vous rendes mauluais guerdon comme bien en monstrez lexemple au duc richard de
normandie qui vous a si bien et loyaulment seruy, par quoy se ie y demeure plus que ie soye a
honte mys. Quant charlemaigne vit ses pers qui estoient si courroucez il leur dist. Sei-
gneurs nayez doubtance de rien car le duc richard naura ia mal. Sire dist le duc naymes
vous auez tort de ce dire, car fol ne croit tant quil a puine. Cuydez vous nous abuser par
voz paroles. Nous voyons les fourches leuees pour pendre nostre compaignon, pour
quoy ie vous diz que male mort me tue se ie demeure plus auec vous. Quant le duc nay-
mes eut ce dist il sen yssit hors du pauillon du roy et pareillement tous les aultres pers de
france auec luy et sen alla en sa tente laquelle il fit abatre incontinent. Quant ceulx de
lost de charlemaigne virent ce ilz en furent moult effrayez. Et deues scauoir quilz furent
si esmeuz en peu deure quil ne emoura en lost de charlemaigne vng seul baron ne cheua-
lier sinon les poures simples gentilz hommes et menues gens. Quant roland vit ce il se
mist en la voye auecques les aultres pers. Et saches que a celle heure fut appetisse lost de
charlemaigne de plus de quarante mille hommes.

Quant regnault qui estoit dessus le portail de dordonne vit venir si grant nombre
de gens ensemble si appella le messaigier quil vit arriuer a celle heure qui auoit
este vers charlemaigne et luy dist. Denes auant messagier dictes moy que
vous a dit charlemaigne. Sire dist le messagier saches que vous auez failly
a auoir paix car charlemaigne nen veult rien faire, mais vous mande par moy que vous
ne soyez si hardy sur les peulx de vostre teste de faire mal au duc richard. Quant il eut
ce dit il se retourna deuers le duc richard et luy dist. Sire duc or pouez vous cognoistre com-
ment charlemaigne vous ayme, sachez vrayement que vous naurez aide ne secours de luy
et pour lamour de vous roland et tous les aultres pers de france se sont soimesmes courrou-
cez a luy, et pouez bien cognoistre comment ilz en ont deffait leurs tentes, et suis seur que
la plusgrant partie de lost sen ira pour lamour de vous et ny demoutera que le conte ganel-
lon et son lignaige, car leurs tentes sont dressees et les aultres sont toutes abatues. Quant
regnault sceut que les francoys estoient courroucez a charlemaigne pour lamour du duc ri-
chard de normandie son couraige luy changea tout et se mist a plourer tendrement. Puis se
retourna deuers le duc richard et luy dist. Pour dieu mon cousin ie vous prie que vous me
pardonnez la grant vilonnie que ie vous ay faicte. Regnault dist richard ie ne vous
blasme pas, car ie scay bien que vous ne pouez mez, mais tout ce vous fait faire char-
lemaigne par sa cruaulte. Quant regnault eut crye mercy a richard de normandie il le
print et le deslya, et alard et guichard luy coururent aider qui furent moult ioyeulx de ce que
le duc richard estoit deliure, nonobstant que par auant estoient deliberez de le faire mou-
rir honteusement. Apres ce regnault luy dist. Cousin appuyez vous dessus ce mur et ver-
rons que charlemaigne vouldra faire. Sire dist richard de normandie vous dictes bien il
le fault veoir. Quant charlemaigne vit que ses barons sen alloient, il en fut si doulent quil
enrageoit tout vif, et tenoit vne dempe lance en sa main laquelle il se mist a ronger par
grant felonnie. Et quant son ire luy fut vng peu passee il appella vng cheualier auquel
il dist. Or tost montez a cheual et vous en allez apres roland et apres les aultres barons

ꝗ leur dictes de p moy quilz sen viennēt a moy parler par tel couuenant que ie feray ce
quilz vouldront/ɑ que ie pardonneray a regnault mon malltalēt si veulent retourner a
moy. Sire dist le cheualier benoiste soit leure ꝗ nostreseigneur vous a donne ceste vou
lente. Lors monta le cheualier a cheual moult hastiuemēt ɑ sen alla apres les pers de
frāce si roydemēt ꝗl sembloit ꝗ la terre deust fēdre soubz les piedz de son cheual. Quāt
regnault ꝗ estoit sur le portail de dordonne auec le duc richard de normādie apparceut
le cheualier ꝗ cheuauchoit si roydemēt il dist au duc richard. Cousin ie voy venir ung
cheualier moult prestemēt qui est yssu du pauillon de charlemaigne. Je croy quil va a
pres les douze pers de france pour eulx faire retourner. Nous aurōs huy paix sil plaist
a dieu. Sire dist le duc richard vous aurez huy paix maulgre tous ceulx qui la destour
nent. Je doy bien chierement aymer mes cōpaignons qui sont cause de moy garder de
mort villaine ɑ aussi de faire paix. Sachez ꝗ le cheualier cheuaucha si apremēt ꝗl ac-
ceut rolād ɑ tous les douze pers ɑ leur dist. Seigneurs le roy vous māde ꝗ vueillez re
tourner ɑ il pard͞onera a regnault son maltalēt pour lamour de vous/ pour dieu retour
nez tost/ car oncques puis ꝗ vous partistes de luy il ne fina de plourer. Naymes dist ro
land retournōs ie tiens la paix pour faicte ceste doloureuse guerre finera desormais ꝗ
a dure si longuemēt. Quant le duc naymes ouyt roland ainsi parler il en fut bien ioy-
eux. Si ioignit ses mains vers le ciel ɑ dist. Sire iesucrist benoist soyez vous de ce ꝗl
vous a pleu donner courage a nostre roy de faire finer ceste maleureuse guerre. Quāt
le duc naymes eut ce dit ilz se mirent tous a retourner vers charlemaigne. Quant re-
gnault apparceut que les pers tournoient arriere il dist au duc richard de normandie.
Cousin les barons sen retournent ie croy ꝗ la paix sera faicte/ huymais pourrōs yssir
de la mue. Or pourra bien dire roland que moy ɑ mes freres sommes a son commande
ment ɑ serons toute nostre vie.

Mult furent ioyeux les barons dune part ɑ daultre/ de ce ꝗ dieu auoit per
mis ꝗ la paix fust faicte. Quāt charlemaigne vit ses barons ꝗ reuenoient
il leur vint a lencontre ɑ leur dist. Par ma foy messeigneurs vous estes plais
de grant orgueil quāt vous faites faire la paix oultre ma voulente. Vous
scaues ꝗ tant hay regnault ꝗ pour riens ne le pourroye veoir ꝗ tousiours ne fusse cour
rouce a cause de son orgueil quil auoit si grāt. Et pource se vous voulez ꝗ ie face paix
auecques luy ie veulx ꝗl sen voise dela la mer pourement vestu tout a pie ɑ vueil ꝗl me
rende bayard ɑ ie tourneray a ses freres toutes leurs terres ɑ heritaiges. Pourtant se
ainsi le veult faire ie me acorde a la paix aultremēt non/ car ie pmetz a dieu ꝗ iamais
ny feray aultre chose/ ɑ pource regardez bien entre vous lequel fera le message. Sire dist
le duc naymes ie iray volētiers sil est vostre plaisir de my enuoyer. Naymes dist char
lemaigne il me plaist bien. Lors incōtinent le duc naymes sen alla a dordōne. Quāt re
gnault vit venir le duc naymes il le cogneut biē ɑ luy vint a lencōtre/ ɑ aussi le duc ri
chard ɑ tous les freres de regnault. Quāt le duc naymes vit les nobles barons venir
audeuant de luy il mist incontinēt le pied a terre/ ɑ puis les alla acoller moult doulce-
ment. Quant il les eut festoyez il dist. Regnault charlemaigne menuoye a vous ɑ vo-
māde salut. Dieu luy rende par sa grace dist regnault. Or ay ie ce que tant iay desire
long temps. Naymes auray ie poīt paix. Ouy dist le duc naymes par ceste maniere ꝗ
ie vous diray/ cest que vous vous en irez oultre mer pourement vestu querant vostre

die pour lamour de dieu, ſ laiſſes Bayard a charlemaigne ſ en ce faiſant vous aures paix ſ ſi rẽdra vos heritaiges a vos freres. Duc naymes diſt regnault vo⁹ ſoyes le tres bien venu ie vous promets que ie ſuis preſt de faire le cõmandement du roy, ſ ſil veult aultre choſe que ie face ien feray encores pl⁹, ſ ſuis biẽ content de partir demain ſi luy plaiſt. Or ſeray ie ſon truant ie ſcauray bien demãder du pain quant ien auray meſti er. Quant le duc naymes ſ le duc richard de normandie ouyrent regnault ainſi parler ils en furent moult lyes, pource quils veoyent que regnault obtẽperoit au vouloir de charlemaigne pour auoir paix.

Apres que regnault ſe fut accorde a ce q̃ le duc naymes luy auoit dit il ſen alla a ſon eſtable ſ print bayard ſ le bailla au duc naymes. Puis print la baniere ſ la miſt ſur la grãt tour en ſigne de paix. Quãt le roy vit la ba‐ niere de regnault il la mõſtra a roland. Ha dieu diſt roland cõme regnault eſt ſouffrãt ſ de noble nature quãt il a fait paix en ceſte maniere. Benoiſt ſoit ieſus q̃ luy a dõne voulente daler a pied dont ie ſe plains bien. Roland diſt ogier regnault eſt vng aignel plain dhumilite, ſ en luy eſt ce que en vng bõ cheualier doit eſtre. Ce pen dant vecy venir le duc naymes qui amenoit bayard en main ſ le pſenta au roy diſant Sire regnault eſt tout preſt de faire ce quaues cõmande, ſ ptyra demain ſil vos plaiſt. Bien diſt charlemaigne puis q̃ ainſi va. Or me dictes ou eſt le duc richard ie le veulx ſcauoir. Sire diſt le duc naymes ſaches q̃ le duc richad eſt en bõ poit ſ eſt demoure auec regnault, car il le veult cõuoyer quãt il ſen ira. Suches q̃ ce pendãt regnault fiſt moult grant chiere ſ mangea tout a ſon aiſe ſ puis diſt a ſes gẽs. Seigneurs ie vous prie ne ſoyes en mal ayſe de ce que ie men vois, car ceſte paix que iay faicte ie lay plus faicte pour vous que pour moy ie vous prie q̃ vous vous maintenes bien enſemble iuſques a ma venue. Quant il eut ce dit il ſen alla en ſa chãbre ſ ſe deſpouilla ſ veſtit dune ſar ge violette, puis chauſſa vng gros ſouliers ſãs chauſſes ſ ſe fiſt apporter vng gros bour don ferre pour pourter en ſa main. Et devres ſcauoir que le duc richard eſtoit touſiours auec luy auquel il recõmãdoit ſes freres ſa femme ſ ſes enfans ſ quil priaſt au roy q̃l luy pleuſt les auoir pour recõmandes. Quant il eut ce fait il ſen vint en la ſale vers la ducheſſe. Quant la dame vit regnault ſon mary ainſi atourne elle eut ſi grant dueil au cueur quelle cheut paſmee a terre comme morte. Quant regnault la vit il la courut releuer, ſ puis luy diſt. Dame pour dieu ne ſoyes ſi en mal ayſe, car ie reuiendray tan‐ toſt ſe dieu plaiſt. Mes freres demouront auec vous qui vo⁹ ſeruiront comme leur da me, ſ vous dis q̃ ie ſuis ſi ioyeux de la paix quil meſt aduis q̃ ie ſuis ia retourne. Ha dame mamye ie prie a dieu quil vous deffende de mort ſ dencombre. En ce diſant il la baiſa moult tendremẽt ſ ſi deſpartit. Quant la ducheſſe ſen vit aller elle en eut ſi grãt doleur au cueur q̃ de rechief cheut toute paſmee ſ demoura vne grãt piece q̃ toutes ſes damoyſelles cuidoiẽt quelle fut morte, puis apres elle ſe reuint ſ cõmenca a faire vng grant dueil, car elle ſe eſgratinoit le viſaige ſ derompoit ſes cheueulx. Quant elle eut demene vne grant piece ſon dueil elle cõmenca a dire. Sire regnault le nõpareil du mõ de a dieu ſoyes vous, car ie ſcay bien que iamais ne vous verray. Et quant elle eut dit ces parolles elle ſen alla en ſa chambre ſ print toutes ſes robes ſ les getta dedens le feu quant elle furẽt arſes elle print vne ſarge violette ainſi cõme auoit fait ſon mary ſ la veſtit ſ diſt que iamais nen veſtiroit daultre tant quelle veit ſon ſeigneur ſ mary.

Pres ce q̃ regnault eut prins cõge de sa femme il se mist a la voye et le duc richard z ses freres z ses gens auec luy le conuoyerẽt vne grant piece tous iours parlant que cestoit pitie a les ouyr. Et quant il eurent assez alle re gnault se tourna deuers eulx z leur dist. Seigneurs ie vo⁹ prie humblemẽt que vous vous en tournez, car tant q̃ ie seray auec vous ie ne pourray estre aise. Allez vous en au nom de dieu z recõfortes la duchesse qui ainsi pleure z vous mes freres ie la vous reco̅mande z mes enfans aussi. Sachez q̃ quãt regnault eut ce dist il ny eut ho̅ me q̃ peut prendre cõge de luy tant estoiẽt douloreux excepte alard q̃ luy dist. Mõ chier frere ie vous prie humblemẽt que pensez de brief retourner, car il me fait si grant mal de vostre departie q̃ peu sen fault q̃ ie ne meurs z vo⁹ dy pour vray q̃ ie ne bougeray de ce val q̃ vous ne soyez retourne. Quãt alard eut ce dist il acolla son frere z print conge de luy menãt grant dueil, puis le duc richad de normandie pareillement auq̃l regnault dist. Mon cousin ie vous reco̅mande mes freres ma femme z mes enfans, car ilz sont de vostre sang bien le scauez. Regnault dist le duc richard ie vous pmetz z iure comme cheualier q̃ ie leur aideray enuers tous z cõtre tous excepte le roy, z deulx ne vous son ciez car ilz nauront faulte de riẽs. Or a p̃sent laisse le cõpte a parler de regnault q̃ sen va oultre mer en lestat q̃ ouy auez. Et retourne a parler de ses freres comment ilz vin drent parler au roy charlemaigne auecques le duc richard de normandie.

Comment apres ce que regnault se fut party de dordone pour faire son voyage oul tre mer pourement habitue en guise de pellerin querant son pain pour dieu z que le duc naymes eut mene bayard au roy charlemaigne richard de normandie mena alard ri chard z richard z les presenta au roy charlemaigne lesquelz il receut moult honourable ment z par grant amour. Puis apres fist leuer son siege z se partit pour aller a paris z quant il fut en la cite du siege sur le pont de meuse il fist getter bayard dedens vne pier re au col. Mais lon dist q̃ bayard eschappa z quil est encores en vie en la forest de dar dayne. Chapitre. xxiij.

En ceste partie dist le compte que quant regnault se fut mys en la voye cõ me ouy auez richard de normandie z ses freres sen retournerent a dordon ne la ou ilz trouuerent dame clere la duchesse qui demenoit moult grant dueil. Et quant ilz furent la arriuez le duc richard print la duchesse par la main z la cõmenca a reconforter z tant luy dist de belles parolles que la duchesse laissa vng peu son dueil. Apres le duc richard dist aulx freres de regnault par ceste manie re. Seigneurs allez vous appareiller si nous en irons a charlemaigne. Sire dirẽt les troys freres allons y quant il vous plaira. Et lors sen allerent vestir des plus beaulx abillemẽs quilz eussent. Et vous prometz que cestoiẽt troys beaulx cheualiers. Apres ce quilz furent appareillez ilz monterent chascun sur vng palefroy de hault pris moult beaulx sans nulles armes. Et pour faire brief il sen yssirent de dordonne et sen alle rent au pauillon du roy charlemaigne. Et quant le roy les vist il en fut moult ioyeux et commanda a tous ses barons quilz allassent a lencontre. He dieu dist roland or sen viennent les troys freres moult douleux, certes il ont bien droit, car ilz ont perdu leur aide secours z esperance. Or voy ie que le duc richard les amaine qui est de leur parẽte.

Uous deuez scauoir que les troys freres de regnault arriuerent au pauillon de charle maigne moult honnestement abillez et quant ilz furent deuant le roy ilz sagenoillerent a ses piedz moult humblement et alard parla le premier et dist. Sire roy regnault nostre frere se recommande humblement a Vostre bonne grace/ et Vous salue comme son souuerain roy et Vous enuoye le duc richard de normandie lequel Vecy et Vous supplie que Vous nous ayez pour recommandez car il sen est alle oultre mer pour acomplir Vostre commandement. Amy dist le roy Vous soyez les tresbien Venuz. Puis quil plaist a nostre seigneur que nous soyons amys sachez que ie Vous feray des biens et des honeurs comme il appartient a telz cheualiers que Vous estes/ et se dieu Veult que regnault Vostre frere puisse retourner ie lauray aussi chier comme iay roland mon nepueu/ car il est emply de grant Valeur. Sire dist richard dieu le ramaine. Quant le roy eut parle aux freres de regnault il sen Vint au duc richard de normandie et le baisa plus de dix foys. Quant il eut assez festoye il luy dist. Duc richard ie Vous prie que Vous me dictes quelles prisons Vous donna regnault ne quelles Viandes a menger. Sire dist le duc richard de normandie. Par ma foy ne par celle que ie Vous doiz ie eu meilleur prison et fus plus aise que iamais fut cheualier car iestoye seruy comme regnault et bien souuent mieulx et Vous prometz que la noble duchesse dame clere me faisoit tresbone chiere et bonne compaignie auecques ses deux beaulx enfans cest aymonnet et yonnet lesquelz sont moult courtoys. Et pourtant sire ie Vous supplie treshumblement se onques me aymastes q Vous faciez honneur a alard et aussi a tous ses bons freres sil Vous plaist/ car ilz mont fait moult de riches dons/ et sil Vous plaist Vous aurez pour recommande la duchesse et ses enfans/ car cest la plus humble dame du monde et la plus saige. Richard dist le roy charlemaigne sachez que ie ne seut fauldray tant que lauray vie au corps/ż quant les enfans de regnault serōt en eage destre chevaliers ie les feray chevaliers de ma main en moult grant honneur se dieu me donne vie ż leur dōneray assez terres ż heritaiges pour bien vivre.

Sire dist le duc richard grant mercy ż dieu le vous rende. Et quāt ilz eurēt assez devise des choses dessusdictes le roy charlemaigne cōmanda q̄ chascun deslogeast ż incontinent son commandement fut acomply. Quant le roy charlemaigne vit quil estoit temps de deslogier il monta a cheval ż se mist en la voye devers le siege/ż quant il fut la il se logea dessus le pont de meuse/ ż au matin charlemaigne fist amener bayard le bon cheval du vaillant regnault ż quant il le vit il commenca a dire. Ha bayard bayard tu mas maintesfoys courrouce/ mais ie suis venu au point la dieu mercy pour moy venger. Je prometz a dieu que ie te vendra chier la felonnie ż le tourment que iay eu maintesfoys pour toy. Et quant le roy eut ce dist il fist prendre bayard ż luy fist lyer vne grāt pierre au coul ż le fist getter du pont a bas dedēs la riuiere de meuse. Et quāt bayard fust tombe en leaue il sen alla au fond. Quant le roy vit ce il en eut moult grant ioye ż dist. Ha bayard or ay ie ce que ie demandoye vous estes mort se vous ne pouez toute la riuiere boyre. Et quant les francoys virent la grant cruaulte de charlemaigne de soy venger dune povre beste ilz en furēt mal contens. Et adonc parla larceuesque turpin ż dist. Ogier danemarche que vous semble il du roy charlemaigne. Il a bien monstre a ceste foys vne partie de sa felonnie. Sire dist ogier vo°dictes vray trop a fait grant folye davoir fait mourir vne telle beste comme ce cheual estoit. Sire dist oliuier a roland. Certes charlemaigne vostre oncle est tout assoty. Vous dictes vray dist roland ie le congnoys bien. A dire vray il ny eut aulcun des douze pers de france qui ne plourast pour lamour de bayard/ mais qui en fust doulent charlemaigne en estoit moult ioyeulx.

Vous devez scauoir que apres q̄ bayard fut gette dedens la riuiere de meuse il alla au fond comme ouy auez lequel ne pouoit venir sus a cause de la grant meule de moulin que lon luy auoit pendu au col qui estoit fort pesante. Quāt bayard vit quil ne pouoit aultrement eschapper il frappa tant des piedz sur la dicte pierre quil la froissa toute ż reuint dessus. Et quāt il fut sur leaue il se mist a nouer ż passa delautre part de la riuiere. Et quāt il fut sur la riue il se escoupt pour faire cheoir leaue ż se mist a hygner moult haultement/ et puys se mist a courir si roydement qui sembloit que la fouldre le chassast ż entra dedens dardayne la grant forest. Et quāt charlemaigne vit que bayard estoit eschappe il en eut si grant dueil q̄ peu sen faillit quil ne perdist le sens mais tous les barons en furent bien ioyeulx. Ainsi eschappa bayard des mains du roy charlemaigne comme ouy auez. Et saches en verite que les gens dient en cellui pays que bayard est encores en vie dedens le boys de dardayne/ mais quant il voit homme ne femme il fuyt si que nul ne le peut approuchier. Apres toutes ces choses charlemaigne ainsi courrouce comme il estoit se partit de dessus meuse ż sen alla en la chappelle qui estoit illec pres ż appella tous ses barons ż leur donna congie deulx en aller chascun en sa maison dont ilz furēt moult ioyeulx/ car ilz estoient moult desirans de aller veoir leur pays ż aussi leur femmes ż enfans. Mais atant laisse le compte a parler de charlemaigne ż de ses barons ż retourne a parler du noble regnault qui est en son voyage pour aller oultre mer.

Or dit le compte que apres ce que regnault fut party de bordoue pour aller oultre mer il alla tant par ses iournees quil arriua a constantinoble & se logea sur vne femme de saincte vie laqlle le receut au mieulx qlle peut & luy donna a menger de ce q dieu luy auoit donc/ puis luy laua les piedz come aux aultres pellerins auoit acoustume. Quant la bonne femme eut ce fait elle print regnault par la main & le mena en sa chambre & luy dist. Bon homme vous coucherez icy car en non aultre chambre ne pourriez dormir car il y a vng pellerin q est bien malade. Dame dist regnault ie vo? prie q me vueillez monstrer le pellerin qui est ceans q est si fort malade. Doulentiers dist la dame puis qil vous plaist car ie vous pmetz quil y a grant pitie en luy. Lors elle print regnault par la main & le mena la ou estoit le pellerin q estoit au lit couche. Quant regnault le vit il cogneu bien que cestoit son bon cousin maugis dont il fut moult ioyeulx si commenca a luy dire. Amy comment va a vostre personne. Et quant maugis ouyt regnault ainsi parler il tressaillit hors du lit comme si iamais neust eu mal & acolla regnault plus de cent fops & puys luy dist. Comment vous va il & quelle aduenture vous a icy amene en ce poure habit dictes le moy sil vous plaist & se vous aues eu paix ou roy charlemaigne. Cousin ouy par telle maniere que ie vous diray. Et lors luy compta toute la maniere comme dessus ouy auez & tout le traictie quil auoit eu au roy charlemaigne sans en laisser vne seule parolle. Quant maugis entendit les paroles de regnault il en fut bien ioyeulx si en loua le benoist saulueur iesucrist & puis acolla regnault de rechief & luy dist. Cousin ie suis gueriz pour les bonnes nouuelles que vo? mauez dictes/ & pource suis delibere q no?nous en yrons ensemble et ne vous souciez car nous ne mourrons point de faim car ie suis maistre de pain querre. Et moy aussi dist regnault seulement que iaye faim. Quant la bonne dame vit que les pellerins se firent si grant feste elle se pensa bien quil ne pouuoit estre quilz ne fussent de grant lignaige & quil auoyent eu quelque grant affaire si leur dist. Beaux seigneurs ie voy bien que vous vous entrecognoisses ie vous prie que vous me dictes qui vous estes & dont vo? venez. Dame dist maugis puis que vous voules scauoir nostre estre ie le vous diray tresuolentiers. Sachez dame que nous sommes deux poures gentilz hommes qui sommes banniz de france si nous conuient aller en tel habit que vo? nous voyez oultre la mer & sommes cousins germains & serons nostre voyage ensemb'e si plaist a nostre seigneur. Quant la dame entendit ce elle en eut moult grant ioye. Lors fist venir des viures a grant plante. Et maugis qui si long temps auoit quil nauoit beu de vin il en beut cellup soir pour lamour de regnault. A brief parler nul ne pourroit penser ne dire la grant feste que les deux cousins se firent lung a laultre. Et quant le iour fut venu regnault & maugis se leuerent & prindrent congie de la bonne dame & se mirent en la voye. Sachez que tant allerent les deux poures pellerins par leur iournees quilz arriuerent a vne lieue pres de la cite de hierusalem tant quilz pouoient bien veoir le temple a la tour de. Dauid & la plus part de la cite de hierusalem. Quant regnault & maugis virent ce ilz en furent moult ioyeulx & en rendirent graces a nostre seigneur de ce qil luy auoit pleu quilz estoient venuz iusques a la saincte cite de hierusalem. Quant ilz eurent fait leurs prieres ilz se mirent en la voye pour aller dedens hierusalem mais ilz neurent gueres alle qlz apparceurent vng grant ost entour la cite tout droyt deuant la tour de dauid la ou il auoit mains pauillons ⁊ tentes de crestiens qui la estoient pour desconfire ladmiral de perse qui par force tenoit hierusalem.

Quant regnault vit lost qui estoit deuant la cite de hierusalem il sarresta ⁊ dist a son cousin maugis. Cousin q̄ vous semble q̄lz gens sont ce en grāt ost q̄ est deuant hierusalem. Sont ilz sarrazins ou crestiēs q̄ en dictes vo⁹ Seurement dist maugis ie nen scay riē ⁊ ie suis fort esmerueille q̄ ce peut estre. Ainsi q̄ regnault ⁊ maugis parloient il arriua vng viel hōme monte sur vng cheual qui venoit de lost. Quāt regnault le vit il luy vint au deuāt ⁊ luy dist. Dieu vous sault bon hōme dictes moy si vous plaist q̄lz gens se sont qui sont deuant la sainte cite sont ce crestiens ou sarrazins. Pellerins dist le bon hōme ce sont crestiens q̄ ont assiege hierusalem ⁊ ne le peulent prendre, mais vo⁹ y pouez aller sans doubtāce. Or me dites dist regnault q̄ est dedens hierusalem. Sachez dist le bon hōme q̄ cest ladmiral de perse q̄ la prinse par trahyson. Et cōment la il prinse par trahyson dist regnault. vous deuez scauoir dist le bon hōme q̄ ladmiral se vestit en habit de pellerin ⁊ moult daultres gens auec luy ⁊ entrerēt dedans hierusalem lung apres laultre ⁊ quant ilz furēt tous dedās ilz sonnerēt vng cor moult haultement ⁊ mirent les mains aux espees ⁊ se combatirēt moult asprement si quilz furent maistre de la cite auāt q̄ le roy thomas fust arme ne ses gens lequel sest saulue auec ce peu de gens qui luy sont demourez ⁊ le pays sest incontinent esmeu entant q̄ les persans sont estroitement assiegez dedans la cite ⁊ espere lon a layde de dieu q̄ auāt long tēps la cite sera reprinse. Or me dictes dist regnault ceulx de dedens la cite yssent ilz souuent dehors sur les crestiēs. Ouy dist le bon homme, car ilz sont moult grans gens ⁊ la chose qui plus nous griefue si est q̄ noz gens nont point de seigneur ne de chief, ⁊ vous scauez q̄ gens qui nont point de seigneur ne de chief ne peulent faire chose qui gueres vaille. Quant regnault ouyt ces parolles il cōmenca a sourire ⁊ puis dist. Ha dieu bon hōme nous y allons pour veoir q̄l en aduiēdra. Quant il eut ce dist il se mist en la voye luy ⁊ son cousin maugis ⁊ ne cesserēt iusques a ce quilz furent dedens lost. Quant ilz furent dedens lost, chascun regardoit regnault qui estoit vng si beau pellerin, ⁊ regnault regardoit ca ⁊ la ⁊ ne scauoit ou se mettre, puis dist a maugis. Mon cousin il nous conuient trouuer maniere dauoir vng peu de foillaige pour faire vng peu de loge illec a ce coing de mur. Quāt regnault eut ce dit maugis ne cessa iusques a ce quil eust fait vne petite loge. Ce pendant quilz acheuoient leur loge ladmiral de perse sortit hors de hierusalem a bien trops mille combatans ⁊ se bouta en lost par deuers saint estienne. Quant le bon cōte de rames ⁊ galerand de sagette ⁊ geofroy de nazareth virent ce il coururent aux armes ie vous diz q̄ le conte de iaffes fut plustost arme que les aultres ⁊ incōtinent sen courut sur les turcz ⁊ cōmenca a crier iaffez tant cōme il peut, ⁊ cōmenca a moult dommager les persans, car il estoit moult vaillant hōme. Quāt tous ceulx de lost furent armez alors cōmenca vne bataille dure ⁊ moult cruelle dune part ⁊ daultre. Et atant vint le conte de rames monte sur vng destrier lequel frappa en plus grant presse des sarrazins ⁊ les commēca moult fort a abatre ainsi comme loups les brebis. A brief parler la meslee fut moult grande et mortelle car il y eut maintes lances froissees mains aubertz derompuz ⁊ dune part et daultre mains hōmes abatuz. Et deuez scauoir q̄ geofroy de nazareth y faisoit grāt abatemēt de turcz ⁊ de persans car cellui quil attaignoit dung coup nauoit loisir de plus viure ń homme ne losoit attendre/mais fuyoit chascun deuant luy qui pouoit. Quant ladmiral vit ce il dist a soymesmes quil ne se prisoit riés sil ne se vengoit de geoffroy de nazareth qui luy auoit fait si grant ennuy.

Admiral de perse eut moult le cueur doulent de ce ql veoit q geoffroy faisoit a ses gés. Lors print vne lance en son poing & alla cōtre geoffroy. Quant geoffroy vit ce il courut sur luy moult aspremēt & se dōnerēt si grās coupz contre leurs escuz que leurs lances volerent en pieces/& des cours des cheuaulx ilz se rencōtrerent tellement & se dōnerēt si grans coupz ql cōuint a ladmiral tōber par terre/mais geoffroy de nazareth demoura a ses arcons. Quāt ladmiral se vit par terre il en fut moult doulent/si se dressa prestement & mist la main a son espee & fist grant semblant de soy deffendre. Quant geoffroy de nazareth vit ce il se trouua deuers ladmiral & le frappa si grāt coup de son espee sur son heaulme ql lestonna tout. Quant il eut frappe il vit quil ne faisoit semblant d'soy deffendre si se baissa & le print par son heaulme & len voulut mener. Quant ladmiral vit quil estoit prins il crya perse moult haultemēt/ tant crya q ses gens louyrēt si coururēt celle part & le desliurerēt des mains de geoffroy d'nazareth & le monterēt sur vng cheual & lemmenerēt. Quāt regnault vit q labataille estoit si cruelle il dist a maugis. Helas cousin se ieusse mes armes ie alasse voulentiers secourir noz gens/ car cest la chose en cestup monde q plus iay desire q porter armes en la terre saincte cōtre les sarrazins. Lors luy dist maugis vous aues tort de ce dire/ vous scauez q nous auons eu tant de trauail en nostre pellerinaige quil est temps de nous reposer/ & daultre part la guerre ne finera pas si tost q vo°ne vous puissiez monstrer en armes deuāt la saincte cite/ pourquoy ie vous prie q vous vous reposez pour ennupt & demain nous no°cōbatrons/ car iay deslibere q tant q serons ensemble ie ne seray hermite/ mais vous apderay de tout mon pouoir/ mais vne chose vous diz q tant que ie viuray ie ne feray enchantement/ car ie lay voue a dieu & a tous les sainctz auquel ie prie ql me doint couraige de non iamais faire aultrement. Cousin ie vous diz q ie vo°ayme si parfaitemēt q se ie deuoye estre dāne si sortirayeie hors de mon hermitaige pour vous venir secourir quant vous en auriez mestier. Cousin dist regnault ic/ vous remercye humblemēt ie cognoy bien q vous dictes vray q nous auons bien mestier de reposer/ mais ie ne me puis tenir daller en bataille en nulle guise. Helas q nay ie bayard & flamberge ma bōne espee car ie feroye auiourdhuy chose dont dieu me scauroit bon gre. Moult fet en mal ayse regnault d' ce ql nauoit armes ne cheual pour apder aux crestiens. Ce pendant q regnault & maugis parloiēt ensemble le cōte de rames & geoffroy de nazareth & le cōte de iaffes firēt moult grāt murtre de turcz & de psans. Quāt ladmiral ouyt ce il en fut moult doulent/ si fist incontinent sonner retraicte pour soy retourner deuers la cite de hierusalem/ car il ne pouoit plus surporter le grant dōmaige q les crestiens luy faisoyent & a ses gens.

Quant les crestiēs virēt q les sarrazins estoient desconfitz il les chasserent moult rudemēt & en tuerēt tant q nul nen scauoit le nōbre. Quāt le cōte de iaffes q estoit moult vaillāt cheualier vit ce il sen alla au portail sait estiēne & se tint illec. Quāt les turcz venoiēt pour eulx sauluer dedens hierusalem le cōte de iaffes leur venoit audeuāt & leur tranchoit le pas & gardoit dentrer dedens la cite tant q la en mourut grāt nōbre. Quāt ladmiral vit ce il en fut moult dou

t

lent, si se destourna son chemin deuers la porte fore, & aduint que en ce chemin passerent les turcz deuant la loge de regnault, & pour la force de la foulle des cheuaulx ilz mirent la loge par terre, dont le vaillant regnault fut moult doulent. Lors regnault regarda entour soy & ne trouua aultre chose pour combatre fors q̃ vne fourche q̃ soustenoit leur loge q̃ estoit grande & grosse, il la print a deux mains & mõta sur vng mur q̃ estoit sur le chemin, & ainsi q̃ les turcz passoient les brides aualees, regnault les abatoit atout ceste fourche deux a deux comme pourceaux. Et a dire verite regnault de dessus ce mur tua des sarrazins atout son grant boys ainsi q̃lz passoient cestuy tour plus de cent. Quãt maugis vit que regnault faisoit si bien il print son bordon & vint sur le mur de coste luy & cõmenca a frapper a ses deux mains si grãs coupz q̃ ceulx q̃l attaignoit il gettoit mors a terre, ainsi q̃ regnault & maugis faisoient ces armes il arriua le conte de rames & geoffroy de nazareth q̃ supuoient les sarrazins a toute diligẽce si virent la grãt quãtite des mors lesquelz regnault & maugis auoient tuez sur le chemin par leur prouesse en tant q̃ a peine on pouoit passer par icelluy chemin q̃ par dessus les mors, dont les sarrazins furẽt moult esbahiz. Lors le cõte de rames mõstra a geoffroy d' nazareth le grãt murtre q̃ les deux pellerins auoient fait sur le chemin. Et mõstroit cõment celluy qui tenoit le grãt leuier estoit moult grãt hõme et moult vaillant, & l'aultre q̃ portoit le bourdon pareillemẽt. Regardez cõment le chemin est couuert de ces mauldictes gẽs, ie croy q̃ ces deux sont cõpaignons. He dieu dist geoffroy ie me smerueille moult quelz gens ce sont, dieu les noº a enuoyez pour nostre sauluement, ou ie cupde quilz sont fols veu q̃lz sont tous desarmez & ne craignent point la mort. Sire dist le cõte de rames quoy quil en soit ilz sont vaillans gens nostreseigneur par sa pitie les garde de mal, ilz ont bien greue noz ennemys ie ne seray iamais aise iusques a ce q̃ iauray parle a eulx pour scauoir quelz gens ce sont & dont ilz viennent.

BIen fut grãde la chasse q̃ le biel conte de rames & galerand, geoffroy d' nazareth & le cõte de iaffes firent aux turcz & persans, moult grande occisiõ en firẽt auant q̃l fussent retraiz dedẽs hierusalem, car ilz ne greprent onc ques la chasse iusques a ce q̃lz furẽt dedens la porte fore. Quant regnault vit q̃ les sarrazins furent tous passez il leur getta son leuier apres, car il ne leur scauoit aultre chose q̃ faire, puis il se rauisa & descendit au bas du mur & dist q̃l ne le vouloit mye perdre, car il en feroit sa loge q̃ estoit abatue. Il le reprint & sen retourna luy & maugis pour refaire leur loge. Ce pendant le conte de rames sen tourna pour les trouuer pour parler a eulx si les trouua quilz faisoient leur loge. Lors les cõmenca a regarder sans leur sonner mot. Quant il vit q̃lz estoient si grans & si bien taillez principalement regnault q̃ ny failloit riẽs lors il descendit a terre & les print par les mains & les fist asseoir de coste luy. Quãt ilz furẽt assis le cõte dist a regnault, mon amy ie vous prie q̃ vous me dities verite de ce q̃ ie vous demanderay, & par la foy que vºdeuez au temple que vºvenez adorer. C'est que vºme dictes vostre nom & q̃ vºestes ne de quelle terre, & pourquoy vous estes si poureuẽt abillez. Sire dist regnault puis quil vous plaist de scauoir mõ estre & mon nom ie le vous diray tresuolentiers. Sachez q̃ iay nom regnault de mõtauban dont charlemaigne ma degette a tresgrant tort. Le duc aymon de bordõne est mon pere, ie suis venu en la terre saincte pour seruir nostreseigneur cõtre ses ennemys car ainsi le ma commande lempereur charlemaigne mon souuerain seigneur quant ie feiz

paix a luy, et qui pis est il ma este force de y benir en ce poure abit comme vo9 me voyez
querant mon pain a laquelle chose nay voulu aller au côtraire pour auoir paix.

Quant le côte de rames ouyt regnault il en fut moult ioyeux si se dressa en
piedz et ioingnit les mains vers le ciel et dist. He noble cheualier regnault
de môtauban le meilleur cheualier du monde tenez mon homaige car ie me
donne a vous et mes biês. Quât regnault dit ce il dist au côte de rames, le-
uez vous sus, car vous me faictes oultrage. Par dieu dist le côte iamais ie ne me leue
ray q̃ ne me ayez dôné vng don. Sire dist regnault ie le vous donne voulentiers et de bon
cueur. Grant mercy dist le côte. Lors se leua et dist regnault. Est il vray q̃ vous auez
paix au grant roy charlemaigne. Helas ou sont voz freres les vaillans cheualiers, et
maugis vostre bon cousin ou vo9 auiez si grant fiance et vostre bon cheual bayard. Si-
re dist regnault sachez q̃ iay eu paix a charlemaigne de la guerre q̃ a si lôguemêt dure
par telle maniere cõme ie vo9 diray. Cest q̃ ie deuoye venir par deca la mer en tel abit
cõme vous me voyez. Et vecy maugis mon cousin q̃ est venu de son bon gre nõ mye cõ-
me contrainct, car le roy charlemaigne cuyde quil soit mort passe a long temps, et mes
freres sont demourez auec ma fême et mes enfans, et leur a le roy retourne nostre heri-
taige. Quant le conte ouyt du tout la verite il en fut moult ioyeux, si cômêca a crier a
haulte voix. Ha côte regnault de môtauban vous soyez le tresbien venu cõme le plus
vaillant cheualier du monde, loue soit nostreseigneur q̃ vo9 a côduyt par deca. Ie vo9
prie pour dieu q̃ vous receuez mon homaige si sauuerez lonneur du roy thomas q̃ est pri-
sonnier la dedens a ces felons mescreans, lequel ilz ont prins depuis q̃ sommes icy de-
uant. Car se vous estes nostre côducteur ie nay nulle doubte q̃ en brief nayons hie-
rusalem et le roy thomas deliure des mains des turcz.

Ilec arriuerêt tous les barôs de surie q̃ furêt moult ioyeux de la venue de
regnault de môtauban ausq̃lz firêt grant acueil et fort bône chiere. Et a
brief parler ilz luy prierent tous quil fust leur seigneur et guide cõme auoit
fait le côte de rames. Quant regnault vit q̃ tous les barôs de surie le pri-
oyent tant de receuoir leurs homaiges il leur dist. Seigneurs puis quil vous plaist de
moy faire cest hôneur et q̃ ie preigne voz homaiges ie les prens saulue lhonneur du roy
thomas qui est vostre roy et souuerain seigneur. Sire dirent les barôs no9 le voulons
ainsi. Et lors receut les homaiges. Quant il les eut receuz le conte de rames sagenoil-
la deuant luy et luy dist. Sire ie veueil q̃ me donnez le don q̃ mauez ottroye. Sire dist re-
gnault dictes ce quil vous plaira car vous laurez. Sire dist le conte cest q̃ vous venez
loger en mon pauillon, et q̃ vous ne pendrez rien daultruy fors q̃ du myen, et se vo9 vou-
lez riens dôner ie vo9 feray deliurer tout ce q̃ vous demanderez, et si vous dôray trois
de mes cheualiers pour vo9 faire côpagnie, lesquelz vous seruirõt de tout leur pouoir.
Sire côte de rames dist regnault grât mercy de lhôneur q̃ vo9 me faictes de moy faire
ces beaulx dons car ilz ne sont mye a refuser. Quant le côte de rames eu ce dit il print
regnault par la main et le mena en son pauillon cõme son souuerain seigneur. Et quât
tous les barons eurent côuoye regnault iusques au pauillon du côte de rames ilz prin-
drent congie de luy et sen allerent chascun en son pauillon louant dieu de ce quil leur a-
uoit enuoye vng si bon chief. Quant le conte de rames vit q̃ tous les barôs sen estoiêt
allez en leur pauillons il fist venir de moult beaulx cheuaulx et palafroys q̃ tous abil-

t ij

semens de diuerse couleurs fourrez ô moult riches fourreures plusieurs aubers & maintes bônes espees & plusieurs vaisseaux dor & dargẽt & tout ce fist psenter a regnault mais regnault nen voulut point fors tantseulement que vng cheual vng aubert et vne espee/& tout le remenant fist departir aux poures cheualiers. Quant le cõte de rames vit que regnault nauoit retenu q̃ vng cheual vng aubert & vne espee il luy dist. Sire regnault pour dieu prenez aultres vestemens/car vous scauez bien q̃l nappartient point a vng tel homme cõme vous estes daller en celluy point & en ce poure abit. Sire dist regnault pardonnez moy sil vous plaist car iamais ie ne vestiray aultre abit que cestuy q̃ iay que ie naye baise le sainct sepulchre ou dieu fut mys au departir de la croix. Sire dist le cõte ie me tairay puis quil vous plaist. Lors sen vint a maugis & luy dist. Vous soyez le tresbien venu seigneur maugis/ie vous prie que vous ostez celle chappe & v9 abillez aultrement. Sire dist maugis ie vous prie quil ne vous desplaise se ie ne soys a ceste foys vostre voulente/car ie vous pmetz q̃ iay voue a nostreseigneur q̃ ie ne vestiray aultre drap de toute ma vie que cestuy que iay maintenãt vestu. Quant le conte vit q̃ regnault ne maugis ne vouloiẽt vestir aultres abillemens en nulle maniere il en fut moult doulent/si les laissa atant & commanda q̃ lon mist les tables pour soupper. Quãt ilz eurẽt souppe le cõte de rames appella galerand de sagettes/& geoffroy de nazareth/& le cõte de iaffes & leur dist. Or pensez de bien faire puis q̃ dieu nous a enuoye vng tel secours que de regnault & de maugis/il me semble que en lhonneur de dieu n9 deuons faire ceste nuyt chacun en sa tente grant lumiere de sierges en louãt nostreseigneur du secours q̃l nous a enuoye. Quant les barons ourẽt le conte de rames ainsi parler ilz luy dirent q̃l disoit bien. Lors chacun sen alla en son pauillon/& firẽt alumer grant plante de torches de cite entant q̃ cestoit grant merueilles de la grant clarte & lumiere qui estoit en lost/& chacun se mist a dancer entour leurs tentes & pauillõs moult longuement. Quant les turcz qui gardoient la tour de dauid virẽt si grant lumiere en lost des crestiens ilz en furẽt tous esbahiz. Lors aulcun deulx le allerẽt dire a leur maistre & seigneur. Et quant ladmiral oupt ces nouuelles il cõmenca moult fort a cryer/et dist. Ahon q̃ ont trouue ces meschans gens qui font si grãt feste/ie croy q̃lz sont cõme le signe qui chante quant il doit mourir/car ie suis seur q̃lz seront vng de ces iours mors/ & pource sont il si grant ioye. Quãt ladmiral barbas eut ce dit il iura p mahommet voyans tous ses barons q̃l sortiroit le lendemain dehors pour destrãcher tous les crestiens. Sire dist vng payen gardez vous bien dung grant villain q̃ tient en sa main vng grant leuier/car sil vous attaint vous estes mort. Je suis bien assure q̃ ceulx de lost font ceste feste pour ce villain qui leur vint hyer tantseulement. Je ne scay quil est dist ladmiral/mais se ie lattains de ma main il lairra sa teste pour gaige/car il est desarme & pource ne pourra il durer cõtre moy. Quãt le roy thomas q̃ estoit prisonnier vit la grant ioye que les crestiens menoyent il ne sceut que penser/mais dist a luymesmes Beausire dieu & que ont maintenãt mes gens q̃ si grant ioye meinẽt. Helas se recordẽt ilz point de moy. Je cuyde q̃ ouy/car la feste quilz font ne peut estre sans aulcune grãde occasion. Sachez que ceulx de rames & de iaffes/ & de tout le pays entour quant ilz virent si grande lumiere ilz cupdoient que hierusalem fut toute esprise. Et les aultres auoient moult grant paour que lost neust quelque grãt affaire. Tout le pays entour la cite de hierusalem fut tout esmerueille pour la grãt lumiere q̃lz veoyent/mais ceulx de lost ne se souciovent que de dancer. Quāt ceulx de lost eurent assez fait bonne chiere son ordonna le guet, et puis sen allerent reposer. Quant le iour fut venu lors les barōs se leuerent et puis sen alleret au pauillon de regnault lequel trouuerent quil estoit ia se ue, si le saluerēt moult honnorablement, et puis luy dirent ainsi. Sire que vous semble il q̄ nous deuons faire, assaillirons nous la ville ou non. Seigneurs dist regnault il me semble que ouy, nous auons grant auantaige, car q̄ mourra a lassault de la saicte cite il sera saulue sans nulle doubte.

Ainsi que les barōs deuisoiēt pour assaillir la cite ladmiral de perse fist ou urir la porte fore et yssit hors a tout dix mille hommes bien armez. Et adōc regnault et les barons de surie coururent a leurs armes. Regnault fut ar me incōtinent, puis print son heaulme et son espee et monta sur son cheual q̄ le conte de rames luy auoit donne. Quāt regnault fut monte maugis satma cōme luy et puis monta sur son bon cheual qui la luy fut baille, puis cōmenca a crier. Barons de surie ne vous esmayez, car ie prometz a dieu que iamays ne tourneray estre hermite se les turcs ne sont desconfitz, et puis quant il eut ce dit il sen alla a geoffroy de nazareth et luy dist. Barons tenez vous pres de regnault, car se tous les aultres cheualiers estoi ent comme vous estes barbas seroit desconfit deuant nonne. Quāt tous ses barōs fu rent armez et bien montez ilz ordonnerent les batailles au mieulx quilz peurent. Lors arriua ladmiral barbas qui se mist dedens lost des crestiens. La premiere bataille des sarrazins cōduysoit vng roy qui auoit nom margaris qui estoit seigneur de la tour de totelle qui sembloit moult felon, et portoit en son escu vng dragon painct de moult hor rible figure. Quant le roy margaris vit qͫ estoit temps de frapper sur les crestiēs il pic qua son cheual des esperons et alla courir sur regnault. Quant regnault le vit venir il dist au conte de rames. Vecy q̄ vient querir sa mort a moult grant haste, vous mauez fait grāt honneur, mais ce roy en aura le desshonneur pour lamour de vous pour le pre mier. Et quant regnault eut ce dit il picqua son cheual des esperōs et alla courir moult asprement cōtre le roy margaris et le frappa si durement quil ne demoura ne pour escu ne pour aubert quil ne luy passast la lance parmy la poitrine tellemēt q̄l se tomba mort a terre. Quant il eut fait ce coup il luy dist. Glouton dieu te mauldie va faire compa gnie a tes predecesseurs en enfer, puis mist la main a son espee et frappa vng sarrazin si durement sur son heaulme quil le fendit iusques aux dens, puis en frappa vng aul tre soubz la bauiere et luy osta la teste de dessus les espaules. Quāt il eut occis ces troys il escrya son enseigne montauban. Quant maugis lentendit il se mist dedēs la meslee si fierement q̄ le premier quil rēcontra il le mist mort par terre, puis mist la main a les pee et se mist en moult grant hardiesse en la plus grāt presse, et lors cōmenca a frapper, a dextre et a senestre, et faisoit si grant abatemēt de sarrazins que regnault et tous les ba rons en estoient esmerueillez. Lors regnault dist au conte de rames. Que vous semble de mon cousin, vistes vous oncques si bon hermite? Par ma foy dist le cōte il est moult a priser. Benoist soit le ventre qui le porta, et leure que vous estes venuz en ce pays, car maintenant suis ie asseure que la cite de hierusalem sera prinse et le roy thomas deliure de prison.

Dant le conte de rames eut ce dit a regnault il picqua son cheual des espe rons et frappa vng turc parmy le gros du pys si durement q̄l luy fist passer

t iij

le fer de la lāce par darriere & le tomba mort a terre / puis mist la main a son espee & cōmença a crier rames tant côme il peut en disant. Frappez barons frappez/car les sarrazins seront mors se dieu nous garde le vaillāt regnault de montauban & son cousin maugis. Or est seure que le traytre barbas sera descōfit qui a ainsi trahy la saincte cité de hierusalem par son faulx engin. Atāt vecy venir les bards du pays & se mirēt en la presse & cōmencerent a faire merueilles darmes côtre les sarrazins. Qui eust adonc veu regnault & maugis comment ilz faisoient voye a ceulx qui leur venoyent apres il sen fust esmerueille/car ie vous promets que nul ne se osoit trouuer deuant eulx tant fust hardy ou vaillant quil ne print mort. Apres regnault & maugis assoit le côte de rames/geoffroy de nazareth/galerant de sagettes/& le conte de iaffes auec seur gens/et faisoient merueilles darmes a lencōtre de seurs ennemys. Quant les sarrazins virēt quilz ne pouoient endurer le grant dommaige que regnault & maugis seur faisoyēt ilz se mirēt en fuyte deuers la cite pour auoir guerison & disoient q̄ a mahommet ne pleust quil attendissent le grant villain/car il les mettoit tous a mort. Quant ladmiral barbas vit que ses gens estoient desconfitz il en fut moult dolent & dist. Filz de putains pourquoy fuyez vous ainsi. Ne sçauez vous mye que ie suis vostre seigneur qui vous deffendray contre ces meschans crestiens. Quest deuenu margaris que ie ne voy mye. Sire dist vng des sarrazins il est mort en la premiere iouste quil fist. Et quāt ladmiral oupt ces parolles il cupda forcēner & dist. Qui est celluy qui ma fait si grāt oustrage dauoir tue le roy margaris/esse point le villain a la grant fourche. Ouy sire dirēt ses gens/cest le meilleur cheualier du monde il a mys auiourdhuy a mort grant nombre de voz hommes. Moult fut dolent ladmiral de la mort du roy margaris. Lors iura le dieu mahon quil perceroit le cueur au ventre du grant villain. Et quant il eut fait son serment il donna de lesperon a son cheual & se mist en la meslee & le premier quil encontra fut galerand de sagettes/auquel il donna parmy son escu si durement quil luy fist passer le fer de la lance par derriere & tomba mort par terre. Et quāt ladmiral eut fait ce coup il mist la main a son espee & ce mist en la plusgrant presse criant a haulte voix/perse barons frappez sur ces meschans crestiens/car a ceste heure sont desconfitz. Et quant le conte de iaffes & geoffroy de nazareth virent que ladmiral menoit si mal les crestiens ilz se mirent parmy la meslee moult asprement. La eut grāt occision de gens dune part & daultre/mais a la fin les crestiens eussent este mal menez se ne fussent regnault & maugis qui suruindrent.

Regnault qui veoit celle terrible bataille se mist par dedens cōme vng lyon sur les bestes & frappa vng persan q̄ estoit cousin de ladmiral qui auoit nom ouent & luy dōna si grāt coup de son espee parmy le heaulme qui luy fist vouler la teste plus loing dune lāce/ puis en frappa vng aultre q̄ estoit nepueu de mahon tant quil tua hōme & cheual. A dire verite regnault fist illec tant darmes que tous les payens en furent esbahiz/car il auoit gette son escu sur ses espaules & tenoit la teste de son cheual entour son bras/& tenoit son espee a deux mains/ et abandonnoit son corps & frappoit a dextre & a senestre/tellement quil ne frappoit coup quil ne tuast vng payen. Et quant ladmiral vit le grāt dōmaige que regnault faisoit a ses gens il iura son dieu appollin quil ne mēgeroit iamais iusques a ce quil auroyt tue le grant villain. Sire dist le roy albrondy. Je vous prie que vous laissez ceste entre

prinse/car ie vous dis de vray q̃ se vous allez deuant luy il vous occira dun seul coup
Lors luy dist ladmiral/se iauoye vng bõ planson en ma main il dureroit autãt deuãt
moy q̃ vng garson/car se ie ne labbas ie ne requier iamais porter escu ne lance ne mon
ter sur cheual. Moult fut aspre & cruelle la bataille dune part & dautre. Maugis y e
stoit qui faisoit grant occision de tous coustez ou il alloit. Et quant regnault vit mau
gis qui faisoit si bien il en fut moult ioyeulx. Si frappa vng turc si grãt coup sur son
heaume quil luy mist la teste en deux pieces/puys en frappa vng autre parmy les co
stez tellement quil luy mist le corps en deux moytiez. Puys en frappa vng autre a qui
il osta la teste auec le bras. Quant il eut tue ces troys dune pointe il cria montauban/
disant/frappez barons car les payés sont mortz & desconfitz/messeigneurs pẽsez de
venger vostre seigneur le roy thomas qui est vng si excellent roy. Quãt ladmiral bar
bas ouyt crier montauban celluy mot lesbahyst plus que autre chose/car il congneut bi
en a celle heure que celluy que lon appelloit le grant villain q̃ cestoit regnault de mon
tauban/duquel plusieursfoiz il auoit ouy parler/ que cestoit le meilleur cheualier du
monde. Quant il vit ce il eust bien voulu estre en perse. Lors print sa voye deuers la
cite cõme desconfit/& sen alla deuers la porte forte pour entrer dedens pour soy garen
tir de regnault/mais le vaillant côte de rames le suyuoit de si pres/q̃l ne le laissa nye
aller a sa guise. Quãt ladmiral vit q̃l estoit si fort poursuyuy/il eut grãt paour destre
prins. Si donna des esperons a son cheual & se saulua dedens la cite/& laissa tous ses
gens dehors/dõt il en y eut la plusgrant partie q̃ furent occiz/ car regnault & maugis
& le cõte de rames/ & geoffroy de nazareth/ & le côte de iaffes en firẽt si grãt destrucion
que bien peu en eschappa. Quant regnault vit que ladmiral luy estoit eschappe il en
fut moult doulant. Lors regarda au pres de luy & vit vng gros cheuron de boys qui
auoit quinze piedz de long. Si descendit a pied & print ledit cheuron & le troussa deuãt
luy dessus le col de son cheual aussi legieremẽt que se ce fust vne petite busche de boys
Et lors dist a ceulx qui auoyent eu victoire comme luy. Messeigneurs suyuez moy sil
vous plaist. Tres voulentiers dirent les barons/iamais ne vo9 lairõs ne pour mort
ne pour vie.

A Present vous vueil racõpter pourquoy regnault auoit prins le cheuron &
quil en vouloit faire. Vous devez sauoir quil se pensa que ladmiral bar
bas qui sestoit saulue dedẽs hierusalem ne feroit point fermer la porte de
lacite a loccasion de recueillir ses gens qui estoyent demourez dehors de
hierusalem/& pource portoit il ce grant cheuron/a celle fin q̃ sil trouuoit la porte ouuer
te quil mettroit ledit cheuron dessoubz la porte coulisse pour garder quelle ne peust du
tout descendre. Quant il se fut auise de ce il se mist a la voye auec tous les autres ba
rons & cheualiers a brides auallees deuers la porte de la cite de hierusalem du couste
ou ladmiral barbas sestoit saulue. Et quãt ilz furent illecques arriuez regnault trou
ua la porte ouuerte/dont il fut moult ioyeulx. Si print son grãt cheuron & le bouta des
soubz ladite porte coulisse/tãt q̃lle ne pouoit nullemẽt tomber a terre/ne la porte ne se
pouoit fermer en nulle maniere/car il y auoit tant de turcz mortz p la voye/ q̃ lon ne
sy pouoit cõtourner. Vous deuez sauoir que regnault ne ses compaignons ne firent
point cela sans endurer, trop grãt peine & trauail/car les mortz qui estoyẽt en la voye
estoyẽt a si grãs trouppeaux q̃lz ne se pouoyẽt aider. mais vne chose luy ayda biẽ/car

quant les payens le veoyent ilz auoyent si grant paour de luy quilz luy faisoyent toute voye & fuyoyent deuāt luy. Quant le noble cheualier regnault vit que la porte coulisse estoit arrestee sur le cheurō qͥl auoit apporte sans faire autre demourāce il mist la main a son espee & se mist dedens hierusalem. Quant il fut dedens il commenca a crier tant cōme il peut mōtauban/& tant fit darmes a la porte q̄ maugis & le conte de rames entrerent dedens. Quāt les payens virent q̄ les crestiens estoyēt dedens la cite ilz se mirent tous en fuyte & sen alloyent muſſant dedens les maisons pour sauluer leurs vies, touteffoiz regnault ne se bougea oncq̄s d la porte pour garder lentree. Ceulx q̄ estoyēt sur la grant tour du portal crioyent aux autres sarrazins quilz fermaſſent la porte/de sans q̄ se le grant villain entroit dedens q̄lz seroyēt desconfitz. Quant regnault vit q̄ vne grāt partie des crestiens estoyent dedēs hierusalem il dist a maugis. Cousin gardez bien ce pas & ie men iray a vne autre porte pour la deliurer. Cousin dist il allez a dieu & point ne vous doubtez/ie garderay bien ce pas. Lors regnault sen partit acompaigne de plusieurs vaillans crestiens & sen alla a vne autre porte laqlle il trouua moult bien garnie de payens/mais regnault par sa prouesse les mist en fuyte & gaigna le portal. Ainsi q̄ ouy auez fut fait/car tous les payens perdirent la vie/& fut reprinse la cite de hierusalem par la prouesse du noble regnault. Quant ladmiral vit ce il cuida du tout yssir hors de son sens/& mauldisoit son mahōmet & sarrachoit les cheueux et sa barbe. Quant il eut demene son dueil il dist. Par appollin souuerain dieu se le roy thomas ne maide a sauuer la vie ie le feray occire tout maintenant. Lors māda querir le roy thomas & luy dist. Roy thomas ie vous fais vng ieu/cest que vous me sauuez la vie deuers regnault/ & que ie men puisse aller quitte moy troysiesme en mon royaume de perse/ou maintenant vous feray getter par ces fenestres.

Lors dist le roy thomas sil vous plaist vous aurez paciēce q̄ ie ple a mes gēs. Allez dist ladmiral a ces fenestres pler a eulx & vous deliurez. Lors se roy thomas vint aux fenestres & vit venir regnault & maugis q̄ venoyent tous les premiers assallir la tour de dauid ou il estoit prisonnier a admiral. Quant il vit regnault & maugis des pmiers il ne les cōgneut poit. Si regarda apres & vit venir le conte de rames lequel il ne congneut point bie/& puys geoffroy de nazareth/& le conte de iaffes dont il fut moult ioyeux quāt il les vit. Adonc se print a crier. Seigneurs regardez vostre roy q̄ est icy prisonnier. Ladmiral barbas voͥ mande q̄ se vous ne len laiſſez aller en son royaume de perse luy troysiesme/qͥl me gettera cōtreual ces fenestres. Ha bō roy dist le cōte de rames dieu vous saulue. Voͥ sauez q̄ nul hōme de biē ne doit mētir. Il est vray q̄ nous fismes hyer d ce seigneur q̄ veez la nostre gouuerneur & maistre. Et deuez sauoir q̄ cest le meilleur cheualier du monde. Il conuient q̄ voͥ luy dittes vostre affaire/car sans luy ne pouōs riē. Quāt le roy thomas ouyt ce a peine qͥl nēragea de dueil/pource qͥl cuidoit mourir de male mort. Lors dist au cōte de rames y grāt ire. Ha cōte de rames mauez voͥ ia trahy q̄ auez fait seigneur aultre que de moy. Sire dist le cōte nayez doubtāce/noͥ lauōs fait saulue vostre hōneur/ & ny pōrez riē du mōde ou vostre/car le bon cheualier a asſes du sien en frāce. Voͥ deuez sauoir qͥl a prins ceste cite luy & son cōpaignō/& nayez nulle suspessō de luy ne de noͥ. Je suis seur qͥl fera du tout a vostre voulente/car il nest icy q̄ pour vous deliurer. Et tout incōtinent qͥl aura visite le saint sepulchre de dieu il sen retournera en frāce.

Adonc dist le roy thomas. Seigneurs cōmēt a nom ce cheualier. Sire dist le cōte de ra
mes il sappelle regnault d montauban filz du duc aymō le meilleur cheualier du mon
de/car il est tel q̃ iamais le grant roy charlemaigne ne le peut greuer/ɑ si ont mainte-
nu sa guerre quinze ans suy contre lautre/ɑ a tant fait de belles armes en ceste guer-
re que sa renommee en est par tout le monde. Conte dist le roy ie vous prie que luy dit-
tes de par moy ce que ie vous ay dit. Sire dist le cōte tresvoulentiers. Lors sen vint a
regnault ɑ luy dist ce que le roy luy mandoit. Seigneur dist regnault nous ne le ferōs
mic ainsi/ mais vous prie q̃ nous assaillons la tour/car au pys venir lappointement
que ladmiral demande nous laurons bien/ɑ vous dy q̃ se nous assaillons la tour quelle
sera prinse/ɑ aurons le roy thomas a nostre voulente/ɑ occirōs le trahistre admiral q̃
a ceste cite prinse. Sire dist le conte de rames nous ferons vostre commādemēt point
nen doubtez. Moult estoit regnault preudomme/ɑ ne vouloit point de mauuais plait.
Lors commanda assaillir la tour par force de tous coustez. Si fit apporter des eschel-
les pour escheller la tour/ɑ luymesmes monta le premier son escu au col pour soy cou-
urir. Apres mōta maugis ɑ le cōte de rames ɑ geoffroy de nazareth ɑ biē vigt aultres
cheualiers. Le viel conte de iaffes demoura au bas auec les archiers ɑ arbalestiers.
Quāt ladmiral vit regnault q̃ vouloit mōter en la tour il eut grant paour/si ne sceut
que faire/ mais sen courut au roy thomas ɑ le print p la gorge ɑ luy dist. Par appollin
roy thomas vous ɑ moy saulterons dicy a bas. Sire pourdieu ne vous occiez ne moy
aussi/ɑ ie feray lassault cesser. Ie le vueil bien dist ladmiral/ mais vous viendrez auec
moy. Si le mena a la fenestre ɑ le print par les iābes ɑ le mist cōtreual la fenestre ɑ cō-
menca a crier. Regnault de montaubā ie vous courrouceray/car ie getteray a bas le
roy thomas se ne me pardonnez ɑ puys me occiray moymesmes.

Quant regnault vit que le roy thomas auoit la teste contreual la fenestre
il en eut grant pitie/ si dist a soymesmes. Ha beau sire dieu ɑ que feray ie
se ie laisse lassault ce sera grant hōte/ car la tour est presque prinse/ ɑ aus-
si ce sera grāt meschief se le bō roy thomas prent mort. Ainsi q̃ regnault
estoit sur leschelle pēsant qʼl deuoit faire tous les barōs du pays cōmencerēt a crier a
regnault. Tresdoulx seigneur pourdieu mercy/ ne souffrez q̃ nostre roy preigne mort
si hōteusemēt/ car ce seroit grāt hōte pour vous ɑ pour nous. Seigneurs dist le bon re-
gnault par la foy que ie doy a mes freres ɑ a mon cousin maugis ie ne vouldroye que
le roy print mort pour moy. Et quāt il eut ce dit il descendit de leschelle a terre/ ɑ puys
cria a ladmiral. Admiral laissez le roy thomas ɑ ne luy faittes nul mal/ car vous serez
desliure/ par tel conuenāt que vous ɑ voz trois hommes vous en irez a pieds en perse/ et
laisserez toutes voz bagues. Par mahon dist ladmiral non feray mais men iray a che
ual moy ɑ mes trois hōmes/ɑ me donnerez saufconduit sur vostre foy/ et se ainsi ne
le voulez faire ie laisseray tomber vostre roy thomas. Admiral dist regnault ce q̃ vous
demandez ie vous ottroye par ma foy/ car vous auez tel gage que ne serez touche a ce
ste foys. Ladmiral fut moult ioyeulx quāt il ouyt ainsi parler regnault/ si tira le roy ar-
riere ɑ luy dist. Roy thomas vous estes quitte de moy. Adonc il descēdit de la tour a-
uec le roy ɑ ouurit la porte ɑ sortit dehors luy ɑ ses gens. Illec fut faitte vne grāt che-
re entre le roy thomas ɑ regnault/ɑ enaps a tous les barōs de surie/ ne fault pas de-
māder les grās remerciemēs q̃ le roy fit a regnault ɑ a maugis. Lōg seroit a dire les

languages qui furent illec ditz. Apres ce ladmiral print son saufconduit et sen alla en pse. Icy de luy ne fait autre mention. Apres ce qlz sen fut party le roy thomas et regnault et les barons ensemble monterent en la tour. Quant ilz furent en hault le roy thomas sagenoilla deuāt regnault. Sire dist regnault vous auez tort de cecy faire. Nō ay certes dist le roy par ma foy. Quāt regnault vit ce il rougist tout de honte/ si print le roy par la main et le releua. Adōc le roy laccolla et luy dist. Benoist soit nostreseigneur quy en ce pays vous a amene/ car voꝰ auez secouru hierusalē la scte cite et moy gette d prison. Or me dittes sil vous plaist se vous auez eu paix au roy charlemaigne d frāce q voꝰ a fait tant dennuy. Sire dist regnault ouy/ et a loccasion de la paix suis venu icy en poure habit mō pain querāt cōme vous voyez. Quant le roy thomas ouyt ces nouuelles il en eut moult grant pitie/ si iura le saint sepulchre quil sen feroit retourner si honnorablement cōme appartenoit a vng tel hōme quil estoit.

Aprés que le roy eut dit ces parolles ilz descendirent de la tour de dauid pour aller au saint sepulchre. Et deuez sauoir q lon faisoit grāt feste par toute la cite de la chose q estoit auenue. Lors sen allerent toꝰ au saint sepulchre pour rendre graces a nostreseigneur de ce que la cite estoit recouuree des felons payés. Quant tout ce fut fait les barons de surie prindrēt cōge du roy et de regnault et d maugis/ puys sen allerēt chascū en sa maison. Et le roy print regnault et maugis et les mena en son palaix la ou il les festoya plus de cent iours moult hōnorablemēt. Et ce pēdent il leur monstra tout le pays. Quant regnault se fut asses festoye auec le roy thomas en hierusalem il sen voulut partir pour sen retourner es marches de frāce. Quāt le roy vit ce il dōna a regnault de moult riches dons/ cōme palefroyz/ draps dor/ et plusieurs aultres garnimēs et rāt plante dor mōnoye et nō mōnoye. Sachez q maugis ne voulut oncqs rien prendre ne changer sa chappe/ mais se mist en habit de pelleri tout nudz piedz/ dont regnault estoit moult doulant. Le roy fit aprester vne nef moult honnorablement au port de iaffes pour emmener regnault. Quāt tout fut prest le roy thomas cōuoya regnault iusques au port de iaffes/ et aussi firent le conte de raines et geoffroy de nazareth q estoyēt biē doulans du depertemēt d regnault. Quāt ilz furēt au port regnault print conge du roy thomas et des aultres barōs en plourāt moult tendremēt et se mist en mer. Et sachez quilz demourarent par fortune de mer huyt moys sans pouoir prendre terre. Toutesfoyz vng iour dun lundy ilz plindient terre au port en vng lieu q sappelle palerme. Quāt ilz eurent prins port regnault cōmāda quon se mist a terre et q toute la nef fust deschargee. Ainsi q lon deschargeoit la nef le roy de palerme estoit aux fenestres de son palays/ et vit cōment on deschargeoit la nef. Lors dist q vng cheualier q la estoit lequel sappelloit symō de puille et a ceulx qui entour luy estoyēt. Ie voy illec sur le riuage d la mer vne nef qui se descharge en terre/ il ne peut estre q quelq grāt hōme ne soit leans/ car ie voy q lon descharge des cheuaux et du bagage largemēt/ ie ne say q ce peut estre se ne sont pelleris. Lors dist quō luy myst la selle a vng cheual/ car il vouloit aller sur la mer pour cōgnoistre q ce seroit pour le loger auec luy.

Et baillāt roy symō sans faire demeure sen vint sur la mer sur son cheual en sa cōpaignie maitz vaillans cheualiers. Quāt il fut sur le port il trouua regnault q estoit descendu a terre. Quāt le roy vit il le cōgneut biē dont il fut moult ioyeux/ et aussi regnault cōgneut bien le roy/ ilz se firent moult grāt chere.Regnault dist le roy symon vous soyez le tresbien venu. Je vous prie que vous venez loger auec moy/car ladmiral de perse est estre en ma terre qui me destruit. Je me combatis hyer a luy mais il me getta du champ honteusement/& fit grãt dõmage a mes gẽs & suis seur quil me viendra demain assieger. Jauoye pense denuoyer querir secours devers charlemaigne/mais puys que dieu vous a amene icy ie nay garde du roy de perse. Sire dist regnault ie vous asseure q̃ ie vous aideray de tout mon pouoir/& se ladmiral vient demain il ne faudra point a bataille/car ie ne mangeray iamais pain que ie ne laye desconfit/mal entra oncques en puille & ses gens. Lors le roy symon emena regnault en son palays/la ou il luy fit bonne chere. Ainsi cõme le roy symon faisoit grãt feste pour lamour de regnault/atant arriua ung cheualier qui auoit nom aymes q̃ dist au roy symon. Sire ladmiral de perse est venu a si grans gens deuant palerme q̃ toute la terre en est pleine. Quant le roy symon entẽdit ces nouuelles il en fut moult ire/ & regnault ioyeux. Lors regnault dist au roy. Sire ie vous prie q̃ ne soyez de riẽ esbahy/car auiourduy en serez venge sil plaist a dieu & au saint sepulchre leq̃l ie viens dadorer. Quant le roy oupt ainsi parler regnault/il fit crier que chascun sallast armer/& fit esmouoir toute la ville. Quãt regnault vit ce il demãda ses armes pour soy armer et iura le corps de dieu q̃ cellui iour il feroit dõmage a ladmiral puis q̃l lauoit retrouue. Quant maugis vit que regnault se vouloit combatre il luy dist. Mon cousin pour lamour de vous ie suis delibere de porter encores armes/car ie ne vous pourroye souffrir en dangier. Quãt le roy symon oupt ainsi parler maugis il luy en sceut bon gre/& le courut accoller & luy dist. Par ma foy vecy ung bon hermite/car quant mestier est il met la main a lespee. Sire dist regnault vo9 dittes verite/ie vo9 pmetz q̃ a peine trouueroit lon ung meilleur cheualier sur terre. Apres toutes ces choses dittes chascun se mist en armes/& le roy tout arme sen alla a maugis & luy dist en riant. Mõ amy maugis ie vo9 prie q̃ vo9 veuillez porter mõ enseigne/car a meilleur cheualier q̃ vo9 ne la sauroye dõner. Sire dist maugis se vo9 la me baillez/ie vo9 iure sur to9 les saintz q̃ ie la mettray en tel lieu dõt ie vo9 feray eschauffer le frõt. Quãt le roy oupst maugis ainsi pler il en fut moult ioyeux/& lors luy fit bailler sa banniere. Quant maugis eut la banniere il sen vit au roy & luy dist. Sire or me suyue qui voudra/car ladmiral sera desconfit sil plaist a dieu sil ne sen fuit. Quãt maugis eut ce dit il picqua son cheual & se mist dedens les sarrazins comme ung lyon. Regnault lalloit suyuãt de pres/& incontinent rencontra ung persan/auquel il donna de sa lance si durement q̃l le getta mort a terre/dont les aultres furent moult esbahiz/puys mist la main a lespee & se mist en la greigneur presse/& commenca a frapper a destre & a senestre si desmesuremẽt q̃ les payens estoyent biẽ esbahiz/car to9 ceulx q̃l attaignoit il les mettoit a fin. Quant ladmiral vit le grant effort darmes que regnault faisoit contre ses gens/il dist a ung sien nepueu. Par mahon ie ne vis oncq̃s hyer cellui grãt hõme/ne cellui q̃ porte la banniere/dont dyable sont ilz venuz q̃ si fort no9 dõmagent/ ie cõgnoys bien q̃lz sont cheualiers estrãges. Jay grãt paour deulx q̃ tout le sang me fremist. Ce pendant le roy symõ & regnault auec ses gẽs faisoyẽt grãt abbatemẽt d papẽs. Illec eut une grãt meslee dune pt & dautre/mais quãt ladmiral vit q̃ ses gẽs se portoyẽt si mal il ne sceut q̃ faire de fuyr ou dattẽdre. Adõc vit regnault q̃ alloit & desrõpoit la presse q̃ crioit tãt q̃l pouoit mõtaubã. Quãt ladmiral oupt crier mõtaubã il eut grãt paour/& ne sceut q̃ faire/

a dist. Par mahon & par apollin ie croy que ce dyable sayde dart dyabolicque/car ie le layssay en hierusalem/& maintenant il est icy ou lay trouue par mon peche/& sommes en voye destre perduz se mahon ne nous ayde.

Quant ladmiral congneut que celluy q̃ faisoit tant de mal a ses gẽs estoit regnault de mõtaubã il trembla de paour/lors dist a son nepueu. Par ma hommet mon dieu nous auons mal fait destre icy venuz pour faire guerre au roy symon puys quil a ce dyable auec luy regnault de montauban/cest le nompareil du monde en cheuallerie. Pleust a Appollin que ie fusse en ma nauire sur la mer/car iay grãt paour quen ceste bataille ie ne pde la vie. Sire dirẽt les gens nayez doubte p ce grãt villai/car sil diet être noz mais il na garde d̃ no⁹ eschapper. Seigneurs dist ladmiral vo⁹ ne sauez q̃ vo⁹ dittes/vo⁹ ne sauez pas la grãt prouesse de regnault/se nous estiõs dix foyz autãt de gẽs q̃ nous sommes/si nauriõs no⁹ pas cõtre luy duree/et pource ne vueil plus icy demourer. Quant il eut dit ces parolles il tourna bride. le plustost quil peut il sen alla vers ses gallees & tous ses gens apres. Quãt regnault vit q̃ les payẽs estoyẽt descõfitz/il cõmẽca a crier. Apres maugis aps car les paillars sont mortz. Et puys se mist a la chasse/& le roy symon aps luy/& abbatoyẽt payẽs deuãt eulx cõme bestes. Sachez quilz en occirẽt tant auãt quilz peussent estre es gallees q̃ lon nẽ pourroit sauoir le nõbre/mais ilz ne sceurẽt tant faire q̃ ladmiral ne se sauuast dedens sa nef. Quãt il se vit eschappe il en fut biẽ ioyeux/si en rẽdit graces a son dieu mahomet. Et quãt ladmiral barbas se vit sauue dedens la nef/il cõmẽca a regarder vers terre/& vit le grãt dommage q̃ regnault & maugis faisoyẽt a ses gẽs/car tout le riuage de la mer estoit plein de payẽs q̃ gisoyẽt mortz a terre/dõt il eut moult grãt dueil/si cõmẽca a arracher ses cheueux & sa barbe & mauldisoit leure que oncques fut ne. Regnault arriua sur le port & vit que ladmiral estoit saulue/dõt il fut biẽ marry/& ne sceut autre chose q̃ faire/sinõ quil fit getter des fusees de feu dedens la nef de ladmiral quil en fit brusler la plusgrant partie/& fut force a barbas de changer nauire. Et deuez sauoir que de tous les payens qui estoyent demourez viuans sur terre nen eschappa pas vng qui ne perdist la vie. Quant le roy symõ vit q̃l estoit venu au dessus de ses ennemys il en fut moult lie/si courut embrasser regnault & luy dist. Regnault ie congnoys bien que ie suis roy par vous/car se vous ne fussiez ladmiral barbas meust destruit & mis a mort/dont il est raison que en ayez le guerdõ tel quil vous appartient. Par quoy regnault ie vous fais maintenãt seigneur de tũ⁹ mes biens et de toute ma terre.

Regnault dist alors. Sire ie vous remercie humblement de vostre courtoysie/nous ne sommes pas qui auõs descõfitz les payẽs/ce a fait dieu & nõ aultre/car no⁹ ne sõmes pas si puissãs moy ne maugis pour le faire sans luy. Quãt ilz eurẽt parle vne grãt piece sur le riuage d̃ la mer le roy prĩt regnault p lune des mains & maugis a lautre & sen allerẽt vers la cite. Quant ilz furẽt la le roy fit apporter tout le gaing q̃lz auoyẽt fait & le psenta a regnault & a maugis/ mais ilz ne voulurẽt rien prẽdre/ains le donnerẽt tout aux poures cheualiers. Et incõtinent maugis se mist en son premier estat dermite. Puys apres la feste cõmẽca & les danses & tõ⁹ autres esbatemẽs par toute la cite pour la victoyre q̃ dieu leur auoit donnee Il ne fault pas dire quelle chere le roy faisoit a regnault en son palays/car elle estoit innumerable. Pour faire brief quant regnault se fut festoyé par quatre iours il sen voulut partir il demanda congie au roy. Le roy fut bien marry de ce qʼil ne vouloit demourer plus longuement. Quant il vit qʼil sen vouloit aller il luy donna de moult riches dons, & fist cauitailler la nef de regnault de toutes bōnes viandes. Quant ce fut fait regnault print congie du roy & de tous ses barons, & le roy print regnault & le cōuoya iusques a sa nef. Quant ce vint au departir le roy symon baisa regnault & puis maugis en plourāt puis sen retourna a palerme. Regnault fist lever les voilles & prit sa mer & ne cessa iusques a ce qʼil fust a rōme, & la ilz prindrēt terre & luy & maugis sen allerēt cōfesser au pape. Quant ilz furēt cōfessez ilz sen tournerent dedens leurs nefz & prindrēt leur chemin vers france. A brief parler ilz firēt tant qʼlz vindrent a dordōne en vne heure de none Quant les gens dedordōne sceurent que regnault & maugis estoiēt arriuez ilz en furet moult ioyeulx si sen allerent a alard & luy dirent. Sachez q̄ vostre frere regnault nostre seigneur est arrive & aussi maugis vostre cousin en tresbon point la mercy dieu. Quāt alard & ses freres ouyrēt les nouuelles de leur frere qui estoit venu peu sen faillit quilz ne cheurēt tous pasmez a terre de ioye qʼlz eurent puis sen allerent au portail de sa ville. Quāt ilz le virēt ilz sapprocherēt de luy & alard lembrassa en plourāt, et puis le basa par grāt amour, & pareillemēt firēt guichard & richard, puis baiserēt maugis leur bon cousin. Quant ilz eurēt demene grāt feste ilz monterēt au palays, & quāt ilz furēt au palays alard dist a regnault. Beau frere voʼ soyez le tresbiē venu, cōme auez voʼ trouue maugis nostre cousin. Frere dist regnault ie lay trouve a cōstantinoble par bon ne aduenture. Lors luy cōpta toutes ses aduentures depuis quil estoit pellerin. Puis quāt il eut tout cōte il regarda son frere alard au visaige qʼl avoit tout pale & se donna aucune suspicion & dist. Beau frere cōmēt va a ma femme & a mes enfans, ie mesmer ueille fort q̄ ie ne les voy icy. Frere dist alard nayez doubtāce car ilz sont sains & en bon point a montauban. Et sachez de puis vostre despartement nous avons fait refaire le bourg & garnir le chateau pour doubtāce q̄ guerre ne nous suruint. Lors quāt regnault ouyt bonnes nouuelles de sa femme & de ses enfans il en fut bien ioyeulx, si sagenoilla et remercia nostre seigneur & tous le sainctz de paradis.

Quant regnault sceut q̄ sa femme & ses enfans estoiēt en bon point il se recō forta moult & cōmenca a faire bonne chiere & a soy resiouyr, mais quant il vit que ses freres ne faisoiēt point de feste, mais faisoient matte chiere il sen esmerueilla moult, si sen tourna vers alard q̄ ne faisoit q̄ souspirer & luy dist. Frere ie matēs dauoir mauluaises nouuelles. Je cuyde q̄ ce que mauez dist nest point veri te, se ne me dictes tout le vray ie sortiray hors de mon sens. Alard voyāt q̄ regnault le tenoit si de court il cōmenca a plourer moult tendremēt, & puis luy dist. Sire puis quil vous plaist que ie die la verite ie la voʼ diray. Sachez q̄ ma dame vostre femme est allee de vie a trespas, car onques puis q̄ vous partistes ne fina de plourer pour chose q̄ nous luy puyssions dire ne faire, puis mist au feu toutes ses robes & ne voulut oncq̄s porter drap fors que vng manteau de telle sarge comme vous, & tant demena son dueil iour & nupt quelle mourut dont fort me poyse car cestoit la plus vaillant dame de tout le monde. Quant regnault entendit ces parolles il cheut pasme a terre du grant dueil quil eut au cueur de la mort de sa femme. Quāt il fut reuenu il se mist a plourer & dist. Ha roy charlemaigne ie vous doys bien hayr pour vous iay perdue ma femme, car elle

D

eſt morte pource que me chaſſaſtes hors de frāce a ſi grant honte cōme de moy faire aſ/ſer deſa la mer a pied cōme vng truāt/mais ie cognois q̄ ce ont eſte mes pechez. Adonc q̄ en fut liez maugis nen fut pas ioyeux, mais marry tant q̄l ne ſcauoit q̄ dire. Quant regnault eut beaucoup demene ſon dueil il diſt a alard. Beau frere ie vous prie que me vueillez aller mōſtrer la tombe de ma femme. Frere diſt alard voulentiers. Lors le me/na en ſeſgliſe ſur la tombe de la ducheſſe. Quant regnault la vit il ſe paſma deſſus par trops fops. Quāt il fut reuenu il cōmenca a demener grant dueil et deſſiroit ſes veſte/mens / quāt il eut aſſez demene ſon dueil il diſt cōme vng hōme remply de ire. He dieu quel peſlerin ie ſuis ie croy q̄l nen a point au monde ſi maleureux q̄ moy. Or voy ie biē q̄ iay pdu tout mon bien fait puis q̄ iay pdu la plus noble dame du monde, et de tous les biens q̄ oncques ie ſiz dieu ne mē ſcet gre ne grace. Ainſi q̄l diſoit ces paroles vecy ve/nir ſes deux enfans yonnet et aymonnet q̄ ſagenoilleret deuāt luy. Quāt regnault les vit deuāt luy le cueur r luy cupda ptir, ſi les releua et les baiſa par grant amour en plou rāt et puis leur diſte. Mes beaulx filz penſez de bien faire, car le cueur me diſt q̄ ie vo9 faulderay bien toſt ſans nulle doubte. Quāt regnault eut ce dit a ſes enfans il cōmēca a faire plus grāt dueil q̄ parauāt et auſſi maugis. Adōc le dueil cōmēca par toute la vil le moult grant et dura par leſpace de dix iours ſans ceſſer. Et quāt ce vint a lonzieſme iour regnault ſe miſt a la voye pour aller a mōtauban lequel eſtoit a peu pres auſſi peu ple quil eſtoit auāt la guerre. Oncques maugis nabandonna regnault quelque part q̄l allaſt mais y alloit touſiours a pied en ſon habit dhermite, et en allāt a mōtauban les freres de regnault et auſſi ſes deux enfans alleret a pied pour tenir cōpagnie a maugis Et quant ceulx de mōtauban ſceurent la venue de leur ſeigneur ilz furent moult ioy eulx, ſi firent tendre toutes les rues de beaulx linges et de pluſieurs riches draps tant de ſoye q̄ de leine, et puis luy vindrent audeuāt tous enſemble menāt grant feſte et luy firent grāt reuerēce. Et regnault les receut moult honorablemēt et leur fiſt grāt chiere car a celle heure il diſſimula ſon dueil q̄l auoit pour lamour de ſes gens leſquelz luy fai ſoient ſi grant feſte. Puis ceulx de montauban ſaluerent maugis car touſiours ſauoy ent ayme de bonne amour. Apres ce ilz menerent regnault menant grant feſte dinſtru mens iuſques au chaſteau. Quant regnault ſe vit dedens ſon chaſteau de mōtauban il fut biē ioyeux ſi ſe miſt a vne feneſtre et regarda cōtreual le chaſteau et vit quil eſtoit peuple cōme parauāt, et fut eſmerueille dont eſtoiēt venuz tāt de gēs, ſi en fut fort ioy eux, car il ne le cupdoit iamais veoir en tel point. Ce pendant ceulx de mōtauban me nopent grant feſte merueilleuſement, mais regnault ne puoit faire bonne chiere pour choſe quilz luy ſceuſſent faire.

Apres q̄ la feſte fut finee regnault appella ſes freres et leur diſt. Seigneurs ie me tiens deſtruit pour lamour de la noble ducheſſe laq̄lle iay perdue dōt ie ſuis bien doulent. Et pour lamour du bien q̄ iay ſceu en elle ie fais veu a dieu q̄ tant que ie viuray ie nauray aultre femme. Couſin diſt maugis vo9 auez droit mais ie vous prie que vous vous vueillez reconforter, car vous ſcauez que vne choſe que lon ne peut amender lon la doit laiſſer en non chaloir. Couſin diſt regnault vo9 di ctes bien et ie le feray ainſi. Quant regnault et ſes freres et maugis eurent fait grant chiere celluy iour a montauban le lendemain au matin maugis print congie de ſes cou ſins et ſen alla en ſon hermitaige. Et quant il voulut partir il diſt a regnault. Couſin remembrez vous q̃ par vous sont mors tant de gens/pourquoy vous estes tenu de prier quil plaise a dieu de les oster de peine perdurable. Et quãt il eut ce dit il se mist en la voye pour soy en aller ⁊ ne souffrit mye q̃ nul le conuoyast/⁊ tant fist par ses iournees quil arriua en son hermitaige la ou il cõmença a mener moult saincte vie/car depuis quil fut en son hermitaige il ne mengea q̃ herbes ⁊ racines de boys. Et en ceste maniere vesquit lespace de sept ans sans veoir homme ne femme. Quant vint au huytieme an le bon maugis trespassa enuiron pasques. Jesus par sa pitie aye son ame. Atãt laisse le compte a parler de maugis a qui dieu pardoint ⁊ retourne a parler de regnault et de ses freres ⁊ de ses enfans comment il furẽt faitz cheualiers.

¶ Comment regnault enuoya a paris ses deux enfans au roy charlemaigne moult honnorablement pour estre cheualiers. Chapitre.xxv.

En ceste partie dit le compte que depuis q̃ maugis sen fut retourne en son hermitaige regnault demoura moult dolent a cause de maugis ⁊ de sa femme/mais il se recõforta auec ses freres au mieulx q̃l peut. Long tẽps demoura regnault auec ses freres faisãt la meilleur chiere quil pouoit. Sachez q̃ en cellup tẽps mourut le duc aymon lequel fist heritier ses enfans de tous ses biens A brief parler regnault despartit tous les biens de son pere ⁊ les siens a ses freres et ne retint pour luy q̃ mõtaubã tãt seulemẽt/ puis trouua maniere de les marier tous haultemẽt. Qui vouldroit parler des freres de regnault longuemẽt il seroit long a racõter En effect regnault demoura longuemẽt a mõtaubã auec ses enfans lesq̃lz il instruit en toutes bõnes meurs ⁊ les nourit iusques a ce quilz furẽt grans ⁊ quilz pouoiẽt biẽ

porter escu & lance. Ung iour regnault mena ses enfans sur les champs a cheual & fist por
ter des escuz & des lances pour les essayer a iouster & mena auec luy .xx. cheualiers aux
quelz quant ilz furent sur les champs regnault fist iouster ses enfans. Et deues sçauoir q̃
les deux enfans iousterent aussi bien que silz eussent este en guerre dix ans. Quant re-
gnault vit quilz se portoient si bien il les appella deuant les cheualiers & leur dist. ⁋Des
beaulx enfans la dieu mercy vo° estes grans & bien membrez, or est il temps q̃ vo° soyez
cheualiers pourquoy ie vueil q̃ vous aissez seruir le roy charlemaigne vostre souuerain
seigneur lequel vous fera cheualiers, car de plus haulte main ne le pouez vo° estre. ⁋Pe
re dist aymonnet nous sommes tous prestz de faire vostre volente & tout ce quil vous
plaira nous commander, & me semble q̃ vous faictes bien de nous fayre suyure les guer
res car il est temps. ⁋Pere dist ponnet huy ne pourrez auoir mal puis quauez dit q̃ nous
serons cheualiers, mais puis quil vo° plaist de nous enuoyer au roy il nous y fauldra
aller honorablement & ne sera pas sans grans despens. ⁋Mon filz dist regnault ne vous
souciez, car nous auons des biens assez la mercy dieu pour vous y enuoyer honorable
ment, & vous prometz q̃ ie vous y enuoiray auant huyt iours aussi honnorablement que
point y en est alle de tout mon temps. ⁋Pere dirent les enfans no° sommes prestz dy aller
quant il vo° plaira. Quant regnault eut ce dist a ses enfans il sen tourna a son chasteau
de montauban menant grant ioye. Quant il fut en son chasteau il appella son seneschal &
luy dist. Seneschal ie vous commande q̃ vous faictes mes enfans honorablement abiller
de riches vestemens & de plusieurs sortes, car ie les vueil enuoyer en la court du roy char
lemaigne pour estre cheualiers, & gardes q̃lz y aillent aussi honnestement q̃l y en alla ia-
mais point. ⁋Monseigneur dist le seneschal bien feray vostre commandement puis q̃l vo°
plaist, car ceans a moult de riches draps & de plusieurs sortes.

Quant le seneschal ouyt le commandement de son maistre sans faire longue de
meure il fist moult bien ce q̃ luy auoit commande regnault car il fist aprester
& bien garder de molt beaulx palefroys & coursiers couuers de moult riches
housseures et campanes, puis trouua deux bons harnoys desproue pour les
deux ieunes bacheliers. Pour faire brief il nestoit pas possible de mieulx abiller deux
ieunes escuyers ne plustost q̃ le seneschal fist les deux enfans de regnault. Quant il eut
tout apreste il les mena deuant regnault son maistre. Quant regnault vit ce il en fut bien
ioyeux & dist. Par dieu seneschal ie vous ayme de ce q̃ vous auez si bien abillez mes en
fans. Apres ce fait regnault fist aprester cinq cens cheualiers des plus sages quil eust
pour acompaigner ses filz. Quant tout ce fut apreste il appella ses filz & leur dist. ⁋Des be
aulx enfans vo° estes bien apointe la dieu mercy & vecy fort belle compaignie de gens de bien
pour vous acompaignier, & pource vous vo° en irez au roy charlemaigne nostre grant roy
lequel vous fera grant chiere & honeur pour lamour de moy. ⁋Des enfans vous estes de
molt noble lignage, pquoy ie vo° prie q̃ vous vo° gardez de faire chose q̃ tourne a re-
prche ne a moy ne a mes parens. Ie vo° commande sur la foy q̃ vo° me deuez q̃ largent q̃ ie
vous donne q̃ vo° le despendez honestement & ne lespargnez point a poures gentilz hommes
ne escuyers, & quant vo° nen aurez plus mandez en q̃rir & vo° en aurez assez. Et sur tou
tes choses ie vo° commande q̃ vous seruez dieu qlque chose q̃ vo° ayez a faire. Ie vo° re-
commande les poures crestiens, & q̃ de vostre bouche ne saille q̃ ie villaine parolle ne a da
me ne a ancelle. Portez honeur a gens de bien & de chascun serez prisez. Encores vo° co-

mande plus que l'ung en riens ne mesdie a l'aultre/& portez foy & amour l'ung a l'aultre ainsi q̃ i'ay fait a mes freres. Et a vo⁹ ponnet beau filz il couient q̃ vous portez honneur & reurēce a aymonnet vostre frere car il est plus aisne q̃ vous ce sçauez vo⁹ bien. Adonc dist ponnet. Pere soyez asseure q̃ ie seruiray mon frere comme ie vouldroye fayre a vo⁹ qui estes mon seigneur & mon pere. Et par ma foy beau filz se ainsi le faictes vo⁹ aurez honneur toute vostre vie quelque part q̃ vous soyez/mais ie vo⁹ commande encores q̃ vous vo⁹ gardez de trop parler/se vous parlez trop les frācoys dirōt q̃ vous ne resem blez pas vostre pere ne voz oncles/car iamais nous ne sermonons voulentiers. Pere dirent les enfans nous auons telle esperāce en nostre seigneur q̃l nous gardera de mes prendre ains ferons telle chose dont voulentiers nous auourez pour voz enfans/& to⁹ ceulx qui sont a la court de charlemaigne nous aymeront silz n'ont grāt tort. Quāt re gnault ouyt ses enfans ainsi respondre il en fut bien ioyeux si les tyra a part & leur dist Mes beaulx filz vo⁹ vous en allez en france. Or vo⁹ souuiengne de ce q̃ ie vo⁹ diray a p̃sent. Vo⁹ deuez sçauoir q̃l y a vng grāt lignaige de gens a la court de charlemaigne q̃ oncques ne nous aymerent gueres lesquelz sont de grant pouoir/ce sont ceulx de māte. Je vous cōmande que vous n'allez ne venez auec eulx pour chose qu'ilz vous dient, et se iamais vous dient oultraige pēsez de vous en venger/& leur monstrez q̃ vous estes filz de regnault de montauban. Pere dirent les enfans n'ayez doubtance q̃ nous souf frons que l'on nous oultrage a nostre pouoir. Beaulx enfans dist regnault agenoillez vous deuāt moy. Lors les enfans s'agenoillerent deuāt leur pere & regnault leur don na sa benediction/puis les baisa en plourant par plusieurs foys & leur donna congé/et apres se tourna deuers ses cheualiers & leur dist. Messeigneurs ie vous commande a dieu & vous prie que vous pensez bien de mes enfans & ne souffrez mye que l'on leur fa ce oultraige/car vous sçauez que nous sommes hay en france/ie vous prie q̃ vo⁹ leur donnez tousiours bon cōseil & q̃lz soyent tousiours larges & courtoys/car iamais aua ricieux prince ne fut expaulce en pris. Quāt regnault eut tout ce dit il se retira en plou rant. Atant laisse le cōte a parler de regnault & de ses freres & retourne a parler de ses deux enfans qui sont allez a la court du roy charlemaigne.

¶ Comment apres ce q̃ le roy charlemaigne eut doulcemēt receuz les deux filz de re gnault/ilz se cōbatirent aux filz de fouques de morillon & les descōfirent en l'isle nostre dame a paris/pource qu'ilz auoiēt charge de trahyson regnault de mōtaubā leur pere pource q̃l auoit occis fouques de morillō es plains de vaulxcouleurs. Chapitre. xxvi.

Or dit le cōpte que depuis q̃ aymonnet & ponnet partirent de mōtaubā de leur pere q̃lz cheuacherent tant par leurs iournees q̃lz arriuerent a paris & se logerent aupres du palays. Quant il furent logez les deux enfans se vestirent moult honnorablemēt eulx & leurs gens/puis s'en allerent au palays tenās les deux enfans par les mains. Et deuez sçauoir q̃lz ressembloiēt bien enfans de prin ce. Quant les barons du roy charlemaigne virent venir les deux freres si richement a billez & apres eulx si belle compagnie ilz s'esmerueillerēt moult q̃lz pouoient estre/si di rent lung a l'aultre. Vecy beaulx enfans et deuroient estre freres/car ilz se ressemblent moult bien. Or ne peut estre q̃lz ne soient de grāt lignaige & de grant parente. Lors les

barons les supuirent quant ilz monterēt au palays pour scauoir quilz estoient. Ce pendant les deux freres monterēt au palays et enterent dedēs la grāt salle la ou ilz trouuerent le roy charlemaigne q̄ deuisoit auec ses barōs/ et y estoit le duc naymes/ richard de normandie/ salomon de bretaigne/ ogier le danoys/ le cōte ganelon /cōstās et rohars q̄ estoiēt de malle part/ et estoiēt filz de fouques de morillon q̄ regnault auoit occis es plains de Vaupcoleurs quāt il se defendit si biē en sa roche de mōtauban. Les deux freres cōstans et rohars estoient de grant renōmee/ mais ilz estoient traytres cōme payēs et le roy charlemaigne les amoit moult pour leur cheualerie. En celle cōpaignie auoit moult dauftres princes de quoy le liure ne fait point de mencion/ car trop seroit long a racōpter. Lors quāt les deux freres furēt en la sale ilz virēt le roy entre les aultres barons si sen vindrēt a luy et sagenoillerent deuāt luy/ et luy baiserent les piedz/ puis aymonet parla le premier et dist. Sire dieu vous doint bonne vie et longue et gard de mal toute la cōpagnie. Sire nous sommes venuz a vous pour auoir l'ordre de cheualerie ce cest de vostre bon plaisir de le nous dōner/ car de meilleur main que de vous ne se pourrions nous estre. Dont sire nous vous supplions humblemēt pour dieu et pour lamour de nostre pere q̄l vous plaise q̄ nous soyons en vostre seruice iusques a ce q̄ vous nous dōnez ledit ordre de cheualerie. Qui estes vous dist charlemaigne q̄ ainsi parlez. Sire dist aymonnet nous sommes filz de regnault de montauban. Quant charlemaigne entendit q̄lz estoient les deux filz de regnault de mōtauban il se leua sur ses piedz legierement et les receut moult honnorablement et puis leur dist. Mes enfans vous soyez les tresbien venuz/ et comment fait vostre pere. Sire dirent les enfans il fait bien la dieu mercy/ et se recōmande treshumblemēt a vostre bonne grace/ vous suppliant qu'il vo plaise nous auoir pour recōmandez/ɇ lauons laisse a montauban/ mais il decline fort Ainsi va le monde mes enfans dist le roy/vng chascun y conuient passer.

Moult fut ioieux le roy charlemaigne de la venue des deux filz de regnault de mōtauban ɇ les veoit volētiers pour lamour de leur pe re/tāt plus les regardoit ɇ plus beaulx les trouuoit ɇ bien les aymoit pource quilz resembloient leur pere. Quant il les eut assez regarde il dist a ses barons. Seigneurs se ces enfans vouloiēt regnier leur pe il ne scauroiēt car iamais filz ne tressemblerent si biē leur pere cōme ilz font/ cuydes q̄lz seront vnefoys bōnes gens silz viuēt leur eage. Quant il eut ce dit il se tourna deuers ses enfans ɇ leur dist. Beaulx enfans voꝰ serez cheualiers toutes les foys q̄ vous vouldrez pour lamour d̄ vostre pere mō bon amy/ɇ vous dōray plus de terres q̄ vostre pere nen tiēt. Et pour lamour de voꝰ ie feray cent aultres cheualiers/ car vous estes de telle geste q̄ lon vous doit bien hōnorer ɇ priser ɇ tenir chiers. Quāt le duc naymes ɇ roland ɇ oliuier qui illec suruindrēt ɇ tous les aultres pers de frāce virent q̄ cestoient les deux filz de regnault ilz furēt moult ioyeux Chascun les baisa par grāt amour/ puis demanderēt cōmēt regnault ɇ ses freres faisoient. Seigneurs dirēt les enfans q̄ estes voꝰ q̄ demōstrez estre si ioyeux de nostre venue. Enfans dist le duc naymes nous sommes toꝰ voz parens de bien pres. Lors le duc naymes leur dist le nom de tous. Quant les enfans sceurent q̄lz estoient ilz se humisierent deuāt eulx moult honnestemēt/ puis leur dirēt. Seigneurs nostre pere vous salue ɇ vous prie q̄ nous voꝰ soyons pour recōmandez cōme voz parens.

Quant les barons ouprēt les deux enfans si sagemēt parler ilz furēt moult ioyeux de leur venue/ mais les deux filz de fouques de morillon en estoiēt bien tristes ɇ dolens. Par ma foy dist constans a son frere rohars le per de ces deux enfans occist nostre pere dont iay le cueur enfle de ce que les voy icy/ɇ ie nay ocil dont ie les puisse regarder/ɇ ne seray iamais ioyeux iusques a ce que ien auray occis vng. Frere dist rohars ainsi est il de moy par mon serment/ mais ie ne conseille mye que nous les assaillons icy car ce seroit folie attendōs lieu ɇ temps puis quil demoureront par deca nous nous en vengerons bien. Frere dist constans faisons vne chose que ie vous diray qui sera legiere a faire cest que voꝰ appellez lung de trahyson ɇ moy laultre/ disant que leur pere occist le nostre par trahyson/ ɇ leur prouuerons q̄ leur pere commist trahyson enuers le roy charlemaigne. Frere dist rohars vous parlez bien/ mais il fault que nous les laissons vng peu iusques a ce que nous verrons comme ilz se porteront en court/ car silz mesprenent en riens nous les pourrions occire sans mesprison. Apres ces choses faictes vous deuez scauoir que les enfans de regnault se porterent moult honnestement en court/ car tous les barons les aymoyent moult ɇ tenoyent chiers/ fors que les deux filz de fouques de morillon/ dont aymonnet et ponnet sen apperceurent bien ɇ ne parloient iamais a eulx ne ne conuersoient iamais ensemble. Cestoit grāt merueilles des dons que les enfans de regnault faisoient aux barōs ɇ gētilz hōmes de la court du roy charlemaigne cōme beaulx cheuaulx ɇ harnoys ɇ plusieurs draps de soye de diuerses couleurs. Et aussi dōnoiēt aux dames ɇ damoiselles robes de draps dor ɇ dargent. Et daultre part il tenoiēt moult grant estat en despense a tous poures gentilz hōmes ɇ escuyers/ ɇ faisoient tant de biens quilz en estoient grādement prisez dung chascun.

Je vous diray le plus les enfans de regnault firent tant en la court du roy charlemaigne q̃ de tous estoient aymes, & principalement du roy charlemaigne. Quant le roy vit qlz se contenoient si bien & si saigement en sa court il en fut moult ioyeulx, si les print moult fort a aymer & naymoit tãt ieunes cheualiers de sa court, & pource cõmãda qlz le seruissent de trancher deuant luy a son menger. Quant les deux filz de fouques de morillon virẽt q̃ le roy charlemaigne les aymoit tant ilz furent moult dolens, & a peine qlz nenrageoiẽt tous vifz, si iurerẽt par grant ire qlz les occiroient deuãt quilz partissent de la court. Aduint q̃ vng samedi de pẽthecoste le roy charlemaigne estoit a paris & vouloit tenir court planiere, y estoient aymonnet & ponnet auec les aultres barons en la sale. Ce pẽdant arriua vng cheualier dalemaigne qui presenta au roy vng moult bel couteau a la mode du pays. Lors le roy appella ponnet & luy dõna par grant amour. Quant ponnet eut receu son don du roy en sen tournant en sa place il hurta a cõstans cuydant nõ le faire. Quant cõstans vit que ponnet lauoit hurte il en eut moult grãt despit, si dist quest cecy fault il faire si grãs lobans pour deux garcons traytres q̃ ne vaillẽt pas vne pomme pourrie, & est ce stup si fier quil mest venu poucer par son enuye. Plusieurs aultres oultraiges dist cõstans a ponnet q̃ nestoient pas de dire. Quãt ponnet vit q̃ constans lauoit appelle traytre il en fust moult ire, si sen vint a luy & luy dist. Constãs moult aues apris vil mestier, cest q̃ de mesdire, car iay ouy que mon frere & moy nous aues appelles traytres, et q̃ charlemaigne scet bien cõme mõpere occist le vostre par trahyson. Je vous dy q̃ vous y mẽtez desloyaulmẽt, ains vostre pere assaillit le nostre par trahyson cõme traytre extrait de lignee de traitres, mais il ne pleust point a nostre seigneur q̃ mon pere mourust ainsi ne mes oncles. Mõ pere occist le vostre cest verite prouuee mais ce fut son corps deffendant & fist cõme noble & vaillant cheualier quil est, & se vous estes si hardy de dire q̃ ce fut par trahyson vecy mõ gaige tout a present disant que mẽtez faulcemẽt saulue lhonneur du roy & de sa noble compaignie. Quant charlemainne vit que nulz des barons ne disoient mot du debat de põnet & de cõstans il en fut moult ire & dist. Constãs vous aues grãt tort de dire q̃ moy & les douze pers de frãce scauons bien q̃ regnault de mõtauban tua vostre pere par trahyson, taises vous de ce dist charlemaigne, car se voꝰ scauiez commẽt la chose va vous nen parleriez iamais. Je vous cõmãde sur peine de tant que vous craignez a mesprendre enuers moy que vous amendez a ponnet ce que aues dit, ou incontinent vuydez ma court & mon royaulme, vous aues toute ma court troublee, dont ie suis mal cõtent. Et quant rohars ouyt ce q̃ charlemaigne auoit dit a cõstãs son frere il fut moult ire, si se leua sur ses piedz & dist. Sire ie suis prest de punier sur aymonnet q̃ leur pere occist le nostre par trahyson, & vecy mon gaige. Constãs dist charlemaigne icy prenez vng mauluais plet, dont vous en serez tard a repentir. Quant aymonnet & ponnet entendirent ces parolles ilz sagenoillerẽt deuant le roy et luy dirent. Sire pour dieu vous supplions treshumblmẽt que vous prenez ces gaiges que rohars a gettez, car a layde de dieu nous deffendrõs bien nostre pere de la trahyson quilz luy ont mise sus. Enfans dist charlemaigne puis que vous voulez que ie les prigneie les prendray, mais sur ma foy ie le fays moult enuis. Lors le roy print les gaiges, puis constans sault & dist. Sire nous entendons que nous serons deux cõtre deux chascun au sien.

Quant le roy eut pris les gaiges de constans et de rohart, il leur demanda pleiges. Alors saillirēt en piedz le traystre ganelon, berengier, estou de morillon, pinabel, griffon de haultefueille, q̄ dirent a charlemaigne. Sire noꝰ pleigōs cōstās et rohart, car ilz sont d noſtre lignaige, et ne leur deuōs faillir. Seigneurs dist charlemaigne ie les vous baille en garde, et vous commāde q̄ les ramenez en court quant temps sera. Sire dirent les pleiges nous les pleigons ainsi qua uez deuise. Quant le roy eut receu les pleiges de constās et de rohars, aymonnet et ponnet sauancerēt et dirēt en ceste maniere. Sire vecy noz gaiges comēt nous voulons defendre, que nostre pere noccist iamais foucques de morillō par trahyson. Enfans dist le roy charlemaigne vous parlez bien, mais il conuient auoir pleiges cōme iay eu des aultres se ie vueil faire raison. Adonc sault auant roland, oliuier, le duc naymes de Bauieres, ogier le dannoys, richard de normandie, et estou le filz oedon, lesquelz dirēt au roy. Sire nous pleigons les filz de regnault, et les voꝰ presenterons au mesme iour de la bataille. Seigneurs dist le roy il me plaist bien. Les enfans ne sont mye cheualiers cōme sçauez, mais par ma foy que ie doy a dieu ilz le serōt demain, puys māderons a regnault q̄l vieigne pour garder la bataille de ses enfans, car de huy en dix iours ie la deuise. Et quāt ce vint a heure de vespres charlemaigne fit appeller son seneschal et luy dist. Allez et me faittes venir les enfans de regnault, car ie vueil quilz soyēt desmain cheualiers, et faittes quilz soyēt biē honorez, car ie vueil ce faire pour lamour de leur pere, et gardez que chascun aye bō cheual ou palefroy et bōnes armes. Quāt le seneschal ouyt le cōmādemēt du roy, il fit bien le cōtenu. Quant ce vint au matin le seneschal amena aymonnet et pōnet tresbiē en point et toꝰ les aultres ensuyuāt q̄ deuoyent estre cheualiers, lesquelz il auoit fait veiller celle nupt en leglise de nostredame, puys apres quāt ilz furēt deuāt le roy, aymōnet et pōnet requirēt lordre de cheualerie, auſq̄lz le roy le donna de bon cueur, et aux aultres pareillement pour lamour deulx, puys fut faicte grant feste celuy iour. Et quāt la feste fut finee charlemaigne print vng messagier et lēuoya a regnault de montauban, et luy manda q̄l venist a la court a bōne cōpaignie, car ses filz estoyēt appellez de trahyson des ēfans de fouques de morillon, disans que par trahyson il auoit occis leur pere, et cōmēt ses ēfans auoyent gette toꝰ deux leurs gaiges, disans q̄lz auoyēt faulcemēt mēty, comme gēs trahytres, et extraictz de trahytres par droitte lignee.

Quant le duc regnault de montauban ouyt les nouuelles q̄ charlemaigne luy mandoit, il ne fit point de bōne chiere. Lors māda querir toꝰ ses freres par ses lettres, et leur manda q̄lz venissent en armes, car il en estoit mestier. Quant les freres de regnault ouyrent les nouuelles, sans faire demeure ilz vindrent a montauban. Adonc regnault fut moult ioyeux, si les baisa et leur compta ce q̄ charlemaigne luy auoit mande. Quāt les freres de regnault ouyrēt ce, ilz en furent toꝰ esmerueillez. Frere dist richard nayez doubte, ce fait ira aultremēt que voꝰ ne pēsez. Ie cōseille q̄ noꝰ allons a la court de charlemaigne, et quāt noꝰ serōs la, noꝰ cōgnoistrōs bien quelle voulente a le roy charlemaigne enuers vous et nous, et vous prometz que sil a riēs mespris enuers mes nepueux, ia dieu naye mercy de mon ame se ie ne loccis, quoy quil en doyue aduenir. Frere dist regnault ie vueil biē que nous allons a paris, et quāt noꝰ serōs la noꝰ sçaurōs commēt le roy charlemaigne se porte enuers mes enfans. Frere dist alard vous parlez bien et sagement, et me semble selon mon aduis que nous deuons aller la sans plus attendre. Quant ilz furent a ce accordez ilz se partirent de montauban a moult noble compaignie, et allerent tant par leurs iournees qlz arriuerent a paris. Et quant ilz furent la venuz tous les douze pers de france sceurent leur venue, et leur allerent incontinent audeuant, et menoyent auec eulx amonet et ponent, et receurent regnault et ses freres a moult grant ioye et honeur. Quant regnault vit ses deux beaux enfans il leur dist en ceste maniere. Mes enfans or verra il se vous estes mes enfans ou non, car se vous estes mes filz vous me vengerez de ceste grant honte que ces trahistres me mettent sus et sans cause. Pere dirent les enfans nayez doubtance, car se les trahistres estoyent dix, si nauront ilz pas contre nous duree, car chascun scet que vous estes le plus loyal cheualier du monde. Quant charlemaigne sceut la venue de regnault qui estoit venu si bien acompaigne de gens il en fut bien ioyeux, si manda a regnault qil venist incontinent a luy laquelle chose fit regnault de tresbon cueur. Quant charlemaigne le vit il luy fit merueilleusement bonne chiere, et aussi a ses freres. Quant regnault eut demoure une grant piece auec charlemaigne, il print conge de luy et sen tourna en son logis. Quant il fut en son logis il appella ses freres et ses enfans et leur dist. Mes filz venez auant, dittes moy comment se preuue charlemaigne enuers vous de ceste querelle que vous auez. Il fault que ie sache le vray. Pere dirent les enfans sachez que le roy charlemaigne nous ayme moult, et nous entretient sur tous moult honnorablement pour lamour de vostre personne quil ayme moult comme il dit. Et puys luy compterent comment il les auoit faitz cheualiers moult honnorablement, et comment il soustenoit leur querelle contre les trahistres et contre tous autres.

Quant regnault et ses freres entendirent ainsi parler les enfans ilz en furent moult ioyeux, car ilz auoyent doubtance que charlemaigne les voulsist mal mener. Puys quant regnault sceut que charlemaigne sestoit bien prouue vers ses enfans, il dist quil le seruiroit a tousiours mais comme son souuerain seigneur. Le lendemain au matin regnault alla veoir charlemaigne a son leuer, et le mercia moult de lonneur qil auoit fait a ses enfans. Lors charlemaigne luy dist. Regnault depuys que ie vis que fistes mon commandement de bon vouloir, et que me fustes obeissant alors ie oubliay tout mon maltalent que iauoye encontre vous, et vueil bien que vous sachez que ie suis vostre et seray toute ma vie, et vous tiens pour mon amy. Quant regnault ouyt la debonnairete du roy, il se getta a ses piedz, et ses freres pareillement, et le mercierent moult de la bonte qui en luy estoit. Sachez que regnault et ses freres demourerent a paris menant grant ioye, iusques au iour que la bataille deuoit estre de ses filz. Le pendant regnault auoit fait faire deux harnoys despreuue pour ses deux enfans, et fait prouision de deux bons cheuaulx de pris. Quant le iour de la bataille fut venu, les enfans de fouchas de morillon se vindrent presenter deuant le roy, appareillez pour faire armes. Et quant le roy les vit il leur dist. Enfans vous auez eu mauuais conseil, de faire vng si fort appel. Je suis seur que vous en serez tard a repentir. Ce nest mie la premiere faulcete que vostre lignage a fait, et aussi ne sera mie la derniere. Et quant le conte ganelon et tous ceulx du lignage ouyrent le roy charlemaigne ainsi parler, ilz en furent tous esbahiz tant quilz ne sceurent que respondre, ains se tindrent coy sans sonner mot. Lors costas dist au roy. Sire nous vous prions pour dieu que nous signifiez le lieu ou nous deuons

combatre contre noz ennemys/ῷ commēt nous deuons faire/cestassauoir se nous de
uons cōbatre deux cōtre deux ou vng a cōtre vng. Adonc se dressa le duc naymes de Ba
uieres ῷ dist. Sire cōstās a moult biē dit/il fault q̃ vo⁹ deuisez que lon doit faire. Nay
mes dist le roy ie se vueil biē/ῷ de ce iugemēt vueil q̃ en soit fait ce q̃ vo⁹ en direz. Si
re dist le duc naymes puys q̃ l bo⁹ plaist q̃ ie le die ie le diray. Sire il mest aduis pource
q̃ cōstās a appelle les filz aymō trahistres sans riē nōmer/ῷ rohars lautre/ q̃lz se doy
uent cōbatre deux a deux to⁹ ensemble. Sire dist regnault le duc naymes a tresbiē dit.
Par ma foy dist le roy/regnault vo⁹ dittes bien/ῷ ie lottroye/mais ie vueil q̃ la batail
le se face en lisle nostredame dedēs seine demain au matin. Quāt le roy eut ce dit les
barōs prindrent cōge de luy/ῷ chascū sen alla en son logis/ῷ regnault aussi/ ῷ q̃l em
mena ses deux enfans auec luy. Et les deux enfans de foucques de morillon sen alle
rent peisiblement auec leurs parens ῷ amys. Quāt regnault ῷ ses freres eurēt souppe
ῷ fait bonne chiere/il fit apporter ses harnops/ῷ armer alard guichard ῷ richard ῷ ses
deux enfans/ῷ lon sit mōstrer a aymōnet ῷ yōnet cōment ilz se deuoyent garder ῷ des
fendre de leurs ennemys/ῷ cōment ilz les deuoyent assaillir. Apres cecy fait regnault
enuoya ses ēfans a saint victor/ῷ les trahistres allerēt veiller a saint germain des prez.
Quāt le iour fut venu vng euesq̃ q̃ estoit du pēte de cōstans ῷ de rohars leur chāta sa
messe/ῷ larceuesq̃ turpī la chāta a saict victor deuāt les ēfans de regnoult/ῷ la estoit
ledit regnault/ῷ les douze pers de frāce. Quāt les ieunes cheualiers eurent ouy mes
se/ilz sen vindrent tous armez au palays presenter a charlemaigne. Et quāt il les vit
il appella roland son nepueu ῷ oliuier/ῷ le duc naymes/ῷ le duc richard de normandie
leur dist. Seigneurs vous estes tous a moy la dieu mercy. Je vous commande sur la
loyaute que vo⁹ me deuez/que vous allez garder le champ/par telle maniere que mon
honneur y soit saulue/ῷ quon garde a chascū son droit/ car par la foy que ie doy a dieu
sil ya homme si hardy qui vueille faire aucun oustrage/ie luy vendray chierement. Je
vueil que vous passez en lisle auec les combatans/ et que vous portez auec vous les
saintz pour les faire iurer auant quilz entrent au champ/quilz y entreront chascun en
bonne querelle. Sire dirent les barons/nous ferons vostre cōmandement/ῷ si maintien
drōs vostre droit/ car no⁹ y sommes tenuz. Seigneurs dist le roy vous ples biē ῷ loyau
ment/mais il vous fault bien auiser par tout/car dune part ῷ dautre ya grans gens
assembles/ Jay doubtance que meslee ny suruiengne/car rohars est plein de grāt tra
hison ce scay ie bien/ ῷ tous ses amys. Dautre pt regnault ῷ ses freres sont puissans
ῷ sages/ῷ ne souffriroyent mie quon leur sist tort/ne aussi a leurs gens/mesmemēt ri
chard le frere de regnault/car puys q̃l est courrouce il nespargne roy ne cōte/ ῷ pource
ie se doubte plus q̃ nul des autres/car vne foys me vouloit il moymesmes occire/dont
bien men souuient encores/de regnault ie ne me doubte mie/car il est moult raisonna
ble. Sire dist le duc naymes ne vo⁹ esmayez de rien/car no⁹ garderōs biē vostre droit
ῷ hōneur/sans faire tort a nully. Ce pendant les enfans de foucq̃s sen allerent en lis
le ou charlemaigne leur auoit ordonne. Quāt ilz furent passez en lisle atout leurs che
uaulx/ilz descendirent ῷ les attacherent/ῷ sassirent sur le pre/en attendāt leur aduer
se ptie. Or oyez que les trahistres auoyent ordonne. Vous deuez sauoir q̃ ce pendant
que charlemaigne auoit ple a ses barōs/berengier/ῷ hardre/ῷ griffon de haultefueil
le sembuscherent aupres de lisle/par telle entencion/ q̃ se les filz de regnault auoyent

le meilleur a lencontre des autres deux quilz sortiroyent sus atout grãt compaiginie de gens a toute diligence pour les faire mourir villainement.

Quant regnault vit quil estoit tẽps que ses filz deussent aller en lisle pour acõplir leur bataille/il appella aymõnet et luy dist. Venez auãt beau filz vous estes laisne/& pource devez vous avoir plus donneur que le ieune. Tenez ie vous donne flamberge ma bonne espee /de laquelle vous prendrez vẽgeance de ces trahistres/car vous auez le droit et eulx le tort. Pere dist aymõnet, voꝰ soyez tout asseure q̃ voꝰ verrez huy telle chose/dont voꝰ serez ioyeux/ car noꝰ mettrons les traistres a mort sil plaist a dieu. Quant regnault ouyt son filz ainsi vaillammẽt pler il en fut bien ioyeux/si le baisa/puys luy donna sa benedictiõ/ et pareillemẽt a yõnet. Quãt il eut ce fait il mena ses deux freres et ses deux filz dedens lisle nostredame, et quãt ilz furẽt oultre passez/luy et ses freres se mirẽt au retour pour venir devers le roy Et ainsi q̃lz y voulsoyẽt aller/veey venir ung messagier q̃ cria a regnault tãt cõme il peut. Regnault apres mercy de tes enfans/car se tu ny penses ilz sont perduz. Sachez que griffon de haulte fueille est ẽbusche auec grãt nõbre de gẽs auꝑs de lisle/pour tuer tes ẽfans. Quãt regnault ouyt ce il noircist tout de maltalent et dist. Ha doulce france q̃ cest grãt dõmage a vous/q̃ ne pouez iamais estre sans trahistres. Quãt il eut ce dit il appella son frere richard et luy dist. Beau frere assez sans faire longue demeure voꝰ armer/& faittes armer toꝰ noz gẽs / les menez en lisle. Et se le mauuais trahistre griffon vient pour grever mes ẽfans/si occiez en seure. Quãt voꝰ y serez faittes q̃ chascun voꝰ voye/& voꝰ gardez q̃ se les deux filz de fouq̃s ont le meilleur/q̃ voꝰ naydez poit a mes ẽfans/mais laissez les mourir se atãt vient/ car ce seroit grãt deshõneur pour noꝰ se voꝰ le faisiez. Frere dist richard ne voꝰ souciez ie ne le feroye pour tout lor du monde car noꝰ en auriõs reprouche/& tout nostre lignage. Quãt richard eut ce dit il se despartit de ses freres/& sen alla armer luy et tous ses gens / et incontinent apres monterent a cheual/& sen allerẽt la ou regnault leur auoit dit. Ce pẽdãt regnault sen alla a paris devers le roy au palays. Quãt le roy le vit il luy dist. Regnault voꝰ soyez le tresbiẽ venu/Sire dist regnault dieu voꝰ accroysse hõneur. Quãt charlemaigne ne vit point richard ne ses freres il en eut aucũe suspessõ/si dist a regnault. Du est vostre frere richard q̃l nest auec voꝰ cõe les aultres. Sire il est alle en aucun lieu pour certaĩ affaire/mais nayez de luy suspessõ/nõ ay ie dist le roy tãt q̃ voꝰ serez en vie. Mais il noꝰ conuiẽt aller sur la tour de seine/pour veoir la bataille de voz ẽfans/ Allons y sire dist regnault quãt il voꝰ plaira. Adõc sen allerẽt sur la tour/& allerẽt auec eulx larceuesque turpĩ/salomõ de bretaigne/ogier le dãnoys / guidelõ d bauiere/& mõlt dautres barõs.

Ainsi que charlemaigne fut monte dessus la tour pour veoir la bataille/ il regarda & vit venir richard le frere de regnault/ & grant compaignie de gens en armes. Et quant le roy charlemaigne le vit il le cõgneut biẽ/car il portoit ses ꝓpres armes/& richard lauoit fait a celle fin quõ le cõgneut Quãt charlemaigne vit ce il en fut tout esbahy. Lors il appella regnault et luy dist. Quesse que vous voulez faire/me voulez vous deshonnorer/auez voꝰ ia oublie vostre loyaute. Sire dist regnault nenny sauf vostre honneur/mais vous vueil seruir & honnorer cõme mon droitturier seigneur. Pourquoy dist le roy est alle richard en lisle tout arme auec tant de gens pour le champ briser/de laquelle chose ie me pourroye estre mi

eulx diffame. Sire dist regnault de ce nayez doubtāce/ car ien prēds nostreseigneur a garent τ pour plege q̄ scet tout/q̄ par richard ne sera faicte chose q̄ vous tourne a deshō neur ne a dommage/mais ie vous diray pourquoy mō frere richard sest mis en armes vous devez savoir que le trahistre griffon de haulte fueille est ēbusche soubz saint mar cel en ung vergier auec grāt cōpaignie de gēs q̄ veulent briser vostre chāp pour occire mes enfans/τ pource sest arme mō frere richard sil en est besoing/et se vo⁹ veez q̄ ri chard face chose oultre vostre vouloir τ cōmādemēt/veez moy cy/prenez en sur moy la vengeance. Est ce vray dist charlemaigne/q̄ griffon de haulte fueille a fait ce que vo⁹ dittes. Ouy sire dist regnault/ autrement ne le vouldroye dire.
Mult fut ire charlemaigne quant il ouyt ce que regnault luy auoit dit/ τ iura dieu τ tous les saintz q̄ sil pouoit tenir griffon/q̄ luy τ ses gēs feroit pēdre. Lors appella salomō le cōte de poytiers τ guidelō de bauiere τ leur dist. Segneurs/ faittes moy tost armer mille cheualliers. Je vueil aller en lisse pour veoir lorgueil de ces trahistres. Je vous iure p̄ saint iacques q̄ se ie puys ilz ne me ferōt point de deshōneur/ τ se ie les puys trouuer ilz le cōpareront cherement. Sire dist regnault vo⁹ dittes bien. Passez vousmesmes en lisle/ τ q̄ ne sera vostre com mandemēt quil soit pugny a la rigueur/tellement q̄ ungchascū y preigne exēple. Lors les gēs du roy sen allerēt sur lisle ainsi q̄ le roy lauoit cōmāde/ la ou ilz trouuerent richard qui sestoit mis en tel lieu que chascū le pouoit bien veoir. Quāt roland apper ceut richard qui estoit en armes/il en fut moult doulant. Si dist aux autres barons q̄ estoyēt auec luy pour garder le champ. Et quesse que richard veult faire/ honny soit le roy sil ne prent sur regnault vengrāce de ce quilz ont trāsgresse son commandement. Par ma foy dist oliuier τ le duc naymes vous dittes vray. Seigneurs dist ogier ie vo⁹ ponetz par ma foy que regnault ne scet rien de ce que richard a fait. Ainsi que les pers parlopent de ce que richard estoit venu au champ. Lors griffon de haulte fueille sortit de son embuschemēt auecques ses gens/ pource quil auoit paour q̄ richard oultrageast les ēfans de foucques de morillon. Quant roland le vit venir il luy cria a haulte voix Pardieu trahistre tout ce ne vous vauldra rien/car auāt que nulz coups soyent dōnez ilz serōt tous fermēt/τ si compareres chier ce quauez fait.
Rolant fut moult doulant quāt il vit la villaine trahyson que griffon de haulte fueille vouloit faire. Le pendant vecy venir le roy charlemaigne auec belle cōpaignie de gēs biē armez. Quāt il vit roland īl luy dist. Cō mēt nepueu souffrez vo⁹ loultrage q̄ les filz de foucques de morillon veu lent faire aux enfans de regnault. Je blasmoye regnault de ce q̄ son frere sestoit mys en armes/mais ie cōgnoys q̄lz ont raison. Sire dist rolād nul ne se peut garder de tra histres. Nepueu dist charlemaigne vo⁹ dittes verite/ mais par la foy q̄ ie doy a dieu ie les feray tous pendre villainemēt en despit de tout leur lignage/seulemēt pour la tra hison quilz ont auiourduy faitte. Pardieu dist roland vo⁹ ferez bien. Et atant vecy ve nir regnault monte sur ung palefroy sans espee. Quant rolant le vit il luy dist. Sire regnault est ce de vostre voulente que vostre frere richard soit venu icy en armes. Si re roland dist regnault seurement ouy, car la chose que iay faitte ne vous sera point ce lee. Vo⁹ auez veu la trahison q̄ les trahistres vouloyent faire pour occire mes enfans Et quāt ie sceuz le fait ie cōmanday a richard mon frere quil sallast tost armer pour

les secourir se les trahistres y venoyent/& si vous semble que richard ne moy ayōs de riens mespris si en face le roy iustice. Par ma foy dist roland ne vous ne vostre frere na uez en rien mespris/mais auez fait cōme bons cheualiers doyuent faire/& vous pro metz que voz ennemys seront ennuit desconfitz.

Q̄dāt richard vit charlemaigne q̄ estoit venu il cōgneut bien q̄l venoit pour garder le champ/& q̄ les trahistres ne pourroyent desormais faire nul mal a ses nepueuz/si dist a ses gens. Allons nous desarmer/car puys q̄ le roy y est nous ny faisons plus rien. Adōc sen alla richard & ses gēs desarmer Puys mōta a cheual & sen reuint sur seine & se bouta dedens la riuiere et passa oultre a la noue/laq̄lle chose vit charlemaigne. Quant il fut oultre passe il fit deux ou troys saultz deuāt la cōpaignie/puys sen alla a charlemaigne & le salua hōnestemēt. Quāt le roy vit richard il luy dist. Et cōmēt richard me voulez voꝰ diffamer q̄ estes venu en armes pour briser mō chāp. Sire dist richard sauf vostre grace/car oncques ie ny pen say/mais biē sachez de vray q̄ se griffon de haulte fueille y fust venu pour greuer mes nepueuz ie luy eusse bien son front eschauffe. Sire voꝰ estes nostre souuerain seigneur si noꝰ deuez maintenir & garder/ Je vous diray vne chose voyans toꝰ voz barōs/ q̄ se voꝰ croyez les trahistres de māte voꝰ en serez tard a repētir/& q̄ voꝰ voꝰ clamerez eco res roy dolant/moult me plaist de ce quauez veu voꝰ & les douze pers de frāce la tra hison de griffon de haulte fueille/cōmēt il vouloit occire mes nepueuz. Ha p̄ dieu dist le roy richard tu dis bien/il a fort mespris/mais ie voꝰ dis q̄ q̄ en sera vaincu il sera pē du/ne ia par lignage q̄l ait ne demourera. Sire dist richard il me plaist tresbien/mais ie vous dis pour vray que se ie deuoye mourir/ie ne souffriroye que lon fist tort a mes nepueuz. Par mon chief dist le roy voꝰ verrez que ie feray a tous raison/car ie les met tray ensemble/& a qui dieu en dōnera si en ait. Quāt charlemaigne eut ce dit il sen vit aux enfans de foucques de morillon & leur dist. Or auant seigneurs deliurez voꝰ de ce quauez a faire. Allez & iurez sur les saintz q̄ iustemēt voꝰ entrez en ceste querelle. Sire dirent les enfans noꝰ le ferōs voulentiers/car les enfans de regnault sont mortz/silz ne congnoyssent q̄ leur pe tua le nostre par trahyson. Adonc p̄la larceuesque turpin et dist. Seigneurs venez auāt/ or iurez sur les saintz/mais gardez biē de voꝰ piurer/car qui se pariurera il sera mort & vaincu. Quāt larceuesque turpin eut ce dit les deux en fans de foucq̄s sagenoillerent deuāt les saints & iurerēt/q̄ regnault auoit occis leur pere p̄ trahison/ Quant ilz eurent iure ilz baiserent les saints & offrirent deus besans dor/& puys allerēt monter a cheual. Ainsi quilz monterent ilz estoyēt trop pres lun de lautre/& sentrehurterēt si durcmēt q̄ peu sen faillit q̄lz ne tomberēt a terre. Quant re gnault vit ce il dist aux autres barōs. Decy vng mauuais signe/ie croy q̄lz se sont par iurez. Ce pēdāt vindrēt les ēfans de regnault q̄ sagenoillerent deuāt les saintz/et iu rerēt que les enfans de foucq̄s auoyēt mēty faulcemēt de tout ce q̄lz auoyēt dit. Lors mirēt les mains sur les saints/puys ouffrirēt vng moult riche don/& larceuesque tur pin leur dōna la benediction/& pareillemēt charlemaigne & tous les autres barōs/& pu is regnault & ses freres/& adōc mōterēt sur leurs cheuaulx hastiuemēt.

Q̄dāt les quatre chāpiōs furēt mōtez a cheual ilz ne firent autre demeure si dōnerēt des esp̄ōs a leurs cheuaulx & allerēt les vngs sur les autres/& se dōnerēt des lācces p̄my leurs escuz tāt q̄lles furēt en pieces/& nul ne tō bast a terre. Quant ilz eurent leurs lances brisees ilz mirent la main aux espees. Lors aymonnet qui tenoit flamberge dist a ponnet. Frere ie vous prie que pesez de bien faire car se vo9 m'aidez/honiz seront et cõfuz les mauuaiz trahistres. Frere dist ponet ne vo9 souciez/car ie ne vous faudray iusques a la mort/et no9 deuõs recõforter/car no9 auõs le droit et eulx le tort. Et quãt les deux freres eurēt assez parlé/ilz allerent to9 deux en semble courir sur leurs ennemys l'espee au poing. Lors aymõnet aconsceut constãs de flamberge sa bõne espee si durement/que le coup aualla sur la visiere et la trēcha/et luy emporta la moitie du nes. Et quãt aymõnet vit le nes de son ennemy par terre/il luy en fit reprouche. Par dieu constãs il vo9 va pis que par auãt/car iamais ne serez sans signe/car ce coup vo9 a fait flamberge laquelle occist voz pere/aussi fera vous se a dieu plaist. Quant rohars vit que son frere estoit si naure il courut sur ponnet et luy donna si grant coup sur le heaume que se le heaume n'eust esté bon il l'eust occis. Ce pen dant aymõnet courut sur constãs et luy donna si grãt coup sur le heaume/qu'il se fit en cliner dessus sa selle/et cõuint par la vertu du coup au cheual tõber sur ses genoulx et donner du musequ a terre. Et quãt le cheual sentit le coup il se dressa vistemēt tout ef froye/et se mist a courir prestemēt parmy le pre comme s'il fust enrage/ne constãs ne le sauoit gouuerner/car il estoit estourdy du coup qu'il auoit receu. Et lors aymonnet et ponnet coururent sur rohars/et le cõmencerēt fort a malmener. Et quãt rohars vit qu'il estoit si malmene il se mist a crier a haulte voix tãt comme il peut. Frere ou estes vo9 me lairez vous ainsi tuer. Constãs qui couroit parmy le pre fut vng peu reuenu et a uoit vng peu appaise son cheual/oupant ainsi son frere crier/il sen vint celle part/et frappa aymonet sur son heaume vng moult grant coup/mais le heaume estoit bon/et ne le dommagea de riens. Quãt constãs vit qu'il n'auoit pas occis aymonnet/il cuida enrager/et d'autre part il veoit la place qui estoit du sang de son frere toute couuerte/si ne sceut que faire/ne ne pouoit/a cause que aymonnet le tenoit de si pres. Ce pen dant ponnet auoit prins rohars par le heaume/et l'estrangloit a fine force. Quant con stans vit ce/il picqua son cheual des esperons/et se mist entre rohars et ponnet/telle ment q'il fut force a ponnet de le lascher. Quãt aymõnet vit que constans auoit deliure rohars des mains de ponnet/il alla courir sur constans et le frappa de flamberge sur son escu si durement/qu'il en fit deux pieces. A brief parler les enfans de regnault ha sterent tant les filz de foucques de morillon qu'ilz cõmencerēt a pdre la place/et estoiēt tant trauailles/q'ilz ne demandoyēt que eulx reposer/mais aymõnet et son frere n'auoy ent voulente q de cõbatre. Et vo9 dis pour vray q'ilz estoyent to9 quatre si naurez qu'ilz perdoyēt abõdammēt leur sang/car ilz s'estopēt cõbatuz longuemēt sans eulx reposer ne les vngs ne les autres. Quãt cõstãs vit qu'il auoit assez seiourne/il courut sur ay monnet/et luy donna vng grant coup sur l'espaule tant qu'il luy fit vne grãt playe/nõ mortelle. Quãt aymõnet se sentit ainsi blesse/il donna a cõstãs si grãt coup sur l'oreil le/qu'il la luy emporta atout la ioue. Quant charlemaigne vit ce coup/il ne se peut tenir de dire. Pardieu or va il pis que parauãt/car les deux filz de foucqs de morillon sont cõfus. Sire dist regnault/ilz sõt biē desseruy/car ilz se sõt piurez faulcement. Ce pēdãt ponet courut sur rohars/et luy dõna tel coup sur le heaume q'il luy trēcha le cercle/et l'es pee luy ētra biē vng doy en la teste. La bataille dura mõlt ētre eulx/et auit q p force de cõbatre chascũ au sien/ilz ne sceurent nouuelles q'ilz se furent esloignez bien d'un trait

darc les vngz aux autres/ʒ estoyent en deux batailles/ car aymōnet se cōbatoit a cō-
stās ʒ pōnet a rohars/mais rohars alloit trop mallemēt/ car pōnet sauoit mys p terre
Quāt pōnet vit qͥl auoit mys rohars p terre il dist q̄ ce seroit villennie destre a cheual
ʒ sa ptie a pied. Si mist le pied a terre pour cōbatre a rohars/mais quant il eut abādō-
ne son cheual incōtinēt le cheual courut au cheual de rohars ʒ le cuida estrāgler.

Quant charlemaigne vit ce il se mist a rire ʒ dist. Par ma foy nous auons
troys batailles. Je cōgnoys q̄ pōnet a tant malmene rohars quil ne peut
plus aller en auant/mais va fort en reculant/certes il ne peut plus souf-
frir les grās coups q̄ pōnet luy dōne. Quāt rohars vit quil ne pouoit plus
endurer pōnet il se mist a crier ʒ dist. Ha beau frere cōstās ou estes vous/ que ne me ve-
nez vous aider/ vo⁹ q̄ estes si bō cheualier ʒ prinstes la querelle vousmesmes dōt il no⁹
va malemēt. car se vous ne me secourez tout a present me fault mourir. Et quant cō-
stās ouyt ainsi parler son frere il laissa aymonnet ʒ sen va vers ponnet pour secourir
son frere/ mais sachez qͥl ne desptit gueres sain de aymonnet. car il luy auoit fait plus
de vingt playes. Quāt cōstās fut venu vers son frere incōtinēt il courut sur ponnet
atout son cheual. Quāt aymōnet vit ce il cōmēca a crier apres constans. Par ma foy
mal vous baptisa celluy q̄ vo⁹ mist nom constās/ iar iamais ne fut veu homme si cou-
hard q̄ vous estes q̄ ainsi vous en suyez. Et quāt il eut dit ces parolles il courut aps
pour secourir son frere. Et quāt il fut la il courut vers cōstās/ ʒ constans cōtre luy/ le-
quel luy donna vng moult grant coup sur son heaulme/ mais le coup aual a sur le che-
ual ʒ tomba ledit cheual mort par terre. Quāt aymōnet se vit par terre il se dressa pre-
stemēt ʒ frappa constās dessus son heaume/ mais il fut si dur que flamberge ny peut
entrer/ ʒ le coup glissa sur la visiere ʒ la trencha ʒ la pluspart du visage/ tant que les
dentz luy paroissoyēt/ ʒ puys le coup tomba sur le cheual deuāt larson de sa selle ʒ mist
le cheual en deux pieces/ ʒ constans cheut a terre moult felonneusemēt/ mais inconti-
nent se releua au mieulx quil peut.

Mult fut esbahy constans/ lors aymōnet luy dist. Pardieu mauuais tra-
histre or vous cōuiēt il mourir/ mal pensastes oncq̄s dappeller mon pere
de trahyson qui est le plus loyal cheualier du mōde/ mais auiourduy est ve-
nu le iour q̄ vo⁹ le cōparerez cher. Quāt regnault ouyt son filz ainsi pler il en fut fort
ioyeux/ si en rendit graces a dieu. Quāt aymōnet vit cōstās releuer il luy courut sus
ʒ le cōmēca moult a haster de grans coupz/ entant q̄ constās nauoit pouoir de frapper
vng coup/ mais sen alloit ca ʒ la au mieulx quil pnoit pour euitter les coups. Quant
constans vit qͥl ne sauoit plus q̄ faire il getta son escu a terre ʒ piint aymōnet a plein
bras a mode de fuite. Qnant aymōnet vit ce il ne fut de rien esbahy/ car il estoit fort
courageux/ si piint cōstās par son heaume ʒ le tira a luy de si grant puissance qͥl le
luy osta de la teste. Quāt cōstās se vit si malmene il cria a son frere rohars ʒ dist. Ha
frere secourez moy/ car ie nay pouoir d̄ me defendre. Quāt rohars ouyt son frere ainsi
crier il fut mōlt doulant de ce quil ne le pouoit secourir/ car il auoit perdu tāt de sang
qͥl ne se pouoit soustenir/ touteffoiz il se pforcea tāt qͥl vint iusques a son frere cōstās
ʒ cuida frapper aymonet par derriere/ mais il ne peut/ car aymonet le vit ʒ lalla frap-
per si durement parmy les espaules qͥl le fit tōber par terre/ ʒ puys sen alla sur cōstās
ʒ luy dōna si grāt coup qͥl luy trēcha tout le visage. Lors constans se mist a crier ʒ dist

Ha beau frere secourez moy ou aultrement ie suis mort. Frere dist rohart ie ne vous puis donner aide ne secours, car moymesmes suis tout esbahy. Quant charlemaigne vit ce il dist. Par dieu or sont mors les deux filz de fouques de morillon par leur maul uais sens. Sire dist ogier il nen peut chaloir, car ilz maintenoient mauuaise querelle. Vous dictes vray dist le roy. Or apert leur mauluaise desloyaulte. Quant regnault vit que ses enfãs estoiẽt au dessus il en fust moult ioyeulx, mais nestoit pas ganelon, car il estoit si ire qu'il deuint aussi noir comme vne moure. Lors appella ledit ganelon Berẽgier et hardres et henry de lyon et les tyra arriere a part et leur dist. Seigneurs nous sommes tous deshonnourez, car les enfans de fouques de morillon sont desconfitz, ie les secourusse voulentiers se ie pouoye, mais ie doubte moult fort le roy qui est illecqs a moult grant puissance. Sire dist hardres ce poyse moy, aultre chose ny pourros faire pour le present, pource fault q̃ nous refregnons nostre ire et q̃ nous demõstrons q̃ nous ne̮ sommes point courroucez a celle fin qui ny eust meslee sur nous, et endurons iusq̃s a ce quil viendra le temps de nous en venger.

CE pendant aymonnet vit quil auoit frappe cõstans mortellemẽt il en fut moult ioyeulx. Lors son frere yonnet luy dist. Par dieu frere vo9 aues mal fait dauoir occis ce mauluais traytre, car ie le vouloie occire de mes deux mains, mais puis quil est ainsi allez acheues le et ie iray tuer rohart. Frere dist yonnet vous parlez bien, or allez tuer lung et moy laultre, car ainsi doit lon faire des traytres. Quãt les deulx freres se furẽt accordez ilz allerẽt courir dessus leurs ẽnemys q̃ estoy ent a terre. Aymõnet alla sur cõstans et luy dist tout haultemẽt a celle fin q̃ chascun sou yt. Dittes moy cõstans pourquoy appelastes vous mon pere de trahyson. Je veuil biẽ q̃ lon sache q̃ mon pere est vng des loyaulx cheualiers du monde et q̃l occist vostre pere son corps deffẽdãt la ou vostre pere sauoit pourchasse de occire par trahyson. Or tost co gnoisssez vostre mauluaistie deuãt le roy, ou aultremẽt vous estes mort. Aymõnet dist cõstans pour dieu mercy, ie me rens a vous. Lors luy tendit son espee. Quãt aymonet eut lespee il le print et le mena deuant charlemaige auquel il dist. Sire tenez ce traytre ie le vo9 rẽs a en faire ce q̃ rayson vouldra. Quãt le roy vit ce il en fust moult ioyeulx et luy dist. Amy vous en auez assez fait tant q̃ lon nen demande aultre chose, et quãt laul tre sera vaincu ie les feray tous deux pendre. Sire dist aymõnet faictes en vostre vou lente. Et quãt il eut ce dit il sen retourna deuers son frere yonnet pour luy aider tenant son espee en sa main, leql dist a rohart. Par dieu traytre vous mourrez mauluaisement Lors aymõnet luy courut sus pour le frapper. Quant yonnet vit ce il luy dist. Beau fre re ne soccies mye et ne le touchez, mais vous en allez reposer, car ie le veuil conquerre a par moy cõme vo9 auez le vostre. Frere dist aymonnet vo9 dictes mal. Je vous veuil aider, car il a este ordone. Quãt yonnet vit q̃ son frere luy vouloit aider oultre son gre il luy dist. Beau frere ie voue a dieu se vous touchez rohars iamais ne vous aymeray Frere dist aymõnet vo9 ne dictes pas bien. Je me desporteray puis qǔl vo9 plaist, mais ie vous pmetz se ie voy q̃ vous ayez dãger ie vous aideray et me deussiez vous occire Frere dist yonnet ie le veuil biẽ, et adonc se tyra aymõnet vng peu arriere. Lors yonnet courut sur rohars q̃ estoit releue pour soy deffendre, et luy dõna si grãt coup sur lespau le qǔl la luy trencha tout oultre et tõba le bras a terre. Quãt yonnet eut fait ce coup il re mist son espee au fourreau et dist a rohars. Traytre desloyal il te conuient recognoistre

p

de ta bouche que regnault de montauban mon pere nest mye traytre/mais est vng des loyaulx cheualiers du monde/& se tu ne le veulx faire tu mourras tout a psent. Quant il eut ce dist il print rohart par le heaulme & le tira a luy si rudement quil luy arracha/& puis comenca a se batre du pomeau d son espee de moult gras coupz. Quant rohart vit qleſtoit si mal mene il comenca a crier & dist. Beau sire dieu ayez mercy de mon ame/ie cognois bien q de mon corps est fait. Quant costans ouyt ainsi parler son frere il comenca a plourer/car il ne pouoit faire aultre chose.

Q̃ant poncet vit que rohart ne se vouloit desdire ne luy crier mercy il le frappa de son espee si durement q̃l luy osta la cuisse/ puis luy mist le pied sur le corps & luy dist. Or tost mauluais traytre dictes vostre mauluaistie ou maintenant vo'estes mort/a laquelle chose rohart ne voulut dire mot. Quant ponnet vit qlne sonnoit mot il luy trecha la teste. Et quant aymonet vit q son frere auoit tue rohart il en fut moult ioyeulx/si sen alla la & dist a son frere. Frere vo' auez fait vaillamment la dieu mercy dauoir occis ce mauuais traytre. Lors se prindrent par la main les deux freres & sen allerent vers le roy/auquel aymonet dist. Sire vo' semble il q no' ayons assez fait car no'sommes tous prestz den faire encore plus se vous le nous comandez. Beaulx filz dist charlemaigne il ne vous en couient plus faire vo' auez assez fait/car costans est recreu & rohart mort. Or vo' en allez repoſer & ayez de bons mires pour vous guerir de voz playes/& ie vous pmetz q ie feray des traytres ce q̃l en appartient. Lors charlemaigne comanda q costans fust pendu & le corps de son frere aupres de luy. Quant le roy eut ce comande incontinent son print costans,& le corps de son frere & les trayna lon a la queue dung cheual par deuant tout leur lignaige/& puis furent penduz & bien lauoiēt deseruy. Et quant ilz furēt penduz charlemaigne dist. Seigneurs sachez q ie ne vouldroye pour grāt chose quil allast aultrement. Quāt ganelon vit pendre les deux filz de fouques de morillon q estoient ses nepueux il en eut moult grant dueil & en cupda perdre le sens. Lors appella hardie/berengier & malgu q plus sauoit de mal q lucifer & henry de lyon & pinabel & geofftoy gens q oncques ne firent q mal & leur dist Seigneurs vo' voyez coment charlemaigne nous a fait grant deshonneur si nous le cognoissons bien/car il a fait pendre noz amys charnelz moult villainement maulgre no' mais no' verros encores leure q ceste honte sera vengee. Il dist vray le traytre gainelon/car il trahyt les douze pers de france & les fist tous mourir a ronceuaulx.

A̰pres ces choses dessusdictes regnault voyant q ses enfans auoiēt vaincu les enfans de fouques de morillon il en fut molt ioyeulx si en rendit graces & louenges a nostre seigneur ihesucrist & sen vint luy & ses freres a eulx. Lors regnault demanda a ses deux enfans coment ilz leur estoit. Pere dirēt les enfans il nous va tresbien la mercy dieu. Lors alard & guichard regarderent leurs playes & furēt bien ioyeulx quelles nestoiēt point mortelles. Ce pendant vint la charlemaigne & les enfans luy allerēt alencontre & sagenoillerēt deuāt luy. Lors le roy leur demāda. Enfans coment vous va il/estes vo' grādement naurez. Sire dirent les enfans il no' va bien la dieu mercy no' serōs tātost gueriz. Lors le roy māda to' ses mires & leur dist q̃lz visitassent les playes de aymonet & ponnet/laq̃lle chose ilz furēt sans demeure/& puis dirēt au roy q̃lz nauoient nulle doubte quilz ne les missent tantost en bon point. Ha seigneurs dist regnault dieu le vueille. Apres ce q la iustice fut faicte des enfans de fouques regnault demoura a paris iusques a ce q̃ ses enfans furent gueriz. Apres q̃lz furẽt bien gueriz ilz sen allerẽt au palays pour veoir charlemaigne lequel leur fist grãt acueil et bõne chere et leur dõna de moult beaulx dõs, cõme chasteaulx et fortresses de grant renom. Lors regnault et ses freres demanderẽt cõgie au roy, lequel leur dõna moult enuiz, et en le leur dõnant il leur pria q̃ en brief retournassent a luy. Sire dist regnault voulentiers ferõs vostre cõmandemẽt. Quãt regnault eut prins congie du roy et aussi ses freres et enfans ilz se mirẽt en voye pour eulx en aller a montauban, et tant firẽt par leurs iournees q̃lz arriuerẽt a bourdeaulx. Et quãt regnault fut vng peu reposé il appella ses enfans deuãt ses freres et leur dist. Mes enfans oyez ce q̃ ie vous vueil dire. Je ordõne des maintenãt q̃ ponnet aura dordõne pour sa part, et aymonnet mõtauban, car il ya grant tẽps q̃ iay ouy dire q̃ nostreseigneur dist q̃ larbre q̃ porteroit fruit iamais ne mourroit. Sachez q̃ iay dieu courrouce dont il mest aduis q̃ le tẽps est venu q̃ ie me doyz amender, iay moult grant paour de mon ame et pource ie feray mon deuoir de la rendre a cellup seigneur q̃ la crea a son ymaige. Quant ses freres louyrent ainsi parler ilz cogneurẽt aussi bien sa pensee cõme luymesmes. Lors cõmencerent a demener vng grãt dueil. Quãt regnault vit ce il leur dist. Par dieu seigneurs vous auez tort de mener si grant dueil, car vous ne scauez pas q̃ ie vueil faire. Ne voyez vo' pas q̃ ie suis encores auec vous, de quoy vous esbayssez vous, nestes vous assez riches il nya cellup de vous q̃ ne puisse tenir mille cheuaulx, saulue le plus. Daultre part ie suis sain et en bõ point la dieu mercy, si vueil departir a mes enfans chascun sa part en ma vie affin quilz ne soyent en discort apres ma mort, et pource vueil ie q̃ chascun sache sa part dorenauant comment quil en aille.

Quant regnault eut ordõne sa cheuãce a ses enfans ponnet se partit de son pere et sen alla a dordõne la ou ceulx du pays le receurẽt pour leur seigneur et luy firẽt foy et homaige. Apres q̃ ponnet sen fut party regnault et ses freres sen allerẽt a mõtauban. Quant ceulx de mõtaubã virent leur seigneur ilz en furẽt moult ioyeux et luy firent grãt feste. Quãt la feste fut passee regnault commanda a to' ses subiectz q̃lz fissent homaige a son filz aymonet. Quãt tout ce fut fait et la nupt fut venue chascun sen alla coucher. Lors regnault sen alla en sa chambre et se pourmena iusques a la minupt. Et quant ce vint a la minupt regnault se vestit dune grant chappe sur vne cotte, et ne print chemise ne petiz draps ne souliers ne armeures, mais q̃ vng baston pour soy deffendre des chiens. Et quãt il fut ainsi appareille il sortit de sa chambre et yssit du palays et sen vint a la porte de la ville et la se fist ouurir. Et quãt le portier vit son seigneur si purement abille il luy dist. Sire pour dieu ou allez vo' si puremẽt abitue, ie men voys esueiller voz freres et vostre filz, vous estes en grant dangier pour les larrons, car vo'ne portez riens pour vo' deffendre. Amy dist regnault ny allez point, iay grãt fiance en dieu q̃l me gardera de tous dangiers, mais tu diras a mes freres quãt tu les verras demain au matin q̃ ie leur mãde salut et a mon filz aussi et quilz pensent tousiours de bien faire, quilz ne portent point de hayne lung a lautre, quilz facẽt ce q̃ ie leur ay deuise, et si leur diz q̃ iamais ne me verront cõme ie croy ie men voys mon ame sauluer se dieu si veult cõsentir, et mourray quãt a dieu plaira, car par moy sont mors maintz hõmes dont me sens moult coulpable, pourquoy ie doys souffrir peyne en ma vie, et se ie puis tant faire que mõ ame soit saulue ce ie ne demande aultre

chose.Quant regnault eut ce dit il regarda en son doy/ͥ Vit son annel ou il Vit vne pi
erre q̃ Valoit bien cent marcz dargẽt/ͥ la donna au portier/ͥ luy dist.Mon amy vo⁹ estes
bien reguerdonne de ce q̃ Vous mauez seruy.Sire dist le portier mille merciz de ce beau
don.Helas sire q̃ Vous mettez bien ce pays a grãt pдicion.Oi nous est grãt mal adue
nu/car no⁹ sommes mys du hault en bas.Lors se mist tendrement a plourer.Ce pendãt
regnault se mist a la Voye en lestat q̃ ouy auez.Ainsi qͫ sen alloit le portier le choisit tãt
come il peut.Quãt il ne le peut plus choisit il cheut pasme a terre la ou il demoura vne
grant piece.Et quãt il fut reuenu il cõmenca a demener moult grant dueil/ͥ puis dist.
Ha dieu ou Va monseigneur si pourement habitue.Lors quant il eut demene son dueil
vne grãt piece il retourna dedẽs la porte/ͥ puis la serra a la clef/ͥ sen alla en son hostel
Quant il fut en sa maison il se mist a regarder lannel q̃ regnault luy auoit donne/ͥ co-
gnieut bien qͫ estoit moult riche dont il fut bien ioyeulx.Maintenant laisserons vng
peu a parler du Vaillant regnault qui sen est alle pour faire penitãce de ses pechez par
my les Voyes/ͥ parlerons de ses freres/ͥ de aymonnet son filz.

¶ Cõment apres ce q̃ regnault sen fut alle de montauban en guise de pellerin en espe
rance de non iamais tourner apres ce quil eut departy ses biẽs a ses enfans/ses freres
/ͥ son filz aymonnet furet grant dueil quant ilz sceurent quil estoit party/ͥ qͫ sen estoit
alle sans leur dire a dieu.   Chapitre.xxvi.

Or dit le cõpte q̃ quant le iour fut apparu/ͥ aymonet/ͥ ses oncles furẽt le-
uez ilz sen alleret a la messe cuidãt trouuer regnault come ilz auoiet acou
stume/ͥ quãt ilz ne le trouueret ilz en furent moult esbahiz/car regnault
auoit tousiours de coustume oupr matines/ͥ atãt arriua le chappellain

qui estoit venu pour luy ayder a dire son seruice. Quant le chappelain ne trouua point son maistre il se print a le demander & fut tout esbahy ou il estoit. Sire dist alard ie cuyde quil est malade pour dieu allons veoir quil fait. Et lors sen allerent cercher en sa chambre la ou il ne le trouuerent point, dont tous cuyderent desesperer. Seigneurs dist alard or sommes nous tous honniz. Las vecy ses robes ses souliers son espee & toutes ses armes. Or sen est il alle hors de ceans en poure abillement ie le voy bien & dieu le veuille conduyre. Ainsi quilz se guementoient la arriua le portier qui faisoit grant dueil pour lamour de son maistre regnault. Quant il fut dedens la chambre il se mist a crier comme vng homme hors du sens et dist. Ha beaulx seigneurs que ferons nous puis que nous auons perdu nostre seigneur, il sen est alle tout nudz piedz en linge vng baston en sa main et vous mande par moy & prie pour dieu que se onques laymastes que vous portez honneur lung a laultre, & que chascun ait sa part ainsi quil a deuise, & vous mande que iamais ne le verrez, car il sen va pour son ame sauluer, & me donna lannel de son doy que veez cy. Quant alard, guichard, & richard et aymonnet ouyrent ces nouuelles ilz en eurent si grant dueil quilz cheurent tous pasmez a terre, & quant ilz furent reuenuz de pasmeson ilz commencerent a demener vng moult grant dueil si grant & si merueilleux qui cellup qui leust veu eust eu le cueur bien dur si neust plouré de pitie. Helas dist alard mon beau frere regnault bien nous auez destruitz certes mieulx vaulsist pour nous que vous nous eussiez tous occis que de nous auoir laissiez en telle maniere, car desormais ne valons riens sans vous. Quant il eut ce dit il tomba de rechief a terre, & puis quant il fut reuenu il commenca a arracher ses cheueulx & sa barbe et esgraffinoit son visaige moult hideusement. Helas dist richard & comment viurons nous sans vous. Helas or auons nous perdu cellup par qui nous auons eu tant dhonneur en ce monde. Helas mon frere vous estes le nompareil du monde qui oncques portast espee escu ne lance. Puis que vous auons perdu nous pouuons bien dire adieu la ioye de ce monde. Quant il eut ce dist le cueur luy enfla si fort quil en perdit la parolle tellement quil neust pouoir de parler dune grant piece. D aymonnet & de guichard q dirons nous. Je vous prometz q nul ne scauroit dire la moitie du dueil quilz demenoient, car ilz estoiet moult piteux a regarder. Grant dueil fust mené d tous quatre pour lamour de regnault, lequel sen estoit alle ainsi comme ouy auez, priant nostreseigneur qui le veuille conduyre & ses freres reconforter. Mais a present laisse le compte a parler de alard, guichard, richard, & dapmonnet quil estoient a montauban demenant leur grant dueil. Et retourne a parler du noble regnault q sen estoit alle a son aduenture son pain querant pour son ame sauluer.

¶ Comment apres que regnault fut party de montauban pour son ame sauluer il sen alla a couloigne sur le rin & trouua q son massonoit lesglise saint pierre, & illec luy print voulente & deuocion de seruir les ouuriers pour lamour de nostreseigneur & ainsi le fist mais a la fin les aultres manœuures eurent si grat enuye de ce quil estoit mieulx ayme que eulx de tous les maistres pour le bon seruice quil faisoit qlz loccirent, puis le mirent dedens vng sac & le getterent dedens le rin, & par la grace de dieu son corps apparut sur leaue faisant beaulx miracles guerissant de toutes maladies tellement ql fut nommé corps sainct le iour de son enterrement.   Chapitre. xxvii.

En ceste partie dist le compte q̃ quāt regnault fut party de montauban il se mist a cheminer par dedens les boys tout a trauers ⁊ chemina tant tout le iour quil ne mengea q̃ des pōmes sauluaiges ⁊ des neples. Quant la nuyt fut venue il se coucha dessoubz vng arbre. Et ainsi q̃l se vouloit endormir il fist le signe de la croix sur soy ⁊ puis se recommanda a dieu puis sendormit iusques au iour. Et quāt le iour fut venu regnault se leua ⁊ se mist en la voye dedens les boys ⁊ demoura bien a trauers des boys lespace de huyt iours sans mēger q̃ des fruitz saul uaiges. Tant erra par ses iournees quil sortit hors du boys / et incōtinent trouua vne maison de religion la ou il demoura celle nuyt. Les freres de leans luy voulurēt don ner a menger / mais il ne voulut oncques mēger q̃ du pain ⁊ de leaue. Le lēdemain au matin il se mist en la voye ⁊ tant alla par ces iournees q̃l arriua a couloigne sur le rin. Quant regnault fut a couloigne il trouua que lon faisoit lesglise de saint pierre la ou il y auoit maintz ouuriers de plusieurs sortes. Et quāt il vit ce il entra dedens et sen alla deuāt lentree ⁊ sagenoilla ⁊ fist son oraison a nostreseigneur par grant deuocion Ainsi quil faisoit son oraison il luy vint voulente de demourer illec pour seruir les mas sons pour lhonneur de dieu ⁊ de saint pierre. Quāt il eut faicte son oraison il se leua et se mist a regarder par leans les ouuries qui besoygnoient. Lors dist a soymesmes quil vauldroit mieulx de seruir illec a lesglise de nostre seigneur que destre parmy les boys entre les bestes sauluaiges. Quant le bon regnault eut beaucoup pense il sen vint au maistre d loeuure ⁊ luy dist. Maistre ie suis vng hōme destrāge terre ⁊ si nay nulz biēs de ce monde / sil vous plaist ie seruiray ceās ⁊ porteray pierres ⁊ mortier quāt tēps sera Quāt le maistre ouyt regnault ainsi parler il se mist a le regarder ⁊ vit q̃l estoit moult grãt & bien taillé de tous ses mẽbres. Lors luy respõdit moult doulcement par ceste maniere. Mon amy vous ne ressemblez mye estre homme de poure maison, mais ressemblez mieulx estre roy q̃ masson, pourquoy ie ne vous oseroye mettre en euure nullemẽt, nonobstãt q̃ vous soyez moult pourement vestu. Maistre dist regnault de cela ne vous souciez sil vous plaist ie seruiray ceans & vous seruiray loyaulmẽt. Mon amy dist le maistre puis quil vous plaist il me plaist bien, mais ie ne vous vueil point tenir au pris de ces villains ie vous payeray a ma conscience selon leuure que vous ferez. Maistre dist regnault il me plaist bien. Lors le maistre luy dist. Mon amy allez aider a ces quatre que veez la qui ne peuuent porter celle pierre, car ce ne sont q̃ truãs. Maistre dist regnault ne vous courroucez point a ces poures gẽs, la vous iray ie querir tout maitenant. Amy dist le maistre ne vous hastez point se aultre que vous ny mect la main la piere demourera ou elle est, car la pierre est vng pesant faiz. Maistre dist regnault vous aurez la pierre incõtinent sans aide daultruy q̃ de moy sil plaist a dieu & a tous les saintz de paradis, & quãt regnault eut ce dit il despoilla sa chappe & sen vit aux quatre hommes qui tenoient la pierre & leur dist seigneurs si vous plaist allez porter vne aultre pierre & ie porteray ceste cy. Amy dirẽt les quatre hõmes vous dictes bien nous vous lairrons voulentiers faire. Lors regnault print la pierre & la chargea dessus son col & la porta au dessus d la muraille la ou lon la deuoit mettre, & quãt les aultres ouuriers virẽt ce ilz en furẽt tous esbahiz & cõmencerẽt a dire lung a lautre, Vecy grãt merueille dont peut estre venu ce dyable, nous ne gaignerõs iamais riens tãt quil sera auec nous en ceste oeuure. Quãt le maistre vist venir regnault qui portoit si pesant faiz il en fut moult liez. Et quãt regnault fut audessus a point de descharger sa pierre le maistre luy dist. Amy ne mettez point encores ius la pierre. Sire dist regnault ie la tiendray tãt quil vous plaira. Lors le maistre appareilla la place pour mettre la pierre, & quãt il eut faicte il dist a regnault mettez ius la pierre mon amy q̃ loué soit dieu, & benoiste soit leure q̃ fustes ne.

Dant regnault eut mis ius la pierre le maistre luy cõmanda q̃l luy allast querir du mortier, voulentiers dist regnault. Lors descendit a bas & chargea du mortier plus q̃ dix aultres neussent porté le porta au maistre & luy dist Maistre ne vous souciez de riens, ie vous seruiray bien de tout ce q̃ aurez mestier a laide de nostreseigneur, pẽsez de bien ouurer, car vous ne scaurez tant assoir matiere cõme ie vous en apporteray. Quant le maistre ouyt ainsi parler regnault il en fut moult esbahy & dist. Par ma foy amy se vous faictes la moitie de ce q̃ vous dictes vous en ferez assez. Lors regnault retourna arriere & apporta tant de pierres & de mortier q̃l en fist vng grant mõceau sur les murailles deuãt les maistres puis leur dist. Beaux maistres pẽsez de bien labourer, car quãt ses pierres serõt assises ie vous en apporteray des aultres Quãt les maistres ouyrẽt ce ilz dirẽt entre eulx q̃ leglise sait pierre auoit trouue vng bon ouurier & q̃ bien deuoit estre salarie. Par ma foy dist regnault maistre ie nay cure dargẽt. Quãt ce vint au vespre q̃ loeuure se deuoit laisser le maistre se mist sur vng siege pour payer les maneuures, se sq̃lz pnoient treze deniers, puis le maistre appella regnault & luy dist. Venez auãt mon bel amy prenez icy ce q̃l vous plaira, car vous auez mieulx seruy que point des aultres. Lors regnault se mist auãt, & print vng denier tant seulemẽt. Et quãt le maistre vit ce il luy dist. Par ma foy mon bel amy vous en aurez encores vingt saulue le plus, car ie ne vueil pas auoir peche de vous & se vous voulez

p iiij

ouurer vous en aurez tous les iours autant/car iamais ne veiz si bon ouurier comme vous estes. Maistre dist regnault se vous voulez q̃ plus ie ocuure si ne me dõnez que vng denier lequel sera pour auoir du pain pour ma substãce/car ce que ie faiz ie le faiz pour lamour d̃ dieu ⁊ nõ pour aultre. Amy dist le maistre faictes a vostre voulẽte. Lors regnault print cõgie du maistre ⁊ sen alla en la ville pour aberger ⁊ acheta pour vng denier de pain ⁊ ne mẽgea ce soir q̃ pain ⁊ eaue/ ⁊ quant il eut mẽge il sen alla dormir sur vng peu de paille. Quant ce vint le lendemain regnault se leua ⁊ sen alla a loeuure/ et quant il y fut il ne trouua hõme q̃ fust encores venu. Quant il vit ce il sen entra dedẽs leglise pour dieu prier deuãt vne pmaige de nostre dame. Ce pendãt les maistres arriuerent pour eulx mettre en oeuure. Quãt ilz furent sur la muraille ilz cõmencerẽt a demander se le foit hõme estoit venu. Maistre dist regnault veez moy icy q̃ vous plaist il voulez vous riens. Amy dist le maistre apportez moy des pierres ⁊ du mortier. Maistre dist regnault ie le feray tresuolentiers. Lors alla querir des pierres ⁊ du mortier a grant plante/ ⁊ vous pmetz q̃ regnault apportoit plus de pierres ⁊ de mortier q̃ ne faisoient quinze de aultres. Et ainsi oeuura regnault maintes iournees en leglise saint pierre. Quant il auoit oeuure tout le iour le soir il prenoit son denier sans plus pour a auoir du pain cõme ouy auez/ car iamais ne mengeoit que pain ⁊ eaue. Et en ce point demoura regnault vne grãt piece/lequel seruoit moult bien en lesglise saint pierre/ en tãt que les aultres maneuures eurent moult grãt enuye sur luy/ car ilz estoiẽt des maistres deboutez pour lamour de luy pour le seruice quil leur faisoit.

Mult furẽt irez les aultres maneuures quãt ilz virent quilz estoient ainsi deboutez ⁊ dirẽt lung a laultre en ceste maniere. Par dieu nous sommes disfamez pour ce grãt villain q̃ fait tãt doeuure nous en sommes deboutez de tous les maistres. Le grãt dyable la bien amene icy/iamais nous ne gaignerons riẽs tant q̃l y sera, car il sert les maistres tout seul de tout ce q̃lz ont mestier tant quilz ne nous prisent riens. Lors parla lung deulx ⁊ dist. Mes cõpaignons se voꝰ me voulez croyre nous loccirons. Cõment dist vng aultre vous scauez bien quil nest possible, car il est si fort q̃ se noꝰ luy faisons chose quil luy desplaise il nous occira tous. Amy dist le premier ie vous diray cõment nous le ferons. Veez vous celle grant voultre aupres de celle maison/ouy dirent tous les aultres. Sachez dist le traytre que tous les vespres le grant villain y va dormir ⁊ toutes les nuyt quãt nous nous en sommes allez Et pource se vous me voulez croyre ennuyt quant il sera endormy ie yray ⁊ luy donray dung marteau parmy la teste tãt q̃ ie luy mettray iusques au ceruueau. Quãt ie lauray occis nous le mettrõs dedens la riuiere en vng grant sac ⁊ iamais nen sera nouuelles Quãt les aultres maneuures ouyrẽt ce q̃ le traytre disoit ilz saccorderẽt tous a ce quil auoit dit/⁊ firẽt leur chose plustot q̃lz ne pensoient. Quãt ce vint a heure de disner les maistres laisserent loeuure ⁊ sen allerẽt disner. Ce pendant le poure regnault sen alla reposer dessoubz la voulte la ou il auoit acoustume. Quãt les trahyttres virẽt ce ilz vidrent a celluy qui deuoit faire le murtre ⁊ luy baillerent vng marteau de masson en sa main. Lors en frappa regnault sur la teste sidure ment q̃l luy mist le marteau iusques a la ceruelle. Quant regnault sentit le coup que le trahytre luy auoit donne il mist les mains en croix sur sa poictrine ⁊ puis dist beau pere ihesucrist aye mercy de mon ame ⁊ vueillez pardonner a ceulx qui me donnent la mort. Quant il eut dit ces parolles la me luy partit du corps. Quant les trahistres et desloyaulx eurent occis le noble regnault ilz le mirent dedens ung grât sac quilz auoyêt apresté. Puys le chargerent sur le chariot sur lequel lon portoit la pierre, et le menerêt sur le rin et le getterêt dedens. Et quât ilz eurêt ce fait ilz chargerent le chariot de pierres et le menerêt a leglise côme ilz auoyent acoustume de faire. Ainsi côme ilz venoyêt ilz rencôtrerêt le maistre de leuure qui leur dist. Par ma foy galans vo9. vo9 amêdez grandemêt dauoir si tost disne, et dauoir charge le chariot. Maistre dirêt les trahistres ne vous mocquez point de nous, mais no9 donnez dargent pour aller boire. Moult fut esmerueille le maistre de ce quil veoit ses maneuures plus abiles quilz nauoyêt acoustume. Lors les maneuures cômecerêt a dire au maistre par mocquerie, ou estoit le grât villain, et disoyent qil sen estoit alle sans cône, pource qil ne pouoit plus trauailler, et dist qil ne finera iamais de cheminer, iusques a ce qil aura trouue sa femme. Quât le maistre ouyt ce il en fut moult courrouce, et dist aux maneuures. Par ma foy ie croy q sauez dechasse, mais ie vous promets se ainsi est, il vous vaudroit mieulx estre en hierusalem. Maistre dirêt les maneuures vo9 pouez dire ce quil vo9 plaist, mais no9 ne luy dismes ne fismes onques riens qui luy despleust en nulle maniere. Quât regnault fut gette dedens le rin par les maneuures de leglise saint pierre, vo9 deuez sauoir qil nalla point au fons de leau, mais sen alla mônt roidemêt côtreual la riuiere pmy le fil de leau. Et a ceste heure nrêseigneur demôstra ung bel miracle, car to9 les poyssons du rin sassemblerêt entour le corps, et par la force du poysson sarresta le corps par la vertu de nostreseigneur, et les grâs poyssons se mettoyêt dessoubz, et leuoyêt le corps si grâdemêt qil paroissoit tout sur leau. Et la le tindrêt les poyssons iusques a la nuyt. Quât la nuyt fut venue par la vertu de nostre seigneur vint une grât quâtite de torches sur le corps, et les âges q châtoyêt a lentour si melodieusemêt q celluy qui leust ouy ne sen voulsist iamais partir. A dire la verite il y auoit si grande clarte entour le corps, qil estoit aduis a ceulx q le veoyêt q la riuiere du rin ardoit. Quât les gens de la cite virêt ung si grât miracle ilz courerêt to9 celle part hômes et femmes et enfans. De saint pierre y vint larceuesque a tout son clerge en belle procession châtans par grand deuocion, et sarresterent sur le rin, car ilz nosoyent plus aller auant, et veoyent le corps que les poyssons soustenoyent sur leau.

Dant ceulx qui la estoyent virent ce ilz en furent moult esbahiz, et commencerent a dire luy a lautre. Hee dieu qui peut estre celluy par qui dieu fait si beau miracle. Seigneurs dist larceuesque ie le vous diray si côme il mest aduis. Sachez que cest aucun corps saint que nostreseigneur ayme grandement, qui vient daucune part, lequel dieu ne veult quil se perde. Ne voyez vo9 comment les poyssons le tiennent sur leau par la vertu de nostreseigneur. Lors larceuesque commanda que lon allast veoir que cestoit. Et incontinent on y alla a force de bateaux, et trouua lon que cestoit le grant homme qui seruoit pour maneuure au môstier saint pierre. Quant les maistres de leuure virent ce, ilz furêt moult esbahis, et sen allerent vers ceulx qui lauoyent occis et leur dirent. Filz de putains mauuays gloutons vous auez occis le preudomme, dittes la verite, se vous le nyez ie le prouueray bien. Quant tous les maneuures ouyrent ainsi parler les maistres ilz commêcerent tous a crier. Pardieu maistres nous lauons fait sans nul doubte, pour la grât enuie que nous auions encontre luy, faites nous neper ou pendre, ou trainer, ou ardoir, car

nous sauons bien desscrip. Et quant larceuesque ouyt les trahistres ainsi parler, il se
mist a plourer moult tendrement et tout son clerge aussi, et fut cõseille a larceuesq̃ quil
laissast aller les murtriers a leur auenture faire penitẽce de leurs pechez. Laq̃lle chose
fit larceuesq̃ voulentiers. Puys lon mist le corps de regnault sur ung chariot pour le
porter en leglise, et y fut porte moult honnorablement en belle pcessiõ. Quant il fut en
leglise larceuesque se reuestit et chãta la messe p grãt deuociõ. Quãt le seruice fut fait
larceuesq̃ vouloit faire pcessiõ atout le corps, et cõmãda a quatre barõs q̃ illec estoy-
ent q̃lz portassẽt le corps. Lors les barõs mirẽt les mains au corps pour le porter, mais
il ne fut en leur puissance de le leuer en aucũe maniere, ne de le bouger de son lieu.

Dus les barõs furẽt moult esbahiz quãt ilz virent ce et dirẽt lun a lautre
Di puõs nous bien dire que nous ne sommes pas dignes de toucher a ce
saint corps, car nous sommes pecheurs et mauuays, parquoy allõs nous
cõfesser et nous mettre en bon estat. Ce pendant que les barõs parloyent,
le chariot partit tout seul par la voulente de dieu sans aucune aide, fors que de dieu
seulement, et se mist a cheminer moult fort audeuant de tout le peuple. Lors quant le
clerge et le peuple virent ce, ilz se mirent tous a plourer moult tendrement en allant a-
pres le chariot qui sen alloit ainsi que ouy auez. Vous deuez sauoir que quant le cha-
riot se mist a cheminer quil passa deuant la tombe la ou lon le vouloit enterrer, et pas-
sa tout oultre q̃ lon ne le peut arrester en aucune maniere, et sortit hors de la cite de co-
loigne. Quant le clerge vit ce il en fut moult esbahy. Quant le chariot fut hors de la
cite il se mist a aller le grãt chemin et tout le peuple se mist a plourer, pource q̃ le corps
ne se vouloit arrester. Lors larceuesque leur dist. Seigneurs or poues bien veoir que cest
stuy est ung corps saint par les beaux miracles q̃l a fait auiourdhuy deuãt no9 to9, par
quoy allons apres pour le connoyer, ce nest mie bien fait de le laissẽr aller ainsi seul.
Seigneurs respondit le peuple vous dittes bien. Lors tout le clerge et tout le peuple pe
tiz et grans se mirent a aller apres le corps saint. Vous deuez sauoir quen toute la ci-
te de coloigne ne demoura homme ne femme qui peust aller, q̃l nallast apres le corps
saint, et le clerge alloit apres chantant par moult grant deuocion. Tant alla le chari-
ot quil arriua a une petite ville quon appelle cropne, et illec sarresta. Et deuez sauoir
que nostreseigneur demõstra plusieurs beaux miracles pour lamour du corps saint.
Car tous malades de q̃lque maladie q̃ ce fust qui illec venoyent adorer le corps saint
estoyẽt guerrz. Ainsi auint du noble cheualier regnault comme ouy auez. Et deuez sa
uoir que la renommee du corps saint fut si publiee par tout le monde, que lon venoit a
cropne la ou le corps sestoit arreste par la voulente de dieu, et faisoit illec tãt de beaux
miracles, que de tout le royaulme de france et dalemaigne lon y alloit. Et tant valu-
rent les offertes quon donnoit au corps saint, que dune petite chapelle la ou il sestoit
arreste qui estoit de nostredame, lon y fit une moult noble et belle eglise.

Want le corps saint fut arreste en celle petite chapelle faisant grans mi-
racles continuellement, larceuesque de coloigne et tout son clerge sarreste
rent a cropne. Quãt larceuesque vit q̃ le corps estoit delibere de demourer
illec, il vint au corps et luy descouurit le visage, a celle fin q̃ chascũ le vist, pour sauoir
se aucũ qui viẽdroit le sauroit congnoistre, et pour sauoir son nom, car nul ne le sauoit
nommer sinõ le corps sait, mais il ny eut hõme q̃ le cõgneust. Quãt larceuesque vit q̃

nul ne venoit a cropne qui congneust le corps saint/ne qui sceust dire son nom/ il en fut moult doulant. Sil leust peu sauoir il leust fait mettre en vne chasse dor pour les mira cles quil faisoit/car tous sourtz faisoit ouyr/aueugles veoir/boiteux aller/a muetz par ler/a souuant paroissoyent sierges ardans dessus le corps/a en icelluy tēps q larceues que a tout son clerge gardoyēt a cropne le corps saint ainsi q ie vous ay cōpte. Dous des uez sauoir que les freres de regnault/cestassauoir alard/guichard/a richard estoyent vng iour sur vne fontaine si doulans qlz ne se pouoyēt cōforter/pource quilz ne pouoy ent auoir nouuelles de leur frere regnault. Lors vint vng pellerin qui passoit illec q salua les barōs. Pellerin dist alard dont venez vous/se vous sauez aucunes nouuel les si les nous dittes. Seigneurs dist le pellerin voulentiers vous compteray ce q ie say puys quil vous plaist. Sachez que ie viens dalemaigne dune ville q a nom cropne aupres de coloigne sur le rin/la ou iay veu de beaux miracles/lesquelz y fait vng hom me qui vint a coloigne nagueres/lequel estoit desmesureement grant/car chascun qui le veoit disoit q cestoit vng geant. Et deuez sauoir q quant il fut a coloigne il vit que lon massonnoit a leglise saint pierre/si se presenta au maistre pour ouurer leans pour maneuure/lequel le maistre receut voulentiers. A brief parler ce grant homme faisoit merueilles de porter pierres a mortier/car il en portoit plus a vng coup q ne faisoyent dix des autres sans soy reposer a sans manger/a quāt venoit a la nuyt il achetoit pour vng denier de pain quil māgeoit auec d leaue tātseulemēt/a ne vouloit gaigner q vng denier pour iour de tout le labeur quil faisoit/a deuoit plus auoir que dix autres/ car il faisoit plus de labeur/a vous dy q ce grant homme estoit moult aime des maistres de loeuure saint pierre/a luy presentoyent souuēt a boire a a manger/a aussi de largēt mais il nen vouloit point prendre/sinon son denier pour iour pour auoir du pain. Il ser uoit si bien les massons que chascun estoit plus content de luy que des autres. Quāt les autres maneuures virent quilz estoyent si fort deboutez pour lamour de luy/ ilz en furent moult doulans/a conspirerent entreulx de loccire villainement. Si lespierent la ou il dormoit dessoubz vne grant voulte sur vng peu de paille/a entredeux que les maistres estoyēt allez disner aucū deulx luy donna si grāt coup sur le cerueau dun mar teau de masson agu quil loccist/puys le mirēt dedens vng sac a le chargerēt sur le cha riot de la pierre a le menerent dedens le rin. Sachez que quāt ilz leurēt mys dedens la riuiere nostreseigneur demōstra vng beau miracle/car tous les poyssons du rin sassem blerent ētour le corps a larrestarēt p finc force. Et quāt ce vint a la mynuyt les āges vindrēt sur le corps a moult grāde lumiere a chantoyēt le seruice des mortz mōlt haul temēt/entant q tous ceulx de la cite le pouoyēt bien ouyr. Et puys vint le vaillant ar ceuesque de coloigne a aussi tout son clerge. Et lors fit prendre le corps/a mettre des sus vng chariot/a le menerent iusques dedens leglise. Et quāt il fut dedens larceues que se reuestit a puys chanta la messe/car cestoit ia sur le matin. Et apres q le serui ce fut fait larceuesque cōmanda a quatre barōs qlz le prissent pour le porter en sepul ture/mais les quatre barons ne le sceurēt oncques porter par toute leur puissance/ne remuer ne tant ne quāt. Et en ce faisant le chariot se partit dillec tout aparsoy/a sen sortit hors de la ville le grāt chemin/a alloit aussi tost que se dix cheuaulx le tirassent malgre le peuple lequel plouroit moult tēdremēt/de ce que le saint corps ne se vouloit illec arrester. Mais petiz a grans le suiuirent chantans en procession iusques a vne petite ville ou ce corps saint sarresta/qui sappelle cropne/en vne petite chapelle nostre dame la ou il fait apresent beaux miracles/car ie vous asseure q̃ tous les malades q̃ y vont sen retournent gueriz & sains de leurs maladies/& y ay laisse larceuesq̃ de cou loigne q̃ y est encores atout son clerge lequel a fait faire des offrandes q̃ viennent au corps saint vne fort belle & noble esglise/la ou estoit la chapelle de nostredame.

Quant alard/guichard & richard ouyrent le pellerin ainsi parler/ilz se mirẽt tous a plourer de la pitie quilz eurẽt de leur frere regnault/car ilz cogneu rent bien q̃ cestoit celluy dequoy le pellerin parloit. Helas dist richard mes freres/or sommes nous bien honiz & destruitz/car ie cognoys bien q̃ cest nostre frere que tãt auõs quis. Sachez q̃ les troys freres demenerent illec si tresgrãt dueil q̃ plus ne pourroit on dire. Et quant ilz eurent demene leur dueil/ilz prindrent conge du pellerin/& sen allerent aprester/puys prindrent leur chemin enuers cropne aupres de coloigne sur le rin. Et tant firent par leurs iournees quilz arriuerent a cropne/& alle rent descendre deuãt leglise eulx & leurs gens/la ou ilz trouuerent si grãt peuple qua peine peurent ilz entrer dedens leglise. Et quant les cheualiers furẽt dedẽs ilz appro cherent du corps saint/q̃ estoit sur vne belle biere tout descouuert/& virent si grãt clar te entour du corps/come sil y eust cent torches. Lors sapprocherẽt bien pres/& comẽce rent a le regarder/& cogneurẽt bien que cestoit leur frere. Lors eurent si grãt dueil au cueur/q̃lz cheurent tous pasmez a terre. Quãt larceuesque vit ce il en fut moult esbahy & dist a aucũs de son clerge. Seigneurs ie croy q̃ nous sauros apresent ce q̃ tãt auõs de sire/car ie croy q̃ ces seigneurs q̃ icy sont cognoyssent bien ce corps saint. Ce pendant les troys freres reuindrent de pasmeson/& comẽcerẽt a crier & a braire. Lors dist alard en plourãt par ceste maniere. Helas q̃ ferõs nous chetifz cheualiers/poures dõceur & de tous biẽs/puys q̃ nous auõs perdu nostre frere/p qui nous estiõs tãt craintz & doubtez. He las qui a este si hardy/dauoir mys la main a vous. Mon trescher frere ie croy quil ne cognoyssoit mie vostre grant bonte & valeur/car il ne vous eust mie si cruellement oc cis. Lors alard se tourna deuers ses freres & leur dist. Mes beaux freres bien deuõs estre doulans/puys que nous auõs perdu nostre frere regnault/qui estoit tout nostre confort & aide. Helas dist richard frere regnault/pourquoy eustes vous iamais coura ge dainsi nous laisser & abandonner comme vous fistes/veu que tãt de bon cueur nous aymiez. Helas vous emblastes vous de nuyt pour venir entre les mains des murtriers qui vous ont si cruellement occis. Helas ilz ne sauoyent pas le grant dommage q̃ se ra de vostre mort. Quant les troys freres eurent asses ploure & fait grans lamenta cions pour la mort de leur frere regnault/ilz sapprocherent du corps/& le baiserẽt en la bouche lun apres lautre. Et quant ilz leurent baise de rechief ilz se pasmerẽt. Quãt ilz furent reuenuz/guichard commenca a crier & a dire. Helas mes beaux freres or de uiendrons nous bien doulans & esgarez/car nous ne serons craintz ne doubtez nemps plus que garsons. Parquoy ie dis que nous nous occions/a celle fin q̃ nous soyõs auec vous car nous ne deuons viure apres vostre mort. Sachez que qui illec eust este/il neust eu si dur cueur quil neust ploure de veoir le grant dueil que les troys freres faisoyent et non sans cause.

Quãt larceuesque & les bourgeois qui illec estoyẽt virent faire si grãt dueil aux troys freres le bon arceuesque sen vint a eulx/& leur dist. Seigneurs ne vous desplaise de ce que ie vous diray. Il mest aduis que vous auez grant tort de vous ainsi desconforter/car vous deussiez mener grant ioye pour vostre frere q̃ est saint en paradis/lequel a souffert martyre au seruice de nostreseigneur. Vous voyez quil luy en rend bon guerdon/vous voyez deuant voz yeulx les beaux miracles quil fait. Parquoy ie vous prie que vous vous vueillez reconforter/τ nous dittes sil vous plaist qui vous estes τ commẽt sappelle ce corps saint/τ comment on lappelloit quãt il viuoit/a celle fin que nous faisons mettre son nom dessus sa tombe. Quant les freres ouyrẽt larceuesque ainsi parler/ilz commẽcerẽt a moderer leur dueil. Et lors alard qui estoit laisne apres regnault leur dist. Seigneurs puys quil vous plaist de sauoir qui nous sommes τ comment ce corps sappelle ie le vous diray tout apresent sans nul le faulte. Vous deuez sauoir que ce corps fut appelle regnault de montauban le vail lant τ preux cheualier/τ nous troys qui sommes icy sommes ses freres/ et bien say q̃ vous auez ouy parler des quatre filz aymon lesquelz charlemaigne roy de france guer roya si longuement. Adonc quant larceuesque τ le peuple ouyrent q̃ cestoyent les qua tre filz aymon desquelz tout le monde parloit/τ q̃ le corps saint estoit regnault de mõ tauban/le noble τ vaillant cheualier/ilz se mirent tous a plourer de pitie τ de ioye/ de ce quilz veoyent deuant leurs yeulx/ le plus vaillant cheualier de tout le monde/ qui estoit mort au seruice de nostreseigneur faisant penitence. Apres ce que les troys fre res eurent vng peu delaisse leur dueil/ilz firent mettre en sepulture leur frere moult honnorablement/τ le mirent dedens vng riche tombeau lequel larceuesque auoit fait faire/la ou le saint corps est encores cõme chascũ le scet. Et est appelle saint regnault martyr. La memoire de luy fut mise en escript autenticquement/τ en fait lon chascun an grant solennite τ feste au pays de pardela. Apres lenterrement du corps saint ses freres sen retournerent en leur pays. ¶ Es beaux seigneurs qui ce present liure lirez nous prions dieu τ le glorieux corps saint/quil nous doint grace de viure en bonnes euures. Par lesquelles noꝰ puissons auoir en la fin de noz iours vie eternelle τ la gloi re celestiele de paradis.　　　　　　　　　　AMEN.

¶ Cy finist listoire du preux τ vaillant cheualier
Regnault de montauban. Imprime a lyon par
Jehan de Vingle. Lan mil quatrecẽs nonantesept.
le quatriesme iour de nouembre.